JN127721

ワルター・クリヴィツキー

スターリン時代

元ソヴィエト諜報機関長の記録

第2版

根岸隆夫訳

みすず書房

IN STALIN'S SECRET SERVICE

by

Walter G. Krivitsky

First published by Harper & Brothers, New York, 1939

レーニン死去（1924年1月24日）後．　左からスターリン，ルイコフ，カーメネフ，ジノヴィエフ

チェカ創設者ジェルジンスキーの葬儀（1926）．左より2人目ルイコフ，その後はトロツキー，白い服装はスターリン，その右ブーハリン．この葬儀がトロツキーの公式行事への最後の出席となる．

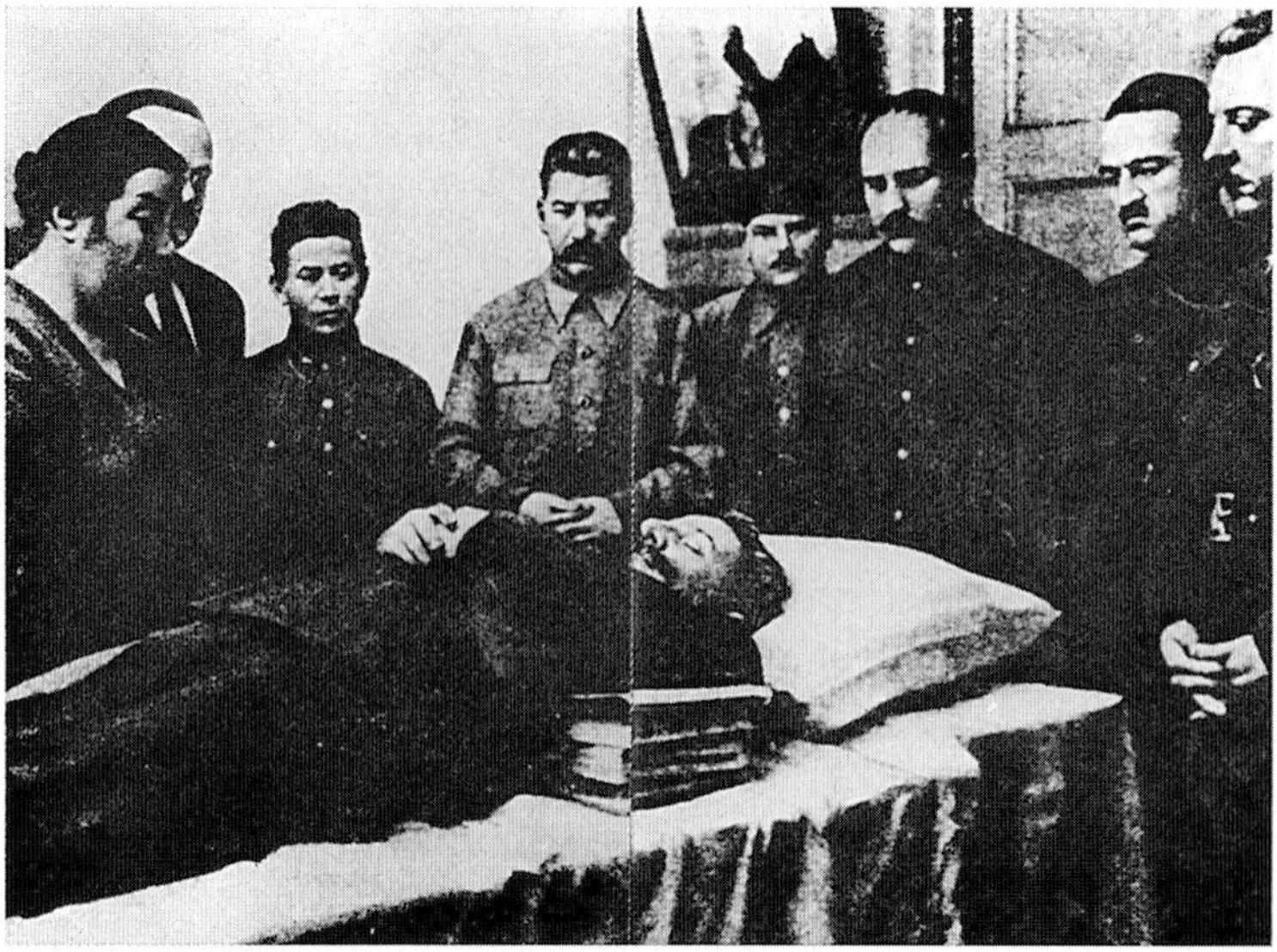

オルジョニキッゼ（革命前からスターリンと行動を共にし，スターリン粛清政治に抗議した．1937年2月19日，謎の死をとげる．当時，重工業人民委員）の遺体を前に．左より未亡人，モロトフ，エジョフ，スターリン，一人おいてカガノヴィチ，ミコヤン，ヴォロシーロフ．

ヤン・ベルジン（1932年9月）

F.ジェルジンスキー

ジノヴィエフ

左 キーロフ，右 オルジョニキッゼ

ガマルニーク

トゥハチェフスキー元帥

スターリン粛清犠牲者の遺児たち．左よりライスの息子ローマン・ベルノ．スペインで殺害されたアンドレス・ニンの遺児ノラとヴィラ・ニン．トロツキーの娘の子ヴォルコフ．

アイザーク・ドン・レヴィン（訳者解説参照）

イグナス・ライス

目次

付　録

まえがき

一九三七年五月二二日の晩、わたしは、駐西欧ソヴィエト諜報機関長として、ハーグの自分の部署に戻るために、モスクワで列車に乗った。その時、わたしは、スターリンがロシアの主人であるかぎり、これがロシアの見納めだという実感をほとんど抱かなかった。二〇年近くにわたって、わたしは、ソヴィエト政府に奉仕した。二〇年近くにわたって、わたしはボリシェヴィキだった。列車がフィンランド国境に向って驀進していた時、わたしは、車室にひとり座って、そのほとんど全部が逮捕されたり、射殺されたり、強制収容所に送られたりしたわたしの同僚たち、同志たち、友人たちの運命に思いをめぐらしていた。かれらは、その全生活を、よりよい世界を建設するために捧げ、そして敵の弾によってではなく、スターリンが欲したために、部署についたまま死んでいった。

残された人のうちには、尊敬すべき、あるいは、賞讃すべきものがいるのだろうか？　われわれの革命の英雄のなかで、くじけず、砕かれなかったのは誰か？　わたしには、少数の人しか考えることができなかった。一点の疑問の余地ない清廉な人格の持主だった人人が「裏切者」、「スパイ」、普通犯罪者として、記録された。いくつもの情景が、わたしの脳裡にひらめいた――これらの同じ「裏切者」と「スパイ」が、ひるまず、いく度となく、死に直面した国内戦期、続く工業化の時代と、われわれ全部にそれが課した超人的要求、生きてゆくのがやっとだった糧食をわれわれが受けていた集団化と飢餓の時期、これらの情景が、わたしの脳裡にひらめいたのだった。そして、それから、前にある総てを一掃し、人間が、もはや、仲間の人間を搾取しないだろう国家を建設するために、刻苦して働いた人々を滅し去った、あの大粛清。

長い闘いの歳月を通じて、われわれは、旧社会の不正にたいする勝利が、精神・肉体両面の犠牲をもってのみ達成されうるということ、新しい世界は、古い世界の習慣の最後の痕跡が消し去られるまでは、生まれえないということを、くり返し自分たちにいってきかせるのを学んだ。しかし、一体ボリシェヴィキ革命にとって、ボリシェヴィキたちを滅ぼす必要がありえたのだろうか？　かれらを滅しつつあったのは、一体ボリシェヴィキ革命だったのだろうか？　それとも、この革命そのものは、ずっと以前に滅んでしまっていたのだろうか？　わたしは、そのとき、これらの疑問に答えなかった、わたしは、これらの疑問を抱くにとどまったのだ……

一三歳で、わたしは、労働者階級の運動に加わった。それは、未熟な、子供じみた行為だった。わたしは、自由の新しい歌と混じり合った苦悩するわたしの種族の嘆きの調べを聞いた。だが、一九一七年には、わたしは、一八歳の青年だった。そして、ボリシェヴィキ革命は、貧困、不平等、不正の問題にたいする窮極の解決として、わたしにやってきたのだった。わたしは、魂の底からボリシェヴィキ党に加わった。

わたしは、マルクス・レーニン主義の信念を、自分がかつて本能的に反抗した悪しきものを攻撃する武器として、つかんだのだった。

わたしは、ソヴィエト政府に仕えた全歳月を通じて、活動を続ける権利以上の何ものも期待しなかった。わたしは、それ以上何も受けとらなかった。ソヴィエト政府が安定して、ずっと経ってから、わたしは、自分を死の危険にさらし、二度入獄させた任務をおびて、国外に送られた。わたしは、一日一六時間から一八時間働き、それできわめて当り前の生活上の経費を満たすのに、十分なだけ得たことは、けっしてなかった。国外を旅行するとき、わたし自身は、適度の安楽な暮しをしただろう。だが、一九三五年になってさえも、モスクワの自分のアパートに、きちんと暖房を入れたり、二歳の息子の牛乳代を払うには、十分のものを得てはいなかった。わたしは、戦略的な立場にはいなかったし、また、自分の仕事にあまりに没頭していたので、今や特権を享受し、ソヴィエト制度を守ることに物質的利害関係をもつ官僚たちの一人になるという望みをもっていなかった。わたしは、ソヴィエト制度を擁護した、なぜならば、それが、新しい、より良い社会への道をゆくものだと信じたからなのだ。

わたしの仕事が、外国の敵にたいする国の防衛に関係していたという事実そのものは、国境内で、またとくに権力政治の小さな内部世界で起っていることについて、考えにふけることをわたしに妨げた。一人の諜報将校として、わたしは、ソ連邦の内部の陰謀家よりも、ソ連邦の外部の敵の方を、ずっと身近にみていたのだ。わたしは、外国で企まれつつあった分離主義者とファシストの陰謀のことを知っていたが、クレムリン内部の奸策とは、接触していなかった。

わたしは、レーニンの密接な同志たちが、かれらの創建した国家の手にかかって死んでゆく間に、スターリンが完全な権力の座に登ってゆくのをみた。けれども、他の多くの人たちと同様、わたしは、指導者層の誤謬がどのようなものであろうとも、ソ連邦は、今なお健全で、人類の希望なのだという考えで自分を安堵させたのだった。

この信念さえも、ひどく揺がされる機会、他に何らかの希望をみいだすことができたならば、新しい道路を選んだかも知れない機会が、何度かあった。しかし、いつも、世界のどこか、他の部分での出来事は、わたしをスターリンに仕えつづけさせるのだった。一九三三年、ロシアの民衆が何百万も、飢えで死んでいったとき、そして、それを惹きおこしたのがスターリンの無慈悲な政策であり、スターリンが、国家の援助を故意に控えていると知ったとき、わたしは、ヒトラーがドイツで権力をとり、そこで、人間精神にとって、生命を意味した一切のものを破壊するのをみた。スターリンはヒトラーの敵だった。そして、わたしは、スターリンに仕えつづけたのだった。

一九三四年三月に、同じような窮地に立ったが、わたしは同じ選択をした。その頃、わたしは、中央ロシアのクルクス州にあるマリノ・サナトリウムで、年次休暇を過していた。かつてマリノは、コーカサスの征服者ブリヤーチン公の宮殿だった。ヴェルサイユ様式のこの宮殿は、華麗を誇り、美しい英国式庭園と人工湖に囲まれていた。サナトリウムには、すぐれた医師や体育教師、看護婦や召使がいた。近くには、国立農場があって、農民たちは、サナトリウムの客たちに食糧を供給するために汗を流していた。サナトリウムの入口には歩哨が立ち、農民たちが敷地に立ち入らないように監視していた。

ここに着いて、いくばくもないある朝のこと、わたしは、農民たちが暮している村に一人の連れといっしょに歩いてでかけた。そこで見た光景は、すさまじかった。半裸の子供たちが荒れた小屋から走りでて、わたしたちに一片のパンをねだったのだった。村の共同組合の売店には、食糧もなければ、燃料もなかった。買えるものは何一つなかった。あまりの赤貧に、わたしは自分の眼を疑ったと同時に、心が重くなった。

その日の夕方、マリノの光眩い食堂では、すばらしい夕食を終えて、人々は、楽しいお喋りをしていた。外は、肌さす寒さだったが、音をたてて燃える壁炉で、屋内は気持よい暖かさだった。何とはなしに、突然わたしは向きを変えて窓の方を眺めた。そこには、飢えた農民の子供たちの熱っぽい眼があった。かれらの小さな顔は、凍《い》てついた窓ガラスに押しつけられていて、絵のようだった。すると他のものたちが、わたしの視線を追い、召使に向って侵入者たちを追い払うよう命じたのだった。ほとんど毎夜のように、あの子供たちの幾人かは、歩哨の眼をかすめ、食物を探して宮殿の囲りをうろつくのだろう。何度か、わたしは、パンをもって食堂から抜け出た。だが、これは、われわれの間で顰蹙《ひんしゅく》を買うので、気づかれないようにしなければならなかった。ソヴィエトの政府職員たちは、このような人間の苦悩にたいして次のような紋切型の抗弁を説いてきた。

「われわれは、社会主義へのいばらの道を辿っている。きっと、多くのものは、路傍で斃れるだろう。われわれは、辛苦の償いに一年に何週間かの間、十分に食べ、他のものにはまだ許されていない慰安を楽しまなければならない。なぜならば、われわれは、未来の『楽しい生活』の建設者だからだ。われわれは、社会主義の建設者だ。われわれは、辛苦の道をひるまず進み続けなければならない。われわれの道を横切る不幸な連中にも、時がくれば、気が配られるようになるだろう。それまでは、われわれの行く手からどけ！　君たちの苦悩で、われわれを悩ませないでくれ！　もし、きみらにパン屑をやるために立ち止ったならば、目的地へは到底ゆきつくことができないのだ。」

この調子がつづくのである。そして、こんなふうに心の平安を守る人々が、道の曲り角で思案してみたり、この道が本当に「楽しい生活」に通ずるものかどうかと、批判的に尋ねてみたりはしないだろうということは、明らかだ。

わたしが、マリノを去って、帰路クルスク市に着いたのは、凍《い》てつくように寒い朝のことだった。モスクワ行急行の到着を待ち合わせようと、駅に入った。食堂で腹一杯朝食をすませると、まだ時間があったので、わたしは、三等待合室にぶらりと入っていった。そこで目撃したことは、生涯わたしの心から消えないだろう。待合室には、男や女や子供たちがつめこまれていた。このおよそ六、〇〇〇の農民たちは、これから他の収容所に牛の群のように移送される途中だった。この光景のすさまじさは、苦しむ生きものたちの上をこうもりの群が舞っていると一瞬錯覚したほどだった。かれらの多くは、寒い部屋に裸に近い有様で、横たわっていた。他のものは、明らかにチフス熱で死にかけていた。どの顔にも空腹、苦痛、悲哀が、あるいは声もない半死半生の屈従的な苦悩が刻まれていた。そこにわたしが立ちつくしている間に、きつい顔つきのオゲペウ〔「合同国家保安部」の略称〕の民兵たちが、かれらを起しはじめ、落伍したもの、歩けないほどに弱ったものたちを押したり、蹴ったりして、牛の群を追うように外に出した。立ち去ろうとしたわたしは、一人の老人が床に横たわっているのをみた。かれは二度と起き上ることはないだろう。これは、スターリンが根こそぎにし、追放し、滅してしまった正直な農民家族のいく百万の集団のうちの悲しげな一隊にすぎなかったのを、わたしは知っている。かれらは、スターリンによって「富農《クラーク》」と呼ばれたが、もはや、この名称は犠牲者以上のものを意味してはいなかった。けれども、丁度この時――一九三四年二月だった――ウィーンの街頭ではファシストの野砲が、社会主義者たちが建てた労働者のモデル・アパートに砲火をあびせていたことも、わたしは、知っていたのだ。ファシストの機銃は、社会主義防衛の絶望的な最後の闘いをおこなうオーストリア労働者を薙《なぎ》倒していた。至るところで、ファシズムが進軍していた。至るところで、反動勢力が優勢になっていた。ソヴィエト連邦は、なおも人類唯一の希望のように見えたのだった。わたしは、ソ連、いいかえればその主人であるスターリンに献身するのを止めなかった。

それから二年経つと、スペインの悲劇が始まり、社会主義者であるフランスの首相レオン・ブルムが、スペイン共和国を破滅に運命づけた「不干渉」という偽善的な遊戯に引き入れられている間に、ムッソリーニとヒトラーが、兵員と武器弾薬を投入してフランコを援助するのを、わたしは見たのだった。わたしは、スターリンが、遅ればせながら、おずおずと、そして十分にではなかったが、包囲されたスペイン共和国を救援にゆくのをみた。わたしは、自分が正しい側で闘っているのだと思っていた。

だが、そのときに、転回点がやってきた。わたしは、スターリンが、遅まきの援助の代償に金《きん》をかき集めながら、〔スペイン〕共和政府の背後に短刀を突き差すのをみた。モスクワでは、粛清が途方もない規模で始まり、全ボリシェヴィキ党を一掃するのをみた。それが、スペインに移されたのをみた。諜報機関での有利な点から、わたしは、同じ頃、スターリンがひそかに友情の手をヒトラーに差し出すのをみた。かれが、こうしてナチ指導者の機嫌をとりながら、他方では、トゥハチェフスキーをはじめとする赤軍の偉大な将軍たちを処刑するのをみた。わたしは、何年もの間、かれらとともに、そして、かれらの下で、ソ連と社会主義の防衛のために働いたのだった。

それから、スターリンは、わたしに最後の要求を課した。それは、オゲペウの銃殺刑執行隊を逃れたかった全ての要職にある公務員たちにスターリンが課した要求だった。わたしは、親しい同志をオゲペウにひき渡すことによって、自分の忠誠を証しだてなければならなかった。わたしは、要求を断わり、スターリンと関係を絶った。わたしは、自分がそれまでにみたものに、眼を閉ざさなかった。世界には、何か他の希望があったかどうかは別にして、ヒトラーとは、偽善的に執着していた社会主義的言辞とマルクス主義的訓練の名残りの点でだけ異なる一人の専制君主に自分が仕えていたのだと、わたしは、肝に銘じたのだった。

わたしは、スターリンと断絶した。そして、一九三七年の秋、かれについての真実を語りはじめた。この頃、かれは、ヒトラーを心にもなく非難して、ヨーロッパとアメリカの政治家たちの眼を上手にあざむいていた。多くの善意の人たちから、黙っているように忠告されながらも、わたしは、遠慮なく語った。スターリンの強制的集団化と強制的飢餓で死んでしまった幾百万の人々のために、強制労働をしながら収容所でまだ生きている幾百万の人々のために、獄中にあるわたしの幾十万のボリシェヴィキ党の同志たち、射ち殺された幾千もの同志たちのために、わたしは、口を開いたのだった。スターリンの機嫌をとることや、民主主義の隊列中でスターリンが銃を担うだろうと希望して、この恐しい犯罪に眼をつむることが、気狂い沙汰だと公衆が信ずるには、裏切りの歴然たる犯行、つまりヒトラーとの協定〔独ソ不可侵条約〕が必要とされた。

スターリンが、手のうちを見せた今こそ、近視眼の故に、あるいは、戦術的理由で沈黙してきた他の人たちにとって、十分に語るべき時なのである。すでに幾人かは、そうした。〔スペイン〕共和政府派遣の駐仏大使ルイス・ド・アラクィスタンは、スペイン共和国へのスターリンの「援助」の性質に関して、世界の世論の蒙を啓くのに力があった。スペイン共和国前首相ラルゴ・カバリエロも語った。

他の人たちにも話すべき義務がある。その一人は、ロマン・ロランである。この著名な作家が、その大きな威信のマントでスターリン独裁の恐怖を覆いかくすことによって全体主義に与えた援助は、はかり知れないほどだ。多年ロランは、ロシアの有名な作家マキシム・ゴリキーと文通していた。一時はスターリンと仲良く、スターリンのたづなを引きしめたことさえあったゴリキーは、ロランを同伴者の群に加えるのに、疑いもなくある役割を演じた。しかし、ゴリキーは、その生涯の最後の数ヵ月というもの、表面はどうあろうとも、事実上は囚人だった。ゴリキーは、健康上の理由で国外にゆこうとしたが、スターリンは許さなかった。かれの郵便物は検閲され、ロマン・ロランの手紙は特別命令で、当時スターリンの首席秘書だったステツキーが横取りして、スターリンの文庫に綴り込まれた。友人から返事がこないので、不安に思ったロランは、モスクワ芸術座の副支配人をしている他の友人に手紙を書いて、事の次第を尋ねた。最後のモスクワ反逆裁判を通じて、まだスターリンの友人だったと考えられていたゴリキーが、ヤゴダによって毒殺されたと発表された。この裁判がおこなわれた時、「ラ・フレーシュ」紙上に掲載されたすぐれた著述家ボリス・スヴァーリンとの会見記で、わたしはロマン・ロランに、なぜかれの手紙が配達されなかったかを説明した。マキシム・ゴリキー宛の手紙をスターリンが横取りしたという事実について、声明をするように、わたしは、ロランに要請した。だが、かれは黙しつづけた。スターリンが、公然とヒトラーと手を結んだ今となって、ロランは語るだろうか？

チェコスロヴァキア前大統領エドゥアルド・ベネシュにも、支払いをすませるべき勘定がある。一九三七年六月に、トゥハチェフスキーら赤軍の指導者たちが処刑された時、ヨーロッパが受けた衝撃は非常に大きく、かれらの有罪にたいする疑惑は非常に根強く、スターリンは、コルチャックとデニキンを打ち破ったトゥハチエフスキーがナチのスパイだと西欧諸国の政府に信じさせるための経路を探さねばならなかったほどだ。スターリンの指令を受けて、オゲペウは、赤軍諜報部の協力をえて、赤軍の将軍たちにたいするでっちあげの証拠書類を作成して、これをチェコ政府に流した。エドゥアルド・ベネシュは、チェコにたいするスターリンの援助を当てにしていた時だったので、この証拠を検討する立場にいないと感じたように思われる。

今や、ベネシュをして、現在の諸事件に照らして、オゲペウ専門家が準備したこの「証拠」の性格について再検討せしめ、そのうえで一体かれが沈黙しつづけてよいものかどうかを決めさせよう。

今や、ヒトラーと闘う最悪の道は、スターリンの犯罪に眼をつぶるということであり、この愚行に巻き込まれたもの誰もが、口を開かねばならないということが、痛ましくも明白になった。過去数年の悲劇的歳月が、われわれに何ごとかを教えたとするならば、それは全体主義的蛮行の進軍を、半面だけの真理しか含まぬ言葉や、嘘の立場への戦術的後退によって、食い止めることはできないということなのだ。誰一人として、文明ヨーロッパが、人間にたいして、その尊厳と価値とを回復させる方法を述べることができない時に、わたしは、ヒトラーとスターリンの陣営にくみしないすべての人々が、真実こそが第一の武器であり、殺人はその本来の名で呼ばれるべきだと認めるだろうと、考えるのである。

ニューヨーク、一九三九年一〇月

ワルター・G・クリヴィツキー

第一章　スターリンはヒトラーを宥和する

一九三四年六月三〇日の夜のことだった。スターリンは、クレムリン宮殿内に、政治局の非常会議を招集した。その頃、ヒトラーによる第一次血の粛清が開始され、まだ続行されていた。ヒトラーの粛清のニュースが世界に知られる前に、すでにスターリンは、ナチ政権との関係において、次に取る動きについて決定していた。

当時、わたしは、モスクワの赤軍参謀本部諜報部に勤務していた。われわれは、危機がドイツ国内に拡がりつつあるのを知っていた。われわれのもとに届く秘密電報のどれもが、事件の突発を予告していた。ヒトラーが、粛清に着手すると、ドイツからは、情報が絶え間なしに到着し始めた。

その夜、わたしは部下たちといっしょに、軍事人民委員ヴォロシーロフに提出するために、われわれの入手した情報の摘要を懸命になって作成していた。この政治局会議に出席をもとめられた政治局員でない人たちのなかには、わたしの上司ベルジン将軍、外務人民委員リトヴィノフ〔一八七六―一九五一〕本名ヴァラフ。一八九八年に、ロシア社会民主労働党に入党、一九〇九年には、そのレーニン派に属したユダヤ系の革命家。一九〇五年の革命には、国外からの武器の入手を担当して、積極的に参加。一九〇七年以降ロンドンで職につきながら、政治活動をつづけ、一九一七年ボリシェヴィキの権力獲得後、駐英ソ連代表に任命された。一九二一年、外務人民委員代理、一九三〇年以降独ソ不可侵条約締結に少し先立つ一九三九年五月まで、外務人民委員として、国際会議、国際連盟でソ連を代表した。一九四一年から、四六年まで、ふたたび、外務人民委員代理となり、その間四一年から四三年まで、駐米大使となった〕、党中央委員会情報部長カール・ラデック〔一八八五―一九三九？〕本名ソーベルゾーン。当時、オーストリア・ハンガリア領のルヴォフで生まれたユダヤ系の国際的革命家。第一次大戦前、ドイツ社会民主党左翼の代表的論客として、大戦中は、反戦主義者として活躍。一八年ドイツのスパルタクスブントで活動し投獄された。二二年に、ロシアに定着し、コミンテルンの指導的一員となり、二六年には、中国その他極東諸国の出身者を学生とする孫逸仙大学の学長となった。トロツキー反対派に属し、一九二七年、党を除名され、二八年、ウラルに追放された。三〇年に復党し、代表的外交評論家として、モスクワの諸新聞に寄稿、三七年の粛清裁判でピアタコフ等とともに裁かれ、禁錮一〇年の判決を受けたが、獄中で死亡、もしくは殺害されたといわれる〕、オゲペウ外事局長A・C・アルトゥーゾフがいた。

この政治局緊急会議は、ヒトラーの粛清がもたらしうる結果と、そのソヴィエト外交への影響を検討するために招集された。われわれが入手した秘密情報によれば、ヒトラーに反対する極端な二つの派が事件に巻き込まれていた。レーム大尉が指導する派は、ヒトラーのなまぬるい政策にあきたらないナチス急進派から構成されていた。かれらは、「第二次革命」を夢みていた。他の派は、シュライヒャー、ブレドウ両将軍の指導下にあったドイツ国防軍将校から成っていた。このグループは、帝政復古をもくろんでいた。それは、ヒトラー顚覆を目的としてレーム一派と手を結んだが、どちらも、最後には勝利者として立ち現われようと望んでいた。だが、ドイツから送られてきた特別報告は、ドイツの主要都市に駐屯する部隊がヒトラーへの忠誠を変えていないということと、国防軍将校団の大部分が政府に忠実であるということを明らかにしていた。

西ヨーロッパとアメリカでは、ヒトラーの粛清は、ナチ権力の弱体化として解釈された。ソヴィエトでも、それをヒトラー支配の没落を告げる徴候として信じたがる人たちがいた。スターリンは、このような幻想を抱かなかった。政治局での討議を、かれは締めくくって、次のように言った。

「ドイツにおける事件は、ナチ政権の没落を、少しも示すものではない。逆にこれらの事件は必ずや、政権とヒトラー自身を強化することになろう。」

クレムリンでの会議から帰ってきたベルジン将軍は、このようなスターリンの判断を、われわれに伝えた。

政治局の決定を一刻も早く知りたかったので、わたしは、ベルジンが帰るのを一晩中待っていたのだった。われわれの間では、誰であろうとも、たとえ軍事人民委員であろうとも、国家の機密書類を自宅にもち帰ってはならないというきびしい掟があったから、ベルジンが、部に帰って来るだろうと、わたしは思っていたのだ。

ナチ・ドイツにたいするソヴィエト外交路線は、スターリンの決定に従った。政治局は、何としてでも、ヒトラーにソヴィエト政府と取引するよう説き伏せることに決めた。日頃、スターリンは、この強力な敵と、遠からず和解に達するだろうと信じていた。一九三四年六月三〇日の夜は、スターリンにヒトラーの力を確信させたのだった。ともあれ、それはスターリンにとって、新しい路線ではなかった。ただ、かれは、ヒトラーを口説こうとした過去の努力を再びおこなおうとするにすぎなかったのだ。ナチ政権の出現以降六年間を通じて、かれの政策は、この方向を目指してきた。ヒトラーのうちに、スターリンは本物の独裁者を認めていたのだった。

独ソ協定まで、広くおこなわれていたヒトラーとスターリンとが不倶戴天の敵同士だという説は、純然たる神話だった。それは、歪んだ情景であって、巧みな偽装と宣伝の煙幕が作り出したものだった。両者の本当の関係は、肘鉄砲を何度くわされても、へこたれないでいいよる求婚者の図だった。求婚者はスターリンだった。ヒトラーの側には、憎悪があった。スターリンの側には、恐怖があった。

スターリンは、徹底した親独派だった。かれは、レーニンが死ぬや、ドイツとの協力を促して、ヒトラーが権力を握った時も、その基本的態度を変えなかった。反対に、ナチスの勝利は、ベルリンとの結びつきを深めようとするスターリンの立場を強めた。極東における日本の脅威は、スターリンのこのような努力に拍車をかけた。かれは、「病弱な」民主主義国家を深く軽蔑していたと同時に、「強力な」全体主義国家にたいしては、同じくらい深く敬意を払っていた。そして、かれは、より強力な勢力とは協定に達しなければならないという基準に徹頭徹尾導かれたのだった。

最近六年間のスターリンの全対外政策は、ヒトラーとの取引で好ましい地位を占めようとしてとられた一連の策略なのだった。スターリンが、国際連盟に加盟したときも、集団安全保障体制を提案したときも、フランスの手を求め、ポーランドに媚を示し、イギリスを口説き、スペインに干渉したときも、ベルリンを見ながら一切の動きを計算していた。スターリンの希望は、ヒトラーが、かれの接近をうけ入れるのが有利だと思うような立場をとることなのだった。

このようなスターリンの政策は、一九三六年の終り頃、反コミンテルン協定という煙幕の蔭で交渉された日独秘密協定の締結を機に勢づけられた。主として、わたしと部下の努力によって、この密約の条項を知ると、スターリンは、ヒトラーとの取引を何としてでも進めようという絶望的な企てを始めた。一九三七年はじめには、このような取引が、両者の間で、実際に交渉されていた。けれども、一九三九年八月の独ソ不可侵条約が、その当時に、どの程度まで論じられていたかは誰も知らない。

スターリンがドイツにたいする友好的態度を世界に向って明らかにし始めたのは、今を去ること二年前だった。一九三八年三月一三日〔一九三八・九・二九〕、ヒトラーによるオーストリア併合とズデーテン地方占領の後に、スターリンは、はじめて見解を明らかにして、この世界を震撼させたナチスの征服にたいして反応を示した。世界は、ヒトラーにたいするスターリンの友好的な申し出に仰天した。そして、三日後、ヒトラーがチェコスロヴァキアに侵入を開始したときには、啞然としたのだった。

スターリンのヒトラー宥和政策の記録は、公然、秘密の記録いずれを問わず、ヒトラーの政策が侵略的になればなるほど、スターリンの求愛は激しさをましたことを明らかにしている。そして、スターリンが、ヒトラーに首ったけになればなるほど、ヒトラーの侵略は、ますます大胆になっていった。

ヒトラーの勃興のずっと以前に、いやスターリンの勃興のずっと以前にさえも、事態の圧力は、独ソ両国の協力を命じていたのだった。ヒトラーをさかのぼること一〇年以上前に、一九二二年のラッパロ条約で、モスクワ・ベルリンの絆が結ばれた。当時、ソ連邦と、ワイマール共和国の両国は、村八分にされ、ともに連合国と仲違いをしており、ともにヴェルサイユ体制に反対していたのだった。両国は、伝統的な商業関係と相互の利益をもっていた。

この一〇年を通じてライヒスヴェア、すなわちドイツ国防軍と赤軍との間に秘密取決めが存在したことは、今日では、周知のこととなっている。ソヴィエト・ロシアは、ヴェルサイユ条約がワイマール共和国に課した砲術、戦車将校の訓練と、航空および化学兵器の開発の禁止条項を免かれる道を開いてやった。この訓練と開発とはソヴィエト領内でおこなわれた。他方赤軍は、ドイツの軍事的知識によって利益を得た。両国の軍部は、情報を交換し合った。また、周知のように、その一〇年間、両国の間で通商が盛んにおこなわれた。ソ連にドイツ人は、資本を投下して利権をえた。ソヴィエト政府は、ドイツから機械と技術者を輸入した。

以上が、ヒトラーの威嚇的な姿が現われてきた時の情勢だった。ヒトラーの権力獲得の七、八ヵ月前、一九三二年の初夏だったが、ダンツィッヒで、わたしは、頑固な君主主義者であるドイツ参謀本部付高級将校の一人に会った。かれは、わたしに会うために急遽ベルリンからやってきたのだった。かれは、昔流の軍人で、ロシアとの協力によるドイツ帝国の再興を信じていた。

わたしは、ヒトラーが首相となった事件と関連して、ドイツの政策について、かれの意見をたたいた。われわれは、『わが闘争《マイン・カンプ》』のなかで輪郭づけられているヒトラーの考え方を議論した。このドイツ将校は、将来の動向を分析して、次のように結論した。

「ヒトラーに来させ、仕事をやらせるさ。それから、われわれ、軍は、奴を手早く片づけるだろう。」

わたしは、モスクワに提出したいから、かれの見解を文書にしてくれないかと頼むと、かれはそうする旨承諾した。かれの書いた報告は、クレムリンの指導者層の間で反響をよんだ。独ソ間の軍事的・経済的連繋は、ヒトラーとても無視できないほどに根強いものだという意見が、広く行なわれていた。モスクワは、ヒトラーの共産主義にたいする悪罵を、権力への途中での策略だとみなした。ヒトラーの共産主義非難には、それなりの役目があった。けれども、協力を必要とする両国の基本的利益を変えることはできなかった。

スターリン自身、このドイツ将校の報告を読んで非常に安堵した。「東方への圧力」というナチスの教義を十分気にしながらも、かれは、赤軍・ドイツ国防軍間の協力の伝統に慣れそんでいたし、ドイツ軍と、フォン・ゼークト将軍麾下のその指導層にたいして、全幅の敬意を抱いていた。このドイツ参謀本部将校の意見は、かれ自身の見解にぴったり一致するものだった。スターリンは、最初、ナチスの運動をヴェルサイユ講和にたいする一つの反動とみた。ヒトラーの下で、ドイツがおこなうだろう全てのことは、ヴェルサイユの軛を除くことだと思った。ソヴィエト政府は、最初に、この軛をたたいたのだ。事実、モスクワ・ベルリン提携とは、そもそも、勝利者たる連合国の貪欲にたいして、ともに反対した事実から導きだされたものなのだった。

こういった理由で、スターリンは、ヒトラー勃興後にも、ベルリン・モスクワ間の秘密提携を破る努力をしなかったのである。逆に、これを、維持しようとして最善をつくした。権力獲得後三年の間に、徐々に赤軍とドイツ国防軍との間の密接な結びつきを解消したのは、ヒトラーに他ならなかった。だが、これは、スターリンを思い止まらせはしなかった。かれは、ヒトラーの友情をえるのに、いよいよ汲々とするだけだった。

一九三三年一二月二八日、ヒトラーが首相となってから一一ヵ月後、モロトフ首相は最高ソヴィエト会議の席上で発言し、スターリンが従来のドイツ政策を踏襲しつづけることを明言した。

「ドイツとの関係は、つねにわが対外政策中できわだった位置を占めている……ソ連としては、その対独政策を何ら変更する理由をもっていない。」

翌日、やはり同じ席上で外務人民委員リトヴィノフは、モロトフよりも、もっと突込んだ発言をして、ヒトラーとの諒解を説いたのだった。リトヴィノフは、『わが闘争』中で明らかにされている旧ドイツ領土の回復に関する綱領を述べた。「炎と劒により、ソ連国境で止まることなく東方への道を拓き、この連邦の諸民族を奴隷化する」というナチスの決意について語った。そして、リトヴィノフはつづけていった。「われわれは、一〇年にわたって、緊密な経済・政治関係でドイツと結ばれている。われわれは、ヴェルサイユ条約と、そのもたらす結果に何の関わりもない唯一の大国である。この条約がわれわれに留保した権利と利益を、われわれは放棄した。ドイツは、わが国対外貿易において第一位を占めている。わが国とドイツは、この両国間の政治・経済関係から非常な利益をひきだした。（全ソ執行委員会のカリーニン議長発言、「とくにドイツが！」）これらの関係を基礎に、ドイツは、昨日の勝利者に向って、もっと勇敢に、自信をもって発言することができるのである。」

　カリーニン議長の合の手で強調された暗示は、ヒトラーに、かれがヴェルサイユの勝利者に挑戦できるのは、ロシアの援助のお蔭だということを銘記させようとするものだった。ついで、リトヴィノフは、次のように形式的な言明をおこなった。

　「われわれは、他の諸国とのように、ドイツと最良の関係をもつことを望んでいる。このような関係から、ソ連とドイツの両国は、利益のみをえるであろう。われわれとしては、西方、東方、あるいは他のどんな方向であれ、拡張しようとは欲していない。われわれは、ドイツがわれわれに向って同じことをいうのを期待したい。」

　それを、ヒトラーは、いわなかった。だが、それでも、スターリンは、思い止まらなかった。それは、スターリンに、さらに執拗にナチス政権に言いよるのを励ましたのだった。

　一九三四年一月二六日、スターリンみずから、共産党第一七回大会で発言して、ヒトラー宥和の努力をつづけた。そのとき、ヒトラーが政権についてから一年だった。モスクワの政治的申し出を、片端から拒絶したが、かれは、それでも有利な貸付条件でソ連との貿易戦をはじめた。スターリンは、これを政治的善意の徴候と解釈した。「かつてはウクライナを占領し、レニングラードへの進撃を企て、バルチック海沿岸諸国をこの進撃のための基地に変えたドイツ皇帝の政策」への復帰を望むあのナチス分子に、スターリンは言及した。スターリンは、ドイツの政策に変化が生じたと語った。かれによれば、この変化の理由は、国民社会主義《ナチズム》理論にあるのではなく、ヴェルサイユ体制に復讐しようとする欲望に求められるのだった。スターリンは、ソ連が「ドイツにおけるファシスト政権の樹立」によって、そのベルリンにたいする政策を変えたということを否定し、次の言葉でヒトラーへ手をさしのべたのである。

　「もちろん、われわれは、ドイツのファシスト体制をすこしも歓迎するものではない。しかし、ここでは、ファシズムは、争点ではない。それというのも、イタリアを例にとれば、そのファシズムによって、イタリアとの良好な関係を樹立することが妨げられるものではないという理由からに他ならないのだ。」

　ベルリンは、スターリンのさし出した手を無視した。この問題に関して、ヒトラーは異る考え方をしていた。だが、スターリンは、挫けないだろう。ただ、かれは、手段を変えることにしたのだ。ナチスの反共圏設立の煽動をヒトラー側の策略と見立て、策略には策略で応えることを決めたのである。それ以来、ソヴィエト政府は、ヴェルサイユ体制の擁護者として現われるだろうし、国際連盟に加盟し、反独ブロックと結ぶことさえするだろう。このような策略が、必ず伴うことになる脅しは、ヒトラーを正気にさせるだろうとスターリンは、考えたのである。

スターリンは、このとんぼ返りのための道ならしに、一人の有能なジャーナリストをえらんだ。ソヴィエトの全世代は、ヴェルサイユ条約が、これまでに作られたもっとも有害な道具であり、その張本人たちが海賊の一味であるという信念で、育てられてきたことを銘記すべきである。ソヴィエト政府を、ヴェルサイユ体制擁護者の衣裳に着せかえるのは、楽な仕事ではなかった。ソ連には、国内と国外の双方にぴったりするような宣伝の曲芸をやってのけられる唯一人の人間がいた。それは、後になって、一九三七年一月の大粛清裁判で悲劇的な役割を演じることになったカール・ラデックだった。スターリンは、ロシアと世界の世論に、自分の戦術転換を知るのを覚悟させるためにラデックを選んだのである。あの頃、一九三四年の初春だったが、わたしは共産党中央委員会の本部で、ラデックによく会った。当時、モスクワの内輪の人々の間では、クレムリンの政策における来たるべき転換に、徐々に迫ってゆく一連の論文を執筆するようラデックが委任されたことをめぐっての話で、もち切りだった。

これらの論文は、共産党中央機関紙プラウダと政府機関紙イズヴェスチヤの両方に発表される予定だった。そうして、世界中で報道され、あらゆるヨーロッパの政府が、綿密に検討するはずだった。ラデックの任務は、ヴェルサイユ講和のぼろを隠し、パリとの新しい友好的時代を開き、海外のソ連同情者にこのような立場が共産主義と調和することを納得させ、また同時に、ドイツとの諒解のために門戸を開けておくということだった。

ラデックの事務室に、度々呼ばれたので、わたしは、かれが毎日のようにスターリンと協議するのを知っていた。時には、かれは一日に何回もスターリンの執務室にかけ込んでいっただろう。かれの書く一言一句も、スターリンみずから検閲した。だから、この一連の論文は、どうみても、ラデックとスターリンの合作だった。

これらの論文が準備されている間に、外務人民委員リトヴィノフは、ヒトラーとの協定に達するために、懸命になっていた。四月、リトヴィノフは、ドイツにたいして、共同して、バルチック沿岸諸国の独立と不可侵性を保証しようという提案をおこなった。ベルリンは、この申し出をけった。

ラデック論文は、ソヴィエトのフランスおよび小協商諸国への歩みよりと、ドイツからの遠ざかりとを先ぶれするものとして、広く歓迎された。ラデックは、次のようにかいた。「ドイツ・ファシズムと日本帝国主義は、世界再分割をめざす闘争をおこなっている。この闘争は、ソ連、フランス、ポーランド、チェコスロヴァキア、ルーマニアおよびバルチック諸国、さらには、中国とアメリカ合衆国を目標としている。そして、イギリス帝国主義は、この闘争をソ連にもっぱら向けさせようとしているのだ。」

この頃、わたしは、ラデックと話しあった。かれは、自分の課題について、わたしが通じているのを知っていた。わたしは、われわれの「新政策」について若干の意見を述べ、これが事情を知らないひとびとの間でどんな印象で迎えられているかを話した。

ラデックは、堰をきった洪水のように、喋りまくった。「われわれが、ドイツと手を切れるなどと想像するのは、馬鹿ものだけだ。ここに、わたしが書いていることと、現実とは、別なんだ。」

ラデックは、わたしには分りきった論法で、まくしたてた。ヒトラーの下でも、われわれと、うまくいっているドイツ国防軍との関係や、ドイツ大産業との関係をあげた。ヒトラーは、産業家のいいなりではないか。ヒトラーは、ロシアとの協力に賛成している参謀本部に反対するようなことがありえようか。ヒトラーが、われわれと大規模な取引をやっているドイツの大企業と、けんかするようなことがありえようか。この二つの勢力が独ソ関係の支柱なのだ。

ラデックは、ソヴィエト・ロシアが共産主義者と社会主義者の迫害を理由に、ドイツに敵対すべきだと考える人々を、馬鹿ものだと非難した。事実、ドイツ共産党は、粉砕された。その指導者テールマンは牢獄にいた。幾千もの党員たちは、強制収容所にいた。だが、これと、ソ連の死活の利益を考えることとは別だ。この利益は、ドイツ帝国《ライヒ》との協力政策の継続を要求しているのだ。

ラデックが執筆している論文についていえば、それは、一体、事実とはどんな関係があったろうか？　それは、政治的かけひきの産物に他ならなかった。それは必要な政策だった。スターリンは、ドイツとの決裂を考えてはいなかった。逆に、ベルリンをモスクワに近よせようと企てていたのだ。

こういったことの全部は、クレムリンの政策の内情に明るいわれわれにとっては、初歩的なことだった。一九三四年の春、われわれのうちで誰ひとり、ドイツとの仲違いが可能だとは考えていなかった。ラデック論文を、われわれ皆は、スターリンの戦術だとみなしていた。

リトヴィノフは、表向きは、いわゆる東欧ロカルノ条約のために、ヨーロッパ諸国の首府訪問の旅にでかけた。この条約は、東ヨーロッパ諸国の現国境線を、全関係政府の相互の協定にもとづいて、保全しようとするものだった。リトヴィノフは、ジュネーヴを訪れた。この訪問をめぐって、ラデック論文で始められた仕事を完成するものとして、仏ソ間の接近が近いという噂が世界に流布された。同じ頃、スターリンは、政治局で相変らず主張し続けていた。「なにはともあれ、われわれは、ドイツ人とうまくやっていかなければならない。」

一九三四年六月一三日、リトヴィノフは、当時ヒトラーの外相コンスタンチン・フォン・ノイラート男爵と会談するためにベルリンに足を止めた。リトヴィノフは、かれの提案する東欧ロカルノ条約に、ドイツが加わることを勧めた。フォン・ノイラートは、断乎としてこの招請を拒絶し、無愛想に、このような取りきめは、ヴェルサイユ体制を永久化するにすぎないと指摘した。リトヴィノフが、モスクワは、軍事的同盟によって他の国々との結びつきを強めるかも知れないとほのめかすと、フォン・ノイラートは、ドイツがこのような包囲の危険を喜んで冒すだろうと答えたのだった。

翌六月一四日、ヒトラーは、ヴェネツィアで、ムッソリーニに会い、昼食をともにした。

スターリンは、またまた、ベルリンにすげなくされたにもかかわらず、へこたれなかった。かれは、ソヴィエト通商使節を通じて、ドイツの指導者にヒトラーとの諒解をもとめる自分の誠意を分らせようと、終始熱心だった。そうして、かれらに今後モスクワがドイツに幾多の譲歩をするだろうと知らせたのである。

時を同じくして、スターリンは、ポーランドにその政策をドイツに不利なように変えさせようとした。ポーランドがどの道をゆくかは、この当時、誰も知らなかった。この問題を検討するために政治局の特別会議が招集された。リトヴィノフとラデックは、軍事人民委員部の代表と同様に、ポーランドをソ連と結ぶように動かすことができるだろうという見方をした。ただひとり、この見方をとらなかったのは、オゲペウの外事局長のアルトゥーゾフだった。かれは、何らかのソ連・ポーランド間の協定を絵に描いた餅だとみなした。こうして、政治局の大勢と対立したアルトゥーゾフは、スターリン自身に「きみは、政治局に誤りを伝えている」といわれ、発言を封じられてしまった。

スターリンのこの言葉は、すぐに、内輪のひとびとの間に伝わった。「向うみずの」アルトゥーゾフは、もうおしまいだと思われた。その後の事件は、アルトゥーゾフの見解が正しかったことを証明した。ポーランドは、ドイツにくみし、このことは、しばらくアルトゥーゾフをすくったのかも知れない。アルトゥーゾフは、フランス語教師として帝制時代にロシアに住みついたスイス人だった。第一次大戦前に革命運動に加わり、一九一七年には共産党に入党した、小柄な、銀髪で、山羊ひげを生やし、音楽が好きなアルトゥーゾフは、あるロシア婦人と結婚して、モスクワに家庭をもっていた。一九三七年、大粛清にまきこまれて、かれは逮捕処刑された。

ポーランドとの失敗は、ヒトラーを宥和することが必要だというスターリンの確信を深めた。ベルリンに、友好的取きめを準備している旨を、スターリンは、あらゆる経路を使って伝えた。六月三〇日に起ったヒトラーの血の粛清によって、スターリンは、ヒトラーにたいする評価を非常に高めたのだった。ヒトラーは、はじめてクレムリンの人間たちに、自分が、権力の振い方を知っているということを、名実ともに一個の独裁者であるということを示した。かりに、スターリンが、以前には、鋼鉄の腕で支配し、反対派を潰し、強力な政治勢力や軍隊にたいしてさえ、権力を振まいうるヒトラーの能力を疑っていたとしても、今やこの疑いは一掃されてしまった。このときから、スターリンはヒトラーのうちに、一人の主人、世界を相手取ることができる一人の人間を認めたのである。何よりも、このことが、どんな犠牲を払っても、ナチス政権との諒解を獲得しなければならないという六月三〇日のスターリンの決定に責任があるのだ。

二週間後の七月一五日、ラデックは、ソ連政府機関紙イズヴェスチヤ紙上に執筆して、ヴェルサイユ列強とのモスクワの連合というお化けを、ベルリンにたいして描いてみせた。けれども、次の矛盾した言葉で、最後に結んだのである。

「ソ連邦とファシスト・イタリアとが良い友達であるからには、ファシスト・ドイツとソ連邦とが、いっしょにやってゆけないはずはない。」

ヒトラーが外相フォン・ノイラートを通じて送った〃ドイツは孤立化を恐れない〃という警告は、スターリンにその対策をとらせた。

当時、赤軍とドイツ国防軍との間の緊密な関係はまだ続いて存在していた。両国間の通商関係も、非常に活潑だった。したがって、スターリンは、モスクワにたいするベルリンの政治路線を、有利な外交上の立場を目指す策動の一つと考えた。計略にひっかけられまいとして、これに応えようと決めたのだった。

リトヴィノフは、ジュネーヴに、再び派遣された。そこで、一九三四年一一月の末に、ピエール・ラヴァルと仏ソ相互援助条約を目的とする予備的取りきめが交渉された。この条約は、故意に、他の列強が加わることができるものとされていた。この協定書は、一二月五日、ジュネーヴで調印された。

四日後、リトヴィノフは、次のような声明をおこなった。「ソ連邦は、ドイツとの円滑な関係を常に希望し続けている。フランスの対独態度もまた、このようなものだと、わたしは信じている。東欧ロカルノ条約は、これら三国間ならびに他の同協定締結諸国間の友好関係の創造と一層の発展を可能にするであろう。」

ヒトラーはこの策動にたいして、ついに反応した。多額の借款が、ソ連にたいして開設された。スターリンは、大いに力づけられた。かれの判断によれば、ドイツの財政上の利害が、ヒトラーを動かしているのだった。

一九三五年の春、アントニー・イーデン、ピエール・ラヴァル、エドゥアルド・ベネシュがモスクワを訪問した時には、スターリンは、自分が最大の勝利と見なしたものの点数を数えていた。ドイツ国立銀行《ライヒスバンク》は、ソ連邦政府に二億マルクの長期借款を与えたのだった。

一九三五年八月二日の夕方、わたしは、モスクワ、ルビヤンカのオゲペウ外事局で、アルトゥーゾフや、かれの部下の局員たちと同席した。それは、レヴァネフスキーが、はじめてモスクワから北極を横断してサンフランシスコに向う名高い飛行に出発する晩だった。われわれ皆は、レヴァネフスキーと、その二人の同乗者が、アメリカに出発するのを見送りにゆくため、迎えの車がくるのを待っていた。車を待つ間に書類を金庫にしまっていると、ナチス政府とのソ連の関係を論じた書類が目にとまった。アルトゥーゾフが、ベルリンで活動している、われわれの幹部諜報員の一人から送られてきたばかりの信用度の高い秘密報告を纏めたものだった。それは、スターリンを悩ましている疑問、「ソ連邦との友好にくみしているドイツにおける勢力は、何であり、またどの程度強いか？」に答えるために準備されたものだった。

ドイツにおける国内的経済・政治条件、起こりうる不満の要素、フランスその他列強との関係、ヒトラーをとりまく支配的影響力についてきわめて興味深く分析した後で、われわれの報告者は、次の結論をひき出していた。

「ヒトラーを宥和し、味方につけようとするソヴィエトの試みは、全部失敗している。モスクワとの諒解を妨げる主要な障碍は、ヒトラー自身である。」

この報告は、われわれ皆に深い印象を与えた。そこにみられる論理と事実は、抗弁の余地がないように思えた。われわれは、「大首領」が、これをどう受け取るかなと思った。アルトゥーゾフは、ドイツに関するスターリンの楽観は揺がないだろうといった。

「つい、この間の、政治局の会議で、首領がいったことを知っているかい？」アルトゥーゾフは、手を振っていった。それからスターリンの言葉を引用したのだった。

「さて、われわれに巨額の貸付をした今となって、ヒトラーは、どうやってわれわれに戦争を仕かけることができるだろうか？　それは不可能だ。ドイツの産業界は、非常に強力であって、たづなを握っているのだ。」

一九三五年九月、私は軍事諜報機関長としての新しい部署につくため、西ヨーロッパに向って発った。一月たたぬうちに、わたしはモスクワに引きかえした。この急な帰還は、異常な事態の発生によって惹き起されたのだった。

前任者から諜報網を引き継いでみると、ドイツで活動するわが諜報機関員の一人が、ベルリン駐在日本大使館付武官大島浩少将と、特別対外関係でヒトラーを非公式に代表するヨアヒム・フォン・リッベントロップ男爵との間の秘密交渉を追求しているのを、わたしは知った。

この交渉が、わたしの側として非常な関心を払う必要のあるソヴィエト政府にとってきわめて重要な事柄だと、わたしは判断した。その経過の監視は、常套的な事柄ではないだろう。この任務には、われわれの使えるもっとも有能で、勇敢な人間が必要とされた。この件で、本部と協議のために、わたしは、モスクワに帰ったのだった。わたしは、大島・リッベントロップ会談に関する情報入手をとことんまで押し進めるために必要な全ての権限と手段をもって、オランダに帰任した。

この会談は、通常の外交径路の外でおこなわれていた。ベルリン駐在日本大使とドイツ外務省は、関係していなかった。ヒトラーの特命全権フォン・リッベントロップは、大島将軍とこの問題を私的に処理していた。一九三五年末までに、わたしが入手した情報は、疑惑のかげで、交渉が決定的な目標に向って進捗していることを示していた。もちろん、われわれは、この目標とは、ソ連邦を行き詰まらせようとすることであるのを知っていた。

また、日本陸軍が数年来、ドイツの特別対空機関砲の設計図と見本を手に入れようと躍起なのを知っていた。東京の軍国主義者は、兵器に関する最新の技術特許の総てを、ベルリンから得るためには、どんなことでもするということを隠さないでいた。これが、日独交渉の出発点だった。

スターリンは、事態の発展と密接な接触を保っていた。表面的には、モスクワは、日独間の交渉を、派手に叩こうと試みた。一九三六年一月始め、なんらかの秘密協定が日独間に締結されたという情報が西欧の新聞に報道され始めた。一月一〇日、ソヴィエト首相モロトフは、この報道に公けに言及した。二日後、ベルリンと東京は、この噂には何ら実体がないと否定した。この宣伝の唯一の効果といえば、交渉の秘密保持を高め、日独政府にその協定の実体を隠す工夫をさせたということだった。

一九三六年を通じて、全世界の首府は、日独交渉に関する公式・非公式の報道でざわめき立っていた。外交界は、刺戟的な思惑で、興奮していた。日独協定の文書による証拠を入手するようモスクワは、われわれに強く要求した。ドイツにいるわたしの機関員たちは、ほとんど克服できないような困難に直面して、生命の危険を冒していた。かれらは、どんな支出も高すぎないし、どんな冒険も大きすぎないことを知っていた。

われわれは、交渉中ナチス秘密機関が、大島将軍と東京の間でかわされた暗号電報を傍受して記録しているのを知っていた。一九三六年七月末、この秘密通信の完全な文書綴りが、ついに、われわれのベルリン駐在工作員によって写真複写の形で入手されたという報告を受けとった。こうして開かれた径路によって、われわれは今後大島・日本政府間でとりかわされる電文を入手できるはずだった。

このはかり知れないほど貴重な資料が入手されたことを知って、ドイツからそれが安全に送り届けられてくるのを待つ、それからの数日間、わたしの神経は破られそうだった。慎重を期して、忍耐強く待たねばならなかった。

八月八日、書類の所持者が、ドイツ国境を越え、アムステルダムに到着の予定という暗号が入った。この報告が着いたとき、わたしはロッテルダムにいた。わたしは、助手を連れて車に飛び乗り、アムステルダムに向って、まっしぐらに、とばした。途中、資料をわたしに手渡そうと急いでいたわれわれの工作員に会った。わたしたちは高速道路上で車を停めた。

「これです。とうとう手に入れました」といって、かれは、いく本かのフィルム——通常この形でわれわれのどの通信も納めているのだが——を手渡した。

わたしは、秘密の写真現像室があるハールレムに直行した。大島文書は、暗号に組まれていたが、われわれは日本の暗号解読書を入手していた。また、ハールレムには、モスクワでやっと見付けだした第一級の日本語専門家が、待っていた。わたしは伝書使が、この文書をもってゆくまでモスクワを待たせることはできなかったし、オランダから暗号電報を発信することもできなかった。わたしは、部下のひとりに、モスクワ宛の長文の電報を打つため、パリに、いつ何時でも発てる準備をするようにいった。

文書が解読されてゆくと、わたしは自分のまえに、東京と大島との通信の全容があるのを知った。それは、フォン・リッベントロップとの交渉の総てと、東京からの訓令とを、ついに明らかにするものだった。

大島将軍は、かれの交渉が、ヒトラーじきじきの監督の下におこなわれていると報告していた。ヒトラーは、しばしばリッベントロップと協議して、かれに指示を与えるのだった。大島の通信は、交渉の目的が、西欧と太平洋地域で、ベルリンと東京がおこなうあらゆる動きを調整するための秘密協定を締結することだった。一年以上の交渉経過に、この通信が及んでいるにもかかわらず、共産主義インターナショナルについての言及もなければ、共産主義に対抗する措置に関する示唆も見出されなかった。

秘密協定の条項の下で、日独は、両国間でソヴィエト連邦と中国に関係するすべての事柄を調整することと、ヨーロッパと太平洋地域のいずれにおいても、相互に協議することなしには、行動しないことを密約していた。また、ベルリンは、その兵器の改良を東京の利用に供し、日本と軍事使節団を交換することに同意していた。

ある日の午後五時、伝書使は、暗号電文をもってパリに発った。

わたしは、家に帰って、何日かの休養をとった。そのとき以来、大島将軍と東京間の通信は、定期的にわれわれの手中に流れ込んできた。秘密協定が作成されて、大島将軍とフォン・リッベントロップがこれに署名したことが、ついに明らかになった。協定は、日独間の協力分野を、中国およびソ連邦外での権益を含むように拡張することについても触れていた。解決が残された唯一の問題は、この秘密協定をいかに偽装するかという点にあった。ヒトラーは、世界の世論をごま化す企みとして、反コミンテルン協定を立案することに決めた。

〔一九三六年〕一一月二五日、ベルリン駐在のソ連を除く各国使節の前で、反コミンテルン協定が、日独両国政府代表によって調印された。この協定は、二つの短い条項からなる公開文書であった。その背後には、秘密協定が隠されていて、その存在は知られなかった。

スターリンは、もちろん、わたしが、あばいたこの秘密協定の一件書類全部を入手していた。かれはソ連政府が万事承知していることをヒトラーに見せようと決めた。外務人民委員リトヴィノフがベルリンに不意打ちをかける役目を与えられた。一一月二八日、ソヴィエトの緊急会議で演説して、リトヴィノフは言った。

「物事をよく知っている人々は、日独協定のうちで公表された貧弱な二ヵ条を作成するために、一五ヵ月間も交渉をおこなうことが必要だったということ、またこの交渉が日本の将軍とドイツの高級外交官に委ねられねばならなかったということ、しかも、極秘裡にドイツと日本の公式外交界にたいしてさえ、秘匿されて進められねばならなかったということを信ずるわけにはゆかない……」

「公表された日独協定についていえば、諸君が、そのなかに何らかの意味をお探しになろうとしない方がよいと申しあげたい。なぜならば、事実、何の意味ももっていないからだ。それは、時を同じくして議論され、多分署名され、非公開とされて公表されなかった他の協定を覆い隠すものなのである。」

「わたしは、自分の言葉を十分はかった上で、この秘密文書を作成するためには、日本の陸軍武官とドイツの高級外交官が一五ヵ月の間、専心していたと確信する。この文書中には、共産主義なる語さえ語られていないのである。」

「この日本との〔ドイツの〕協定は、ある大陸上で戦争が勃発した場合には、これを少くとも二つ以上の大陸に拡大することを意図している。」

ベルリンが、愕然としたのは、いうまでもなかった。この事件でのわたしの役割についていえば、モスクワはこれを大成功として歓呼した。わたしは、レーニン勲章を推薦された。関係者全部が受勲を承認されたが、赤軍の粛清の時にうやむやになってしまった。わたしは、とうとう勲章を受けとらなかった。

わたしが、すでにアメリカにいたときに、日独秘密協定のアメリカへの余波に、私は関心をひかれた。一九三九年一月、ヒトラーは、私設副官のフリッツ・ヴィーデマン大尉を、サンフランシスコ総領事に任命した。フリッツ・ヴィーデマンは、第一次大戦中、ヒトラー伍長の上官だった。そして総統のいちばん親しい信頼厚い協力者の一人なのである。一見したところ、余り重要でない太平洋岸の部署に、このような人物を任命したことは、日独秘密協定の内容を示唆するものだ。

大島中将は、一九三八年一〇月に、駐在武官からドイツ大使に昇任し、信任状を一一月二二日にヒトラーに提出した。

さて、ベルリン・東京協定のクレムリン外交政策への影響は、どのようなものだったろうか？　スターリンは、ソ連にたいするヒトラーの包囲政策に、どのように反応しただろうか？

スターリンは、その二つの同時的な行動方針を継続した。かれが表面で実行した、一連の策動は、公然の記録に記されている。かれは、特別協定によってフランスとの結びつきを強め、同盟をせがんだ。かれは、チェコスロヴァキアとの相互援助条約を取りきめた。反ファシスト世界の至るところで、連合戦線の運動を開始した。リトヴィノフに、ソ連を日独の侵略から防衛するためにあらゆる大小列強を一致させるのを目的とした集団安全保障のための運動を始めさせた。スターリンは、パリとロンドンとのさらに密接な絆を作るためにスペインに介入した。

けれども、こういった表面の動きは、ヒトラーに印象づけること、ドイツとの緊密な一致という唯一の目標をもっていた自分の裏面の策動に成功をもたらすことだけを目的としたものだった。日独協定が調印されると直ちに、スターリンは、かれの個人的密使であるベルリン駐在ソヴィエト通商使節ダヴィド・カンデラキーに、通常の外交径路から外れて、何としてもヒトラーとの取引に到達することを命じた。この頃開かれた政治局の集まりで、スターリンは、かれの補佐官たちに向って、はっきりと告げた、「きわめて近い将来に、われわれはドイツとの協定を達成するだろう。」

一九三六年一二月、わたしはドイツにおけるわれわれの活動を放棄せよという命令を受けた。一九三七年の最初の幾月かは、カンデラキーの秘密交渉が望ましい結果をえるという期待のうちに過ぎていった。四月にかれが、ドイツ駐在のオゲペウ代表を伴って、ベルリンから到着したときに、わたしはモスクワにいた。カンデラキーは、ナチ政府との協定草案を携えてきた。かれは、スターリンにひそかに呼ばれた。スターリンは、自分が、ついに、あの一連の策動の目的に達したと信じた。

この頃、わたしは、当時オゲペウの長官で、わたしの活動のあるものについてスターリンに報告してきたばかりのエジョフと長時間会談する機会があった。エジョフは、若い頃金属工をしており、スターリンの学校で身を起したのだった。この恐れられた大粛清の総帥は、単純な考えの持主だった。政策上のどんな問題でも、かれは、直ぐにスターリンにもち込み、首領のいったことは何であれ、一語一語復唱して、それから行動に移すのだった。

エジョフとわたしは、ドイツ国内の不満と、古い君主主義者グループが示すかもしれないヒトラーにたいする反対とに関して、われわれが入手していた種々の報告を討議した。エジョフは、その日に、同じ主題を、スターリンと討議していたのだった。かれの言葉は、実際、首領自身のいったことを吹き込んだレコードだった。

「ドイツ軍部内でのヒトラーにたいする不満云々という、このたわ言は、一体どういうことだ？」とかれは、どなった。「軍隊を満足させるものは、何か？　十分な糧食？　ヒトラーは、そいつを与えている。優秀な武器と装備？　それもヒトラーは、供給している。

名声と名誉？　これも、ヒトラーは与えている。権力と勝利の意識？　それも、ヒトラーは、与えている。ドイツでの軍隊の不穏という話は、全くのたわ言だ。」

「資本家についていえば、何のために皇帝が必要だろうか？　かれらは、労働者を工場に連れ戻そうとした。連中のために、ヒトラーが、そいつをしてくれた。連中は、共産主義者を厄介払いしようとした。ヒトラーは、かれらを監獄と強制収容所にほおり込んだ。資本家たちは、労働組合とストライキで育ってきた。ヒトラーは、労働を国家統制の下に置き、ストライキを非合法化した。産業家が、不満を抱く理由がどこにあろうか？」

エジョフは、同じ調子で続けた。ドイツは強力だ。今や、世界最強だ。ヒトラーが、ドイツをそうしたのだ。それを誰が疑えようか？　正気ならば、誰がこの事実を考えずにすませられようか？ソヴィエト・ロシアにとって、進路は一つしかない。ここで、かれは、次のスターリンの言葉を引用していった、「われわれは、ナチ・ドイツのような強力な国家と諒解に達しなければならないのだ。」

しかしながら、ヒトラーは、またもや、スターリンの申し出をけった。一九三七年の末までに、スペインにおけるスターリンの計画の挫折と、中国における日本の成功とによって、ソ連の国際的孤立は、極端なものとなった。そのとき、スターリンは、表面では、列強の二つの主なグループの間で中立の立場をとった。一九三七年一一月二七日、レニングラードで演説した外務人民委員リトヴィノフは、民主主義諸国のファシスト諸国にたいする手ぎわを嘲笑した。しかし、スターリンの内に秘めた目的は変らなかった。

一九三八年三月、スターリンによって、レーニンの緊密な協力者でソヴィエト革命の生みの親に数えられていたボリシェヴィキ、ルイコフ＝ブハーリン＝クレスチンスキー・グループの一〇日間にわたる大裁判がおこなわれた。これらのヒトラーにとって憎むべきボリシェヴィキ指導者は、スターリンによって、三月三日に銃殺された。三月一三日、ロシアから抗議を受けずに、ヒトラーは、オーストリアを併合した。モスクワの唯一の反応は、民主主義諸国家の会談を呼びかける提案だった。ヒトラーが、一九三八年九月にズデーテン地方を併合したとき、ふたたび、リトヴィノフは、プラハへの共同援助を提案したが、国際連盟による行動という条件付のものとした。スターリン自身は、一九三八年という宿命の年を通じてずっと、沈黙していた。ミュンヘン〔協定〕以降、かれの相変らずのヒトラーへの媚態のしるしは、なくなってはいなかった。

一九三九年一月一二日、ベルリンの全外交団の前で、ヒトラーは、新任のソヴィエト大使と、これみよがしに談笑した。一週間後には、ロンドンのニューズ・クロニクル紙上に、来るべきナチ・ドイツとソヴィエト・ロシア間の接近を報ずる記事が現われた。そして、この記事はスターリンの代弁者であるモスクワのプラウダに、批評も反駁も付されずに、直ちに、派手に転載された。

一月二五日、ロンドンのデイリー・ヘラルド紙の外国担当記者W・E・エワーは、ナチ政府が、「今では、ヨーロッパ大戦の事態に際して、ソ連は、中立・不干渉政策をとるであろうことを、ほとんど確信している」ということと「商業的であるより、むしろ政治的な目的」をもつドイツ通商使節団がモスクワに向いつつあることを報道した。

二月はじめに、モスクワがソ連産石油をイタリアとドイツ、およびローマ・ベルリン枢軸に友好的な国々にだけ売るという密約をしたことが明るみにでた。ソ連は、その歴史上はじめて、外国の民間会社への石油売却を停止した。この新しい政策は、イギリスとフランスとの戦争の場合に備えて、イタリアとドイツにとって生命の綱である必需物資を供給するものだった。

それから、一九三九年三月一〇日、金曜日、スターリンは、ついに口を開いた。それは、ドイツによるオーストリアとズデーテン・ラント併合以来の初めての発言だった。かれは、世界の世論に衝撃として受けとられたほど、ヒトラーにたいして異常な上機嫌を示した。かれは、ドイツとソヴィエト・ロシア間に「空気を毒し、紛争をひき起す」――それには明白な根拠がないと、かれはいった――ために民主主義諸国が画策しているといって、きびしく非難した。

スターリンの演説から三日後、ヒトラーはチェコスロヴァキアを解体した。二日後、かれは、チェコスロヴァキアを、全く消滅させてしまった。もちろん、これは、チェンバレンの宥和政策の結果だった。当時、世界は、それがスターリンの宥和政策の帰結でもあったということを考えなかった。ひそかに、終始、スターリンは、ローマ・ベルリン枢軸を、ロンドン・パリ枢軸にけしかけていた。かれは、民主主義諸国家の力を信じていないのだ。ヒトラーが中央および南東ヨーロッパの全問題を解決し、これらの地域の民衆と資源とをかれの政治的・経済的支配下に入れ、そこに、将来の作戦のための軍事的足場を拡げようと企てたことは、スターリンにとって明白だった。

スターリンは、ヒトラーが、この数年の間に、ほとんどあらゆる方向に、跳躍のための足場を求め、獲得してきたのをみていた。ヒトラーは、太平洋に錨を投げ込み、南アメリカに手をつけた。かれは、近東でイギリス帝国の間近に迫りつつある。そして、ムッソリーニの援助をえて、植民地アフリカに、くいを打ち込んだ。

スターリンは、いかなる代償を払っても、戦争を回避しようと望んでいる。戦争をもっとも恐れている。ヒトラーが、かれに平和を確保しようとするならば、大きな経済的譲歩を支払ってでも、ヒトラーにこれらの方向での自由行動を認めるだろう……。

以上のようなヒトラーのドイツにたいするスターリンの隠れた政策についての説明は、スターリン・ヒトラー協定調印によって世界が仰天した一九三九年八月二三日からさかのぼる数ヵ月前に書かれて、サタデー・イヴニング・ポスト誌に発表された。この協定に、著者が驚かなかったことは、いうまでもない。モロトフとフォン・リッベントロップは、両者ともに、ナチ・ソヴィエト協定が、ヨーロッパと世界の将来の歴史にとって、深刻な影響を及ぼすであろう独ソ関係における新時代を開始する旨、確言している。それは、絶対に真実なのである。

第二章　共産主義インターナショナルの最後

共産主義インターナショナルは一九一九年三月二日、モスクワで誕生した。それは、一九三九年八月二三日、モロトフ首相とドイツ外相フォン・リッペントロップによるナチ・ソヴィエト協定の調印によって、致命的打撃を受けた。だが、その衰退は、何年も以前に起った多くのことから、明白だった。

一九三四年五月のある朝、わたしは、オゲペウ防諜課長のヴォリンスキーと、モスクワのルビヤンカ・ビル一〇階のかれの事務所にいた。とつぜん、下の通りから、音楽と男たちの歌声がきこえてきた。下を見おろすと、行列が進んでゆくのが見えた。行進者たちは、ファシスト国防軍にたいして、ウィーンでバリケードに拠って英雄的に闘ったオーストリアの社会主義部隊「防衛団《シュッツブント》」の三〇〇人の隊員たちだった。ソヴィエト・ロシアは、社会主義の戦士たちのこの小部隊に、避難所を与えていたのだった。

わたしは、この五月の朝をいつも思いだす――自分たちの革命歌「ブリューダー・ツール・ゾンネ・ツール・フライハイト」(「兄弟よ、太陽へ、自由へ」)を歌って行進する防衛団員たちの幸福な顔、行進に合流したロシア人群衆の自然な友情。しばらくの間、わたしは、自分がどこにいるのかを忘れた。だがヴォリンスキーは、わたしを、地面にひきおろした。

「連中のなかに、スパイが何人いると思う？　クリヴィツキー」と、かれは、全く自然な口調できいた。

「一人もいないさ」わたしは、怒って答えた。

「きみは、大間違いをしているよ」とかれは、言った。「六、七ヵ月経てば、奴らの七割は、ルビヤンカ監獄に坐っているさ。」

ヴォリンスキーは、スターリン的機構が、どのような風に働いていたかを、よく判断していた。この三〇〇のオーストリア人のうち一人として現在、ソ連領土に留まってはいない。多くは、到着後間もなく逮捕された。他のひとたちは、国に帰れば、何が待っているかを知りながらも、旅券を手に入れるためにオーストリア大使館に群がり、長い刑期に服するために帰っていった。

かれらはいった、「ソ連で自由の身でいるより、オーストリアでぶち込まれている方がましだ。」

この亡命者の最後の者たちは、スペイン内戦の期間に、スペインにある国際旅団に、ソ連政府によって、船で送りだされた。スターリンは、敏速に全体主義的専制主義の道を歩いていた。そして、コミンテルンは、ずっと以前から、その本来の目的を放棄していた。

共産主義インターナショナルは、ヨーロッパが世界革命の前夜にあるという確信のもとに、ロシアのボリシェヴィキ党によって二〇年前に創設された(原注)。その指導的精神だったレーニンは、西ヨーロッパの社会主義・労働政党が、それぞれの国の政府が一九一四年から一九一八年にかけておこった「帝国主義戦争」を支持することによって、労働大衆の支持を喪失したものと固く信じていた。かれは、代議政体と、より公正な社会秩序への平和的進展に信を置くドイツ、フランス、英国、アメリカ合衆国の労働政党と労働組合連合がまったく時代遅れであって、万国の労働者に革命の引き綱を与えることが、勝利したロシア・ボリシェヴィキの任務だと信じた。レーニンを導びいた見透しとは、ヨーロッパ共産主義合衆国、また究極的には世界の共産主義秩序なのだった。

レーニンは、ボリシェヴィキが、その輝やく最初の勝利に熱狂しているにせよ、先進諸国の労働者階級の援助を受けずに、ロシアにおいて共産主義社会を建設することはできないと確信していた。かれは、遅れた農業国ロシアに少くとも、大工業国の一つが結びつかなければ、自分の大胆な実験が、失敗を運命づけられていると考えていた。ドイツにおける急速な革命に、かれは最大の希望をかけていた。

この二〇年の歳月は、レーニンが既存の労働者の組織、労働組合、政党組織のいずれをも過小評価し、民主主義、独裁のいずれを問わず、あらゆる政府の即時顚覆と、国際的な共産主義独裁制の樹立とを、スローガンとするロシア・ボリシェヴィズムの西欧への適応性を過大評価していたことを示している。

ロシア・ボリシェヴィキによって創設され、鼓舞され、指導されてきた共産主義インターナショナル（コミンテルン）は、二〇年間にわたって、その方法と綱領を、ソ連邦の国境外に植えつけようと努めた。それは、至るところに、共産党を創り、高度に中央集権化され、規律づけられたボリシェヴィキ党に範をとらせ、モスクワにある参謀本部にたいして責任と服従を負わせた。

コミンテルンは、地球の隅々に、工作員を派遣した。ヨーロッパ、極東、西半球で、大衆蜂起と軍隊反乱を計画した。そして、コミンテルンは、ついに、このような努力の一切が失敗すると、一九三五年に、その最後の政治活動路線である人民戦線に着手した。この最後の時期に、コミンテルンは、偽装と妥協の新しい武器を用いて、主要な民主主義国家の世論機関にとどまらず、政府機関のなかにまで浸透して、最大の運動をおこなったのである。

わたしは、ごく当初から、一九三七年まで、コミンテルンの工作を詳しく観察することができた。わたしは、その海外での革命活動に、一八年にわたって、直接の政治的・軍事的関係をもっていた。わたしは、スペインにたいするスターリンの干渉——この間に、コミンテルンは、その部隊を、戦いに投入した最後なのだが——を実際に受けもったものの一人だった。

コミンテルンとのわたしの協力は、一九二〇年、ロシア・ポーランド戦争の時期に始まった。当時、わたしは、スモレンスクに本部のあった西部戦線担当ソヴィエト軍事諜報部に配属されていた。ワルシャワに向って、トゥハチェフスキー麾下の赤軍が進む時に、ポ

（原注）　たまたまモスクワにいあわせた若干の社会主義者やボリシェヴィズムへの改宗者が、それぞれの国からの「代表」として働いた。しかし、スカンジナビヤ諸国の左翼の送った代表を別として、外国の革命運動が送った只一人の本当の代表で、ドイツにおけるスパルタクスブントを代表していたエーベルラインは、新しいインターナショナルの創設に反対投票するようにというローザ・ルクセンブルクの指令を携えてきた。

ーランド軍の戦線背後で、攪乱し、武器弾薬の輸送をサボタージュし、宣伝によってポーランド軍の士気を挫き、赤軍参謀本部に軍事・政治情報を供給するために、秘密に活動することが、われわれの部の任務だった。

われわれの活動と、ポーランドにいるコミンテルン工作員の活動との間には、境界線がなかったので、われわれは、可能な一切の方法で、結成後間もないポーランド共産党と協力した。そして、われわれは、革命的な新聞「スヴィート」（朝焼け）を発行して、ポーランド軍兵士の間にまいた。

トゥハチェフスキーが、ワルシャワの門の前に立った日に、農民議員のドンバルは、ポーランド議会で声明した。「わたしは、赤軍のうちに、敵をみていない。逆に、わたしは、赤軍をポーランド人民の友として歓迎する。」

われわれにとって、これは、きわめて重要な事件だった。われわれは、ドンバルの演説を、「スヴィート」に印刷して、数万部をポーランド全土に、なかでも、ポーランド兵士の間に配布した。

ドンバルは、直ぐさま逮捕されて、恐るべきポーランドの政治犯監獄であるワルシャワ城に監禁された。三年後に、ソヴィエト政府は、やっと、人質として捕えられていたポーランドの貴族と僧侶と交換で、かれの釈放をかちとった。それから、かれは、モスクワにやってきて、コミンテルンの英雄たちの一人として、歓呼を浴びた。数々の名誉が惜し気もなく、与えられて、高い地位にのぼった。一〇年以上の間、ドンバルは、共産主義インターナショナルのもっとも重要な非ロシア人役員の一人だった。

一九三六年に、かれは、一七年にわたって──ポーランド議会でのあの演説以来──ポーランドのスパイだったという罪名で、逮捕された。オゲペウは、ドンバルの赤軍歓迎は、かれの三年間の服役と同様に、ポーランド軍事諜報部が、あらかじめ仕組んであった陰謀の一部だと裁断した。ドンバルは、処刑された。

ロシア・ポーランド戦争を通じて、ポーランド共産党は、われわれの部と手に手をとって、活動した。そして、われわれは、この党を、赤軍との協力活動のために、準備した。ポーランド共産党は、前進するトゥハチェフスキー軍のあらゆる指令に従ったのだった。

ポーランド共産党員は、サボタージュを組織し、攪乱を行ない、フランスからの軍需品の陸揚げを阻止するためにストライキを組織した。わたしは、武器の輸送をとめるストライキを組織するために、ワルシャワ、クラコフ、レンベルグ、ドイツ領とチェコ領のシレジアへ、さらに、ウィーンへと旅した。わたしは、ピルスツキーの支配するポーランド向けのスコダ社製の武器を扱うよりは、職場を放棄するように説得して、オーデルベルグのチェコ鉄道分岐点で、効果的な鉄道ストライキを組織した。

「鉄道労働者諸君！」とわたしは、伝単のなかでかいた。「諸君は、きみたちの兄弟であるロシアの労働者を殺戮するための銃を、きみたちの鉄道で輸送しているのだ。」

同じ頃、ワルシャワ陥落を予想して樹立されたポーランド・ソヴィエト政府が、ポーランドの首都に向って、トゥハチェフスキーの幕僚とともに進んでいた。生え抜きのポーランド人革命家でロシア・チェカ（オゲペウの前身）の長官フェリクス・ジェルジンスキーが、モスクワによって、この政府の首相に任命されていた。

ロシア・ポーランド戦争は、モスクワが西ヨーロッパに、ボリシェヴィズムを銃剣のきっ先につけて運び込もうとした唯一の真剣な試みだった。われわれの軍事的・政治的努力の全てにもかかわらず、赤軍のあげた数々の勝利にもかかわらず、さらには、ポーランド軍後方で、われわれの政治的煽動者や諜報員と協力したコミンテルン・ポーランド支部〔コミンテルン規約では、各国共産党は、別に、コミンテルン支部と呼称された。〕があったにもかかわらず、この試みは失敗に帰した。最後に、疲れきった赤軍は、退かざるをえなくされた。ピルスツキーは、ポーランドの主人でありつづけた。ポーランドを通じて、ドイツの革命的労働者と手を結び、かれらが革命をラインまで拡大するのを助けるというレーニンの希望は潰え去った。

一九一九年、短命のハンガリア・ソヴィエト共和国とババリア・ソヴィエト共和国が存在していた時期には、軍事的侵入を通じて、ボリシェヴィキ革命を早めようという考え方が抱かれていた。赤軍部隊は、当時、ハンガリア領からおよそ一〇〇マイルのところにいた。だが、その頃、ボリシェヴィキは、あまりに弱すぎたし、くわえて、自分たちの生存そのもののために、白軍と闘っていた。

ロシアとポーランドとの間に、リガ条約が締結された一九二一年初めには、ボリシェヴィキたち、とくにレーニン自身は、西ヨーロッパに上首尾の革命をもたらすことが、容易ならぬ長期の課題だということを理解した。議長のジノヴィエフが一年以内に全ヨーロッパは共産主義化するだろうと宣言したコミンテルンの第一回〔一九一九年三月開催〕、第二回〔一九二〇年七月開催〕大会に存在していたような、国際的規模で急速に勝利するという希望は、潰えていた。けれども、一九二一年以後にも、一九二七年に至るまで、モスクワは、一連の革命的冒険や一揆を起した。

この一連の無責任な企てによって、数千の労働者たちが、ドイツ、バルチック沿岸諸国、バルカン諸国、中国で、不必要に犠牲となった。かれらは、どれ一つとして成功の機会のなかった軍事クーデター、ゼネスト、反乱のいい加減な計画にしたがって博奕を打つコミンテルンによって、虐殺に送られたのだった。

一九二一年はじめに、ロシアでの情勢は、ソヴィエト政権にとって、いちじるしく険悪だった。飢え、農民蜂起、クロンスタット要塞の水兵の反乱、ペトログラード労働者のゼネストは、政府を破滅の一歩手前にたたせていた。内戦の勝利の一切は、ボリシェヴィキが、自分たちの主な支柱だったこれらの労働者、農民、水兵たちからの反対に直面することとなったために、無に帰するかのようにみえた。このような絶望的な情勢に逢着したコミンテルンは、ボリシェヴィキを救う唯一の道が、ドイツにおける革命を通じてのみ、存在すると判断した。ジノヴィエフは、信頼する副官で、前ハンガリア・ソヴィエト共和国の首脳ベラ・クーンをベルリンに派遣した。

ベラ・クーンは、ジノヴィエフとコミンテルン執行委員会からのドイツ共産党中央委員会への指令をもって、一九二一年三月、ベルリンに現われた。この指令とは、「ドイツには、革命的情勢がある。共産党は、権力を握るべきだ」という内容だった。ドイツ共産党中央委員会は、自分たちの耳を疑った。かれらは、ベルリン政府の顚覆を期することはできないのを知っていた。しかし、ベラ・クーンの指令は、明瞭だった――即座の蜂起、ワイマール共和制の廃止、ドイツにおける共産党独裁の樹立。ドイツ共産党中央委員会は、モスクワからの指令に服従した。ジノヴィエフを議長とし、レーニン、トロツキー、ブハーリン、ラデック、スターリンに指導される共産主義インターナショナル執行委員会の忠実な下役として、ドイツ共産党は、服従しないわけにはゆかなかった。

三月二二日、中部ドイツのマンスフェルトとメルゼブルクの工業地帯で、ゼネストが宣言された。三月二四日、ハンブルクで共産党員は、市の行政機関を奪取した。ライプツィッヒ、ドレスデン、チェムニッツ、その他中部ドイツの諸都市で、共産党員は裁判所、市会、公共銀行、警察本部を攻撃した。ドイツ共産党機関紙「ディ・ローテ・ファーネ」(赤旗)は、公然と革命を呼びかけた。

一年前ザクセンのフォークトラント地方全域で、ベルリン政府にたいして独力でゲリラ戦を敢行した共産党のロビン・フッド、マックス・ヘルツが、マンスフェルト銅鉱地域に到着して、作戦を担当すると声明した。同じ頃、一連の爆破が、全ドイツで起った。そのなかには、ベルリンの公共建物や記念碑を吹きとばす試みも含まれていた。政府は、このことに、ヘルツの熟練した手並みを認めた。

三月二四日、ロイナにある巨大な窒素工場の共産党労働者は、小銃と手榴弾で武装して、工場内にたてこもった。

だが、こういった局地的な行動を調整しようとする共産党の努力は、完全に失敗した。忠実な、訓練された党員たちは、召集に応じ、ルーデンドルフが、その軍隊を戦闘に投入したよりも、もっと容赦なく、次々と死地に送られていった。労働者の大部分は、ゼネストの呼びかけにも応じなければ、散発的な暴動にも参加しなかった。四月はじめには、至るところで、蜂起は鎮圧されてしまった。

ドイツ共産党の指導者で、はじめからこの冒険に、狂人沙汰だとして反対したパウル・レヴィ博士は、歯に衣を着せずに、向けるべきところに非難を放ったために、党から追放された。

かれは、モスクワが西ヨーロッパの条件を何一つ理解せずに、数千の労働者の生命を、気の狂った博奕で、犠牲にしたと通告した。かれは、ボリシェヴィキ党の指導者と、コミンテルンの使者たちを指して、「悪党」、「三文政治家」と呼んだ。

この三月蜂起後、間もなく、ドイツ共産党は、党員の半数を失った。ダイナマイトで権力を握るつもりだった共産党煽動者マックス・ヘルツについていえば、かれは、「殺人、放火、強盗、および他の五〇の罪」で、裁判にかけられ、終身刑を宣告された。

わたしは、ヘルツの運命に関心を抱いた。なぜならば、かれは、その荒っぽい考え方にもかかわらず、疑いの余地なく、正直で、勇敢な革命家だったからだ。生まれ故郷のフォークトラントの労働者にとっては、かれは伝説的な人物になっていた。ヘルツが収監されていたブレスラウに、数年後駐在した時、わたしは、かれに深い愛着を抱くようになっていた看守の一人と連絡をつけた。この看守を介して、わたしは本やチョコレートや、食物を、ヘルツに差し入れた。われわれは、いっしょに、ヘルツの釈放を画策した。けれども、共産党から、援助と許可をえねばならなかった。ブレスラウの党指導者ハーマンに連絡すると、かれは、わたしのために、数名の信頼できる人間をよこすと約束した。それから、わたしは、ベルリンにでかけて、党中央委員会と協議した。議論が闘わされ、そこであるものは、国会へ選出するといった合法的な工作を通じてヘルツを釈放することを望んだ。他のものたちは、ヘルツの脱獄が、当時共産党にたいして冷淡になっていた大衆を活気づけるにちがいないと信じた。わたしは、破獄を試みる許可をえた。だが、ブレスラウに戻ったわたしに、最初にヘルツの看守がいったことは、「われわれは、かれの監房の扉を鎖でしばるように命ぜられた」ということだった。当局は、共産党ブレスラウ地区指導者、国会議員であり、警察の囮である余人ならぬハーマンから、われわれの計画を知ったのだ。

ヘルツは、後になって、合法的な手段で釈放された。かれの脱獄を実現しようと努力し、ブレスラウにいた際には、かれと絶えず連絡をとっていたものの、わたしが、かれに初めて会ったのは、一九三二年に、モスクワにいたドイツの共産主義作家キッシュのアパートでだった。ヘルツは、わたしが何者なのかを知ると、笑っていった。

「ああ、あなたが、良い本や食物を差し入れてくれたアメリカの金持おじさんですか。」

かれは、一時、モスクワで英雄だった。赤旗勲章を受け、レニングラードのある工場には、かれの名前がつけられ、ホテル・メトロポールで良い部屋をあてがわれた。しかし、一九三三年に、ドイツ共産党が一発の弾丸も撃たずにヒトラーに降伏し、これがスターリンとコミンテルンの公式の政策だということが分ると、ヘルツは、スパイ旅券の返却を求めた。かれは、一日一日、返事を延ばされ、スパイにつきまとわれるようになった。かれは怒り心頭に発し、即座の出国許可を要求した。今では、モスクワにいる友人たちも、かれを避けていた。オゲペウは、旅券の返却を拒絶した。間もなく、プラウダに、ヘルツがモスクワ郊外の河で溺死体となって、発見されたという小さな記事がでた。オゲペウで、わたしは、ヘルツがヒトラーの権力掌握以後に、モスクワのドイツ大使館からでてくるのを見られたという話をきかされた。事実は、ヘルツがその輝やかしい革命家としての経歴によって、コミンテルにたいする革命的反対派の強力な指導者になることを恐れられて、オゲペウによって殺害されたのだ。

ドイツの三月蜂起の敗北は、モスクワの酔いをさました。ジノヴィエフでさえもが、声明や宣言を書く際に調子を落すようになった。ヨーロッパで、資本主義がかたづかないということは、まったく明らかになった。ロシア自体にしても、農民暴動と、クロンスタット反乱の制圧後、レーニンは、農民と商人にたいして、大きな経済的譲歩をおこなった。ロシアは、国内再建の時代に入り、世界革命は、決定的に背後に押しやられてしまった。コミンテルンは、諸国の共産党中央委員会を一掃して、後釜に新しい指導者たちを任命し、みずからの失敗を糊塗するための身替りを探しだすことに忙しかった。海外の共産党内部の分派抗争によって、コミンテルンの組織は、決議や反対決議や除名指令を忙しく作成していた。

一九二三年一月、わたしは、モスクワで、赤軍諜報部第三課に勤務していた。われわれのもとに、フランスが、賠償をとりたてるために、ルール地方を占領しようとしているという情報が入った。その頃、わたしは、ホテル・ルックスに住んでいたが、このホテルは、コミンテルンの職員や、来訪中の外国共産党員の主な宿舎でもあった。

ホテル・ルックスが、モスクワにある西ヨーロッパの中心だったし、現にそうだということを説明する必要がある。あらゆる国からの共産党指導者や労働組合代表、さらには何らかの形でプロレタリアのメッカへの旅をあがなった個々の労働者が、このホテルのロビーを通るのである。

したがって、あらゆる国の同志たちが何を言い、何をしているかを、正確に見つけだし、ソヴィエト政府とボリシェヴィキ党内の敵対している分派に対するかれらの態度を知るために、ホテル・ルックスに監視の目をゆるめないことが、ソヴィエト政府にとって大切なのだ。このような目的から、ホテル・ルックスは、客あるいは滞留者として登録されたオゲペウの工作員たちによって網が張られていた。ホテル・ルックスに住み、外国の共産主義者や、労働者の挙動について、オゲペウに情報を送っていた工作員たちの中に、現在の合衆国駐在ソヴィエト大使、コンスタンチン・ウマンスキーがいた。

わたしが、はじめてウマンスキーに会ったのは、一九二二年のことだった。ベッサラビア生まれのウマンスキーは、モスクワに来る一九二二年までは、ルーマニアとオーストリアに住んでいた。数ヵ国語を知っていたので、かれはソヴィエトの公式通信社タスに迎えられた。かれの妻はコミンテルン事務局のタイピストをしていた。

ウマンスキーは、赤軍に勤務する番が来たとき、わたしに、あたり前の兵営の中で二年間を「無駄にする」つもりはない、といった。当時のソヴィエトの生活は、現在それが帯びているようなカースト的性格をもってはいなかったので、かれの言い方は、わたしに衝撃を与えた。いまだに多くの共産主義者たちは、赤軍勤務を特権とみなしていた。ウマンスキーは、そうではなかった。かれは、諜報部の事務所に、第四部づき翻訳者として、二年の兵役を送るよう許可されたい、という外務人民委員チチェーリンとタス通信社の社長のロレツキーからの推薦状をもって出頭した。

わたしが、当時軍事諜報部長ベルジン将軍の補佐をしていたフィーリンと連れ立っていたその晩に、モスクワのあるレストランでウマンスキーをみかけた。わたしは、かれのテーブルについて、なぜタスの仕事を止めているのか、と尋ねた。かれは、自分が一石二鳥、つまり、タスの仕事をつづけ、第四部の事務所で兵役をつとめ上げるつもりだ、と答えた。

このことを、わたしがフィーリンに告げると、かれは怒って答えた。

「奴が、第四部で働けないということを、きみに受け合ってもいい。」

この時代には、楽な地位は、簡単には得られなかった。そして、赤軍づきの翻訳者の仕事は、ウマンスキーの手には入らなかったのだ。しかし、外務人民委員部の外交伝書使として勤務することによって、かれは、首尾よくあの住み心地のよくない兵営に入らずにすませることができた。この仕事は、兵役に代るものとみなされていた。なぜならば、外交伝書使の全部が、オゲペウの職員になっていたからである。タス通信の仕事を止めずに、ウマンスキーは、パリ、ローマ、ウィーン、東京、上海に出かけた。

ウマンスキーは、タス通信の中でも、オゲペウのために仕えていた。というのは、ここには、外側の世界と、危険なまでに密接な接触をもっているソヴィエトの新聞記者や、通信員がいたからだ。かれは、あらゆる有利な点から、モスクワの事務所と海外から、タスの通信員たちをスパイすることができた。そしてホテル・ルックスで、外国共産主義者が交すたまの会話の断片に、かれは、するどいきき耳を立てていた。

コンスタンチン・ウマンスキーは、古いボリシェヴィキ党を、新しいボリシェヴィキ党から距てている鉄条網を越えることに成功した少数の共産党員の一人である。かれはやってのけたのだ。

フランス軍によるルール地方占領の情報が、われわれの部に入ると、わたし自身を含む五名か六名の将校の一団が即刻ドイツに向けて出発するように命ぜられた。二四時間以内に手配万端がととのえられた。モスクワは、フランス軍による占領の反響が、ドイツでの新たなコミンテルンの運動に道を開くことを期待したのだった。

一週間以内に、わたしは、ベルリンに着いた。わたしの最初の印象は、ドイツが大変動の前夜にあるということだった。インフレーションはライヒス・マルクを天文学的額面にしていた。失業が拡がっていた。毎日のように、労働者と警察の間に、また労働者と民族主義者の戦闘隊との間に、戦闘がおこなわれていた。フランス軍のルール地方占領は、炎に油を注いだ。一時は、疲弊し、どん底に落ちたドイツが、フランスにたいする自殺的戦争のために、武器をとるかのようにさえみえた。

コミンテルンの幹部たちは、ドイツの出来事を注意深く見守っていた。かれらは、一九二一年には、へまをやったので、国内的混乱が完全になるまでは、打撃を与えられないということがたしかなのを望んでいた。しかしながら、われわれの諜報部は、われわれに、きわめて明確な指令を与えてあった。われわれは、ドイツで偵察し、ルール地方の不穏分子を動員し、好機到来の折の蜂起に備えて、武器を鍛えるために送られたのだった。

われわれは、ただちにドイツ共産党内に三種の組織を作った。それは、赤軍第四部の指導下に活動する党諜報部、将来のドイツ赤軍の中核としての軍事組織、国防軍と警察の士気を挫くことを役割とし、ツェルゼツングスディーンスト〔解体活動部〕と呼ばれる党員たちの班の三種なのだった。

党諜報部の長に、われわれは、ハンブルクの出版社の息子、ハンス・キーペンバーガーを任命した。かれは、うむことなく働き、軍隊、警察、政府機関、あらゆる政党と敵対的な戦闘組織の隊列の中に、精巧なスパイ網を編みあげた。かれの工作員たちは、君主主義者からなる鉄兜団《シュタールヘルム》、人狼団《ヴェアヴォルフ》、さらにナチの細胞に浸透した。ツェルゼツングスディーンストと、緊密に提携して、かれらは秘密裡に、国防軍の若干の将校たちに、共産主義者の蜂起の際に、かれらがどのような立場をとるかについて打診していた。

キーペンバーガーは、コミンテルンに非常な忠誠と勇気をもって仕えた。一九二三年の諸事件の間、かれの生命は、日毎、危険にさらされていた。最後には、かれは、忠実な共産主義者の誰もが陥ち入った宿命を味った。一九二七年に国会《ライヒスターク》に選出されたかれは、軍事委員会の一員となった。この機関にたいするコミンテルンの代表だと自任して、かれは、ソヴィエト軍事諜報部に長年にわたって貴重な情報を提供した。ヒトラーが権力の座に着いたあとも、数ヵ月の間ドイツにとどまり、共産党のために、危険な地下運動をつづけた。一九三三年秋、かれはロシアに逃げた。一九三六年に、かれは、ナチのスパイとして逮捕された。

オゲペウ取調官は、ドイツ諜報部のために働いていたということを認めるように、かれに要求した。キーペンバーガーは、「自白」することを拒絶した。

「わたしが、ナチの工作員になれたかどうか、クリヴィツキーに聞いてくれ」とかれは歎願した。「わたしがドイツで何をしていたかは、かれが知っている。」

「きみは、ドイツ国防軍諜報部長ブレドウ将軍を知っていなかったのか？」とオゲペウの取調官は聞いた。

「もちろん知っている」と、キーペンバーガーは答えた。「わたしは、ドイツ共産党の国会議員団の一員だったし、軍事委員会に関係していた。」（ブレドウ将軍は、この国会委員会にしばしば出席した。）

オゲペウは、キーペンバーガーにたいしてそれ以上の「有罪にする」証拠をもってはいなかった。それにもかかわらず、六ヵ月にわたる「尋問」後には、この不屈の闘士は、自分がドイツ軍諜報部のために働いていたと「自白した」のだ。「頭に釘がささっている」とかれは繰り返しつづけた。「眠れるように何かくれ。」

われわれソヴィエト将校は、存在すべくもなかったドイツ赤軍の土台として、共産党軍事組織を、非常に系統だった仕方で、組織し、これを一〇〇名ずつの隊、フンデルトシャフトに分けた。われわれは、大戦中兵役についた共産党員を、階級によって分けた名簿を準備した。また、機関銃手、砲術将校、航空部隊の中核、訓練のゆきとどいた無電通信手、電話交換手で選抜した連絡要員といった熟練の専門家からなる技術組織をつくった。婦人組織をつくって、病院勤務のために訓練した。

ところが、われわれは、ルール地方で、フランス軍占領の結果、全く違った問題に直面していた。ルール地方は、史上もっとも奇妙な状景の一つの舞台となっていた。フランス軍に力で対抗することができずに、ドイツ人たちは、消極的抵抗戦をおこなっていた。鉱山と工場は、閉鎖され、鉱山を出水から防いだり、工場施設を稼動状態に保っておくために、保安要員が、残っているだけだった。鉄道は、ほとんどとまっていた。どこにも失業があった。すでに異様なインフレーションに当面しながらも、ベルリン政府は、ルール地方の全住民を実際には支持していた。

一方、フランス軍は、全ラインラントをドイツからひき離し、独立国家をつくることをめざす分離主義運動を助長し始めていた。浅薄な観察者たちは、分離主義運動がフランスの宣伝以外の何物でもないと思っていた。しかしながら、事実は、この地方に芽生えた非常に重大な運動なのだった。もし、イギリスがこれに反対しなかったならば、ラインラントは、一九二三年にドイツから分離していただろう。この地方の多くの家庭で、わたしは、ライン同盟の創設者ナポレオンの胸像をみた。住民たちが、自分たちの豊かな国がプロシアによって搾取されていると文句をいうのを耳にたこができるほど聞いた。

共産党は、自由になるあらゆる手段を用いて分離主義運動に反対した。コミンテルンのスローガンは、「シュトレーゼマンとポアンカレにたいして闘え！」だった。ナチスとその民族主義的同盟者のスローガンは、「ポアンカレとシュトレーゼマンと闘え！」だった。ナチスのテロリスト、シュラゲーターがフランス軍当局に処刑されたのは、この頃のことだった。シュラゲーターの死は、コミンテルンのもっとも器用な宣伝者ラデックがドイツ人に感銘させなかったならば、死者の仲間たちの狭い世界の外では、気づかれずにすぎただろう。「共産党員と結べ」とラデックは叫んだ。「そうすれば、諸君は、祖国を民族的にも、社会的にも救うだろう！」

一時は、ラデックと若干のナチ党と国粋主義者の指導者たち、とくにレーヴェントロフ伯との間に、交渉が行なわれていた。協力の基盤は、ドイツ民族主義成功の唯一の機会が、帝国主義的フランスとイギリスにたいして、ボリシェヴィキ・ロシアと手を結ぶことにあるということだった。しかし、この連携は、成熟しなかった。ドイツが負犬だったころにモスクワが考えていた条件とは、およそ異った条件のもとで一九三九年になって、やっとこの連携が実現したのだった。

その間、分離主義者によるクーデターのために、万事がととのった。分離主義党指導者マテス、ドルテン、シュミットは、手兵を整列させた。九月終りのデュセルドルフでの大デモは、ライン共和国を宣言するための合図となるはずだった。

民族主義者は、個人的テロ行為によって分離主義者と、闘っていた。この二つの争い合う勢力が、市の交叉部で出会ったときに、わたしは、一生で初めて、共産党員が、民族主義者のテロリストや警察と肩をならべて、闘うのを目撃した。分離主義者たちは、主として、親独的なイギリス政府の干渉によって、敗北を喫した。

われわれは、ラインラントとルール地方のフランス軍にたいして、ドイツ民族主義者を支持していた間にも、ドイツにおける共産党蜂起の暁には、フランス軍との紛争にまきこまれまいと決心していた。ラインラント駐在のわれわれの参謀将校がねった戦略計画は、軍事組織を、共産党の勢力が、当時、ことに強かった中部ドイツ、ザクセン、チューリンゲンに撤退させることを要求していた。このことを念頭において、われわれは、隊員を訓練していた。

共産主義革命に備えて、ドイツ共産党員は、ドイツ国防軍と警察とを、暗殺によって、攪乱する目的で、いわゆる「T」部隊といわれるテロリストの小グループをつくった。「T」部隊は、猛烈に勇敢な熱狂者からなっていた。

共産党蜂起の少し前、九月のある晩、わたしは、エッセン市でおこなわれたこのグループのうちの一つの集会を思い出す。わたしは、隊員が、命令を受領するために、静かに、荘重さに近い態度で、集まってきた様子を憶えている。指揮者は、簡潔に言った。

〝今夜、行動する〟

静かに、かれらは、拳銃をとりだし、最後の点検をして、一人ずつ繰りだしていった。その翌日のことだった。エッセンの新聞は、一名の警察官の屍体の発見と、犯人不明とを報じた。何週間もの間、これらのグループは、ドイツの種々の地方で、敏速かつ効果的に警察官や他の共産主義運動の敵を一人ずつ狙い打ちして襲撃した。

平和が到来すると、この狂信者たちは、秩序ある国民生活に居場所をみつけることはできなかった。その多くは、初めは、革命的目的による強奪に、つぎには、山賊行為に加わるにすぎなくなった。少数のものは、ロシアにたどりつけたが、そのほとんどは、シベリアで流刑者として始末された。

一方、ドイツ共産党は、コミンテルンからの指令を待ち望んでいた。それは、信じられぬほどくるのが遅かった。九月に、党指導者ブランドラーとそのいく人かの同僚が指令を仰ぎにモスクワに呼ばれた。ロシア共産党の最高機関である政治局で、討議がはてしなくおこなわれていた。ボリシェヴィキ指導者たちは、ドイツ革命開始の適切な時期を討議していたのだ。ボリシェヴィキ党の専門顧問たちが、その最終行動計画を作成している間、ドイツ共産党の指導者たちは、モスクワで待たされていた。

モスクワは、今度は徹底的にやることを決め、秘密のうちに、その最良の人間たち、つまりブハーリン、四週間続いたババリア・ソヴィエト独裁の指導者の一人だったマックス・レヴィーン、ピアタコフ、ハンガリアとブルガリアのコミンテルン工作員、さらにラデックその人をドイツに急派した。われわれは、ラインラントのゾーリンゲンに近い森で、数千の労働者の参加を想定した夜間演習を行なった。

ついに、「ジノヴィエフは、蜂起の日付を決定した」という報せが知れわたった。

ドイツ全土の共産党戦闘部隊は、最後の指令をまっていた。正確な時間を定めたジノヴィエフの電報がドイツ共産党中央委員会に入った。コミンテルンの密使が、モスクワからの指令をもって、ドイツ各地の共産党支部へ急行した。銃器が、隠し場所からだされた。高まる緊張のうちに、われわれは、予定行動開始時刻をまっていた。

「『グリーシャ』からの新しい電報が入った」と共産党導者はいった。〝蜂起は延期された！〟

ふたたびコミンテルンの密使たちは、革命の新しい予定日と指令をもって、ドイツ全土に散った。このような警戒状態は数週間つづいた。「グリーシャ」（ジノヴィエフ）から新しい電報がいつくるか、新しい指令、新しい計画、新しい指示と新しい革命の青写真をもったモスクワからの使者が、いつくるか、と毎日のようにまたれていた。一〇月初めに、共産党員は、左翼社会主義者と連合して、ザクセンとチューリンゲンの政府に加われという指令がきた。モスクワは、これらの政府が、共産党員にとって、効果的な結集の中心になるだろうと、また、蜂起に先だって、警察を武装解除できるだろうと思ったのである。

ついに、舞台はととのった。明確な電報がジノヴィエフから入った。またもや、コミンテルンの密使たちは、ドイツの共産党全地区に散って指令を伝えた。ふたたび、共産党の部隊は攻撃のために動員された。時は近づいた。今となっては、後戻りは、ありえない、とわれわれは考えた。そして、この神経のすり切れるような遅延の数週間が終るのを、心待ちにした。どたん場になって、ドイツ共産党中央委員会が、またも、急に招集された。

〝『グリーシャ』から、新しい電報が入った！　蜂起は、またも延期された！〟

またまた、使者が、どたん場の中止命令をもって、党支部に急派された。しかし、ハンブルク党支部に送られた使者の到着は、遅すぎた。ハンブルクの共産党員たちは、真のドイツ的規律のもとに、指定時刻に戦闘に突入した。ライフル銃で武装した数百の労働者は、警察署を襲った。他のものたちは、同市の戦略地点を占拠した。

ドイツの他の部分の共産党労働者は、恐慌状態に、おとし入れられた。

「ハンブルクの労働者が闘っているというのに、おれたちはなぜ、手をこまねいているのか？」とかれらは、党の地区指導者にきいた。「なぜ、おれたちは、かれらを助けにゆかないのか？」

党の支部指導者たちは、答えようがなかった。最高指導部にいるものだけが、ハンブルク労働者は、「グリーシャ」の最近の電報のせいで、死んでいっているのだということを知っていた。ハンブルクの共産党員たちは、三日間、もちこたえた。同市の労働者階級大衆は、無関心でいたし、ザクセンとチューリンゲンは、共産党員を助けにはこなかった。フォン・ゼークト将軍麾下のドイツ国防軍は、ドレスデンに進入して、ザクセンの共産党・左翼社会党連立内閣を放りだした。チューリンゲンの政府も、同じ運命を味わった。共産主義革命は、見苦しく終った。

ドイツにいたわれわれの誰もが、モスクワにある本部が、この大へまに責任があるのを知っていた。もくろまれた革命の全戦略は、コミンテルンのボリシェヴィキ指導者によって、立案されたのだった。このことは、身代りをみつけだすことを必要にした。ドイツの党のなかのブランドラーの分派的競争者たちは、最高指導部の失敗を糊塗する手段に通じていたので、即刻行動に移った。

「ブランドラーと中央委員会は、われわれの権力奪取の失敗に責任がある」と、ルート・フィシャー、テールマン、マスロフを頭とする新しい「反対派」は叫んだ。

「全く、その通りだ」とモスクワは、こだまを返した。「ブランドラーは、日和見主義者、社会民主主義者だ。かれは、去らねばならない！　ルート・フィシャー、テールマン、マスロフの新しい革命的指導部万歳！」

次のコミンテルン世界大会で、これは、儀式じみた決議と布告で、盛装され、モスクワの祝福をうけ、ドイツ共産党は、その新しい本部に寝返りを打ったのだった。

ブランドラーは、モスクワにくるようにという指令を受け、着くと、ドイツの旅券をとりあげられて、ソヴィエトの事務所に仕事をあてがわれた。かれは、ジノヴィエフに、ドイツ問題は、もうかれには関係がないのだと告げられた。ドイツに帰ろうとするかれの努力の総ては、かれの友人たちがこの事件でベルリン政府の関心をひくことによって、国際的な醜聞を起すといって脅すまでは、不成功だった。その時になってはじめて、ブランドラーは、ソヴィエト・ロシアから釈放され、共産党から除名されたのだった。

フランスのすぐれた作家で、もっとも包括的なスターリン伝の作者であるスヴァーリンも、同じ経験にあった。「フランス共産党の初期の指導者で、コミンテルン執行委員会の一員。一九三六年に『スターリン――ボリシェヴィズムの歴史的概説』を発表、豊富な資料にもとづき、きわめて客観性の高いものとして、今なお「もっとも包括的な」という表現は有効だと思われる。その後にかかれたスターリンの伝記は、ドイッチャーのものを含めて、この伝記に大きくたよっている。」コミンテルンの指令で、一九二四年に、フランス共産党の指導部から除かれたスヴァーリンは、パリの友人たちがフランス政府当局に訴えると脅かすまで、ソヴィエト政府によって、拘留されていた。

ソヴィエト政府の一部門にとっては、一九二三年の高価な実験は、全くむだではなかった。それは、軍事諜報部なのだった。コミンテルンの努力が、水泡に帰するのをみた時に、われわれは、いった、「われわれの力の及ぶ限りのものを、ドイツ革命から救いだそう。」われわれは、党諜報部とツェルゼツングスディーンストによって訓練された最良の人間たちをとって、ソヴィエト軍事諜報部に編入した。共産主義革命の廃墟から、われわれは、ソヴィエト・ロシアのために、ドイツにおいて、あらゆる国家の羨望の的となった、すばらしい諜報組織を建設したのだった。

ドイツでの敗北にゆるがされて、モスクワは、他に征服の場を探し始めた。一九二四年晩秋には、ドイツは安定した。

共産主義インターナショナルは、ほとんど六年を経過しながらも、その莫大な金と人命の浪費を正当化できるような勝利を一つとしてえたことはなかった。数千のコミンテルンの寄生者が、ソヴィエトの給料をもらっていた。ボリシェヴィキ党内のジノヴィエフの地位は、揺らぎ始めていた。どうにかして、どこかで、どのような代価を払ってでも、勝利をえなければならなかった。

ソヴィエト・ロシアの西部に接してエストニアがあった。このちっぽけな国は、その頃、明らかに、危機の苦悶のさなかにあった。ジノヴィエフとコミンテルン執行委員会は、マルクス主義理論の一切を風に吹きとばすことに決めた。赤軍諜報部長のベルジン将軍を喚問して、ジノヴィエフは、次のようなことを話した。エストニアは、革命的危機にみまわれている。われわれは、そこでは、ドイツで行動したようにはやらない。われわれは、ストライキ、煽動なしの新しい方法を用いる。われわれが、必要とする全ては、一握りの赤軍将校の指揮する少数の勇敢なグループだ、それで、われわれは、二、三日で、エストニアの主人となれるだろう。

ベルジン将軍は、命令には従う男だった。数日で、主としてバルチック諸国出身のロシア人からなる信頼できる赤軍将校およそ六〇名のグループが、国内戦の英雄の一人ジブールの下に組織された。かれらは、異った道を通って、エストニアに入るように命ぜられた。あるものは、フィンランドとラトヴィアを抜け、他のものは、ソヴィエト国境を、ひそかに越えた。エストニアには、全部で約二〇〇名の共産党戦闘班が、あちこちで、かれらを待ち受けていた。一一月下旬には、用意万端が整った。

一九二四年一二月一日の朝、「革命」が、首都のレヴァルの特定中心地点で、勃発した。国内は、完全に平静を保っていた。労働者は、いつものように、工場に働きにでかけた。仕事は、平常の調子で動いていたし、およそ二時間で、「革命」は、完全に粉砕されてしまった。約一五〇名の共産党員が、その場で射殺された。この事件にどのような形であれ関係しなかった他の共産党員数百名も、投獄された。赤軍の将校たちは、あらかじめ手配してあった道筋を通ってロシアに急いで引き返した。ジブールは、参謀本部の事務所の自分の机にふたたび現われた。そして、エストニア「革命」は、大急ぎでもみ消されてしまった。

ブルガリアでは、コミンテルンは、農民党指導者スタンブリスキーが権力についている間は、繁栄の時代を享受していた。スタンブリスキーは、モスクワに友好的だったのだ。ボリシェヴィキがクリミヤから駆逐したウランゲリ将軍の白軍の残兵が、ブルガリア領内にいたが、ソヴィエト政府は、この勢力の粉砕を切望していた。スタンブリスキーの同意のもとに、この目的を果すために、ロシアは、ブルガリアに秘密工作員を送り込んだ。この工作員たちは、新聞の発行を含むあらゆる宣伝の方法と、暗殺を含むあらゆる手段を使った。かれらは、この強力な反ソ軍隊の士気を沮喪させるのに、非常に成功した。

このような友好的な関係がスタンブリスキーと、モスクワとの間にあったにもかかわらず、一九二三年にツァンコフがスタンブリスキー政府にたいする軍事反乱を起した時にモスクワは、ブルガリア共産党に中立に留まるように指令した。共産党指導者は、反動軍人とスタンブリスキーとの死闘の結果、自分たちが全権をえられるのを望んだのだ。

スタンブリスキーは、顚覆され、殺害された。ツァンコフは、軍事独裁を樹立した。数千の無実のひとびとが絞首台に送られ、共産党は地下に追いやられた。

二年経つと、コミンテルンは、ツァンコフ政府にたいする共産党の一揆の時がきたと判断した。モスクワで赤軍将校の援助を受けて、ブルガリア共産党の指導者たちによって、陰謀が練られた。このブルガリア共産党の指導者の一人に、ゲオルギー・ディミトロフがいた。共産党員は、一九二五年四月一六日に、ブルガリア政府の高官全員がソフィアのスヴェティ大聖堂で、葬儀に参列するのを知った。かれらは、この機会を蜂起のために利用することに決めた。ブルガリア共産党中央委員会の命令で、一発の爆弾が葬儀の最中に爆発した。一五〇人ばかりの人が殺された。だが、ツァンコフの首相と重要な閣僚は生き残った。この爆破に直接加わったものは、一人残らず処刑された。

ディミトロフ自身は、モスクワで、コミンテルンの仕事をつづけていた。かれは、ドイツで、コミンテルンの代表になった。一九三二年晩く、かれは、モスクワ帰還を命ぜられたので、内輪のひとびとは、かれの経歴もおしまいだと噂していた。この命令に従わねばならない以前に、かれは、あの歴史的な国会議事堂放火と関連して、逮捕された。ナチの法廷で、罪をナチ自身に着せることに成功した大胆で器用な行動で、かれは共産主義の時代の英雄になった。ソフィア爆弾事件の責任者たちの一人であるディミトロフが、後に、コミンテルン議長として、「平和」、「民主主義」、人民戦線の公式スポークスマンになったということは、コミンテルン史上比類のない皮肉の一つなのである。

モスクワは、ハンガリア、ポーランド、ドイツ、エストニア、ブルガリアでのみずからの失敗についての理論的説明を練りあげた。それは、何冊ものテーゼや決議や報告になった。けれども、ボリシェヴィズムとそのロシアの指導者たちに責任があるとは、けっして、ほのめかされていなかった。コミンテルン指導部に過ちがありえないという神話は、聖職者風の強情さで維持された。失敗が明瞭になればなるほど、未来の計画は、いっそう壮大になり、コミンテルンの国際的機構は複雑になっていった。

共産主義インターナショナルは、その第一目的である共産党独裁をただの一国でも達成しなかったにもかかわらず、とくに人民戦線という戦略に転換して以後、世界のもっとも大きな政治組織になった。

コミンテルンの一般的な骨組には、秘密はなかった。世界のあらゆる国々には合法もしくは非合法の共産党が存在するということは、ひろく知られていた。その本部がモスクワにあるということも世界に知られていた。しかし、その真の仕組と、そのオゲペウ、およびソヴィエト軍事諜報部との密接な関係については、ほとんど知られてはいなかった。

コミンテルンの参謀本部は、クレムリン宮に面する建物にあって、私服を着たオゲペウの要員で厳重に守られている。そこは、好奇心の強いモスクワ人の集まる場所ではない。この建物内に用事のあるものは、その地位のいかんを問わず、入った瞬間から出るまで、非常に精密な検査を受ける。表の入口の左側には、オゲペウの要員が詰めている司令所がある。

アメリカ共産党書記長のアール・ブラウダーが、ディミトロフに会見しようとすれば、司令所で、証明書を徹底的に調べられたうえで、通行証を入手しなければならない。かれは、コミンテルンの建物を去るのを許される前に、通行証が、ふたたび改められる。それには、ディミトロフの筆蹟で、二人の会見が終った正確な時刻が記入されていなければならない。会見が終ってから多少なりとも時間が経過していれば、その場で尋問が行なわれる。コミンテルンの建物内で過された毎分が数えられ、記録される。

廊下でのお喋りは、きびしくさしとめられており、こういった規則を破ったことで、コミンテルンの高級職員を、オゲペウの係員が叱責することも、まれではない。この制度によって、オゲペウは、ロシアと外国の共産党員たちの交際についての包括的なとじ込みを整え、適当な時期にそれを利用できるのである。

コミンテルンの心臓部は、ほとんど知られておらず、また、公表されたこともないロシア語の略称Ｏ・Ｍ・Ｓ（オトディエル・メジュドナロードノイ・スヴャージ）で知られる国際連絡部なのだ。粛清が始まるまでは、ツァー時代に、非合法の革命運動で鍛えられた古参ボリシェヴィキのピアトニツキーを長としていた。ピアトニツキーは、今世紀の初頭に、レーニンの新聞をスイスからロシアに運び込むことを受けもっていた。共産主義インターナショナルが組織された時、何にもまして重要な国際連絡部長として、レーニンがピアトニツキーに白羽の矢をたてたのは、当然だった。Ｏ・Ｍ・Ｓ部長として、ピアトニツキーは、事実上、コミンテルンの大蔵大臣と人事部長になったのだ。

かれは、ヨーロッパ、アジア、ラテン・アメリカ、合衆国の名目上は自治権をもった共産党とモスクワとの間の連絡将校の役を演じ、かれにたいして責任をもつ常駐工作員の綱を、世界中にはりめぐらした。コミンテルンの駐在工作員として、このO・M・S代表たちは、駐在国の共産党指導者たちを支配している。共産党の一般党員はもちろん、大部分の指導者でさえ、モスクワにたいして責任をもち、党内の討議には直接加わらないこのO・M・S代表が誰なのかを知らない。

近年、オゲペウは、次第に、O・M・Sの職分の多く、ことにスターリンにたいする異端問題を追求して、モスクワに報告する役目をひきついできた。とはいえ、諸国の共産党の活動を、補助金を配分して促進し、調整するというはかり知れぬほど複雑な仕事でO・M・Sは、今なお主要な手段なのである。

O・M・S駐在工作員にゆだねられているもっとも微妙な任務は、共産党の資金を賄ない、その費用のかさむ宣伝や、例えば平和・民主主義擁護同盟、国際労働防衛組織、国際労働者救援会、ソヴィエト友の会といった偽装戦線、さらにモスクワが人民戦線を開始したときに、いちじるしく重要な部分となった多くの表向きは非党派的な組織に、資金を供給するための金の配分なのである。

革命の見通しが有望にみえていた多くの歳月を通じて、コミンテルンは、その金の大部分をドイツと中部ヨーロッパに注ぎ込んだ。しかし、コミンテルンが、さらに決定的な形で、ソヴィエト政府の従属物になり、革命的諸目標がスターリン主義化された世論のために、また民主主義諸国の政府内での重要な立場を手に入れるために、たなあげにされた時に、フランス、イギリス、合衆国向けのモスクワの予算は厖大な増加を示した。いかなる時であれ、世界の共産党のどれひとつとして、その費用のごく小さな割合以上、みずから賄なえたことはなかった。モスクワ自体の意向は、モスクワが外国共産党の支出のうち、平均して九〇ないし九五パーセントを負担しなければならないというものだった。この金は、ソヴィエトの国庫からO・M・Sを通じて、スターリンの政治局の決めた額にしたがって支払われる。

O・M・S駐在員は、共産党が行なおうとするどのような新しい支出についても、適否を決める第一審判事なのである。たとえば、合衆国で、アメリカ共産党政治局が、新しい新聞の発行を考えるとすると、O・M・S駐在員の意向がきかれる。かれは、提案を検討して、関心に価いするようならば、モスクワのO・M・S本部に連絡する。重要な場合には、そこから、さらにロシア・ボリシェヴィキ党政治局に決定を問うことになる。もちろん、さほど重要でない問題については、O・M・S代表は、大幅に自由裁量することができる。

モスクワから、ある外国へ、その国の共産党のための金と指令を伝達する時に、好んで用いられる方法の一つは、検査を免除される外交行嚢である。このような理由で、O・M・S代表は、通常ソヴィエト大使館に名目上勤務している。かれは、モスクワから、ソヴィエト政府の封印のある包で、配布先を定められている封印された指令といっしょに、札束を受領する。かれは、自分と直接接触のある共産党指導者に、札束を個人的に引き渡す。不注意のせいで、アメリカ、イギリス、フランスの紙幣が、何度かソヴィエト国立銀行の帯封をつけたまま、コミンテルン用として国外に送り出された。

コミンテルンの初期には資金の伝達は、もっと粗雑におこなわれた。わたしは、政治局がチェカ（オゲペウの前身）にたいして、没収したダイアモンドと金をつめた袋を、コミンテルンに海外発送用として引き渡すように命ずるのを方法としていた一時期を憶えている。それ以後、やはり他の巧妙な方法が開発されてきた。好都合な衝立として、ロンドンのアルコス〔英ソ通商会社の略称〕、合衆国にあるアムトルグ〔米ソ通商会社の略称〕のようなソヴィエト貿易団体と、これに関係した民間商社がある。外国共産党内の指導者の絶え間ない更迭はO・M・Sにとって、その財政操作の面で、特殊な問題を提示している。一九二三年の蜂起の失敗後に、モスクワがドイツ共産党指導部を押しのけた時に、ドイツ駐在のO・M・S代表ミロフ＝アブラーモフは、モスクワにいるピアトニツキーと同様に、一体今では誰にコミンテルンの金を委ねたらよいか迷って、多くの不安な時間を過した。ウィルヘルム・ピークが、新しい中央委員会に据えおかれた時に、ピアトニツキーとミロフ＝アブラーモフは、両人ともこの古参労働運動指導者を信頼していたので、ほっとしたものだ。

長年わたしが知っていたミロフ＝アブラーモフは、一九二一年から一九三〇年まで、ドイツ駐在O・M・S代表だった。公式には、かれはソヴィエト大使館新聞部で働いていた。実際には、かれは、金の供給とコミンテルンの指令をドイツ全国と中部ヨーロッパの大部分に伝達することを指導していた。ドイツでのコミンテルンの活動が盛んな時には、ミロフ＝アブラーモフは、二五名をこえる助手と伝書使からなる一団を使っていた。その後、かれは、ピアトニツキーの助手として働くために、モスクワに呼び戻された。コミンテルンの古参ボリシェヴィキからなる参謀本部が、スターリンによって抹殺された時に、ピアトニツキーとミロフ＝アブラーモフは、解任された。それから、ミロフ＝アブラーモフは、ドイツで多くの特別な秘密接触をもっていたのを買われて赤軍諜報部に移され、大粛清で銃殺される一九三七年まで、勤務した。全く阿呆らしいことには、オゲペウの没落した長官ヤゴダは、その翌年裁判にかけられた際に、証人台で、自分が多額の金を、ミロフ＝アブラーモフを介して、トロツキーに送ったと声明したのだった。

コミンテルンとその外国支部の財政を管理することは、O・M・Sの任務の小さな一部をなしているにすぎない。それは、コミンテルンの神経系統としての働きももっている。モスクワが外国共産党に、政治顧問として送る使節は、そのあらゆる接触を、O・M・Sを通じてもつのであって、O・M・Sは、かれらに、旅券を与え、「確かな」宛名を教え、一般に、モスクワ本部と海外派遣の政治工作員たちとの間の常設の連絡機関として動くのである。

数年前の合衆国共産党付の有名なコミンテルン政治顧問は、アメリカでは、ジョン・ペッパーの名で知られていたハンガリアの共産主義者ポガニーだった。かれの本来の使命は、党員大多数の信任を獲得したアメリカ共産党指導者ラヴストーンとジトロウとを解任することだった。ポガニー、別名ペッパーは、受けた命令を実行して、アメリカ共産党の新しい最高機関を任命した。ペッパー自身は、モスクワで一九三六年に逮捕されて射殺された。

O・M・S旅券課は、オゲペウと軍事諜報部とは異って、実際には、旅券を作っていない。可能な機会をのがさず、本物の旅券を手に入れ、必要に応じて、これを変改するのだ。旅券獲得のためには、共産党員と同情者の狂信的な熱意にたよる。合衆国駐在のO・M・S代表が、中国にいるコミンテルン工作員のために、二つのアメリカ旅券を必要だとすると、アメリカ共産党内の部下に連絡する。

と後者は、党員あるいは、同情者から本物のアメリカ旅券を入手する。それから、O・M・Sの専門家たちは、写真をはがし、他の写真で変え、その他必要な変更を巧妙に加えるのである。

モスクワは、いつもアメリカの旅券を好む。スペイン内戦で、アメリカ旅券が演じた役割については、別のことに関連して、わたしは記しておいた〔第三章を参照〕。アメリカの旅券の束を、モスクワに送るのはO・M・S代表やオゲペウ工作員にとって、異例のことではない。モスクワにあるO・M・Sの本部は、このような旅券をコミンテルンの必要通りに変改することに携わっている一〇人ばかりの専門家を擁している。

一九二四年に、ベルリン警察は、ベルリンのO・M・S本部を襲って一束のドイツの旅券とともに、その本来の所持者の名前、それを使っていたコミンテルン工作員の本名と、かれらが旅行する際に用いていた偽名を記した書類綴を押収した。これで明らかなように、本物の旅券の方が非常に好まれるのである。

一九二七年に、コミンテルンとオゲペウは、アール・ブラウダーを中国に派遣した。わたしは、なぜこの使命がブラウダーに与えられたのか知らないが、主な理由は、かれの本物のアメリカ旅券にあると考えている。これに関連して、わたしは、あるコミンテルン職員とかわした会話を記憶している。われわれの間でいつも無能ぶりが噂の種となる男を、かれは使っていた。わたしは、ヨーロッパのある国の首府で、みたところ重要な使命を帯びて急ぐこの男に、何度もぶつかった。後に、わたしは、かれについて、例のコミンテルン職員と意見をかわす機会があった。

「率直にいってほしいんですが、同志」とわたしは、言った。「どうして、あの馬鹿者を使っているんですか？」

この古参ボリシェヴィキは、寛容な微笑を浮かべて答えた。

「ワルター君、ここで問題なのは、あの人間の能力じゃないんだよ。大切なのは、かれがカナダ旅券をもっているということだ。で、わたしにとって、カナダ人を必要とする任務には、かれを派遣しているんだよ。他の誰にも、できないのさ。」

「カナダ人だって！」とわたしは叫んだ。「奴は、カナダ人じゃありませんよ。シェペトフカ生まれのウクライナ人だ。」

コミンテルン職員は、哄笑していった。

「シェペトフカ生まれのウクライナ人だとは、どういうことだ！　奴は、カナダ旅券をもっている。わたしには、それで十分だよ。きみは、本物のカナダ人をみつけるのが、それほど簡単だと思っているのかい？　われわれは、シェペトフカ生まれのカナダ人に最善をつくさせねばならないのさ！」

わたしは、コミンテルンがブラウダーの中国派遣問題を討議した折に、かれが中国事情の専門家でないことを百も承知していたと信じている。しかし、ブラウダーは、シェペトフカならざるカンサスシティー出身の本物のアメリカ人なのだ。

実際のところ、旅券やその他の書類の製作と変改に関したことは、一切生粋のロシア人にまかされている。ツァーのロシア国内に戦前存在した条件によって、この方面の技術において、かれらは異常な訓練をへたのだ。

国際連絡部には、まだ他に非常に重要な役目がある。国際的な規模でコミンテルンの教育宣伝活動を調整するのである。あらゆる国国から慎重に選抜された共産主義者の訓練学校を、モスクワとモスクワ近郊で経営しており、宣伝から機関銃の操作に至るまで、内戦の総ての方面を教えている。

これらの学校の起源は、ボリシェヴィキ革命の初期にもとめられる。当時、ドイツとオーストリアの戦時捕虜にたいして、この「幹《カー》部《ドル》たち」がベルリンとウィーンのバリケードで、かれらの知識を生かすだろうという期待のもとに、短期間の訓練課程が授けられたのである。後に、この課程は、制度として組織化された。もっとも有望な学生たちは、赤軍参謀本部に属する諜報部の直接の指導を受けて、軍事教育を受けることになった。

一九二六年、ボリシェヴィズムの方法を、西ヨーロッパとアメリカの共産主義者に教えるために、モスクワに大学が設立された。レーニン学校と呼ばれるこの大学は、O・M・Sの補助金で経営され、学生の宿舎もまたO・M・Sによって維持されている。校長は、ソヴィエト「無神論者同盟」の委員長ヤロスラフスキーの妻だ。現在その多くが、イギリス、フランス、アメリカの共産主義者からなる学生は、全く隔離された生活を送っており、ロシア人とも、ソ連にいる外国人ともほとんど交渉をもっていない。このボリシェヴィキ・アカデミーの卒業生は、自国に帰って、労働組合、政府部局、その他、共産主義的でない職場でコミンテルンのために働くことを、要求される。秘密が保たれるのは、かれらが、赤軍諜報部将校のもとで、内戦の種々の方法を学んだということが知られると、合衆国、フランス、イギリスで、かれらがモスクワにたいしてもっている価値が、失われてしまうからだ。

他にも、慎重に選別された外国共産主義者のごく小さなグループのために、モスクワに隣接するクンツェヴォ市の郊外で、完全な秘密のうちに訓練課程が設けられている。ここでヨーロッパとアメリカの共産主義者に、無電送信、秘密無電局の操作、旅券偽造などを含む諜報活動が教えられている。コミンテルンが、関心を中国に向け始めた時に、カール・ラデックを校長として、いわゆる孫逸仙大学と呼ばれる極東労働者大学を開設した。当時モスクワは、中国におけるソヴィエト革命の見通しについての楽観で逆上していた。中国の将軍や高官の息子たちは、この特別訓練学校に通うように招待された。かれらのうちには、蔣介石の息子〔蔣経国〕がいる。中国国民党とコミンテルンは、その頃、手を結んで活動していた。そして、モスクワは、ついに大きな勝利を手に入れたと思っていたのである。

国民党は、ロシアの政治顧問ボローディンと、ロシアの軍事顧問ガレン、すなわち後にソヴィエト極東軍管区司令官を一九三八年に粛清されるまで勤めたブリュッヒェル将軍を迎えた。

共産党員は、国民党に群り、多くのものが、その中央委員会と黄埔にある軍官学校に入った。蔣は、モスクワの支持を利用しつくした時に、突如転向して、一九二六年五月二〇日、一切の重要な部署から共産主義者を一掃した。しかしながら、スターリンは、蔣ときつぱり手を切るのを避けた。後日、かれの裏をかこうと思っていたからだ。

この頃、わたしは、革命前クニアジ・ドゥヴォールとして知られたホテルに滞在していた。わたしと同じ階に、クリスチャン将軍馮玉祥がいた。馮玉祥は、モスクワで蔣介石に対抗する同盟を協定しようとして画策していた。ソヴィエト指導者たちは、かれの訪問を非常に重要視して、集会や招宴に引っぱりだして、中国大衆の指導者としてほめあげた。馮玉祥は、自分の役目を見事に演じて、至るところで、派手な演説をし、そのなかで、中国におけるレーニン主義の勝利のために闘うことを約束した。ほとんど毎日のように、わたしは、オゲペウの兵士が護衛しているかれの部屋に、本とパンフレットの木箱が運びこまれるのをみた。わたしは、馮玉祥に何度か英語とロシア語を折りまぜて話しかけたことがある。かれは、およそレーニン主義とは縁もゆかりもない典型的な中国軍閥だった。他の多くの連中同様に、かれが期待外れなのが明らかになった。かれは、本の木箱を開けないまま、中国に帰り、モスクワで自分がした「レーニン主義的」約束のことなど、すっかり忘れてしまったのだ。

一九二七年一二月、蔣が上海で数千の共産主義者を銃殺し、斬首して、自分の仕事を完了した後で、コミンテルンは、ドイツ共産党の前指導者ハインツ・ノイマンを広東での蜂起を指導させるために派遣した。蜂起は、二日半つづき、六、〇〇〇近くの生命が失われた。広東にいた中国共産党指導者は残らず処刑され、ハインツ・ノイマンはモスクワに逃亡した。

コミンテルン自体の中央集権化された宣伝機関は、年間数百万ドルに達する新聞、雑誌、図書、パンフレットをだしている個々の共産党の巨大な宣伝機構とは、全く独立している。これは、煽動宣伝局が担当しているが、国際連絡部によって資金をまかなわれ、また実際に指導されている。そのもっとも重要な出版物は、英語、フランス語、ドイツ語でだされている「国際新聞通信《インターナショナル・プレス・コレスポンデンス》」〔略称インプレコール〕である。それは、本来各国の共産党出版者による利用を目的としている。ナチスは、このような宣伝のやり方をまねようとして、エルフルトで「世界ニュース」を発行し、世界中の親ファシスト・反ユダヤ主義出版者に配布している。

各国の共産党の機関紙がたまに信号を混同して、同じ問題について矛盾した立場をとるくらい、モスクワにとって厄介なことはない。現下のヨーロッパ大戦勃発の一〇日前にベルリン＝モスクワ間に協定〔独ソ不可侵条約〕が締結された時、各国共産党機関紙の同調は、申し分なかった。ロンドンのデーリー・ワーカー、パリのユマニテ、合衆国のデーリー・ワーカーは、時を同じくして、全く一致した言葉で、この全面戦争への信号を、平和への偉大な貢献として歓呼したのだ。

コミンテルンは、また、世界の主要な国々で、「共産主義インターナショナル」と呼ばれる雑誌を発行しているが、これには、コミンテルンの決議や、ロシアと外国の共産主義者の論文が発表される。

これらの重要な出版物は、二重の役割を果している。ヨーロッパとアメリカにある共産党全体の意思統一を保証するだけではなく、近年ますます重要さをましてきたことを受けもっている。つまり、スターリンに、かれがモスクワで決定する一切にたいするよく組織された反響を確証する仕組を、これらの出版物は表わしているのだ。大粛清の期間に、クレムリンにとっては、ロシアの人民に、西ヨーロッパと合衆国の親共作家が一人残らず、古参ボリシェヴィキの抹殺を、十分支持しているのを示すことが非常に肝要だった。

外国人には、一九三六年、一九三七年、一九三八年に、スターリンにとり、イギリス、アメリカ、フランス、ドイツ、ポーランド、ブルガリア、中国の共産主義者が、一致して、コミンテルンの初期の議長ジノヴィエフ、ブハーリンをも含む「トロツキスト、ファシストの狂犬と破壊者」の抹殺を支持していると声明できることが、どれほど死活の意味合をもっていたかは、ほとんど想像がつかないのである。

コミンテルンが正式にその人民戦線戦術を開始する以前にもO・M・Sは、新しいより巧妙な形の宣伝に着手していた。モスクワは、正面からの共産主義的スローガンでとらえることができるひとびとだけを対象とすることが、もはや、その目的のためには適切ではない、と判断していたのだ。かつてのドイツの指導的共産主義者の一人で、国会議員だったウィリー・ミュンツェンベルクのうちに、モスクワは「戦線出版物」と称されているものの分野に枝をはる手段を見出した。ミュンツェンベルクは、O・M・Sの資金によって、大出版者、事業家に仕立てられた。かれは、魅力的な絵入り新聞や雑誌をつくり出した。それはみな、非党派的だったものの、それでも、ソ連に対して「同情的な」ものだった。後にかれは、映画事業にも手を出し、プロメテウスとして知られる映画会社を創った。ミュンツェンベルクの企業は巧妙に経営され、やがてその活動をスカンジナビア諸国にまで拡げた。ヒトラーが権力の座に着いたとき、ミュンツェンベルクは、これらの企業をパリとプラハに移した。

大粛清が、開始されるとミュンツェンベルクが捉えにくい標的であることが分った。かれは、モスクワを「訪問」するようにという招待を断ったのである。コミンテルン議長ディミトロフは、モスクワがかれを新しい任務のために必要としているということを主張して、安心させようとする手紙を幾通も書いた。ミュンツェンベルクは餌を食うのを拒絶した。その時、オゲペウはその工作員の一人であるビエレツキーを、かれに何も怖れることはないのだ、ということを納得させるために派遣した。

「一体、だれがあなたの運命を決定するんですか？」とビエレツキーはいった。「ディミトロフですか、それともオゲペウですか？わたしは、エジョフがあなたの味方だというのを知っていますよ。」

ミュンツェンベルクは、罠をよけた。そして、もっと荒っぽいやり方の説得を怖れて、一九三七年の夏の初めから秋の終りまで隠れ家に潜みつづけた。かれは自分の企業をチェコの共産党員スメラルに譲った。ドイツ共産党は、かれを除名し、人民の敵として登録した。ミュンツェンベルクは現在、パリで暮している。〔第一次大戦下、スイスで亡命中のレーニンと知り合い、後に、レーニンの依頼を受けて国際労働者救援会を組織。アムステルダム、プレイエルなどの反戦反ファシズム国際集会の企画者として、初めてナチ体制下のドイツの現状を世界に知らせた『国会放火事件とヒトラーの恐怖支配に関する褐色の書』の出版者として、一九二〇年代のソヴィエト映画の代表作「戦艦ポチョムキン」や「アジアの嵐」を普及した映画配給者としての活動は、めざましかった。ウルブリヒトと対立して失脚、一九四〇年ドイツ軍の進入を逃れて、フランスの収容所からスイスに向う途中、縊死体で発見されたが、その情況は謎に包まれているため、オゲペウによって暗殺されたという見解が、行なわれている。詳細は、カリュー・ハントの論文「ウィリー・ミュンツェンベルク」（オックスフォード・セント・アントニー・カレッジ論叢第四号）を参照。なお、ミュンツェンベルクの右腕として働いた、前記『褐色の書』の筆者であり、わが国にも、フランスの敗因をついた「余は糾弾す」が訳されているアンドレ・シモーヌ（本名オットー・カッツ）は、一九五〇年、スランスキー裁判の共同被告の一人として、処刑された。」かれは、今までのところ、一度もスターリンにたいして公然とは敵対していない。

一九三五年に開かれたコミンテルン第七回世界大会以後、ミュンツェンベルクの戦線出版物は、全ヨーロッパと合衆国に対して模範となった。パリでコミンテルンは、夕刊紙さえ発刊した。しかし、過去、三、四年を通じてコミンテルンは、他のどの国でよりも、合衆国で「非党派的」出版物と、戦線組織のために、沢山の金を使った。モスクワが、集団保障と反ヒトラー主義の仮面の下にいた間は、アメリカの公衆は、その宣伝家たちにとっての恰好の運動の場となった。アメリカ労働者の間で、革命的「幹部《カードル》」を養成する代りに、今や仕事は、ニュー・ディール政府の役人や、尊敬すべき実業家や、労働運動指導者やジャーナリストに、ソヴィエト・ロシアが「平和」と「民主主義」の勢力の最前部にいるのだと納得させることなのだった。

この人民戦線運動が最高潮に達し、ソヴィエト国内での独裁制がいよいよ全体主義的となり、粛清がソヴィエト生活における支配的な事実となったときに、コミンテルンは、これまで以上に、事実、本質的に、オゲペウの附属物になり果てたのだった。

コミンテルンは、ロシア・ボリシェヴィキ党統制委員会に範をとって、「統制委員会」をもっているが、それは、党員の政治的精神を監視することを目的としている。スターリンが、個人的権力の座によじ登っていった歳月を通じて、ボリシェヴィキ党の分派闘争が激しくなっていったので、党内のスパイ行為は、この機関の唯一の役目となった。ロシア共産党統制委員会は、腰の据わらないスターリン派をロシア共産党から一人残らず放り出した。コミンテルン統制委員会は、国際的な規模でこの手本にしたがった。

しかしながら、統制委員会はスターリン政権の自由になる手柔かな道具の一つなのである。この政権を助けるために作られたもう一つの道具は「カードル部《〔幹部人事部〕》」という罪のない名称をもった機関である。これが現在では、コミンテルン内でのオゲペウの武器なのである。この機関は、ソヴィエト秘察警察の初代長官だったジェルジンスキーの古い友人で、長年合衆国とラテン・アメリカでコミンテルン工作員として働いたポーランドの共産主義者クライェフスキーを頭に戴いていた。クライェフスキーは、その手先をあらゆる共産党の中に送りこみ、党内スパイ行為を、現在見られる最高の効果的な水準にまで発展させた。

十日毎に、このカードル部長は、オゲペウ内の対応する部の長に会って、自分のスパイが収集した資料をかれに渡している。この資料をオゲペウは、適当とみなせば利用するのである。今日、このコミンテルン内の警察部は、スターリンに対する外国の反対派のどんな小さな動きまでも、洗い上げようとしている。それは、外国共産主義者からロシア共産党内の強力な反対派につながる、あらゆる糸を特別に警戒してたぐっているのだ。

この部に委ねられているもっとも芳しからぬ任務の一つは、スターリンに対する忠誠を疑われている外国共産主義者を、モスクワにおび き出すことである。コミンテルンと良好な関係にあると思っている共産主義者が、モスクワで必要だから来るようにという指令をコミンテルン執行委員会から受けとるとする。自分の重要さがこのように認められたことが嬉しく、かれは、コミンテルンの首府に急ぐ。到着するとオゲペウに引き渡され、姿を消す。こういった捕え方がカードル部にまかされているのであって、この部はそのスパイ網を通じて、あやまっているだけにとどまらず、悪意のこもった「情報」を頻繁に、受けとる。それは問題の個人が、スターリン主義の路線にしたがっていない、ということを示そうとするものなのだ。このようにして、抹殺されるためにおびきだされた多くの外国人共産主義者の数は、おそらく確かめることはできないだろう。モスクワはまた、よい目で見られていない外国共産党指導者を、処理するもっと巧妙な方法をもっている。いまだにその追従者の間でかなりの威信を享受している重要な政治的人物ならば、処分できる前に影響力をそがねばならない。かれは、自分の国の共産党員たちの目に、面目を失墜させられねばならない。それが終れば、簡単に処理できるのである。

この影響力をそぐ過程は、巧みに練られた計画通りに進行する。手はじめは、かれを、その国での仕事から引き離すことだ。モスクワに来ることを命ぜられると、かれは服従と即座の除名のうちのどちらかを選ばねばならない。かれは拒絶することができずに、共産党内にとどまる。しかし、かれの地位が高ければ、ただちに、どこかソヴィエトの事務所の小事務員に変えることはできない。かれは、コミンテルンの事務所に呼び出されて、中国、あるいは近東、あるいはラテン・アメリカでの重要な任務のために選ばれたと告げられる。これが、かれの没落の発端なのである。自分の党から引き離され、ほとんど成果をあげられない遠い地方に投げだされ、モスクワに帰ってくると、ひどくぶすっとしたコミンテルンの上司に会うことになる。

「さて、同志」と部長は言う、「ブラジルに六ヵ月いて、数千ポンドをきみは使ったが、どんな成果をあげたのか？」

弁解は役にたたない。ブラジルの労働者階級が共産主義の教義を理解できるだけ充分な政治的意識の段階にまだ達していないという、ありふれた議論——これは明らかな事実なのだが——は、馬の耳に念仏だ。国にいるかれの同志たちは、こういったことを、みな知らされると、かれを完全に忘れないまでも、今度は、新しい角度から見るようになる。コミンテルンは、かれをブラジルに派遣した。ところが、収穫をあげなかったのだ。

次に打たれる手は、論理的にでてくる。かれに、今や幾千ものソヴィエトの事務所の一つに職を当てがうのだ。かれは、ソヴィエト政府の賃金生活者になり、政治的経歴は終りとなる。この瞬間から、もし、かれが、土性骨を少しでももっているならば、主な野心は、ソ連からでて国に帰り、ソヴィエト・ロシアとコミンテルンとの一切のきづなを断とうとすることだ。これは、まれにしか、成功しない。

この種のもっとも悲劇的な例の一つは、わたしの友人で、世界的な名ヴァイオリニストの兄弟だったスタニスラス・フーバーマンの場合だった。わたしたちの間で、スタック・フーバーの名前で通っていたフーバーマンは、第一次世界大戦中にポーランドの革命運動に入った。ミュンツェンベルクとともに、かれは、青年共産同盟の創設者の一人だった。非合法の共産党で勇敢に活動し、やがてその指導者の一人となった。ポーランドで、投獄の判決を何回も受けて服役し、しばしば警察の虐待を経験した。

コミンテルンが、ポーランドの党中央委員会を更迭するのを決定した時、フーバーは、呼びだされた。すぐに、かれは、鉄道に関係して新たに設けられた事務所に移された。フーバーにとって、鉄道の仕事は、全く本領外だった。かれは、事務所を次々と変えられて、ソヴィエト官僚制のあらゆる様相を体験する機会に恵まれたものの、ポーランドの同志たちのもとに帰ることは、許されなかった。青年共産同盟創設の五周年が、ソヴィエト会館で行なわれた時、かれは、まだモスクワにいて、ソヴィエトの目立たない事務員として、働いていた。演壇のうえには、ソヴィエト政権の新しい高官たちが、きらびやかに並んでいた。ソヴィエト・ロシアと世界で果している青年共産同盟の偉大な役割を強調する感動的な演説が、次々に行なわれた。会場の後ろに青年共産同盟の創設者の一人スタック・フーバーがいた。かれは、あてもなく会場をさまよっているうちに、かれと同様に、ずっと以前から落ちぶれてしまっていた旧知の同志にであった。二人は、嬉しさの余り、互いにかけよった。旧知の友人は、フーバーを自分のアパートに招いた。かれらは、夜のふけるまで、酒をくみかわしながら、思い出を語り、逸話をかわして時を過した。数日後、フーバーは、コミンテルン統制委員会に出頭するように要求された。

「先週の水曜の晩、あなたは、同志某の家にいましたか？」

フーバーは、「被疑事実」を認めた。かれは、直ぐ様、党を除名され、どのような勤めもみつけることはできなくなった。住居を即刻立ち退くように命じられて、寝ぐらを失ってしまった。かれは、わたしのアパートに、同居しにやって来た。

わたしは、この頃、スタック・フーバーが自殺するだろうというほとんど確信に近い感じを抱いていた。だが、コミンテルンの指導者の一人マヌイルスキーが、かれに助け船をだした。統制委員会は、その決定を取消すように説きふせられた。フーバーは、復党を許され、かれの党記録には、「強い最終的警告」という注意がかき込まれた。かれは、ヴェリーキエ・ルーキ駅に仕事を与えられた。フーバーは、今や自分の立場がどれほど危うくなっているのかを知っていたので、党記録からあの罰点が、事によっては抹消されるかも知れないという望みを抱いて、懸命になって働いた。

かれは、一九三六年に、ボリシェヴィキ十月革命記念日のためにヴェリーキエ・ルーキからモスクワへ飛行機で旅をするのを許されるほど、成績をあげた。途中、飛行機が墜落して、スタック・フーバーは死んだ。それからいく月か経って、かれの友人の一人がわたしに言った。

「飛行機事故で死ぬなんて、スタックは、好運な男だ！」

そして、事実、かれは好運だったのだ。ヴェリーキエ・ルーキの地方で、共産党役員は、かれの精勤にたいして報いたが、オゲペウの事務所では、かれは、党を除名され、ついで仮に復党を許された古参ボリシェヴィキにすぎなかった。粛清がたけなわな頃、オゲペウは、スタック・フーバーを探していたのだ。

最後が、これほど悲劇的だとは、必らずしも限らない。オーストリア共産党指導者トマンが、レニングラードにある海員の家の教育部長に任命された時、かれは、母親が危篤だという電報をウィーンから受け取れるように手配した。この時に、だまされたのは、モスクワだった。ウィーンに着くと、トマンは、コミンテルンとの訣別を声明した。

自国の常駐代表としてモスクワにいる外国共産党員は、主にホテル・ルックスに滞在しているが、かれらの一団は、ソヴィエト生活のなかで、目立った変則を常に、形づくっている。諸国の共産党は、第一級の指導者を、モスクワに送って滞在させているのではないことは、いうまでもない。ポリット、ブラウダー、トレーズのような人たちは、重要な会議とか大会に招集された場合にだけ、モスクワにやって来るのである。しかし、どの党も、モスクワに、駐在領事をもっており、かれらは正常の外交団とは違って、給料を、自分たちを派遣したものから受けとってはいない。かれらはボリシェヴィキ党の政治局員たち、とくにスターリン自身に軽蔑の眼でみられていて、モスクワの社交界では、ぱっとしない――正確にいえば、最近までは、ぱっとしていた――存在なのである。

一九三二年から三三年にかけての強制的な農業集団化に伴った飢餓の時期に、普通のソヴィエトの使用人が、パンと乾魚で生きてゆかねばならなかった時に、これらの外国人専用の消費組合が設けられ、金をいくら払っても、どこでも買うことのできぬ品物が、安い値段で売られていた。ホテル・ルックスは、社会的不正の象徴となり、普通のモスクワ市民は、誰がモスクワで快適に暮しているかと尋ねられれば、きまって次のように答えるようになった。

「外交団とホテル・ルックスにいる外国人たちさ。」

コミンテルンに関係する人々と折々交際する一握りのロシア人作家、俳優たちは、この外国人貴族の余祿を味わう破目になった。かれらのもとには、ロシア人が、やって来て、かみそりの刃だとか、針とか、口紅とか、万年筆や一ポンドのコーヒーとかの日用品をねだっただろうと想像される。

オゲペウにとって、政府の費用持ちで、ホテル・ルックスに住むこの国際的な集団は、嫌疑の対象だったし、現在も終始変ってはいない。この「プロレタリア革命」のはりこの世界は、陰謀と泥仕合で絶えずやかましく、外国人共産主義者の誰もが、同僚をスターリンへの忠誠心が十分でないといって非難していた。オゲペウは、ホテルに忍び込ませてあるその「客」を通じて、こういった非難のやりとりを耳に入れ、部厚い書類綴のなかに記録している。

大粛清が始まった時には、ソ連に住んでいた外国人共産主義者の検挙と抹殺が行なわれた。ホテル・ルックスに住んでいたコミンテルンの領事たちは、ついに、大仕事を与えられた。かれらは、オゲペウの手先となって、同胞を束にして密告した。かれらは、その当時、ソ連にいた外国人共産主義者の全部にたいして個人的に責任をもっていたので、オゲペウに同胞を引き渡すことによって、自分たちの地位や、しばしば、自分たちの生命を救うことができたのである。

全く皮肉なことには、ソヴィエト・ロシアが、民主主義諸国で、その威信の絶頂に達したのは、コミンテルンが、スターリンとオゲペウの手下に、成り下っていったこれらの歳月を通じてなのだった。一九三五年に開かれた共産主義インターナショナルの第七回世界大会で、ディミトロフが行なった有名な、トロイの馬演説によって予告された「人民戦線」は、新しい日の到来を告げた。二〇年近くを経ながら、ただの一国においても、根をおろさずに終った不人気なボリシェヴィキ的スローガンを棄てて、モスクワは、今度は平和・民主主義・反ヒトラー主義の旗手として、文明の砦のなかに入っていったのだ。大粛清がわれわれ一人残らずを、職業と地位のいかんにかかわらず、恐怖におとし入れていた間でさえも、スターリンは、その臣下たちに、「世界で、もっとも民主的な憲法」を与えた。それは、紙のうえでのみ存在し、しかもファシスト制度にもとづいて建てられたスターリンの新しい党の永久支配を公然と保証する憲法だったにもかかわらず、多くの外国の自由主義者たちによって、たとえ、偉大な達成としてではないにせよ、少くとも「意義深い熱望」として迎えられたのだ。

実際問題として、人民戦線が、重要だったのは、次の五ヵ国、イギリス、合衆国、フランス、スペイン、チェコスロヴァキアにおいてだった。あらゆるファシスト、半ファシスト諸国では、コミンテルンは、一戦を装ってみせもせずに退いた。西欧駐在諜報機関長としての自分の部署で、わたしは、良く観察することができたが、ドイツとイタリアのいわゆる地下共産党は、無に等しかった。

ファシストのスパイに浸透されたこれらの党は、党員たちを死に送ることが唯一の役目だった。共産主義は、これらの国では、久しく前から、破産しており、ヒトラーの戦争の結果、新たな革命の波がドイツを洗い去るにせよ、モスクワの指導のもとではないだろうということは、ほとんど確かなのだ。

スカンジナビアの安定した進歩的な民主主義諸国では、人民戦線のスローガンは、ちょうど以前の時期に、革命的スローガンが、そうだったように、不首尾に終ってしまった。

他方イギリスでは、モスクワの新しい顔が、勤労大衆の間では、僅かな帰依者を獲得したにすぎなかったにもかかわらず、その反ファシスト・スローガンは、学生、作家、労働組合運動指導者の相当な数をとらえたのである。スペインの悲劇とミュンヘン会談の時期に、イギリス貴族階級の多くの息子たちが、国際旅団（スペインに送られたコミンテルンの軍隊）とわが諜報機関の両方に、応募した。モスクワ裁判は、この新兵たちの多くに衝撃を与えた。粛清がたけなわの頃、イギリス共産党の中央委員の一人は、わたしのある同僚に言った。

「どうして、スターリンは、あなたたちを銃殺しているのだろう？　わたしは、あなたが、どれほど忠実にソ連に奉仕しているのかを知っているが、モスクワに帰れば、あなたが銃殺されるのは間違いないと思う。」

このような空気が起ったが、それは底に沈んでいた。処刑はつづいた。スペインの絵図は、その全体主義的恐怖を、総て明らかにしていた。だが、スターリンは、ヒトラーにたいする民主主義諸国の偉大な味方として、国際的な支持を維持していた。

フランスでは、人民戦線《フロン・ポピュレール》は、仏ソ同盟と密接に結び合っていて、政府機構をほとんど攻略してしまったほどだ。確かに、軍事的情勢の影響を国内政治に及ぼさないように努めた、レオン・ブルムのような人々がいるが、このような努力は、大部分失敗に終った。ガムラン将軍と保守党議員ド・ケリイスから、労働組合指導者ジュオーに至るまで、フランス人の大部分は、フランスの安全がモスクワと結びついているという考えにとりつかれていたので、人民戦線は、フランスの生活における支配的な事実となることができた。表面では、コミンテルンは、その見せかけのよい組織を介して動いていた。新聞、読書クラブ、出版社、劇場、映画会社――この総てが、スターリンの「反ヒトラー」戦線の武器となった。舞台裏では、オゲペウとソヴィエト軍事諜報部が、フランス国家機関を締めつけるために、熱に浮かされたように活動していた。

この国全体が、危険にたいして盲目ではなかった。下院の議員席からソヴィエト政府が、フランス軍事航空の機密に通じすぎているという非難を浴びせる質問が何度も放たれた。このあてこすりが、何にもとづいているにせよ、ソヴィエト諜報機関に属するわれわれが、若干のフランス政府高官を「われわれの連中」とみなしていたということは、少くとも一つの事実なのだ。

チェコスロヴァキアにたいするモスクワの影響は、さらにはっきりしていた。ソヴィエト・ロシアは、プラハ政府のもっとも責任ある閣僚たちから、チェコ独立の油断のない保護者として仰がれていた。ここで汎スラブ主義の要素が、クレムリンの権威をいっそう高めるために登場した。チェコ人たちは、現代におけるもっとも悲惨な陰謀の一つに、自分たちを引きずり込まれるままにしたほど、かれらの偉大なスラブの兄弟が、ナチ・ドイツにたいして護ってくれているという考え方に惚れ込んでいたのだった。スターリンのために、モスクワがチェコ政府をどのように利用したかは、本書のまえがきで語られた。

アメリカ合衆国で、共産党はそれ自体としては、重大な役割を演じたためしがなく、モスクワから、常に最大の侮蔑の眼でみられてきた。一九三五年に至るまでその長い年月にわたる活動を通して、アメリカ共産党は、ほとんど何の成果もあげなかった。組織労働者は、そのスローガンに反応を示さなかったし、アメリカ国民大衆は、その存在をほとんど知らなかった。しかしながら、この歳月の間でさえも、同党は、われわれにとって重要だった。なぜならば、他のどの共産党よりも、わが国のオゲペウと諜報機関に緊密に結びついていたからなのだ。赤軍の機械化と機動化の期間に、われわれのために、アメリカ共産党員は航空機工場、自動車工場、軍需工場内で諜報員として働いていた。

数年前にモスクワで、わたしは、合衆国駐在軍事諜報機関長に向って、かれがアメリカ共産党の職員の多くを、ゆき過ぎなほど諜報活動に動員しているように思うと語ったことがある。すると、かれの答は、象徴的だった。

「いいじゃないか。連中は、ソヴィエトの金を沢山もらっている。報酬がたんまり入りつづけるように、連中は、革命など金輪際しやしないさ。」

民主主義の旗のもとに応募した数千の新兵たちで、合衆国の共産党＝オゲペウ・スパイ組織は、さらにふくれあがり、従来手をつけられていなかった分野に浸透していった。自分を細心に隠して、共産党員たちは、数百の重要な部署に入り込んでいった。モスクワは、知らずにコミンテルンやオゲペウの工作員に近づく政府職員の行動に影響を与えることができるようになったのである。

諜報と圧力政治の面でのこのような成功よりもおそらく、もっと問題なことは、労働組合、出版社、雑誌、新聞へのコミンテルンの浸透なのである。この策動は、コミンテルンのレッテルをはがして、代りに反ヒトラー主義の印を押すだけで達成されるのである。

コミンテルンに属するものたちは、常にコミンテルンとそのモスクワによる指導を最高の忠誠目的とみなしてきた。ドイツ国会軍事委員会の一員としてのキーペンバーガーであれ、イギリス下院のガラチャーであれ、またフランス議会外交委員会の一員としてのガブリエル・ペリであれ、かれらが自分たちを拘束していると認める唯一の忠誠は、コミンテルンにたいするものなのである。

人民戦線の時代は、一九三九年八月二三日、音をたてて崩壊した。ソヴィエト首相モロトフが、独ソ不可侵条約に、はれやかなスターリンの前で、ナチ外相フォン・リッベントロプの署名の下に、署名をかき添えた時に、人民戦線という笑劇に幕が降りたのだ。この時に、スターリンは、ヒトラーに白紙委任状を与えたのであり、一〇日後に、世界は戦争に突入した。ソヴィエト軍事使節団が、世界史上もっとも専制的で、厄介な二つの圧制国家間の完全な協力の細部をとりきめるためにベルリンに急派された。

スターリンにとって、この二つの独裁国家の合同は、多分かれが追求した一切の総決算なのである。みずからの経済的・政治的失策の矛盾にみちた結果に、絶望的に落ち込んでいたスターリンは、ヒトラーと手を携えてゆくことによって権力の座に留まる希望を、ひたすら抱いていたのだ。

スターリンは、終始一貫して、共産主義インターナショナルとその外国人職員にたいして、徹頭徹尾シニカルな態度をとりつづけてきた。一九二七年にさかのぼってみれば、ボリシェヴィキ党政治局のある会合の折に、かれは次のように言った。

「あのコミンテルンの連中は、いったい何者なのか？　かれらは、ソヴィエトの給料をもらっている雇われ人以外の何者でもない。九〇年経とうが、どこにも革命を起こしはすまい。」

スターリンは、コミンテルンを好んで「ラヴォチカ」、つまり、「小店」と呼んでいた。しかし、この「小店」を用心深く維持してきた。かれにとって、その国内政治と対外的策動の両方のために、役だってきたからだ。オゲペウについで、それは、かれのもっとも有効な個人的武器だったのだ。

スターリンは、ヒトラーとの協定締結によって、コミンテルンに致命的打撃を与えながらも、もっぱら民主主義諸国において、やせこけた党組織を維持しようとするだろう。それは、力を失ってしまうまで、かれの全体主義的専制の道具たりつづけるだろう。

大きな相違は、一九三九年八月二三日以降、世界が、スターリンに仕えるものは、ヒトラーに仕えるというのを知っているということなのだ。

第三章　スターリンのスペイン内戦干渉

スペインへのソヴィエトの干渉の経過は、いまなお、スペイン内戦の大きな謎のままだ。世界は、ソヴィエトの干渉がスペインにたいして行なわれたことを知っているが、それ以上のことは知らない。スターリンがなぜスペインに介入したのか、そこでどのような行動をしたか、だれが直接携わったか、スターリンが何を得ようとしたか、そしてこの冒険にはいかなる結末が告げられたかは、知らないのである。

わたしはスペイン内戦へのソヴィエトの干渉を直接組織した一群のソ連公務員のなかで、たまたま、ただ一人国外に生きのびたものであって、現代史のこの劇的な章を今や明らかにすることができるただ一人の人間なのである。西欧駐在ソ連軍事諜報機関の長として、わたしは、クレムリンがスペインの事変でとったあらゆる主要な手段に通じていた。それ以前、長年の間、わたしはスターリンの対外政策に身近に接する部署についていたが、このスペインの冒険は、その有機的な一部なのだった。

一九三三年のヒトラーによる権力獲得以来、スターリンの対外政策は、不安気なものとなっていた。かれは、孤立の恐れにかられていた。ヒトラーと折合をつけようとするかれの努力は、一進一退した。成功がおぼつかぬと思われた絶望的な瞬間には、ツァー時代の仏露同盟の復活を試みた。だが、その場合に、期待通りの完全な成功は、得られなかった。英国と連合しようとする企ては、それに比べて、もっと首尾よくなかった。一九三五年に、アントニー・イーデンとラヴァル・フランス首相とが、モスクワを公式に訪問した。リトヴィノフ外務人民委員は、ワシントンにゆき、アメリカのソ連承認をとりつけ、それから、ジュネーヴで花形の役割を演じた。かれは世界中に名を売ったが、名を売っただけの話だった。ロンドンは、決定的な約束をしなかったし、フランスとの協定は、頼りにならなかった。

このような情勢下で、フランコの反乱勃発後、スターリンはスペインに眼を向けた。かれは、いつもの伝で、容易には急がなかった。油断なく待ちかまえ、ひそかに調査していた一時期があった。フランコが迅速で容易な勝利をえないだろうということを、最初に見きわめようとした。それから、介入にふみ切ったのである。スターリンの意図――これは、かれに仕えていたわれわれの間では、常識だったが――は、スペインをクレムリンの影響下におくことだった。このような意図が実現された暁には、パリ、ロンドンとの結びつきが確かなものとされようし、他方こうして、ベルリンとの交渉の立場が強化されるはずだった。

かれが、ひとたび、英仏にとって致命的な戦略的重要性をもつ、スペイン政府の主人になるならば、探し求めていたものを見つけることになろう。かれは、無視できぬ勢力、手を差しのべるべき同盟者となろう。スペインでのスターリンの行動は、何らかの形で世界革命につながるものと信じられている。しかし、それは当っていない。スターリンにとって、世界革命の問題は、とうの昔に現実性を失っていた。ここでは、たんにロシアの対外政策の一問題にすぎないのである。

三国すなわちドイツ、イタリア、ソ連が、スペイン内戦に直接参加した。ドイツ、イタリアの参加は公然としたものだった。両国ともそのスペイン派遣部隊の行動を公式に認め、その戦功を誇張した。それにひきかえ、ムッソリーニとちがって、スターリンは、安全第一主義をとった。かれは、干渉を誇るどころか、臆病にも宣伝しなかったし、事実当初は、全く押しかくした。もし、スターリンが、フランコの側でムッソリーニが冒した危険を、共和政府の側で回避しなかったとすれば、ソヴィエトの干渉は、ある瞬間に決定的だっただろう。だが、かれは、何らの危険も冒さなかった。かれは、物質援助の代価を、おぎなって余りある金《きん》がスペイン銀行にあるのを確めてから行動にでさえしたのだ。スターリンは、その干渉を「火砲の射程外に留まれ！」というスローガンの下で始めたのである。

これは、スペイン干渉で、終始われわれを導いたスローガンだった。一九三六年七月一九日、フランコ将軍が叛旗をひるがえした日、わたしは、オーストリア人の古物収集家を装い、妻子とともに、オランダのハーグに暮していた。この偽装は、わたしがえていた資金や、住居や、ヨーロッパ各地への頻繁な旅行からいって、もっともらしい職業だった。

当時までわたしは、ナチス・ドイツ国内に組織した諜報網にほとんど全精力を集中していた。ヒトラーと諒解に到達しようとするスターリンの努力は、実を結んでいなかったし、クレムリンは、当時ベルリンにおいて交渉裡にあった日独協定にたいして、深刻な関心を払っていたのである。別の章で語ったように、わたしは、この秘密交渉を、しっかり追求していた。

ピレネー山脈の彼方で最初の砲声の響くのを耳にしてわたしは、フランコの支配する地域に秘密情報網を組織するために、リスボンと仏西国境のアンデーに一名ずつ機関員を派遣した。

これは、こういう場合にとられる常套的な措置にすぎなかった。わたしは、モスクワからスペインに関する指令を受けとっていなかったし、わたしの機関員とマドリードの共和政府とのあいだに接触は存在していなかった。わたしは、ソ連の駐西欧諜報機関長として、一般的な情報を入手し、クレムリンに送っているにすぎなかった。

ベルリン、ローマ、ハンブルク、ジェノア、ブレーメン、ナポリ駐在のソ連諜報員は、フランコが、ドイツ、イタリアから強力な援助を受けつつあるという報告をわれわれに遅滞なく送ってきていた。この情報を、わたしはモスクワに急送したが、何の反応もなかった。まだ、わたしは、スペインに関する秘密指令を受けていなかった。公式にも、ソ連政府は、何の発表もおこなっていなかった。

コミンテルンは、いうまでもなく、叫び声をあげていたが、われわれ実際面に携わっているものは、ひとりとしてこれを真剣にとってはいなかった。当時すでに、「小店」と渾名されていたコミンテルンという組織は、モスクワの静かな郊外に追いやられ、そもそも目的としていた国際革命の松明たることから、スターリンの対外政策のたんなる添物――時としては、間接的な形で役立ち、時としては、ひどい厄介物となったのだが――に転落していた。

コミンテルンの唯一の貢献は人民戦線として知られている国際政策をおこなったことだった。それは、すべての民主主義国で、共産党員は、支配勢力にたいして反対をとり止め「民主主義」のために他の政党と連合することを内容としていた。その方法は、「同伴者」とお人よしの助けをかりてソ連に友好的な政府を樹立することだった。これは、いくつかの国々では、現実にクレムリンを助けた。実際フランスにおいては、人民戦線は、穏健社会主義者のレオン・ブルムを権力の座につかせた。しかし、今やスペインの危機にさいして、コミンテルンがスペイン共和国の擁護とフランコにたいする闘いとを呼びかけているときに、ほかならぬ人民戦線出身のブルムがロンドンの後押しをえて、スペインにたいする不干渉政策をとるに至ったのである。

スペインでさえもコミンテルンの呼びかけは、その加盟者であるスペイン共産党が党員三、〇〇〇名を数えるのみだったので、いっそう役に立たなかった。スペインの労働組合や、すべての強力な革命的組織、アーナーキストやマルクス主義統一労働党〔略称ＰＯＵＭ、共産党を除名された急進主義者の党〕や社会党は、頑強に共産党反対の立場を固持していた。スペイン共和国は、誕生以来五年も経ていながら、いまだにソ連の承認を拒み、モスクワとの外交関係を結んでいなかった。

それにもかかわらず、コミンテルンは世界の至るところで大衆集会を組織し、スペイン共和国のために募金を集めた。そして、自国で迫害されロシアに難を逃れていた多数の外国共産主義者たちを兵士としてスペインに急派した。スターリンは、こうしてかれらを厄介払いができたのを喜んだ。

いまだに、ひそかに世界革命の理想を抱きつづけていた少数のコミンテルン指導者たちは、スペインでの戦いに新たな希望をかけていた。これらの古い革命家たちは、スペイン内戦が、ふたたび世界を揺るがすものと実際に考えたのである。しかし、かれらの情熱をもってしてもマドリードが求めつづけ、また、フランコが独伊から供給されていた軍需品を生みだすことはできなかった。この時期にコミンテルンが果した真の役割は、スターリンの沈黙にたいしてあげられた声高い非難を打ち消す雑音をたてることなのだった。

フランコにたいする、ナチとファシストの公然たる援助の暴露も、スペインの革命指導者たちの助けをもとめる絶望的な訴えも、クレムリンの壁を通さないようだった。

スペインの内戦は、ますます巨大な火の手をあげ始めていたが、スターリンは、まだ何の動きも示さないでいた。ハーグのわたしのもとへは惨澹たる報告がたえ間なく流れこみ、わたしは、それをモスクワに着実に中継しつづけていた。

マドリードのスペイン政府は、スペイン銀行の金準備一億四千万ポンドを有していたにもかかわらず、英国のヴィカース、チェコのスコダ、フランスのシュネデル、ドイツの強力な兵器製造業者から武器を購入しようとする努力は、不干渉主義者たちによって阻止されていた。このような事態にあっても、わたしは、政府から何の指令も与えられないままでいた。

スペイン政府の高級職員三人がロシアに迎えられたのは、八月もやがて終ろうとする頃、フランコの軍隊がマドリードに迫りつつあった時だった。かれらは、スペイン金《きん》の莫大な額とひきかえに、軍需品を入手するためにロシアを訪れたのだった。しかし、それでも、かれらは、モスクワに招かれずに、オデッサのあるホテルに人知れず足止めされていた。スターリンは、この取引を秘匿するために一九三六年八月二八日、外国貿易人民委員を通じて、「あらゆる種類の武器弾薬、軍需品、航空機、軍艦のスペインへの輸出、再輸出、または移送」を禁止する布告を出した。それは翌週の月曜日には新聞に発表され、全世界に放送された。コミンテルンの「同伴者」たちと、かれらに刺激された公衆は、すでに、スターリンがスペイン共和国に援助にかけつけないのに失望していたが、ここに至ってはじめて、スターリンが、レオン・ブルムの不干渉政策にくみしているのだと理解した。しかし、事実は、ひそかにスターリンはスペイン共和国の援助を画策していたのである。オデッサにスペインの使者たちが待っている間に、スターリンは政治局の緊急会議を招集して、中立宣言の蔭にかくれて、スペイン内戦に用心深く介入する計画を提出した。

スターリンは、古いスペインは去ったが、新しいスペインは、独り立ちできないと主張した。それは、独伊陣営につくか、その反対陣営につくかの二者択一しかない。スターリンは、仏英両国とも、地中海の喉もとを制するスペインをベルリン・ローマの支配下に唯々として委ねることはできないだろうといった。友好的なスペインは、パリとロンドンにとって、不可欠だった。公然たる干渉をおこなわずに、軍需物資の供給源としての立場を巧みに利用して、スペインに自分の支配する政権を樹立することができるとスターリンは考えたのである。そうすれば、スターリンは、仏英両国の尊敬をえて、この両国から真の同盟の申出をかちとり、これを受諾するか、あるいは、これを取引の材料としてかれの本来の根強い底意であるドイツとの協約に到達できる。

以上が、スターリンのスペイン干渉をめぐる根本的な考え方なのだった。しかしながら、かれは、また大粛清と、かれの古いボルシェヴィキ党の同僚たちの銃殺に不満を抱くだろう外国の友人たちに、何らかの答を出す必要にも、動かされていた。西方の世界は、この当時にスターリンの権力掌握がどれほど弱く、またこの血なまぐさい行為を、外国の共産主義者と国際的な理想主義者たちによって擁護されることが、独裁者として生き残るためにどれほど重要だったかを、理解していない。かれらの援助は、スターリンにとって肝要だったといって、いいすぎではないのだ。そして、かれのスペイン共和国防衛の失敗は、大粛清と反逆裁判の衝撃と結びついて、かれらの支持を失わせたかも知れなかったのである。

また、共和政府が武器購入のために使おうとしていた一億四千万ポンドの金のたくわえがスペインにはあった。ソ連が公式には厳密な不干渉政策を表明している間に、スペインに引き渡される武器の支払いとして、この金のどれだけがロシアに輸送可能であるかは、明らかに緊急な問題だった。

政治局は、いうまでもなく、スターリンの政策を採用した。かれは重ねて、かれの政府を戦争に巻きこむどのような可能性も抹殺するためには、ソヴィエトのスペイン援助が非公式なものであり、隠密裡に実施されなくてはならないと人民委員たちに強調した。そして、この政治局会議のしめくくりに、この任務に着く全高級将校への命令としてスターリンがのべた言葉こそが「火砲の射程外に《ボダルシエ・アト・アルティレレイスコ》留まれ《ヴォ・アグニャ》！」というスローガンなのだった。

二日後、オランダに飛来した密使は、わたしにモスクワから次のような指令をもたらした。「直ちに、貴官の活動分野にスペイン内戦を含めよ。スペインにたいする武器購入および輸送のための組織をすみやかに設立するために用意せよ、すべての手段と人員とを動員せよ。この作業で、貴官を援助するために、一名の特使がパリに急行しつつある。そこで、かれは、貴官に報告し、貴官の指揮下に入る。」

わたしは、スターリンが、ついに真剣にスペインで動くことに決めたのを知って喜んだ。カーメネフ＝ジノヴィエフ裁判は、親ソ的なひとびとの間で恐ろしい印象をつくりだしていたし、スペインの戦いで、モスクワがとった中立政策は、もっとも友好的な人々の間でさえも、面倒な問題をひき起こしていたのだった。

同じ頃、スターリンは、当時のオゲペウ長官のヤゴダにたいして、スペインにソ連秘密警察の支部をつくるように命じた。その時、全能のヤゴダは、スターリンによって、この重大な任務を与えられて面目をほどこして、五日後には解任されて、数ヵ月後には、自分が君臨していたルビヤンカの独房に入れられるとは、夢にも思ってはいなかった。かれは、後任者のエジョフ、古い友人で著名な作家のゴリキーの両名の毒殺の陰謀を「自白」した後で、一九三八年三月一四日、自分の部下だった銃殺執行隊の前で最後をとげたのである。

九月一四日、ヤゴダはスターリンの命令に従って、モスクワのルビヤンカの本部で、緊急会議を招集した。後に海軍人民委員になった当時オゲペウ武装部隊司令フリノフスキーが出席した（かれも一九三九年に「消えて」、とつぜんの最後をとげた）。オゲペウ外事局長スルツキー、赤軍参謀本部ウリツキー将軍も出席した。

わたしは、パリや、どこかよそで、しょっちゅうあっていたスルツキーから、この会議で、かれのはえ抜きの部下が、スペインにオゲペウの組織をつくるために派遣されたのを知った。かれは、シュウェド、リョーヴァ、オルロフといくつかの名をもつニコルスキーだった。〔スペイン内戦末期に、アメリカに亡命し、一九五三年にアレグサンダー・オルロフの名で『クレムリン秘史』を出版して、スターリン政権の秘密を明らかにしたが、スペインで果した自分の役割については、黙して語っていない。〕

このルビヤンカ会議では、ソ連秘密警察が、スペインでのコミンテルンの活動を受けもつことも決定され、スペイン共産党の活動と、オゲペウの活動とを「調整」することが決められた。

この会議での他の決定は、オゲペウの秘密の統制下で、あらゆる国から義勇兵を送りこむことだった。世界の各共産党の中央委員会では、オゲペウの秘密任務にたずさわる一名の委員がいるが、かれを通じて義勇兵の募集が行なわれることとなった。

英国も含めて多くの国々で、スペイン共和国の旗の下に闘うことは、民主主義を救い、社会主義を破壊からまぬかれさせる高貴な国際十字軍に加わることだと思われていた。全世界の青年たちは、このような理想のために スペインで闘うために志願した。しかし、フランコと闘っていた共和制スペインは、政治的信条、もしくは政策のうえでは、けっして統一されていなかった。それは多くの派閥――民主主義者、無政府主義者、社会主義者、サンディカリストから成っていた。共産主義者は、きわめて少数だった。ソ連にたいする英仏の関係を規制するための道具としてスターリンが、スペインを有効に利用し、この国の支配権を握りうるか否かは、共和陣営内の強力な反共産党勢力を打倒できるか否かにかかっていた。したがって、理想主義にかられたこの外国義勇兵たちの運動を統制し、かれらがスターリンの政策と野心に敵対的な分子と結びつくのを防止することが必要だった。

スペイン向けの武器の船舶輸送の組織という大きな問題については、ルビヤンカ会議は、この任務をロシアおよび外国から同時に押し進めることに決定した。外国での武器買付と輸送は、わたしにゆだねられた。

ロシアからの武器輸送は、ヤゴダ自身が担当した。ヤゴダの方がわたしよりもはるかに難しい仕事に取り組むことを意味していた。なぜならば、この場合に、ソ連政府の公式な介入ととられるようなことは、絶対に避けねばならなかったからだ。

ヤゴダは、オゲペウのウランスキー大尉を呼び、兵器商の「民間シンジケート」をつくるように命じた。ウランスキー大尉は、秘密任務の類まれなヴェテランだった。かれは、前にアントニー・イーデンとラヴァル仏首相の訪ソ中、かれらの身辺護衛という難しい任務をオゲペウにまかされたことがあった。

ヤゴダは、ウランスキー大尉に向って言った。「オデッサにいって、しばらく前から、足止めをくっている三人のスペイン人にあいたまえ。かれらは、非公式にわれわれから武器を買付けにやってきたんだ。かれらと取引する中立的な民間企業をつくりたまえ。」

ロシアでは、政府が武器の製造を独占しており、誰も一丁の拳銃といえども政府から買うことはできないのであるから、ソ連の国内で武器弾薬の取引をする民間企業をつくるという考えは、ソ連市民にとっては、途方もないことだったろう。わかりやすくいえばウランスキー大尉の任務は、武器密売者を組織し、動かすことを外国諜報機関に発見されないように巧みにやってのけることだった。

「首尾よくいったら」とヤゴダは、かれにいった、「赤旗勲章のために、きみの上着のえりに穴をあけて帰ってきたまえ。」

ウランスキー大尉は、現金取引を行なうように指示され、また、武器が赤軍兵器庫から「民間シンジケート」に引き渡されるやいなや、スペイン人たちが、それを輸送するための船舶の手配をするだろうということを知らされた。かれは、オデッサに向け出発した。秘密警察の責任者から地方ソヴィエト議長にいたるまで同市の全当局者は、あらゆる便宜をはからなければならないという政府の命令を、かれは携えていた。

ルビヤンカ会議の席上、ウリツキー将軍は、赤軍諜報部を代表していた。かれの部局が、この計画の技術的軍事面、すなわち、兵器庫から引きわたすべき装備の種類と量、スペインに派遣すべき軍事専門家、航空、砲術、戦車将校の選抜を受けもった。これらの要員は、軍事面では赤軍参謀本部の指揮下にとどまったが、その他の点では、秘密警察に監督された。

今や、スターリンのスペイン干渉が開始された。わたしは、戦場の兵士のように活動を始めた。事実、わたしの任務は、戦地勤務だった。わたしは、ロンドン、ストックホルム、スイスからそれぞれ一名の重要な機関員を招集して、モスクワからわたしのもとに派遣された密使、オゲペウ軍事部員で武器専門家のジミンをまじえて、パリで会合をひらくことにした。

九月二一日、極秘裡に、われわれはパリに集った。ジミンは、ソ連政府がいかなる形であれ、われわれの武器購入輸送に関係していることを少しでも知られてはならないという、はっきりした、きびしい指令を携えてきた。積荷の全部は、この目的のため特別に設立された会社を通じて「民間」で処理されなければならなかった。

したがって、われわれの直面した最初の課題は、軍需品の輸出入を目的として、表向きはそれぞれ別個な会社を、すでに存在しているわれわれの「営業」所の他に、ヨーロッパの主要な国に設立することだった。

事の成否は、われわれが適当な人間を選ぶか否かにかかっていた。われわれは、このような人間をもっていた。かれらの多くは、各国共産党の影響下にある団体、たとえば「ソ連友の会」や「平和と民主主義のための連盟」などにいた。オゲペウと赤軍諜報部の両方が、これらの団体のある会員たちを、ソヴィエト防衛体制の民間外人予備兵とみなしていた。したがって、われわれは、ソ連のための非公式の活動のなかで、長い間ためされてきた人間たちの間で選ぶことができた。もちろん、そのうちに、投機主義者と出世主義者が少数入りこんではいたが、大部分は誠実な理想主義者たちだった。

多くのものは、慎重で信用でき、間違いのない交際をしており、自分を裏切らずに、ある役割を演ずることができる人たちだった。われわれは、かれらに資本金をあたえ、事務所を準備し、利益を保証した。この人たちを見つけるのは難しくはなかった。

一〇日たらずのうちに、パリ、ロンドン、コペンハーゲン、アムステルダム、チューリッヒ、ワルシャワ、プラハ、ブリュッセルなどに、われわれの一連の新しい貿易会社が設立された。どの会社にも一名のオゲペウの工作員が物言わぬ社員として、入っていた。かれが、資金繰りを受けもち、あらゆる取引を統制した。誤ちを犯した場合には、かれは自分の生命であがなわねばならなかった。

これらの商社がヨーロッパとアメリカの市場で武器の入手に大童だった間、わたしの関心はもっぱら輸送の問題に集中されていた。適当な貨物船は、十分な運賃を払えば、スカンジナビアでえられるはずだった。難関は、このようなスペイン向けの積荷にたいするライセンスを確保することだった。はじめ、われわれは積荷をフランスに向けて託送し、つぎに、スペイン共和国軍の支配下にある港に移送しようと考えた。だが、フランス外務省は、出港認可を出すのを拒絶した。

しかし、他の方法に頼ることができた。つまり、どこか海外の政府から、武器が同国に輸入するために購入されるということを証明した領事証明を得ることだった。いくつかのラテン・アメリカの領事館から、わたしは、無数の証明書を入手することができた。時として、東ヨーロッパやアジアの国の領事証明を入手することもできた。

この証明書によって、われわれは、出港認可をとることができ、船は、南アメリカや中国ではなしに、スペインの諸港に向うことになるのだ。

われわれは、チェコのスコダ社や、フランスのいくつかの兵器会社や、ポーランド、オランダの兵器会社から大量の買付を行なった。われわれは、ナチ・ドイツでさえ購入した。わたしは、われわれの組織に属するオランダの商社を代表するひとりの機関員をハンブルクに派遣して、同地でいくぶん旧式の小銃と機関銃が多量に売りに出されているのを確めさせた。ドイツの兵器業者にとっては、価格と銀行証明書と合法的な委託証明書以外には、興味がなかった。

われわれが購入した武器の全部が第一級のものではなかった。最近では、武器は、急速に時代遅れになる。だが、われわれの目的は、弾のでる小銃をカバリェロを首相とするスペイン共和政府に補給することだった。マドリードの情勢は、日毎に重大化しつつあったのである。

一〇月半ばまでに武器の積荷はスペイン共和国に到着しはじめた。ソヴィエトの援助は、二つの流れでやってきた。私の組織は、外国船舶、ことにスカンジナビア諸国に船籍のあるものだけを使用した。オデッサにあるウランスキー大尉の「民間シンジケート」はスペイン船を用いて輸送をはじめたが、船の数が不足していた。モスクワは、絶対に戦争に巻きこまれないように秘密を守れというスターリンの強い要求にしたがって、ソ連籍のある船舶の使用は許さないだろう。スターリンは、ことに、スペイン向けの貨物船が地中海で潜水艦やトロール船に攻撃され、拿捕されることを恐れたのである。

けれども、頭のよいウランスキー大尉はオゲペウ旅券課長ミュラーに、外国の出港認可書の偽造を依頼した。ミュラーの課は、政府の無尽蔵の資金を後楯に、比類ない偽造技術を発達させていたからだ。

数ヵ月後、モスクワで、わたしは、ミュラーが赤旗勲章をもらったことで、かれをからかった。

「しかし出港証明の偽造は、全く新しい仕事だぜ！」とかれは叫んだ。「きみは、たやすいと思うのかね？　われわれは、昼も夜も働いたんだ！」

この偽造書類をもって、武器を積んだソ連船は、船名をかえ、外国旗をかかげてオデッサを出港し、独伊の諜報機関が鋭く監視しているボスポラス海峡を通過することになるのだった。そして、スペインの港に入港し、積荷を下すと、船名は再びロシアのものに戻され、ロシアの国旗をかかげてオデッサに帰ることになろう。

マドリードは、死に物狂いに飛行機を求めて叫んでいた。モスクワは、この叫びを、わたしへの命令のなかで、こだまさせた。フランコの反乱軍は、マドリードに迫っていた。これを助ける独伊の航空部隊は、制空権を握っていた。共和国の空軍は、ソ連から飛行士と飛行機が到着しつつあったものの、量質ともにおとっていた。わたしは、ヨーロッパのどこかで至急、爆撃機と戦闘機を買いつけねばならなかった。もちろん大量の軍用機を供給できるのは、私営企業ではなかった。ただ政府だけが、できることだった。

しかし、航空機においては、進歩改良が急速におこなわれるから、どこかの友好的な政府がその空軍近代化を進めるために、保有機の一部の売渡しに同意するだろうと想像する理由があった。わたしは、東欧にあるこのような政府に接近をはかることに決めた。この政府は、フランス製の旧式戦闘機五〇機をもっていたからだ。

この交渉には特別な部下が必要なのは明白だったが、うってつけの人間をわたしは見つけた。かれは、その国の上層部と交際が深く、銀行筋の申し分ない関係もあった古い貴族の家庭の息子という名門の出だった。かれは、その妻とともに、ソ連の誠実な友人であり、スペイン共和国の熱烈な支持者だった。これまでにも、かれは、われわれのためにいくつかの仕事をしてくれていたし、わたしは、かれを当てにできるのを知っていた。

わたしの要請に応じて、オランダにやってきた、かれに、わたしは事情を説明した。翌日かれはその東欧の首府に飛んだ。その晩、かれは、パリにいるわたしの機関員に長距離電話をかけてきた。パリの部下は、ハーグのわたしを呼びだして、翌朝、指定の時間と場所で、かれからの直接の電話をまつようにいってきた。こうして、われわれの間で、用心深く組まれた符牒をつかって、かれが行なった報告は、悲観すべき内容のものだった。

陸軍大臣あての紹介状を入手したかれは、大臣を訪れて、世界最大の銀行の一つの名が記された自分の名刺を出してから、単刀直入に用件を切りだしたのである。

「わたしは、貴下の政府から、軍用機多数を購入するために、当地にきました。その件で、閣下のご同意をえられるでありましょうか？　少なくとも五〇機を閣下のお示しになる価格で購入したいと存じます。」

陸軍大臣は、机から立ちあがった。かれの顔から血の気が失せていった。ふたたび、訪問者の名刺をみつめ、紹介状を念入りに読んだ。それから、わたしの使者に向って静かに言った。「即刻、わたしの事務所からおひきとりいただきます。」

わたしの使者は、席をたった。だが、もう一努力しないでこの失敗を受けいれることはできなかった。

「失礼ですが、閣下一言申しあげることをお許し下さい。これは、全くはっきりとしたことなのです。わたしの使命には、問題となる点は少しもありません。スペイン政府を救援する以外に他意はないのであります。わたしは、スペイン共和国を人類の名において防衛することが、義務であると考えているわが国のいくつかのグループを代表して、ここにまいりました。われわれは貴国が地中海からファシストの勢力を排除しておき、地中海をイタリアの支配に委ねないということに、利害関係を有していると考えております。」

答は冷やかだった。「わたしは、陸軍大臣であって、商人ではありません。では、ご機嫌よう。」

わたしの使者は彼方でうめくようにいった。「望みがないようです、全然。」

わたしは、かれに向って言った。「この件はだめとして、ご破算にして、ひきあげたまえ。飛行場でまっている。」

それにたいして、かれは、「まだ諦めるのは早いから、もう少し待って欲しい」と言って電話をきった。

三日後、わたしは、かれが飛行機で、ハーグに帰るという報告を受けた。わたしのまえに頭を包帯でまいたかれが飛行機から降りたった。かれは、疲れはてた様子だった。そのかれを、わたしは、待たせてある車に素早く押し込んだ。

車のドアが閉まるやいなや、かれは五〇機の買付にとうとう成功したいきさつを語りはじめた。

「あなたに電話をかけた翌日、同国最大の銀行の代表が、ホテルのわたしのところに刺を通じてきた。部屋に通すとかれは、わたしが陸相を訪問したことにはふれず、わたしが飛行機を買いたいのを知っていると言ったのです。わたしが商談するつもりだったら、かれの事務所で話しあおうとほのめかしたのです。」

こうして、わたしの使者は、一機当り四千ポンドで五〇機買いつけることができた。荷受け地が問題になったとき、ラテン・アメリカの国か中国のどちらかを選んで欲しいとわたしの使者が言うと、取引の相手は中国を選んだ。

「わたしは、かれに中国政府の必要書類を完全にととのえられると保証しましたよ。」

「だが、きみ、これはいったいどうしたんだ?」

とわたしは頭の包帯を指しながらたずねた。

「ああ、飛行機に乗りこむときに、がつんとぶつけちゃって」といってかれは笑った。

一刻も早く購入した飛行機を検査し、評価する手筈をととのえなければならなかった。わたしは、パリに急行して、ひとりのフランス人航空機専門家と、その助手として二名の技術者を雇った。東欧の首都に飛んだかれらは、好ましい報告をもって帰ってきた。わたしは、できるだけ早く飛行機を分解して荷造りをするように命じた。ほとんど無防備にちかい、マドリードにたいするファシストの無慈悲な爆撃にたいして、憤りの叫びが世界の至るところであげられていた。五〇機の戦闘機と爆撃機の輸送を急ぐために、わたしの組織は、奇跡を達成した。一〇月中旬には、一隻のノルウエー船につみこまれたのである。

そのとき、わたしは、積荷をバルセロナに揚げてはならないという厳命をモスクワから受けとった。これらの飛行機は、どんな事情があろうとも、カタルニアを通してはならなかった。カタルニアは、ほとんど主権国家にちかく、独自の政府をもっていた。それは、反スターリン派の革命家たちが支配していた。その頃フランコ軍の猛攻撃にたいして、もっとも重要な共和政府側の戦線の一つを死守していたとはいえ、かれらはモスクワに信用されていなかった。

わたしはアリカンテに荷揚げするよう命令された。だが、この港は、フランコの軍艦で封鎖されていた。船長は船をアリカンテに向けたが、船と積荷を救うために途中で戻らなければならなかった。かれは、バルセロナに向けようとしたが、乗りこんでいたわたしの部下に阻止された。船荷は地中海を右往左往した。フランコはアリカンテ入港を阻止した。スターリンは、バルセロナ入港を阻止した。その間、スペイン共和国は、絶望的な闘いをおこなっていた。そして、飛行機の欠乏に、ひどく苦しんでいた。ついに、船上のわたしの部下は、船をマルセイユに向けるよう命じた。

このような奇妙な事態は、戦争の公然たる舞台の裏で行なわれていた。スペイン共和政府の完全な支配権を握ろうとするスターリンの沈黙の闘いがもたらしたものだった。スターリンが、かれの権力の遊戯でスペインを持ち駒にしようとするには、スペイン共和国内のあらゆる反対派をおさえなければならない。この反対派の急先鋒は、カタルニアにあった。スターリンは、自分の指導権を文句なしに受けいれる集団だけを、武器と人員で援助しようときめていた。スターリンは、飛行機をカタルニアのひとびとの手に渡さぬ決意を固めていた。なぜならば、かれらは、それでもって軍事的勝利をかちとるかもしれないし、こうして、かれらの威信と政治的比重とが共和派内部でたかまるかも知れなかったからだ。

その頃、スターリンは、一方では、バルセロナにたいする軍事援助をおさえながら、他方ではスペイン共産党指導者ホセ・ディアスに最初の公式メッセージを送ったのだった。一〇月一六日、スターリンは、ディアスに電報を打った。「ソヴィエト連邦の勤労者たちは、スペインの革命的大衆に能うる限りの援助を与える時に、かれらは義務を果しているにすぎない。」つづけて、かれはいった。「スペインの闘いは、先進的進歩的全人類にとっての共通の大義である。」このメッセージはもちろんコミンテルンと世界中のソ連同情者をめあてにしていたのだ。

例のノルウエー船は、ついにフランコの封鎖をくぐりぬけてアリカンテに、飛行機を揚げることができた。同時に、戦車や大砲を含む他の軍需品がソ連から到着した。共和制スペインは、はっきりした援助がいまやロシアからきつつあるのをみた。共和主義者、社会党員、アナーキスト、サンディカリストは、ただ理論や理想を提供できるにすぎなかった。それに反し、共産党員は、フランコにたいして用いられる銃や飛行機を提供していた。ソヴィエトの威信は、たかまった。有頂天の共産党員たちは、これを最大限に利用したのである。

一〇月二八日、陸相をかねていたカバリェロは、スペイン共和国にむかって宣言を発した。それは、勝利の呼びかけだった。「いまや、われわれは、ついにすばらしい武器を手に入れた。われわれは、戦車や航空機をもっている。」

スターリンの使者に扉を広くあけたカバリェロは、共和国の救援にやってくる勢力の性格を知らなかった。かれは、この援助が自分の没落の原因となるとは想像できなかった。

スペインに対する軍需品供給の運動は、マドリードのための全世界でおこなわれた募兵と相携えておこなわれた。英国諸島やアメリカ合衆国、カナダ、ラテン・アメリカ、南アフリカ、スカンジナビア、バルカン諸国や、全ヨーロッパから、フィリッピンやオーストラリア、ナチ・ドイツやファシスト・イタリアからさえ、義勇兵が共和制スペインの大義のためにかけつけてきた。あの名高い国際《インターナショナル》旅団《ブリゲイド》が組織されつつあったのだ。

いまや、スターリンにとって、かれが武器援助をはじめたスペインを支配するには、この十字軍戦士たちの遠くまで広がった潮流を組織として一体化することが至上命令だった。カバリェロ〔社会党左翼の出身〕を首相とする人民戦線政府は、対立し合う種々の政党の不安定な連合だった。今やオゲペウに指揮された共産主義者の小さな、熱心で規律のある集団は、カバリェロ政府を支持していたが、支配してはいなかった。モスクワにとっては、国際旅団を支配下におくことの方が、もっと重要だった。

国際旅団の中核は、ロシアから送られた外国共産主義者たち五〇〇名ないし六〇〇名からつくられていた。かれらの間に、一人のロシア人も入っていなかった。のちに、一五、〇〇〇名近くに国際旅団が膨れあがったときにも、ロシア人の参加は許されなかった。国際旅団とスペインに特派されたソ連赤軍の部隊との間には、越えがたい壁がつくられていた。

英国を含むあらゆる外国で、国際旅団の募兵機関には、その国の共産党と同党の外郭団体がなった。いくつかの社会主義者と他の急進主義者の独立グループも義勇部隊の組織を試みた。だが、募兵の圧倒的多数は、共産主義者と、かれらによって遠隔操作されるのを、しばしば、全く気づかないでいる「同伴者」たちの間でおこなわれた。

応募者は、秘密の募兵事務所に出頭して、質問書に書きこみ、通知を待つように告げられた。舞台裏では、オゲペウが、応募者の政治的経歴をしらべた。この調査に通ると、呼びだされて、オゲペウの秘密機関員に口答で質問された。この場合、秘密機関員は、ロシア人であることはめったになく、表むき共産党員でさえないことがあったが、つねに信用でき、また、共産党とオゲペウの上司に絶対に忠実な人間だった。全くゆきあたりばったりで略式にみえる——ことにアングロ・サクソン諸国では、そうだったが——この政治的調査のあとで、共産主義の目的に、固い共感を抱いている信用できる医者の手で、身体検査がおこなわれた。この検査を満足に通ると応募者は、旅費を支給され、ヨーロッパの特定の場所に出頭するよう指示を受けた。

ヨーロッパには、われわれが作りあげた多くの秘密管制の組織があった。ここで、応募者たちは、外国の共産主義者や、S・R・I（国際赤色救援会）、スペイン共和国友の会のように共産党の書記や工作員が支配する組織や、共産党が握っているスペイン政府機関の職員などによって再び徹底的にふるいにかけられた。スペイン共和国の前駐仏大使ルイス・ド・アラクィスタンが、はっきり示したように、スペインの陸軍省のあらゆる大切な部署の九〇パーセントは、後に至っては、スターリンの追従者たちによって、しっかり占められたのだ。自分たちがスペイン共和国の大義だと信じたものに、生命を捧げる意味をみつけたこれらの義勇兵にたいする、オゲペウの統制は続けられ、スパイ容疑者の摘発や厳密にいって正統的ではない政治的見解の持主を抹殺するために、かれらの間に、密告者が放たれた。実際、国際旅団付政治委員の全部と、のちには共和国軍の政治委員の大部分が、忠実な共産主義者だった。

義勇兵は皆、スペインに到着するとすぐに旅券をとりあげられた。そして、この旅券はめったに返されなかった。除隊したものでも、紛失を口実に旅券は戻ってこなかった。アメリカ合衆国からだけで約二、〇〇〇名の義勇兵がやってきた。モスクワのオゲペウ本部では、本物の旅券は非常に貴重視された。スペインからルビヤンカに送られてくるほとんどすべての外交便には、国際旅団の兵士たちの旅券の束が入っていた。

一九三七年の春、わたしが、モスクワにいた時オゲペウ外事局の事務所で、このような便を何度か見たことがある。ある日のこと、一〇〇あまりの旅券が到着したが、そのうち半分はアメリカ旅券だった。それは戦死者のものだった。これは、大した獲物で、乾杯ものだった。死者の旅券は、持主の家族事情の調査に何週間か費したあとに、簡単に変改されてオゲペウの秘密工作員にあたえられた。

国際旅団——コミンテルンの軍隊——が、前景に姿をあらわしつつあったとき、ソ連赤軍の生粋のロシア人で編成された部隊がひそかに到着し、戦線背後の部署についていた。スペインで、このソヴィエト軍事要員は、二、〇〇〇人をこえることはなかった。そして、飛行士と戦車将校だけが従軍した。ロシア人の多くは、参謀部員、軍事教官、技師、軍需工業専門家、化学戦専門家、航空機整備員、無線技師、砲術専門家などの技術者だった。このソヴィエト軍人たちは、できるかぎりスペイン民間人から隔離され、離れて宿舎をとり、スペインの政治グループや政治家と交わることは固く禁じられていた。かれらは、たえずオゲペウに監視されていた。その理由は、スペインにかれらがいるというのを秘匿し、また、何らかの政治的な異教が赤軍を腐敗させることを阻むことだったのだ。

この特派部隊は、ヤン・ベルジン将軍に指揮されていた。かれは、公式にはバルセロナ駐在ソ連通商使節のアルトゥール・スタシェフスキーとならんで、スターリンから、スペイン干渉の指導的役目を与えられた人物なのだった。この両人こそが、スペイン内戦の舞台裏で暗躍したモスクワの真に不思議な人物だった。かれらは、スペイン共和政府の支配を手中におさめながら、かれらの使命は全く知られることがなかった。

ベルジン将軍は、一五年の間、ソヴィエト赤軍諜報部長として活躍した。ラトヴィア生まれのかれは、一六歳のときに、ゲリラを指揮してツァーにたいして革命闘争をおこなった。そして、一九〇六年に負傷して捕まり、死刑を宣告されたが、若年という理由で、ツァー政府は死刑を、シベリアでの労役に減刑した。ツァーが打倒されたとき、かれは脱走して地下に潜り、革命運動を行なっていた。ベルジンは、トロツキー指揮下の赤軍に加わり、最高司令部の重要な地位に進んだ。スターリンは、このたくましい体格をして、すでに白髪をいただき、言葉数少く、狡猾なベルジンをスペイン政府軍の組織化と指導のためにえらんだのだった。

スターリンが、スペインに政治面での指導者として派遣したのは、ポーランド出身のアルトゥール・スタシェフスキーだった。小柄でずんぐりしたかれは、一見、実業家にみえた。肩書もそれにふさわしくバルセロナ駐在ソ連通商使節だった。だが、スタシェフスキーもまたかつては赤軍に勤務していた。かれは、ロシアの重要な産業である毛皮産業が危殆に瀕していた頃、これをたて直すために現役を退いた。かれは、輝かしい成功をおさめ、世界市場でのロシアの毛皮貿易の地位を回復した。スターリンが今度かれに与えた任務は、共和制スペインの政治財政面での手綱をとるということだった。

ベルジンとスタシェフスキーが、舞台裏で活動しているとき、国際旅団が、めざましい政府側の宣伝の脚光を浴びていた。スペイン戦線を訪れる外国通信員にとって真の謎めいた人物は、旅団の指導者エミール・クレベールだった。数百万の読者は、マドリードの英雄的防衛にあたったもっとも劇的な人物として、このクレベールを思いだすだろう。

クレベールと会見した新聞記者たちは、かれを、スペインと世界の歴史で、重大な役割を演ずべく運命づけられた強靱な時の人として世界に紹介した。沈んだ顔立ち、四一歳という年に似合わぬ白髪、大柄な体格、このようなかれの外見は、伝説に色どりをそえた。クレベールはオーストリア生れで、第一次大戦の際にオーストリア兵として、ロシアの捕虜となり、革命後白軍に加わりボリシェヴィキと闘ったが、ついに共産主義に転向し、現在はカナダに帰化した運命の兵士として世界に向って紹介された。

このような人物像は、モスクワのオゲペウ本部で作りだされ、そこで、クレベールに、カナダの偽旅券が与えられたのだ。クレベールは、オゲペウに口述された通りに、自分の役を演じた。

かれとの会見の内容は、クレムリンの手先たちが、かれのためにつくったものだった。

わたしは、クレベールやその妻や子供たちや、弟を昔から知っていた。本名は、シュテルンだった。かれは当時オーストリア領であり、現在はルーマニア領であるブコヴィナに生れた。第一次大戦中、将校として従軍したかれはツァーの軍隊に捕まって、シベリアのクラスノヤルスクの収容所に送られた。ソヴィエト革命後ボリシェヴィキ党に入党して、赤軍に加わり、ソヴィエト側にたってずっと国内戦を闘った。その後、フルンゼ陸軍大学に入学し、一九二四年に卒業した。しばらくの間、かれとわたしは、参謀本部諜報部員としていっしょに働いていた。一九二七年に、クレベールは、コミンテルン軍事部に転属して、コミンテルンの軍事学校で教官を勤めた。その間かれは、コミンテルンの密命をおびて中国にいった。

クレベールは、一度もカナダにいったこともなければ、白軍に加担したこともなかった。このような仮構は、赤軍参謀本部員というかれの前歴をかくすために使われた。また国際旅団指導者としてもその方が好都合だったのだ。かれは、現実には、委ねられた劇的な役割にもかかわらず、ソヴィエト機構のなかでは無力だった。一九三六年一一月、このロシアの将軍は、マドリード戦線北部方面の政府軍最高司令官に任命された。

一一月初旬のある日、わたしは、マルセーユからバルセロナに飛行機で発った。待っていた車にのって、バルセロナで、ソヴィエトの本部として使われていたある下町のホテルに向った。そこでは外部の客は、泊ることが許されなかった。このホテルで、スタシェフスキーとその幕僚たちとあった。カタルニアで活動する赤軍諜報部員たちは、アクーロフ将軍にひきいられて、ここで生活し、働いていた。

わたしが、バルセロナにこなければならなかったのは、フランコの占領地域にいるわたしの機関員たちを、ベルジン将軍が、秘密裡に指導している作戦を担当する参謀将校たちの指揮下にいれるためだった。反乱軍の制圧した地帯から、わたしが受けとっていた情報は、モスクワでよりも、マドリードや、バルセロナでの方が、ずっと役にたつと考えたからなのである。

アクーロフ将軍は、効果的な諜報網を、敵地に組織していた。携帯無電機を使って、毎日のように重要な情報が送られてきていた。

当然、わたしが最初に発した質問は、軍事的見通しについてだった。答は「ここでは事態は無茶苦茶に混乱している。慰めになるのは、むこうの方が、もっとひどいということだけだ。」

ベルジン将軍は、規律も統一もとれていない、いくつもの武装支隊を、近代的軍隊に仕立てあげるために、不屈の努力を続けていた。かれは、カバリェロにたいして徴兵制度の採用をうながしていた。

ベルジンは、一群のロシア参謀将校をあつめて、政府軍の指揮中枢の背骨をつくった。かれは、一一月と一二月のあの絶望的な日々を通じ、マドリード防衛を組織するさいに、指導的役割を果した。かれの存在は、完全な秘密に包まれて、スペイン政府の上層部でさえ、わずか五、六人が知っているだけだった。

ベルジンは、政府軍最高司令官の任命の必要を強調していた。嫉妬しあう政党や分派を基礎とした共和政府は、この地位に誰かをつかせることをためらっていた。ベルジンは、政治的野心をもたない優秀な軍人ホセ・ミアハ将軍に白羽の矢を立てた。数週間たたぬうちに——一九三六年一一月——ミアハの任命がおこなわれ、かれは、内戦が終るまでこの地位にとどまった。

他方では、アルトゥール・スタシェフスキーは、ソヴィエトの手に、スペイン共和国の財政を握るために、全精力を注いでいた。かれは、スペインとスペイン人が好きだった。かれは自分の任務に従いながら、二〇年前のロシア革命での自分の経験を再び味わっていると感じていた。

かれは、マドリード政府内に蔵相ファン・ネグリンという自分の財政的目論見に恰好な協力者をみつけた。マドリードにとっては、世界市場で、公然と武器を買いつける道が鎖されていた。スペイン共和国は、フランスから軍需物資を輸入しようとして、パリの銀行に、多量のスペイン金準備を預けていた。ところが、勝利の暁には、請求するとおどかされて、パリの銀行は、フランコから、この金の引渡しを拒絶したのだ。このような請求は、遥かなクレムリンにとって、ひとたび金を手に入れたうえでは、苦にはならないのだ。スタシェフスキーは、スペインの金準備をソヴィエト・ロシアに移して、引き換えに武器を供給しようと提案した。かれはネグリンを通じてこの取引をカバリェロ政府相手におこなった。

けれどもこの取引をめぐる噂が海外にながれた。外国新聞に、カバリェロが国の金準備を抵当にいれて、ソ連の援助をうけようとしていると非難された。一二月三日、スペインから金をソ連に輸送する手筈がととのえられていたとき、モスクワは、ちょうど一貫してソ連のスペイン干渉を否定してきたと同様に、このような取引がおこなわれたことを、公式に否定した。われわれは、内輪の間で、スタシェフスキーを「世界一の金持」と呼んでいた。かれは、スペインの国庫を支配していたからだ。

バルセロナで、一一月に、スタシェフスキーと会談した際に、スペインでのスターリンの次の動きがすでに始まっていることを知った。スタシェフスキーは、マドリード政府の次の首相がファン・ネグリンとなるということを、わたしに隠さなかった。当時、カバリェロは、クレムリンの寵児として、あまねく知れわたっていたにもかかわらず、スタシェフスキーは、すでに、ネグリンを後釜と決めていた。

カバリェロは、本物の急進主義者、革命的理想主義者だった。そのうえ、かれはオゲペウの活動に便宜を与えなかった。オゲペウは、オルロフの指揮で、「トロツキスト」のレッテルで反スターリン派や独立派や異った意見の人々全部を、スペイン国内でロシアと同じように粛清しはじめていたのだ。

他方、ファン・ネグリン博士は、官僚政治家のあらゆる特徴を備えていた。大学教授でありながら、かれは、みるからに実業家然とした実務家だった。かれは、スターリンの必要にうってつけの人物だった。ミアハ将軍と同じく、かれは、パリとロンドンとジュネーヴ〔国際連盟〕にとって、よい看板になるだろう。外の世界は、かれからスペイン共和国の大義の「健全性」と「穏当性」を印象づけられるだろう。かれは革命的意見で、ひとを恐れさせたりはしないだろう。ネグリンは、外国人のスターリンの手をかりてでも国内の「統制できぬ連中」や「厄介物」を粛清することを歓迎した。

もちろん、ネグリン博士は、ソ連との緊密な協力のみが救国に通じる道だと考えていた。積極的な援助が、ソ連からだけもたらされるということがあきらかになっていた。この援助を、獲得するためならば、他の一切の考慮を犠牲にしてもスターリンと協力しようとしていた。

こういったことは、カバリェロ政府崩壊の六ヵ月前に、バルセロナにわたしが滞在していた間に、論議されていたのだ。この政変をおこなうには、手間がかかった。それは、バルセロナで企まれたオゲペウの陰謀を機会に達成された。ここでは、公式のソ連大使マルセル・ローゼンベルグが演説をし、公衆の耳目をひく活動をしていたが、クレムリンは、けっして、かれを重要だとはみなさなかった。沈黙のうちに、スタシェフスキーが、スターリンの仕事を効果的に進めていたのである。

オゲペウ外事局長スルツキーが、ロシア式に組織されたスペイン秘密警察の視察の命をモスクワからうけた。かれは、わたしがバルセロナを発った、一両日後に到着した。この頃、オゲペウは共和政府領土のいたる所に組織の網をはっていたが、とくにカタルニアに集中していた。同地方は、独立諸派の強力な地盤であり、本物のトロツキストたちの党本部もあったからだ。

数週間後、パリに戻ったスルツキーは、わたしに語った。「連中の道具はいいんだが、無経験だ。われわれは、スペインを、世界中から流れこむ反ソ分子の気ままな活動舞台にするわけにはいかない。つきつめれば、スペインは、今や、われわれのものであって、ソヴィエトの戦線の一部なのだ。われわれは、スペインを固めなければならない。あの国際義勇兵の間にどれほどスパイがいるかは見当もつくまい。アナーキストやトロツキストについていえば、かりに反ファシズムの兵士であるにしろ、連中は、われわれの敵だ。かれらは、反革命派であり、根こそぎにしてしまわなければならない。」

オゲペウは、目ざましい働きをした。すでに一九三六年一二月、テロルはマドリード、バルセロナ、バレンシアを襲っていた。オゲペウ独自の特別な監獄が設けられた。オゲペウの部隊は、暗殺と誘拐を実行した。もちろん、オゲペウは、スペイン政府とは別個に行動した。スペイン政府の法務省は、オゲペウにたいして権限をもっていなかった。オゲペウは、帝国内の帝国を形づくっていた。その前では、カバリェロ政府の高官でさえも戦慄する権力だった。ソ連は、まるで共和制スペインを自分の所有物であるかのように、支配したのだ。

一二月六日、ラルゴ・カバリェロは、フランコにたいする挑戦の宣言を発した、「マドリードは、陥ちないだろう、今こそ、戦争が始まる、なぜならば、今やわれわれは必要な軍需物質を手に入れたからだ。」翌日、モスクワで、スターリンの公式発表機関プラウダ紙は、「カタルニアにおける粛清は、ソ連において行なわれた粛清と同様に精力的に遂行されるだろう」と宣言した。

マドリードの英雄的で絶望的な防衛は、頂点に達しつつあった。フランコの空軍は、マドリードを破壊しつづけた。地上部隊は、ほとんど同市の郊外に入っていた。しかし、政府側は、今や、爆撃機、操縦士、戦車、大砲をもっていた。ソヴィエトの軍事援助は、マドリード救出に間に合うように到着したのだ。公式には、ミアハ将軍が指揮し、コミンテルンの将軍クレベールが世界の前に劇的なものにしたマドリード防衛戦を、ベルジン将軍とその幕僚たちが、陰で導いていた。

国際旅団のかくかくたる武勲と、ソヴィエトから受けとった物資援助は、弱小だったスペイン共産党の成長を促し、一九三七年一月までには、党員数二〇万以上を数えるほどになった。マドリードの救出は、ソ連の威信を著しく高めた。

同時に、それはスペイン内戦にたいするスターリンの干渉の第一段階の終了をしるした。本格的に、スペインのスターリン主義化の仕事が始まっていた。オゲペウが、これを受けもった。コミンテルンは、後方に押しやられた。一九三七年二月四日、クレベール将軍は、国際旅団の指揮を解かれた。コミンテルン出身のこの将軍は、マラガ防衛の組織を新任務とすると発表された。だが、その後かれの消息は、聞かれなかった。

数週間後、モスクワで、わたしは、クレベールの失踪が赤軍部内の粛清と多数の参謀将校の逮捕に関連があることを知った。クレベールの親しい友人たちの多くは、陰謀者としてスターリンの銃殺刑執行隊によって処刑されていた。四月に国外から召還されたクレベールの弟のところに、わたしはかけつけた。その数日後には、かれもまたオゲペウに逮捕されてしまった。

大粛清のなかでのクレベール将軍の失踪は、かれがもはやスターリンにとって不要だということと、あまりに多くを知りすぎていたということを意味していたに他ならなかった。スターリンは、コミンテルンがスペインでの役目を果し終ったと判断したのだ。今やベルジンとスタシェフスキーがスペイン政府をしっかり掌握した。

クレベール将軍が姿を消しても、かつては、かれを全世界にむかって称讃したひとびとは、一言も口をきかなかった。クレベールの作られた栄光は、かれとともに滅んでしまった。ルカーチ将軍の場合は、もっと恵まれていたといえよう。本名をマルタ・ザルカといったこのハンガリアの共産主義作家は、スペインの戦線で斃れたのだ。

ソ連兵器によるマドリード防衛の成功は、オゲペウに新しい権力拡張の機会を与えた。数千のひとびとが捕えられ、そこには、フランコと闘うためにスペインにきた多くの外国人義勇兵が含まれていた。やり方を批判したり、ロシアにおけるスターリンの独裁を心よく思わなかったり、異質の政治信条の持主と接触したりすれば、反逆とされた。オゲペウは、モスクワでのやり方を踏襲して、自白をひきだし、日をおかずに処刑した。

わたしは、政府側のスペインで処刑された反スターリン主義者がどれほどいたかは知らない。多くの個人的な例を知っているが、わたしはまだ恐らく生きていると思われる一人の犠牲者について語るにとどめよう。わたしが知るいくつかの事実は、かれの家族が、かれを救うのに役立つかも知れないからだ。若いイギリス人で無電技師のフレンドには、ロシア娘と結婚した兄がレニングラードにいた。かれは、ファシズムを烈しく憎み、ソヴィエト・ロシアはかれにとって理想の国なのだった。大変な努力を払って、かれは、ソ連入国を許され、ソ連に住んでいた。

ソヴィエトのスペイン干渉が始まると、かれは、無電技師としてスペインに派遣された。一九三七年のはじめ、モスクワのオゲペウ本部に、フレンドが「トロツキスト的傾向」を示し始めているという報告が送られてきた。わたしは、この青年を知っていたし、かれが、スペインでの大義とソヴィエトにたいして心から献身したことを信じて疑わなかった。かれは、社会主義者や、他の急進主義者たちと接触したのは事実だ。しかし、スペイン人から、ソ連派遣要員を隔てる目にみえぬ万里の長城を気にしなかった英国の若者にとっては、当りまえのことだった。

後にわたしは、モスクワのオゲペウの職員の一人に、かれの消息を尋ねたが、答は曖昧だった。さらに調べてみると、囚人としてオデッサに連れ帰えされたということが判った。わたしは、かれがペテンで捕えられた話をきいた。スペインのオゲペウは、無電機の故障を修理して欲しいと偽って、かれを一隻のソ連船に連れこんだのだ。フレンドは、オゲペウに狙われているとは、露ほども疑っていなかった。船内に入ると、かれは直ぐに逮捕された。四月一二日、かれはモスクワのオゲペウの地下監獄に投獄された。今日まで、レニングラードのかれの兄と英国にいる家族は、かれの身の上に何が起ったかを知らないでいる。わたしは、かれがすでに、「スパイ」として処刑されたか、あるいは、僻遠の強制収容所に今も生きているかを知ることはできなかった。

こういった種類の失踪の例は数え切れぬほどにある。あるひとびとは誘拐されて、ソ連に拉致された。またあるひとびとは、スペインで暗殺された。もっとも名高い事件の一つは、マルクス主義統一労働党（ＰＯＵＭ）の指導者アンドレス・ニン失踪事件だ。ニンは、かつてトロツキーの支持者で、以前にはコミンテルン指導者の一人だった。ニンは、一群のかれの仲間と一緒に投獄されていたオゲペウの監獄から消えてしまった。かれらの屍体は、この失踪事件調査のために英国議員調査団がスペインにきた後に、やっと発見された。他の目立つ事件として、有名な英国労働党指導者ロバート・スミリの息子で、スペインのオゲペウ監獄で殺害されたスミリ青年の事件がある。まだ他に、亡命ロシア社会主義者の指導者ラファエル・アブラーモヴィッチの息子マーク・ラインの事件がある（第四章参照）。

スペイン国内でのオゲペウの活動は、共和国の反ファシズムの戦列に裂け目をつくりだした。カバリェロとかれの仲間は、連合戦線のなかで、共産党と手をにぎったときに、していたことが何だったかを理解し始めた。カバリェロ首相は、かれの党と、政治的同盟者を襲うオゲペウのテロルに耐えられなかった。オゲペウの粛清にたいして死力を尽して抵抗していたカタルニア自治政府は、カバリェロ首相の祝福を受けた。

スペインの内政を掌中に納めていたモスクワの中枢にいて、わたしは危機が発展してその頂点に達するのを観察していた。

一九三七年三月に、わたしは、ベルジン将軍から国防人民委員ヴォロシーロフに宛てられた秘密報告を読んだ。粛清されたヤゴダの後を襲って、オゲペウの長官となっていたエジョフ（その後、やはり「消された」）も、この報告を読んだ。この種の報告は、もちろんスターリン自身に宛てられていたが、報告作成者の直属する上司にも宛てられていた。

軍事情勢を楽観的に評価し、ミアハ元帥を称讃した後に、ベルジンは、オゲペウにたいするスペイン上層部の憤りと抗議を報告していた。そして、わがオゲペウ機関員が、スペインで、政府内部への無思慮な干渉とスパイ活動をおこなって、ソヴィエトの権威を失墜させていると明言していた。責任者オルロフを即刻スペインから召還するよう要請して、ベルジンは報告を結んでいた。

この報告を読みおえたわたしに向って、スルッキーは、「ベルジンは絶対に正しい」といった。オゲペウ外事局長スルッキーは、オゲペウが、スペインで、まるで植民地にでもいるかのように振舞い、スペインの指導的な人物たちをさえ、まるで植民者が住民にたいするように扱っていると言葉をついでいった。オルロフについて、何らかの措置がとられるだろうかと、わたしがきくと、それは、エジョフの権限に属していると、かれはいった。

当時進行していた大粛清の采配をふるうエジョフ自身、スペインをロシアの一州とみなしていた。そのうえ赤軍部内のベルジンの同僚たちは、ソ連全土で逮捕されつつあったし、ベルジン自身の生命とて安全ではなかったのだ。オゲペウの網に捕えられた多くの友人をもつベルジンから送られてくるどんな報告も、クレムリンでは、疑いの目でみられるだろう。

四月、スタシェフスキーは、スターリンに個人的にスペイン情勢を報告するためにモスクワに到着した。生えぬきのスターリン主義者であるスタシェフスキーもまた、スペイン共和国内でのオゲペウの行動が誤りであると感じていた。ベルジン将軍と同じく、かれはスペインの地でロシア人が行なった不遜な植民地的なやり方に反対した。

スタシェフスキーは、異端者や「トロツキスト」を好まなかったし、かれらにたいするオゲペウのやり方を肯定していたが、スペインの合法的政党を、オゲペウは尊重すべきだと考えていた。かれは、用心深く、スターリンだけがオゲペウのスペイン政策を変えられるだろうとほのめかした。「首領」はかれに同意を示し、スタシェフスキーは、意気揚々とクレムリン宮を退出した。

後に、トゥハチェフスキー元帥と会談した折に、かれは、スペインでのソヴィエト公務員たちの恥ずべきふるまいについて関心を喚起した。この会談は、内輪のひとたちの間で、話題をにぎわした。というのは、一部には、トゥハチェスキーの立場が、すでにゆらいでいたという事実からだ。元帥は、スペインで、征服国であるかのように、ふるまう連中を押さえる必要を、痛感したが、かれらを規律に服させる権限をすでに失っていた。

スタシェフスキーとわたしは何度か会って話した。かれは、カバリェロの早い没落と、かれが首相に推すネグリンの登場を待っていた。

かれは、一再ならず言った。「スペインで、われわれは大きな闘争を始めなければならない。」

これは、スターリンの政策を知っているわれわれにとっては、明白だった。スターリンは、スペインをクレムリンの従属国にする計画の成功を固め、さらに進もうとしていた。

コミンテルンは、すっかり舞台から退場していた。ベルジンは、今や、スペイン政府軍の手綱を握っていた。スタシェフスキーは、スペイン銀行の金準備の大部分を、モスクワに移し終っていた。オゲペウの機構は、精力的に活動していた。すべての工作は、スターリンの指令「火砲の射程外に留まれ！」にそって進められた。われわれは、国際戦争の危険を回避した。スターリンの目標にはもう一息のようにみえた。

スターリンが、目標にゆきつく途上にあった大きな障害の一つは、カタルニアだった。この地方のひとびとは、反スターリン派であって、カバリェロ政府の主な支柱の一つをなしていた。スターリンは、完全な支配権を握るには、カタルニアを制圧し、カバリェロを追い払わねばならなかった。

このことは、パリの亡命ロシア人無政府主義者グループの指導者のひとりで、オゲペウの秘密工作員だった男が、作った報告のなかで強調されていた。かれは、バルセロナに派遣され、そこで著名な無政府主義者として同地方の政府部内のアナルコ・サンディカリストに信頼を享受したのだ。かれの使命は、挑発者として、カタルニア人に暴動を煽動し、軍隊が、これを戦線背後の暴動として弾圧する、そのきっかけをつくることだった。

かれの報告は、少くとも三〇ページあった。それは、われわれの秘密報告の常で、小さなフィルムに収められていた。モスクワのオゲペウ本部には、こういったフィルムを現像する特別の部があり、そこには、これらのフィルムを処理するためのアメリカ製の優秀な装置が備えてあった。報告は、引き延ばして焼きつけられた。

この報告で、かれは、いろいろな政党指導者との会談の模様や、オゲペウにとって弾圧の口実となる行為を、かれらの間で挑発するためにとった措置を詳しくのべていた。そして、バルセロナで暴動勃発の近いことを確信していた。

他に、わたしは、スペイン共産党指導者ホセ・ディアスが、コミンテルン書記長ディミトロフに宛てた報告書を読んだ。ディミトロフはこれを直ぐにオゲペウに回送してあった。というのは、ずっと前から、かれは、誰が主人であるかを知っていたからだ。ディアスは、カバリェロが、スターリン主義者にとって信頼できる同盟者にはけっしてなれない口先だけの夢想家だと非難していた。そして、ネグリンを称讃した。さらに、共産主義者が社会主義者とアナルコ・サンディカリストの間で、かれらを内部から掘り崩すためにおこなっている活動について報告していた。

これらの報告は、オゲペウがバルセロナの「統制できない」分子を粉砕し、スターリンのために、支配権をにぎる陰謀を進めていることを明らかにしていた。

五月二日、スルツキーは、サヴォイ・ホテルのわたしに電話をかけてきて、ガルシアという名前の重要なスペイン共産党員を訪ねるように求めた。かれは、当時マドリードからバレンシアに首都を移していた共和政府の秘密警察の長官をしていた。かれは、メーデーの祭典に加わるために送られてきていた。粛清に忙殺されていたので、かれの到着を知らせる電報は、かえりみられなかった。だれも、かれに会わなかったし、かれは新モスクワ・ホテルにひとりで、ほっておかれた。スルツキーは、わたしに、この手ぬかりに、最善をつくして、埋め合わせをつけるように、求めたのだった。

わたしは、ひとりの同志と連れだって、ガルシアを訪ねた。会ってみると、かれは、三〇代も半ばになっていない屈強な男だった。かれは、わたしに、仲の良い友人のスペイン駐在オゲペウの長オルロフが、親切に、このソヴィエトの首都での小休暇をとりはからってくれたと語った。

かれはいった、「これたのは嬉しいのですが、誰も挨拶しませんし、それに赤の広場に入る許可証ももらえなかった。メーデー行進で、見ることができたのは、このホテルの窓から、川を渡るのを、ちらっとだけです。」

わたしたちは、同志ガルシアに、さんざん申し訳をいってから、夕食にサヴォイ・ホテルによんだ。かれは、街頭のソヴィエト労働者が、あの内戦中のスペイン労働者に比べて明らかに、もっと悪いと批評した。物資の供給が乏しいのを観察していて、わたしに、なぜソヴィエト政府が大衆の生活水準を向上させるのに成功していないのかと尋ねた。

スルツキーに会った時、わたしはきいた、「どういうつもりで、あのスペイン人を、ここに連れてきたのかね?」

スルツキーは、言った、「オルロフが、かれを邪魔にならんようにしたかったのさ、われわれは、五月の終りまで、ここで奴を楽しませておかなけりゃならない。」

あの報告を読んでいたわたしには、オルロフが、五月に何をやろうとしているのか、尋ねるまでもなかった。

バルセロナからセンセーショナルなニュースが全世界に伝えられた。新聞の大見出しは叫んでいた、「無政府主義者バルセロナで暴動!」。特派員たちは、カタルニアの首邑での反スターリン陰謀、電話局攻撃、市街戦、バリケード、処刑を報告した。今日、バルセロナの五月の日々は、フランコの攻撃下にありながら、反ファシストの間でおこなわれた兄弟殺し戦争として現代史に記録されている。公式発表によれば、カタルニアの革命家たちは、ファシズムにたいして全力をもって抵抗すべき瞬間に、不誠実にも権力を握ろうとした。バルセロナの悲劇について、新聞を通して、世界に流されたもう一つの解釈は、それが「無政府主義運動の過激派の内部に共和国の敵を利する混乱を誘発する目的で、うまく入りこんだ始末におえない分子による反乱」ということだった。

真相は、カタルニア地方の労働者の大多数が、猛烈な反スターリン派だったということだ。スターリンは、持札の公開が避けられないことを知っていたが、反対勢力の内部がひどく割れていて、迅速果散な一撃で斃せることを知っていたのだ。

　オゲペウが炎をあおり、無政府主義者、サンディカリスト、社会主義者を挑発して、たがいに闘わせた。五〇〇人が殺され、一、〇〇〇人以上が負傷した。流血の五日間の後に、カタルニアは、カバリェロ政府の存亡の問題となった。ディアスに率いられたスペイン共産党は、カタルニア地方の反スターリン主義的政党、労働組合の全部を禁止し、新聞、放送局、集会場をオゲペウの統制下におき、政府の支配下の全領土内で反スターリン運動を即刻、抹殺することをカバリェロ政府に要求した。ラルゴ・カバリェロは、要求をのむことができなかったので、五月一五日、辞表を出さざるをえなかった。ずっと以前にスタシェフスキーの決めていた通り、ファン・ネグリン博士が新政府の首相となった。かれの政府は、勝利の政府として迎えられた。ネグリンは、一九三九年三月、共和国の防衛が崩壊するまでこの地位に留まることになった。

　バルセロナからの報道をきいて、ガルシアは、ひどく興奮してわたしのところに、かけ込んできた。かれは、スペイン大使館にいった。即刻スペインに帰ろうとしたのだ。かれには、自分が、なぜ発てないのか理解できなかった。だが、スルツキーは、かれを発たせないだろう。バルセロナにいるオルロフが、ガルシアがそばにいるのを望まなかったからだ。たしかに、ガルシアは重要な共産党員だったが、面倒を起すかも知れなかった。バロセルナでオゲペウは、大量検挙をおこなっていた。スルツキーは、ガルシアに、ソヴィエト政府が総てを見るよう望んでいると主張して、コーカサスとクリミア地方に旅行するように提案した。だが、ガルシアは帰りたかった。もちろんかれは、帰れなかった。

　スペイン大使館で、ガルシアは、やはり帰国したがっている他の四人のスペイン人に会った。この四人には、ホテル・メトロポールで、二つの広い部屋が当てがわれていた。かれらは、モスクワの博物館という博物館や首都の内外の見物に連れていかれた。そして、クリミア、コーカサス、レニングラード、さらにドニエプル・ダムにまでいった。五ヵ月の間、かれらは、ソ連を見物した。

　毎日かれらは、故郷のニュースを知るためにスペイン大使館にいった。毎日、自分たちの旅券をとり戻そうと試みた。かれらと話しているうちにわたしは、自分たちが囚人になっているのをかれらは知っているのだと思った。スペイン政府は、かれらを助けないだろう、なぜならば、スターリンがかれらの政府を支配していたからだ。わたしは、スルツキーに、かれらが何者なのかをきいた。

「あの四人か?」とかれは言った、「連中は、スペイン銀行の現金出納係だ。金の船荷といっしょにやってきたのさ。連中は、夜昼三月の間、そいつを数えて、それから計算を調べていたんだ。今は、帰りたいというのさ！」

一体どういう結末になるのかと、わたしがきくとスルツキーは言った。

「戦争が終って、ここから運よく出られるだろう。現在のところ、連中は、われわれの手もとに残っていなきゃならないね！」

　スルツキーから、スペイン銀行の出納係の話をきく数日前、わたしは、モスクワの新聞で、赤旗勲章を授与されたオゲペウの高官の名簿をみた。そのなかには、わたしの知っている数人の名前があった。わたしは、スルツキーにどんな功績で、かれらが、この人もうらやむ勲章を貰ったのかきいてみる気になった。この名誉を受けた人たちは、波止場人夫として働くために、一二月にオデッサに送られた凡そ三〇名の信頼された職員たちから成る特別班の指導者だったのだと、スルツキーはいった。

その頃、莫大な量の金が、スペインから到着したのだった。噂が洩れるのを恐れて、スターリンは、この財宝を陸に揚げる仕事を、かれの秘密警察の高官にだけ委せた。この任務のために、かれは、エジョフに個人的に人選させた。作業は、この時わたし自身初耳だったほどに、非常に秘密を守られていたのだ。

この只事でない仕事に派遣されたわたしの協力者の一人が、わたしに物語ったオデッサでの様子は、次のようだった。さん橋の近くは、どこもすっかりとり払われて、特別部隊の非常線がはられた。波止場から鉄道引込線までこのきれいに何もない場所を、オゲペウの高官たちが、金の入った箱を肩にかついで運んでいった。何日もの間、かれらは、この金の重荷を運んで、貨車に積みこんだ。それから貨車は、武装した護送隊をのせて、モスクワに向ったのである。

かれは、わたしにオデッサに揚げられた金の総量を見積ってみせようとした。われわれは、大きな赤の広場を歩いて通っていた。かれは、わたしに、周囲の広々とした数エーカーの広場を指さしながら言った、「われわれが、オデッサ港の構内に積みあげた金の箱の全部をこの赤の広場で並べれば、広場は、すっかり埋まってしまうだろう。」このように獲物の大きさを、かれは描いてみせたのだ。

カバリエロ政府が倒れてから間もないある日、わたしは、スルツキーの事務所に坐っていると、電話が鳴った。オゲペウの特別課からの電話で、スタシェフスキーの娘が、ソ連を出たかどうかきいてきたのだった。

スタシェフスキーとその家族の友人だったスルツキーは心配した。旅券課を呼んだかれは、受話機を下すと、溜息をついた。かの女は国境を越えていたのだった。かれは、これを特別課に伝えた。

われわれ二人とも、あの電話が、スタシェフスキーにとって、よくないものだということを知っていた。当時、スタシェフスキーは、バルセロナの部署に帰っていた。夫人のレジーナは、パリの万国博覧会のソ連館で働いていた。スタシェフスキーは、一九になる娘を母親のもとに送り、いっしょに働くよう手筈をしたのだった。少女は、パリに着いたが、一ヵ月後には、ソ連館のいくつかの陳列品をモスクワに持ち帰るよう指示を受けた。かの女は、何の疑いも抱かないでソ連に帰った。

一方では、かの女の父親は、スペインから召還されていた。一九三七年七月、わたしは、パリに帰った。スタシェフスキー夫人に電話して、いつ、かの女の夫がパリにくるかを知ろうとした。ある日、かの女は、夫とベルジン将軍が、モスクワに急ぐ途中、パリに寄ったが、すぐ次の列車で発ったとわたしに告げた。かの女は、心配を隠すことができないでいた。六月にスターリンは、トゥハチェフスキーをはじめ赤軍首脳部のほとんど全部を消していた。

わたしは、度々スタシェフスキー夫人に会った。かの女は、夫と娘の消息を全然きいていなかった。かの女は、モスクワのアパートに電話をかけ始めた。そこに夫と娘がいなければ、ある友達が住むことになっていたのを、知っていたからだ。何日か、夜も昼も、かの女は、長距離電話の交換手に、家の番号を呼ばせつづけた。交換手の答はいつも同じだった。「どなたもお出になりません。」

かの女は、何が起こっているのか理解できなかった。そしてかけつづけた。とうとう、つながった。

女中が電話口に出た。スタシェフスキーは、到着していなかった。アパートの住人は誰も、かれがモスクワに帰ったことさえ、知らなかった。一月まえに、人質として呼び返された娘についても何の消息もなかった。

何のニュースもなく二週間が過ぎた。八月の初め、スタシェフスキー夫人は、一切を纏めて、モスクワに帰るようにとの夫の短かい手紙を受けとった。あの電話をかけた後に、かの女は、この手紙が獄中で書かれたのを覚っていた。かの女は、荷物を纏め、ソ連に帰っていった。

ベルジン将軍も、姿を消していた。赤軍の主だった司令官たちの処刑は、かれにとって不吉な予告だった。スタシェフスキーと同様に、ベルジンは、もう二〇年近く前になるあのソヴィエト革命の当初から、粛清された人民委員や将軍たちと親しくしていた。この事実からすれば、かれのスペインでの功績も、厚い忠誠心も問題とはされなかった。現在までのところ、あの消えた多くのソ連指導者たちと同様に、かれの運命については、憶測できるだけであって、つまびらかとはならないだろう。

この頃、一九三七年夏、ちょうどスターリンが、遥かなスペインで目的を達したように見えたとき、日本は中国を攻撃した。極東におけるソ連にたいする脅威が高まっていた。日本軍は、北京を陥し、上海を爆撃し、南京に迫っていた。蔣介石政府は、モスクワと和解し、ソ連の援助を求めた。

時を同じくして、西ヨーロッパにおけるファシスト勢力は、ますます侵略的になっていた。イタリアとドイツは、フランコ側に露骨に援助を与えた。スペイン共和国の軍事情勢は、ますます困難になっていた。もし、スターリンが、スペインでのかれの成果を利用しようとするならば、ここで、フランコとその同盟者を破るに必要な十分の援助手段をスペインに与えなければならないはずだった。しかし、これまで以上に、かれは大戦の危険を冒すのを嫌った。かれの出したスローガン「火砲の射程外に留まれ！」は、日本の中国侵入とシベリア国境の脅威増大の後には、ますます強調されるようになった。

スペインでのスターリンの役割は、見苦しい結末に近づきつつあった。スターリンは、スペインの従属を踏石にして、モスクワからロンドンとパリ、こうして、最後にはドイツに通じる道を拓けると期待して、スペインに介入した。だが、かれの策略は、不首尾だった。かれは真の勇気が欠けていた。かれは、スペイン人民の独立にたいしては、勇敢に勝負を挑んだが、フランコにたいしては弱腰だった。スターリンは殺人の陰謀には成功したが、戦争の遂行には失敗した。パリとロンドンは、フランコにたいして、より友好的な態度をとった。一九三八年を通じて、スターリンは徐々にスペインから手を引いていった。この冒険からかれが得た総てといえば、莫大なスペインの金《きん》だけなのだった。

第四章　スターリン、ドル紙幣を偽造する

第一次五ヵ年計画は、一九二八年から一九三二年にかけての期間にわたるものだった。この歳月の間、ロシアを工業化しようとする絶大な努力から、大量の機械原料が、外国で買いつけられた。この猛運動の主要な結果の一つは、モスクワの手持ち外貨の深刻な不足となってきたのだった。

この同じ時期に、にせのアメリカ連邦準備銀行一〇〇ドル紙幣が、世界に流された。はじめに、うまく人の目をくぐったこの贋造紙幣は、やがて上海、サンフランシスコ、ヒューストン、ニューヨーク、モントリオール、ハヴァナ、ワルシャワ、ジュネーヴ、ブカレスト、ベルリン、ウィーン、ソフィア、ベオグラードから合衆国財務省に流れ込んでいった。

このように、世界中に、にせのアメリカ通貨、およそ一、〇〇〇万ドルを流通させたのは、スターリンだった。

この事実は、本質的に、興味深いだけではなく、このグルージア人の原始的な考え方——現代世界の諸条件についての無知と、危機の場合には、躊躇なく普通犯罪の方便にたよる態度を明らかに示しているからなのである。はじめ、スターリンは、ボリシェヴィキ党内で、「収奪」、つまり、党財政を補うために企てられた銀行襲撃の組織者として名をあげた。ボリス・スヴァーリンは、その最近著わした『スターリン伝』のなかで、スターリンは、直接参加はしなかったものの、自分が組織し、指令を下したチフリスでのこの種の強奪事件を述べている。この事件では、街頭で八個の爆弾が炸裂して、五〇人が負傷し、三人が死亡し、三四一、〇〇〇ルーブル（英貨に換算すると三四、〇〇〇ポンド）が、党資金として獲得された。かれが、現金の必要を感じた他の危機に際して、これを合衆国財務省から失敬するという、いとも簡単な考えを抱くのは、驚くことではないのだ。

けれども、資金の不足は、極端だった。ソヴィエト財務人民委員部の外国為替基金は、第一線の工業部門の要求に応えるには、恐ろしく不十分だった。オゲペウの外事部とソヴィエト軍事諜報機関は、活動を拡張中でありながら、やはりひどい予算不足に悩まされていた。

「ヴァルータ」——金、または、その等価物——の獲得は、ソヴィエト政府の主要な関心事となっていた。オゲペウは、特別のヴァルータ部を組織し、詐欺から恐怖手段までの考えつくありとあらゆる方法を、住民から、外国通貨とその他の財宝を吸いとるために用いた。それは、いわゆる「ドル調査」で頂点に達した。「ドル調査」とは、ソヴィエト市民から、かれらにアメリカ在住の親類たちが送ってくる援助の金を組織的に、強奪することなのだった。犠牲者の多くは、オゲペウに投獄されて、海外から身代金が届くまで虐待された。

こういったことの一切は、かなり広く知れわたったが、それでもなおかつ、スターリンは、この安易な金の原始的な収奪を極秘にとどめていた。今日まで、この偽造一〇〇ドル紙幣の出所は、アメリカとヨーロッパの秘密機関にとって、解けぬ謎のままなのである。ソヴィエト・ロシア内に偽造グループがあるという疑惑が、実際に抱かれただけではなく、そのことが語られもした。だが、権威筋では、誰も、ソヴィエト政府が張本人であるとは、あえていいだせなかった。

真相は、スターリンみずから、この紙幣偽造団を組織し、指令を下し、偽造紙幣の印刷所は、オゲペウの奥深い所にあって、この偽造通貨をばらまいた連中は、ソヴィエトの秘密機関員であったということなのだ。

この紙幣は、合衆国から輸入された特別な原料で印刷され、アメリカの銀行出納係が、ばらまかれ始めてから何年もの間、本物として受けとっていたほど精巧な出来ばえだった。偽造者たちは、アメリカの代表的な銀行に大量の偽造紙幣を両替に出した際にも、自分たちの作ったものが偽物と見破られないだろうという自信をもっていた。

スターリンの秘密機関員たちは、犯罪地下組織、例にとれば、ベルリンでは、東欧を舞台にするアメリカ人のゆすりたち、シカゴでは、有名なギャングたちと手を握って活動した。こういった事実は、警察の調査で明らかにされた。しかし、かれら秘密機関員たちは、知られている限りでは、私腹をこやしたりはせずに、純粋に政治的な動機から動いていた。かれらは、ソヴィエト連邦を助けようと望んでいたのである。

ペンシルヴァニア、ルイスバーグ連邦刑務所に、シカゴの銀行を一〇〇ドル紙幣で、二五、五〇〇ドルひっかけたために、一五年の刑を受けて、現在服役している一人の囚人がいる。この囚人は、著名な共産主義者として立証されたニューヨークの医師、ヴァレンタイン・グレゴリ・バータン博士である。バータン博士は、禁慾的な服役態度をとっていて、モスクワの上司については一言ももらさないでいる。そのため、一九三四年に、おこなわれたかれの裁判では、その前に合衆国秘密機関による綿密な調査がおこなわれたにもかかわらず、偽造紙幣の謎をとくことができなかった。

ベルリンで、バータン博士逮捕の数年前、ザス・ウント・マルチーニという民間の銀行が、偽造紙幣を大量に両替するという差し迫った目的で、ソヴィエト政府によって、遠回りの仕方で買収された。その発起人の投機と逃亡は、国際的な醜聞を惹き起し、またもや、警察の調査は、暗黒社会との結びつきを明らかにしたのだった。だが、関係した秘密機関員――わたしのよく知っている男だが――は、この危っかしい仕事に、ソ連のために身を献げる気持ちで入ったのである。かれは、警察に捕えられなかったものの、かれの生活は、このために台なしになったも同然だった。

わたしが、最初にスターリンの偽造作戦を知ったのは、一九三〇年一月二三日のことだった。そのとき、わたしは、ウィーンからローマへの列車の客だった。途中の駅で新聞を買いに降りたわたしは、ベルリナー・ターゲブラット紙上で、一ページ全段抜きのセンセーショナルな見出しに気づいた。

「ドル紙幣偽造の犯人は誰か？」

記事は、次のように始まっていた。

〝偽造一〇〇ドル紙幣の流布というニュースは、現在、銀行界と株式取引所で、話題をさらった。これまでに、偽造者も、かれらの印刷所も発見されていない。だが、最近の調査によって、偽造紙幣をベルリンにもちこもうとしたノイエ・ヴィンテルフェルトシュトラーセ三番地のフランツ・フィシャーは、一九二九年三月にロシアから帰ったものだということが、立証された〟

フランツ・フィシャーという名前は、紙面からわたしの目にとび込んできた。「畜生！」とわたしは自分にいった。「これは、われわれの仕事にちがいない」。この新聞と、他に途中買い求めた新聞で、話の残りを読むと、わたしの最悪の懸念は確かめられた。カナダの鉱山株を商っていた一団のアメリカ人会社屋が一九二九年の秋に、一八四六年に設立された会社であるザス・ウント・マルチーニ銀行を手に入れたとされていた。発起人たちは、間もなく足並みが乱れ、所有権をシモンズ氏なる人物に譲渡し、今度は、かれが、余人ならぬベルリン市会の元共産党議員のパウル・ロートに売却した。わたしは、ロートが駐ドイツ・ソヴィエト大使館に秘密に雇われていたのを知っていた。

フランツ・フィシャーは、銀行の主な得意先として、説明されていた。わたしは、フィシャーを一九二〇年来知っていたし、ドイツ共産党の軍事要員を組織するのを手伝った一九二三年に、かれといっしょに働いた。わたしは、かれが長年ソヴィエト軍事諜報部に雇われ、国外にいるわれわれの指導的な将校の一人「アルフレッド」の監督下で働いていたことを知っていた。また、一九二七年以来、アルフレッドが合衆国で主として時を送っていたことも知っていた。

フィシャーとわたしとの間には、個人的なつながりもあった。わたしは、生え抜きの革命家で、ドイツ共産主義運動のきわ立った人物だったかれの母親を尊敬していた。（ルート・フィシャー〔ドイツ共産党を、ブランドラーの失脚後、夫のアルカディ・マスロフとともに指導。後に、ジノヴィエフ主義者として追放された〕と混同しないこと。）カール・リープクネヒトにひきいられたスパルタクスブントが呱々の声をあげたのは、世界大戦下のかの女の家でだった。フランツは、社会的反抗の空気のなかで成長した。かれとの接触を、近ごろは失っていたが、わたしは、かれが相変らず徹底した理想主義者でいると確信していた。金儲けの理由で偽造することは、かれにとって、できないことだろう。ザス・ウント・マルチーニ事件でのかれの役割は、政治的な命令の下でおこなわれたにちがいない。簡単にいえば、フィシャーが関係しているとすれば、モスクワが関係しているということを、わたしは疑わなかった。

加えて、新聞報道のうちに、おなじみのソヴィエト流の型を認めた。「カナダとアメリカの」会社屋の捉え所のない一党が、まずこの古い銀行を手に入れ、直ぐにシモンズ氏という人物に売却した。そして、かれは、――パウル・ロートが代表する事業のために動いていたことが判明した――こういったことの一切は、われわれの諜報機関が常套としていた道具立に属するものに他ならなかった。この古いベルリンの銀行は、明らかに、取り扱われる偽造通貨に信用を与えるために、買収されたのだった。

ターゲブラット紙によれば、一九二九年一二月一〇日、フィシャーは、ザス・ウント・マルチーニ銀行で、総額一九、〇〇〇ドルの一〇〇ドル紙幣を両替えした。ザス・ウント・マルチーニ銀行は、この紙幣を、ドイツ銀行に預け、この多くは、ニューヨーク・ナショナル・シティー銀行に送られた。これらの紙幣は、当時アメリカでは、発行されなくなっていた旧式の大型だったので、ニューヨークの連邦準備銀行に着くと、関心を喚ぶこととなった。専門家の顕微鏡検査によって、財務省にはすでに知られていた型の偽造紙幣であることが発見された。一二月二三日、ニューヨークからベルリンに、この紙幣が偽造である旨の電報が送られた。電報は、ドイツの諸銀行と当局に、この偽造紙幣がこれまでに発見されたもので、もっとも良くできたものだということを警告した。

フォン・リーベルマン総監指揮下のベルリン警察は、直ちに、ザス・ウント・マルチーニ銀行を捜索して、間もなく、同行の不自然な性格をあばいた。ところが、そこでの偽造紙幣の取引の全ては、フランツ・フィシャーにつながり、一方フィシャーは、姿を消してしまっていた。

フィシャーのモスクワとの関係は、知られていた。かれが、ベルリン駐在のソ連通商使節団の自動車課に、一九二五年から一九二七年にかけて、雇われていたことは、当局にとって秘密ではなかった。一時、かれは、自動車競争を道楽にしていた。警察は、この事件で、かれが、ただ「つい立て」として働いていたという結論をだした。あるドイツの高官は、次のように言明した。

「一味は、多勢の専門家をかかえた大きな印刷所を、どこかにもっているにちがいない。そうでなければ、このように完全な製品を大量に作りだすことは、けっしてできなかったはずだ。かれらは、おそらくは、使用人の贈賄行為を通じて、大きな製紙工場と関係をもっているにちがいないから、これほど生産したのだ。かれらの利潤は、莫大なはずだ。」

新聞によれば、ベルリン警察の見解は、偽造団がポーランドあるいはバルカン諸国で活動しているというのだった。わたしは、遠からず、かれらがモスクワに眼を向けるだろうと思った。われわれ全部にとっての重大な結果を、わたしは恐れた。あらゆる種類の新聞を買い込んで、偽造事件を扱った記事を一つ残らず検討した。わたしの第一の関心は、われわれの軍事諜報網をまもることにあった。われわれの秘密機関員のあるものたちが、この気違いじみた冒険に巻き込まれているという事実に、わたしは、ぞっとした。

それとは別に、わたしは、フランツ・フィシャーのために心配した。かれの上司「アルフレッド」は、合衆国内のわれわれの軍事諜報活動の責任者だったとはいえ、この人物の判断に、わたしは、全く信用をおいていなかった。

ザス・ウント・マルチーニ銀行にたいする警察の手入れについて読むと、わたしにとって、この犯罪の主な特色は、そのお話にならない馬鹿らしさであるように思えた。合衆国政府は、きっと、背景をモスクワの源にまでたぐってゆくだろうと、わたしは考えた。よく考えれば、考えるほど、この現代のように国際為替の行なわれているときに、大国がこのようなことを実行するということが、ますます奇妙に思えた。それを止めさせるために何をするか、言わねばならないと、わたしは感じた。

幸いに、わたしは、当時、わが国の秘密機関巡視のために国外にいたスターリンの個人的な密使「テル」タイロフ将軍に、ローマで会うことになった。スターリンと同じく、コーカサス生まれのタイロフは、後に外モンゴル派遣のソヴィエト全権公使となった――いいかえれば、そこでのスターリンの総督となった（最近のニューヨーク・タイムスの特電によれば、逮捕されたものとして列記された将校たちの間にかれの名があった）。

タイロフが、初めに、わたしの視野に現われたのは、一九二八年、パリでだった。表向き、かれは、ソヴィエト石油シンジケートの代表として来ていた。本当は、かれの使命は、スターリンのために、ありとあらゆる色々な事柄を調べることだった。わたしが、スターリン独裁のきわめて個人的な性格を初めて知るようになったのは、このタイロフとの会見でだった。

わたしは軍諜報機関の将校として、上官に尽すように、また、党の一員として、中央委員会に従うよう訓練を受けていた。

かれは普通でない仕方で、事に言及したものだった。かれは、わたしの部からは、非常に離れた部で働いていたにもかかわらず、無雑作な態度で、わたしの入用とするどのような助力でも、提供できる地位にいるとほのめかした。

「きみが何か必要ならば、大使館や、他のどんな所でもよいが、そこの助けが必要ならば、知らせ給え。そうしたら、首領に、一言かき送るよ」かれの会話は、「これは、スターリンから、直かにきいた」とか、「スターリンが、そのことを話した」といった調子の個人的な言及で、強調された。わたしは、この男をほら吹きではないかと思い始めて、一体、かれが信用おけるものか、どうかを、モスクワにいるわたしの上官ベルジン将軍に問い合わせた。ベルジンからは、スターリンと親密だというタイロフの主張が、でたらめではないといってきた。タイロフは国内戦を通じて、スターリンの下で働いたグループの一員だったのである。後に、一九三二年、かれは国防人民委員ヴォロシーロフや、他の将軍たちの通信を開封するために、スターリンにより国防人民委員部に送り込まれた。

さて、ローマのティヴォリ・ホテルで、タイロフにあって、わたしは、単刀直入に偽造ドル紙幣の問題をとりあげた。

「ベルリン中、大騒ぎの事件ですよ」とわたしは言った。「国際的な醜聞に発展するんじゃないかと思うと、ひどく心配です。われわれの諜報組織のぶちこわしになるし、ソヴィエト政府を巻きぞえにするだろうし。」

「ニチエヴォ！」肩をすくめてタイロフはいった。文字通りには、「何でもない！」とか、「ああ、何ともないさ！」という意味の他国語には移しにくいこのロシア語でもって、事の一切をかたづけた。

「その報いで、あなたの首がとぶことになっても、驚いちゃいけませんよ」わたしは、言った。「こいつは、おいそれとは終りませんよ。誰がおっ始めたにしろ、お蔭でわれわれ全部は、こっぴどい目にあわされるわけです。」

「気にすることはないさ」と言ってタイロフは、再びわたしに請け合った。「首領がそいつには、関係しているんだ。〔赤軍〕第四部の連中が、スターリンからいわれないで、こういった種類のことにとりかかると、きみは思うのかね！」

一瞬、わたしはびっくりした。ベルジン将軍はスターリンの許可なしで、このような仕事をけっしてやってのけはしないということは事実だ。しかし、わたしは議論をむし返した。

「政治的考慮はさておき」とわたしは言った。「この仕事は、財政的には途方もないですよ。ちょっと、考えてごらんなさい。世界市場で、偽造通貨をどれだけ両替できるものですか？　それに、工場の経費と、偽造通貨を流通させるのに使う費用を、見積ってごらんなさい。現在、為替は主として、銀行信用の問題ですよ。現金は、うまくゆかない。この考えは誰が思いついたにしろ、思いついたのは野蛮人だというのが、わたしの意見ですよ。」

「だから、ベルリンで銀行を買収したのさ」とタイロフは言った。

「それで、何が手に入りましたか？　高い金で銀行を買った。その銀行が、たとえ、無事だったとしても、どれだけの通貨を流せたでしょう？　モスクワの連中は、われわれが生きている世界というものを、分っちゃいないんですか？　連中は、あらかじめ、経費や入手可能の利潤を見積ってみなかったんですか？　それに危険のことも考えてみなかったんですか？　で、これから、かれらは何をやろうとしているんですか？　ここでわれわれは、大きな犠牲と危険をおかして諜報網を作りあげた。それが、この子供じみた企らみのせいで、ぶちこわしになるんです！」

タイロフは、自分が、ザス・ウント・マルチーニ銀行事件について、どうしたらよいか分らないということを認めたものの、相変らず、五ヵ年計画と関連しての外貨の深刻な不足を楯に、偽造計画を弁護しようとした。

わたしは、わが国の財務官僚の無能のせいで、われわれ秘密機関員が、モスクワから送られてきた本物の金を両替する際に経験した困難を指摘した。伝書使が、ある時は、全部五〇〇ドル紙幣の束をもってきたり、また、ある時には、一ドル紙幣で一〇、〇〇〇ドル運んできたりしたのだ。これらの紙幣には、時として、ソヴィエト国立銀行の印が押されていた。この本物の通貨を両替して露見する危険は、全くひどいものだった。そして、今や、モスクワはわれわれに、偽金を供給するつもりなのだった！　タイロフは、わたしの議論に動かされて、後退した。

「多分、きみは正しい、ヨーロッパに関するかぎりでは」と、かれは譲歩した。「ただし、この仕事は、そもそもは、中国を目標にして組織されたんだということを、理解する必要がある。そこじゃ、このドル紙幣を何百万と流しているし、そこじゃ、われわれはこの紙幣を必要としているんだ。」

中国での事情を、全く知らなかったので、わたしは、これをきいて、閉口した。そこでわれわれは、この問題を、次の会見に譲ることにした。この会見は、ローマ近傍の新設の港オスチアでおこなわれた。そこで、わたしは再び、そして、今度はもっと上首尾に、われわれがこの仕事の一切を終らせるべきだということを、かれに納得させようとした。その頃にはザス・ウント・マルチーニ銀行事件は、地球の隅々から反響し始めていたのだ。

ベルリン銀行協会は、楕円形のベンジャミン・フランクリンの肖像のある額面一〇〇ドルの偽造合衆国紙幣にたいする公けの警告を発していた。それは、偽造紙幣の発見を助けるいくつかの些細な違いを説明していた。

ベルリン警察は、〃これらの〔一〇〇ドル〕紙幣が、アメリカ以外の国のどの銀行も発見できなかったほど巧妙に偽造されている〃と発表し、〃この偽造紙幣が、数百万ドル、アメリカとヨーロッパに流通している〃という所信を放送していた。

一月二三日、ジュネーヴからの公報は、次のように、発表した。

〃アメリカ財務省係官は、ベルンの〔スイス〕連邦警察に、偽造一〇〇ドル紙幣が、スイスに流通していることを警告した。これらの紙幣は、きわめて巧妙な偽造物である。〃

翌日、ベルリンからの報道は、次のように伝えた。〃偽造一〇〇ドル紙幣凡そ四〇、〇〇〇ドルが、今日までに発見された。警察はフィシャーの逮捕に賞金をかけることとなった。〃

一月二六日、キューバのハバナ発のAP通信社の電報は報じた。

〃警察はハバナに国際的偽造団が存在しているのを探知したが、かれらは、先週中に、ニューヨーク連邦準備銀行に一〇〇ドル紙幣、七五、〇〇〇ドルないし一〇〇、〇〇〇ドルを流したといわれる〃

〃当地のアメリカ諸銀行の調査は、各銀行軒並みに少からぬこの紙幣を摑まされたことを明らかにした。ナショナル・シティー銀行ハバナ支店は、一四枚摑まされたが、別に凡そ一六、〇〇〇ドルは受けとりを拒絶した。どの銀行も高額紙幣を検査するために特別の出納係をおいた。大賭博場であるカジノ・ナショナルは、多数の偽造紙幣を受けとったといわれる。〃

一月二九日、ドイツの著名な弁護士アルフォンス・ザック（数年後、あの名高い国会放火事件裁判で、弁護に登場）は、ベルリンのある法廷で、偽造一〇〇ドル紙幣がモスクワにあるソヴィエト国立印刷所で、作られたことを証明する用意があると言明した。一月三〇日のニューヨーク・タイムスによれば、ザック博士は、〃中国との最近の紛争期間中、ソヴィエトの手先は、同じ出所の二、五〇〇、〇〇〇ドルの偽造ポンドおよびドル紙幣を流した〃と主張した。

二月六日、ワルシャワから、アメリカ通貨を所持していたのが発見された共産党の一指導者の逮捕の報道が、伝わった。一〇日後には、同じ市から、次のように伝えられた。

〃大量の偽造合衆国一〇〇ドル紙幣が、ルヴォフ（レンベルク）の一銀行で、分析の結果発見された〃、そして、これらの札は、ドイツの諸銀行で発見されたものと類似していることがわかった。

ほぼ同じ頃、ベルリン警察は、ヨーロッパに一〇〇ドルと五〇〇ドルの偽造アメリカ紙幣をばらまいていた偽造団をアントワープで発見し、ルーマニア人、ハンガリア人、チェコ人を一名ずつ、都合三人の男を逮捕したことについての報告を公表した。

ニューヨークの連邦準備銀行は、一九三〇年三月二日、回状を発して、偽造紙幣にみられるいくつかの些細な相違――なかでも、紙幣の表面の四隅の数字、一〇〇の一と初めの〇との間の黒いあきが、本物のそれよりも、かすかに広いという事実――に注意するように呼びかけた。

三月三日、大量のこの偽造通貨が、メキシコ・シティーで発見された。ここでも、できばえは、非常に精巧なものだと発表された。

三月七日、七名の偽札密輸人が、ポーランド、チェコ国境のテッシェンで捕えられた。

こういった反響が、世界中に広がっている一方、タイロフは、モスクワと連絡をとっていたが、ついに、この事件の清算をわたしに委ねるようにとの命令を受けとった。この間、わたしはウィーンに戻り、当時在オーストリア赤軍諜報機関の代表だったアレクサンドロフスキーにあった。わたしは、アレクサンドロフスキーが、何かにつけいらいらしているのに気づいた。かれはことに、フィシャーをウィーンに送ってきたアルフレッドに腹をたてていた。今や、アレクサンドロフスキーは、この逃亡者に隠れ家と、オーストリアからソ連への脱出に必要な書類を、世話するのを、アルフレッドから、要求されていた。フランツ・フィシャーの人相書をのせた回状が、その頃までには、西ヨーロッパの至るところに張りだされていたのである。

「タイロフが、ここにやって来た時に、この事件とかかわり合うのは、いやだと、おれは、いってやったんだ」とアレクサンドロフスキーは、ひどく、不平を言った。「この騒ぎに責任があるのは、あの馬鹿者のアルフレッドだ。奴に始末させればいいんだ。」

「タイロフは、何ていった?」とわたしはきいた。

「首領が、黒幕だといっていたよ」とアレクサンドロフスキーは、答えた。このことは、もちろん、かれが指令に服従する以外に道がないことを意味していた。

かれは、フィシャーに、旅券を手に入れてやり、ルーマニアとトルコを経由して、オデッサに、ついでモスクワにゆけるようにしてやった。わたしは、ウィーンで出発直前のフィシャーにあった。背丈六フィートばかり、痩せてはいたが、頑丈な体つきのフィシャーは、かれのめかした容姿で、よく知られていた。かれは、今や、つけひげをたくわえ、無頓着な身なりをしていた。そのことは別にしても、かれは、落胆した様子によって、事実上変装していた——全く、あわれな姿だった。

「おれは、おしまいになった人間だ」とかれは、わたしに言った。かれは、一度び、ソヴィエト・ロシアに入ったならば、ふたたびロシアの外には出られないだろうということを知っていた。かれは、また、もし国外に残るならば、スターリンは、かれを生かしておかないだろうということも知っていた。わたしは、かれの運命に、深く心を動かされた。結局、かれはソヴィエト政府の命令のもとで行動し、みずからの義務という線に沿って、仕事を果したのだった。

三月になって、わたしは、ウィーンのカフェ・クエンストラーで、アルフレッドにあった、そして、お世辞抜きで会話を始めた。

「とんま!」とわたしは、いった。「きみは、合衆国と西ヨーロッパで永年暮しながら、全く何も学ばなかったんだな。」

かれは、弁護を試みた。

「しかし、きみには分らんのだ」と、かれは言った。「ありゃ、本物の金だぜ。只の偽金とちがうんだ。本物なんだ。おれは、合衆国で使っているのと同じ紙を手に入れたんだ。ただ一つの違いといえば、ワシントンでの代りに、おれたちの印刷所で刷られているということだ。」

われわれの会話のなかで、アルフレッドは、一度ならず、合衆国内での偽札流布の際に、かれの主だった助手をつとめたラトヴィア系のアメリカ人らしい「ニック」という男に言及した。

かれは、自分たちの成功のことで、頭が一杯だったので、事態の重大さを分らせるにはいく分時間がかかった。ザス・ウント・マルチーニ銀行という冒険の失敗が、この問題に異った複雑さを添えたと、わたしは説明した。かれがわれわれを誘い込んだ危険な立場を、かれに向って一点一点、わたしは分析した。かれは死刑宣告をきく人間のように、そこに坐っていた。そしてしまいに、哀願するように訊ねた。

「どうしたら、いいだろう?」

偽札の全部を回収し、かれの機関員に手を引くよう指令すべきだし、かれ自身モスクワに帰るべきだと、わたしは、かれに告げた。わたしは、アルフレッドが、わたしの命令に従うことに確信がなかったので、タイロフがわれわれ二人とあって、この件でのわたしの、全面的な権限を確認するように手配した。

わたしが、偽造計画の詳細のいくつかを知ったのは、アルフレッドからだった。それは、スターリンの監督のもと、モスクワで実行に移されたのだが、アルフレッドは、自分が発案したと主張した。ともかく、合衆国で、紙幣印刷に使われていた特殊な用紙の船積みをやってのけたのは、かれに他ならなかった。

姓をティルデンといったアルフレッドは、ヤン・ベルジン将軍を長にいただいていたわれわれの部のなかのラトヴィア人グループに属していた。アルフレッドは、背の高い、青い眼の、ひょろ長い男で、きついが、ありふれた顔つきをしていた。数年の間、わたしは、かれと妻のマリアを知っていた。マリアは、彫像のように立派で、名射手として知られていた。また、モスクワでは、誰もが、かの女を、家族の頭脳だとみなしていた。

一九二八年の春、アルフレッドは、われわれの最良の機関員のひとり、リディア・スタールを、アメリカに移すために、パリにやって来た。わたしは、かれが、リディアを連れてゆかないようにと熱心にやってみた。目立つほど賢い当時三〇代のこの婦人は、かつてツァーの将校の妻で、後に、バルチックの貴族スタール男爵と再婚した。リディアが、われわれの秘密機関に加わったのは、一九二一年、フィンランドに亡命していた時だった。かの女は、われわれのもっていた最良の機関員のひとりだった。

アルフレッドは、目的を達して、リディアを合衆国に連れていった。かの女は、三年ばかりいたが、ゴードン・スイッツ・スパイ事件が一九三二年の末にパリで起った時に、そこで逮捕され、裁判にかけられて、禁錮五年の宣告を受けた。われわれの諜報機関員として、当時、フィンランドに駐在していたアルフレッドの妻マリアもまた、捕えられて、現在、ソヴィエトのスパイとして宣告された一〇年の刑に、フィンランドのある監獄で服役している。

全くまぬけであるにもかかわらず、アルフレッド自身は、警察といざこざを起したことが一度もなかった。けれども、偽造計画の失敗は、かれの経歴にとってつまずきだった。フランツ・フィシャーや、パウル・ロートのような、よく知られた共産主義者をかれが使ったという事実は、かれの失敗の重大な様相の一つだった。というのは、それが、西ヨーロッパの共産党を必然的に巻きぞえにしたからだ。

事件の始末をつけ、未使用の偽造紙幣をモスクワに送り返すのに、数週間かかった。一九三〇年五月に、アルフレッドもまた、帰国し、フィシャーは、その時までには、無事ソヴィエト・ロシアに到着していた。六月の中旬までに、嵐は、過ぎ去ったようにみえたが、一〇〇ドル紙幣は、バルカン諸国に、時々、現われつづけていた。六月二〇日頃、わたしは、ベルジン将軍に報告するために、モスクワに戻った。

タイロフもモスクワにいて、われわれの会議に出席した。ベルジン将軍は、ザス・ウント・マルチーニ銀行の破綻が惹き起した破れ目に、わたしがとびこんだことにたいする謝意を、抱擁で表現した。会議のなかで、わたしは、この計画にたいするいくつかの率直な批判をだした。

「偽造は、強力な国のすべき仕事じゃありません」とわたしは、いった。「それはわれわれを、方策のない地下運動者のちっぽけな一団と同じにしてしまう。」

ふたたび、ベルジンは、この計画が、大規模の仕事が可能だった中国を目標に進められたと説明し、さらに、西ヨーロッパには適さなかったことを認めた。わたしは、どこであっても、それが馬鹿げていると主張した。

「ナポレオンは、イギリス紙幣を偽造しなかっただろうか？」ベルジンは、反論した。わたしは、このベルジンの口調のなかに、スターリン自身の声を認めた。

「その比較は、当てになりません」と、わたしは言った。「現代の財政条件は、全くちがっています。今日、数百万ドルの偽造紙幣で、実質的なことは、何も出来ないし、偽造する国家の威信を傷つけるのが関の山です。」

紙幣偽造という冒険が、永久にほうむられ、手もとの紙幣が破棄されるだろうと思って、わたしはロシアを離れた。わたしが間違っていたことを、その後にニューヨークとシカゴで起った事件が証明した。

アルフレッドは後に、ポーランド国境近くのミンスクに移され、そこで、白ロシア軍管区の全機動部隊を担当することとなった。フランツ・フィシャーは、ソ連に着くと直ぐ、名前を変えた。ドイツの古参共産主義者だったが、かれは、ロシア共産党への加入を認められなかったことは、重大なハンディキャップだった。かれは、しばらくして、オゲペウ建設部に勤務を命じられ、いちばん近いロシアの鉄道よりも北極とアラスカに近い北東シベリアのコリマに、作業監督として送られた。われわれのうちの誰かが、フランツに暖かい衣類の小包を送ったが、かれは一度も、われわれからの音信を受けとったとはいってこなかった。

一九三一年の晩秋、とつぜんベルジン将軍は、もう一度、大へまの始末をつけるために、わたしをウィーンに派遣した。

ここでも、ふたたびわたしは、紙幣偽造計画を追うこととなった。わたしは、当時、ホテル・レジナに泊っていた印象的な一組のアメリカ人夫婦に紹介され、かれらと、ウィーンで、多くのうちとけた時間を過した。かれらは、ニック・ドーゼンバーグと、その魅力的な若い妻君だった。この人物は、合衆国でアルフレッドといっしょに活動したあのニックに他ならなかった。ボストン出身のかれは、アメリカ共産党の創設者たちのひとりだった。一九二七年、アルフレッドの到着後、ドーゼンバーグは、「地下」にもぐった、いいかえれば、公然の共産主義運動で不活発になり、われわれの機関員のひとりとして、秘密の活動を始めたのだった。

身なりがよく、背が高く、頑丈な体つきに大きな顔のニック・ドーゼンバーグは、成功を博したアメリカの実業家然としていた。今、かれは、われわれのために、ルーマニアで活動していた。そこで、アメリカ・ルーマニア映画輸出会社を経営していたのだ。かれが、ウィーンにやってこなければならなかったのは、高価な撮影機をアメリカで買いつけるために、出発するのに必要な資金を手に入れるためだった。しかし、モスクワの外貨事情は、これまでよりも、もっと悪化していた。われわれの中心的な人間たちさえもが、予算上の制約で、ハンディキャップをつけられていたほど、外貨不足は、深刻だった。加えて、ドーゼンバーグは、われわれソヴィエト市民よりも、はるかに高い生活水準に慣れていた。

当時は、ザス・ウント・マルチーニ事件から二年の歳月が過ぎていた。偽札は、もう現われなくなっていた。新聞は忘れていた。フランツ・フィシャーは、北極海岸にいたし、ヨーロッパの鉄道駅と郵便局に貼られたかれの人相書は、ほこりをかぶっていた。わたしには、アメリカとヨーロッパの警察が、あの偽造紙幣の出所を追求するのをやめたと考えるもっともな理由があった。わたしは、モスクワが、愚かで、きてれつな冒険によって痛手を負わずにすんだと思っていた。

一九三二年早く、ニック・ドーゼンバーグとかれの妻は、ベルリンに向けて発ち、そこから合衆国に向った。四月の初め頃、新しい警報が、とつじょ、ジュネーヴから全ヨーロッパの銀行にたいして、鳴り響き、あの同じ旧型の一〇〇ドル紙幣に警戒せよと告げた。四月二九日、ベルリンのベールゼンツァイトゥング紙は、偽の一〇〇ドル札が再度ウィーンとブダペストに現われた旨を報じた。わたしは、アルフレッドと以前に関係していた「故買者」の誰かが、この札をいくらか所持していて、安全に両替できると思うまで待っていたのだと思って、それほど気にはしなかった。その時に、わたしは、ドーゼンバーグが合衆国に帰ったことと、偽札の再登場とを結びつけて考えてはいなかった。しかし、一九三二年を通じてのドーゼンバーグの滞米が、スターリンの紙幣偽造計画をアメリカで続行することだったというのを、少し経ってから知った。偽札再登場の報道は、一九三三年一月、ニューヨークとシカゴで、爆弾のように炸裂した。そして、その振動は、当時わたしがいあわせたモスクワにまで伝わり、クレムリンの内部に、かなりの不安を惹き起した。ドーゼンバーグ派遣の結果としてアメリカ合衆国で、次のような出来事が起った。

一九三三年一月三日火曜日の午後、ニューヨーク空港で、合衆国秘密機関は、モントリオールから着いた旅客機を降りたった「フォン・ビューロウ伯」という人物を逮捕した。取調べの結果、この男は、シカゴ警察に前科の記録があるハンス・デチョウという者と同一人であることが判明した。かれは、カナダとメキシコの偽造団の手先として告発された。

一月四日、合衆国秘密警察員は、ニューヨークでも、ひとりの犯人を逮捕し、これをニューヨーク・タイムスは次のように報じた。

〃合衆国秘密機関員は、昨夜、紙幣偽造の容疑で、東五八番街一三三番地に住む若い医師ヴァレンタイン・グレゴリ・バータン博士を逮捕した。かれの逮捕は、フォン・ビューロウ「伯」の検挙後二四時間を経ずにおこなわれた。偽造団の手先が二五、五〇〇ドルをシカゴのある銀行に渡したという同市からの通報によって、この逮捕がおこなわれた。警察によれば、バータン博士は、昨日、汽車でモントリオールから帰った。バータン博士は、ミッド・タウン病院に関係する心臓病専門医である。かれは、三四歳、生まれは、ロシアである〃

アメリカ関係当局は、この二人の人物の逮捕によって、通貨偽造史上もっとも面倒な事件のひとつに直面することとなった。デチョウは、一切を係官に自白した。こうして、政府に役立つ証言をおこなったことからかれにたいする告発は、留保されることとなった。デチョウの自白によれば、武器弾薬、とくに化学兵器の取引に手をだしていたが、一九三二年の夏にニューヨークでバータン博士と知りあった。デチョウは、シカゴの暗黒街と結びつきがあった。一九三二年一一月、バータン博士は、アーノルド・ロスタイン・ギャング団の一員である患者から、一〇〇ドル札で受けとった一〇〇、〇〇〇ドルをもっているが、これをニューヨークでは両替したくないと、かれに語った。かれは、金の見本をもって、シカゴにゆき、そこの仲間に話をもちかけた。

シカゴの無頼漢——八名が事件に関係していた——は、偽札を、いくつかの銀行の出納係に検査させたところ、かれらは、本物に間違いないといった。その時、バータン博士が現場に現われて、金を扱う暗黒街グループに、両替して受けとった金額の三〇％を渡すという条件で、話がきまった。総額一〇〇、〇〇〇ドルが、両替のため、ギャングたちに渡された。

ちょうど、クリスマスの前で両替は、順調に始まった。コンチネンタル・イリノイス・ナショナル銀行と同信託会社、ノーザン信託会社、ハリス信託貯蓄銀行が、これらの紙幣を両替し、それをいくつかの束にして、シカゴ連邦準備銀行に発送した。それは、一九三二年一二月二三日のことだった。ふたたび、昔発行された一〇〇ドル紙幣の束の到着は、疑惑を喚び起した。合衆国秘密機関のトーマス・J・カラガン氏が、これらの紙幣の検査のために招かれた。かれは、偽造だと断言し、さらに、それが一九三〇年にベルリンで、一九二八年以来、他の色々な場所で発見された偽札と同一のものだということを明らかにした。

シカゴの全銀行に警告が発せられ、クリスマス前日、ひとりの男が一〇〇枚の一〇〇ドル札を一〇枚の一〇〇〇ドル札に両替しようとして、シカゴ第一ナショナル銀行で捕えられた。この逮捕から、警察は暗黒街組織を襲ったが、一味は、自分たちが、一杯食わされたのを知って、開いた口がふさがらなかった。連中は、この金が本物だとばかり思っていたのだ。かれらは、まだ手もとにあった四〇、〇〇〇ドルの偽札を差し出し、捜査当局と最後まで協力すると申し出た。また、ニューヨーク・タイムスにのった報道によれば、〃バータンの息の音をとめることを約束した〃

デチョウは、自分も同様に、ニューヨークの医者にかつがれたのだということを、暗黒街の仲間に納得させようとした。バータン博士との誤解を明らかにするために、かれは、ニューヨークに戻った。そうすれば、シカゴの仲間たちに埋め合わせできると信じたからなのである。ところが、バータン博士は、デチョウからシカゴでの事態を聞くと、態度を変えた。かれは、デチョウに、直ぐヨーロッパに逃げるようすすめた。だが、デチョウは、そんなことは、いやだった。かれは、シカゴの連中が、偽札の分だけの本物の金を欲しがっていると主張した。バータン博士と別れたデチョウは、九〇番街の人気のない場所と、セントラル・パーク西で、近づいてきたひとりの男に、直ぐヨーロッパに発たなければ、殺されるだろうといわれた。この見知らぬ男は、背丈が凡そ五フィート八インチで、三〇代の終りのようだった。この経験の後で、デチョウは、折れて、バータン博士とカナダで会うことを承諾した。

一月一日、デチョウは、モントリオールに着き、マウント・ロイヤル・ホテルに宿をきめ、そこでバータン博士に会った。デチョウにとって、この会見は、全く不満足なものだった。実際、今や、かれは、三方から脅かされていた。シカゴのならずものたちは、損失を取り返そうとしていた。連邦警察は、この事件に関係したもの全部を追跡していた。そのうえに、ニューヨークで、かれに近よって話しかけた見知らぬ人物が、今度は、モントリオールに現われて、デチョウに直ぐさま、ヨーロッパに渡るように警告したのだ。デチョウは、バータン博士から、差し向けられた謎の人物が、ロシアのオゲペウの一員だということを知らなかった。しかし、かれは、容易ならぬことが問題となっているということを知っていた。かれは、今度のヨーロッパ行の船に乗ると約束した。だが約束を実行しないで、かれは、連邦警察の慈悲にすがることに決心して、次の飛行機便でニューヨークに発ち、そこで逮捕されたのだった。それから、かれは、係官をバータン博士の事務所に案内した。

その後の取調べは、バータン博士が明らかに共産党と結ばれていることを明らかにした。一九三三年二月二四日、次にかかげる事件の記事が、ニューヨーク・タイムスにのった。

偽札の洪水は、ロシアにつながる

〃先月シカゴで、その多くが、首尾よく両替された偽造一〇〇ドル紙幣一〇〇、〇〇〇ドルの出所は、連邦警察によって、ソヴィエト・ロシアであることが、つきとめられた旨、昨日、連邦警察本部で発表された。

遠い中国にまで現われたこれらの紙幣は、財務省専門家によって、これまで発見されたもっとも本物に似た偽造紙幣であると声明された。それらは、六年前に、作られたものだといわれる。政府は、この国際的と考えられる偽造陰謀におけるアメリカの主犯として、一月四日逮捕された、ニューヨークの医師、グレゴリ・バータン博士が、ソヴィエト政府の秘密機関員であ

るか、もしくは、かつてそうだったという報告を調査中である
ことが明らかにされた〃

それから先、取調べは、のっぺりした壁に打ち当ってしまったように思われる。尋問と、その後の裁判全体を通じて、バータン博士は、秘密をよく守った。かれは、ニック・ドーゼンバーグを裏切らなかった。ソヴィエト軍事諜報機関内での自分の身分を、明かさなかった。かれは、アメリカ共産党の最高機関内にいる自分の共犯者たちを、事件に巻き込まなかった。だが、連邦警察は、バータン博士の偽名のうちのあるものを追求した。かれらは、メキシコやその他の所で、種々の場合に、バータン博士が、バースチン・クーン、ジョージ・スミス・E・ベイル、フランク・ブリル、エドワード・キーンとして通っていたことを発見した。

バータン逮捕後間もなく、ニック・ドーゼンバーグは、アメリカからソヴィエト・ロシアに戻った。かれが、モスクワに姿を現わしたのは、一九三三年二月の終り頃だった。この頃、アルフレッドも、とつぜん、モスクワに現われたが、わたしに、かれのアメリカの昔なじみのために、食物を都合する苦労について、こぼしていた。ニック・ドーゼンバーグは、フランツ・フィシャーが三年早く受けた取扱いを、今や味わっていた。普通われわれの外国人機関員に認められているようにわが国の代表的なホテルのひとつに宿泊し、特権的な配給券を支給されるかわりに、ニックは、宿を探すのに、むだ骨を折らねばならなかった。そして、かれは、食糧をえるために、行列しなければならなかった。

バータン事件が及ぼすかも知れない結果についての報告を携えて、アメリカからヴァレンタイン・マーキンが到着するまで、ニックはモスクワに留めておかれた。自分の出世に熱心なマーキンは、合衆国内の全ソヴィエト秘密機関の長に成りあがるために、この事件を利用した。モスクワが、合衆国の承認を求めていた時期に、ニック・ドーゼンバーグとバータン博士とが起したへまについての詳細な情報で武装し、マーキンは、ベルジン将軍と軍諜報部内のかれの幕僚全部と戦う覚悟で帰ってきた。かれは、直属の上司の頭を通りこして、今や外務人民委員をも兼ねていたモロトフ首相に、直接問題を提出した。アメリカの情勢に関するその報告のなかで、合衆国内のわれわれの活動にたいするベルジンの指導を攻撃した。これは、この若い共産主義者としては、前例のない行為だったし、モロトフとのかれの会談は、内輪のひとびとの間で、話の種をまきちらした。かれは、この戦いに勝った。アメリカにおけるわれわれの軍諜報機関を、オゲペウのスパイ機構に移し、これをヤゴダの下に置く権限を獲得した。そして、かれは、アメリカ国内の全ソヴィエト秘密機関員の指揮者という地位をえたのだ。このような統合が行なわれたのは、われわれの歴史において最初のことだった。

一九三四年五月四日、バータン博士は、シカゴの法廷で、偽造紙幣の所持と使用によって、有罪の判決を受けた。かれにたいする主な証人は、デチョウだった。裁判では、バータン博士をモスクワに結びつける証拠はあがらなかった。ニック・ドーゼンバーグの名は、あげられなかった。裁判記録中に、アルフレッド・ティルデンについての言及はみられない。検事たちは、バータン博士がモスクワの

ために働いたという確信を表明したにもかかわらず、かれらは、その証拠を提出しなかった。スターリンは、その偽金造りの冒険を、みごとにやってのけたのである。

　バータン博士が、忠実な共産主義者であることが、明らかにされた。かれは、喋らないすべを知っていた。かれは、一五年の刑と五、〇〇〇ドルの罰金を宣告された。いまなお、かれは、自分の秘密を守っているのだ。

　アルフレッドから、わたしは、ソヴィエト政府がバータン博士の弁護と、かれの事件に関係した他の出費のために、多額の資金を提供したことを知った。ニック・ドーゼンバーグについていえば、かれは、間もなくわたしの視界から消えたが、後になって、大粛清の際に消されてしまったということを聞いた。

　わたしは、一九三五年にモスクワで、フランツ・フィシャーに会ったが、かれだと認めるのは容易ではなかった。遠いシベリアで四年を送ってから、かれは、医師に診てもらい、薬や他の必要な品を買うために首都に旅するのを許されたのだった。かれは、極北の地方で、素朴になり、そこで流刑囚の娘と結婚して、一子をもうけた。かれの人柄は、ひどく変ってしまった。

「君は、どうして、ぼくを訪ねなかったのか?」とわたしは、尋ねた。

　かれは、つじつまの合わぬ返事をした。わたしは、われわれの過去の交友の織糸をひろいあげようと試みた。かれの記憶は、蒸発してしまったようだった。あの熱情の一切が、かれから消え去っていた。その粗末な、気の抜けた風采は、数年前のあのきちんとして、熱に燃えた反逆者に、ほとんど似ていなかった。ウィーンで、かれが身につけた変装は、かれの内部に入り込んでしまったように思えた。それから、わたしは、二度とかれに会わなかった。一年後に、わたしは、かれの年老いた母、ドイツの英雄的な革命家の死を知った。

第五章　オゲペウ

わたしは、一九二六年一月に、「容疑者」として、ソヴィエト秘密警察と知り合うこととなった。当時、わたしは、ソヴィエト軍事諜報部第三課の中央ヨーロッパ班長をしていた。第三課は、世界に散っている諜報員が集めた資料を纏めて、ソ連の二〇名ばかりの第一級の指導者たちのために、秘密報告と特別ニュースとを発行している。

ある朝、わたしは、第三課長のニコーノフに呼ばれて、直ぐにモスクワ地区オゲペウの特別課に出頭するように告げられた。

「ジェルジンスキー通り一四番地の入口から入りたまえ」とかれは言った、「ここにきみの通行証がある。」

かれは、わたしに、オゲペウが送ってよこした緑色のカードを手渡した。用件は何かときくと、かれは次のように答えた。

「正直にいって、知らないんだ。だが、連中に呼ばれた時には、直ぐに、あそこにゆかねばならんよ。」

数分後には、わたしは、一人のオゲペウ取調官と向い合っていた。かれは、冷ややかにわたしに坐るようにといって、自分も机に腰をおろして、大きな書類束を指でいじり始めた。こうして、沈黙の予備行為で十分ばかり経つと、かれは、眼をあげて、きいた。

「あなたが、第三課で最後に当直将校として勤務したのは、いつでしたか?」

「六日前です」とわたしは答えた。

「紛失した第三課の印章のいきさつを、話していただけると思いますが?」かれは、精一杯の劇的な強い口調で、叫んだ。

「一体、わたしに、それがどんな関係があるんですか?」とわたしはきいた。「わたしと交替した将校は、わたしから印章を手渡されなかったなら、ひきつがなかったはずですよ。」

四〇人から五〇人の人間が働いていた第三課では、一二ばかりの部門の責任者が、二四時間交替で当直勤務をするならわしだった。われわれがディェジュルストヴォ〔ロシア語で「当直勤務」の意味〕と呼んでいたこの二四時間の間に、われわれは、あらゆる手紙、文書、紙くず、秘密の電話、について責任があった。また、第三課の事務所のあらゆる個人の出入りにも責任があった。わたしの当直勤《ディイェジュルス》務《トヴォ》の間に発行された総ての許可証には、わたしの署名と、第三課の印とがなければならなかった。この大切な印章が紛失していたのだ。

オゲペウ取調官は、われわれの記録簿によると、わたしが、後任者に他の職権上の記章といっしょに、印章も引き渡したということを、仕方なく認めた。だが、それで満足せずに、一般的な線でわたしに質問し始めた。

「党には、どれくらいいますか?　同志クリヴィツキー」と、かれは尋ねた。

わたしは、かれのとっている調子が気に喰わなかったし、かれに御されるつもりはなかった。

「あなたには、わたしに、そういった質問をする権限がない」とわたしは言った。「わたしの占めている地位はご存知でしょう。上司の同志ベルジンの意見をきくまでは、これ以上尋問に従う権利が、わたしにはありません。失礼ですが、直ぐかれに電話します。」

わたしは、軍事諜報部長ベルジン将軍に電話して、事情を説明し、一般的な反対尋問に従うべきかどうかをきいた。

「わたしからいう迄、一言もいっちゃいかん」とベルジンは答えた。「一五分か、二〇分以内に、わたしの方から、かけ直すから。」

オゲペウ取調官は、事務所のなかを、ゆっくり、行ったり戻ったりしながら、忍耐強く待っていた。二〇分後にベルジンは、電話をかけ直してきた。

「直接の問題に関係のある質問だけに答えたまえ」と、かれは、わたしに指示した。

わたしは、受話器を、取調官に渡すと、ベルジンは、かれの指示を繰返した。

「結構です」と取調官は、苦々しくいった。「帰られて宜しいです。」

わたしは、事務所に帰った。半時間も経たぬうちに、われわれの近東班で働いていた眼鏡をかけた学究風の青年が、わたしに会いに入ってきた。かれは、党員ではなかったが、ペルシア語を知っているというたった一つの理由で、われわれの課に配属されていたのだ。

「ねえ、クリヴィツキー」とかれは、明らかに恐怖の色を示しながらいった。「ぼくは、オゲペウに呼ばれましたよ。」

「どうして？」とわたしは、きいた。「きみは、当直勤務をしなかったじゃないか？」

「もちろん、しませんでしたよ」とかれは答えた。「それで信用される訳じゃないでしょう、ぼくは、党員じゃありませんから。」

この学究風の青年は、オゲペウとの約束を守るためにいき二度と帰ってこなかった。

数日後、紛失していた印章が「みつかった」。わたしは、諜報部にけちをつけ、政治局に、オゲペウのスパイ工作をわれわれの部のなかまで拡げる必要があるということを、納得させようと企んで、オゲペウが盗んだのだと信じている。諜報部は、その独立を油断なく守っていたし、一九二六年一月にあったこの挑発的な企てからおよそ一〇年後に、秘密警察の手中におちるソヴィエト機構の最後のものの一つだった。

この種の事故をでっちあげるのは、オゲペウの特技だった。まず、ボリシェヴィキ党の独裁部分に、それからスターリン個人に、かれらの生存が、オゲペウの絶え間ない警戒にかかっていると信じさせて、オゲペウは、その主権を、国家のなかの国家に成長するまで拡張した。オゲペウのもっとも恐るべき特徴の一つは、犯罪調査と何らの関係もない目的で、この種の「尋問」を始めたうえは、記録のために、犠牲者をみつけるのを余儀なくされるということである。このことは、われわれの部のペルシア語学者の運命を、疑いもなく説明している。

最高支配者が、異った意見のあらゆる表現を、直接の脅威とみなす国にあっては、秘密警察が、ほとんど、支配者自身の支配者になるということは、当然なのだ。

オゲペウの由来は、レーニンが、ポーランドの生え抜きの革命家ジェルジンスキーに、「反革命、投機、怠業」と闘う法令の草案を含んだ、一通の覚え書を送った、ボリシェヴィキ革命から一月後の一九一七年一二月にさかのぼる。この覚え書は、ボリシェヴィキ政府の敵と闘う即決の権限をもった非常委員会設置を明らかにした。この非常委員会〔正式には、反革命・投機・怠業鎮圧非常委員会〕は、そのロシア語の頭文字を組み合わせて、チェカとして知られるようになった。それは、レーニンの生命を奪おうとした襲撃と、ボリシェヴィキ党の指導者ウリツキー暗殺後の一九一八年の夏には、テロと大量処刑の道具に発展した。

初代のチェカの長官、フェリクス・ジェルジンスキーは、無慈悲だが、全く清廉な革命家だった。かれは、ソヴィエト政権を、その「階級敵」から救う道が他には存在しないという確信に燃えて、内戦中、数え切れぬ人たちを死に追いやった。ボリシェヴィキ革命の初期に、チェカという名には、あらゆる恐怖が結びついていたにもかかわらず、ジェルジンスキー自身も、また、かれの信頼する補佐たちの大部分も、革命の劒として仕えようとする狂熱的な熱意のみを動機とした。民衆から恐れられた秘密警察は、当時、ソヴィエト国家のために忠実に働くものからは、恐れられてはいなかった。

ソヴィエト国家が、次第に全体主義的になり、ボリシェヴィキ党自体が、一九一七年にみずからが創り出したものの犠牲になるにつれて、秘密警察は、ますます大きな権力を獲得し、テロルは、目的そのものになり、そして恐れを知らぬ革命家たちは、徐々に、かたくなで、士気を失った、自堕落な死刑執行人にとって代られていった。

一九二三年、秘密警察の名称は、チェカから、「合同国家政治機構」〔わが国では「合同国家保安部」と一般に訳されている〕というロシア語の頭文字をとって、オゲペウに変えられた。名称の変更は、不愉快な連想を一掃しようという意図からだったが、新しい名は、やがて、はるかにひどい恐怖を喚び起こすこととなった。

オゲペウは、チェカのあった同じ建物に留まった。それは、革命前に、ある保険会社の事務所があったルビヤンカと呼ばれる建物だった。ルビヤンカ広場に面する最初緑色だったこの建物は、五階ほどの高さだった。だが一九三〇年の初めに、増築されて、黄色の煉瓦建の新しい三つの階と、黒色の大理石を基礎としたぜいたくな一階建の新しいビルとが増えた。

ルビヤンカに入る主な道は、相変らず、古い建物を通ってであって、その入口には、カール・マルクスの大きな浅浮彫りがある。脇の通りから入れる入口も他にあるが、実質上、直ぐ附近のビルは、皆、オゲペウのものであり、家は、オゲペウの職員たちが住んでいる。高所から眺めれば、ルビヤンカ広場のオゲペウの新旧ビルは、モスクワのもっとも目立つ美しい特色なのである。広場からの本入口を通れるのは、オゲペウの高官だけだ。普通の市民は、外務人民委員部の面するクズネツキー・モストと呼ばれる通りにあるオゲペウの許可証給付事務所で、許可証をえなければならない。この事務所には、親類や、妻や、友人たちが、囚人を訪問する許可や、食糧衣類の小包を送る許可を求め、いつも長い列を作って、群がっていた。この行列の性格から、一目で、その時代のソヴィエトの政策を読みとることができる。ボリシェヴィキ支配の初期は、この行列は、将校や商人の妻たちで埋まっていた。その後には、それは、逮捕された技師、教授、技術者の親類たちだった。一九三七年に、わたしは、わがソヴィエト人民の最近親たち、わたしの友人、同志、同僚の妻や身内が長い列を作っているのを見た。

ルビヤンカの長い暗い廊下には、二〇歩毎に衛兵が配置されている。

部外者がオゲペウの事務所に入るのを許される前に、少くとも三度は、許可証が確められるのである。

古いビルの中庭だったところに、チェカは、重要な政治囚のために、特別監獄を建てた。かれらの多くは、独房に入れられており、この監獄自体は、現在では「隔離拘禁所」と呼ばれている。

監房の窓は、鉄格子だけではなく、鉄製のシャッターをもちいて、一条の光がさしこめるにすぎないほど、ふさがれている。囚人は、中庭や空を少しも見ることはできない。

オゲペウの取調検事が、自分の事務所で、囚人を反対尋問したい時には、監獄司令を電話に呼んで囚人をよこさせる。囚人は看守につれられて、中庭を横切り、狭くて暗い階段を昇って取調室のある建物に入ってくる。さらに上の階に囚人をつれてゆくには、一台のエレベーターがある。

一九三五年の秋、わたしは、ルビヤンカの囚人のなかで、もっとも著名なひとたちの一人、レーニンの密接な同僚、協力者、共産主義インターナショナルの初代議長、レニングラードの党とソヴィエトの長だった人を見た。かつてかれは、肥えていた。今や、白と青の縞の入ったパジャマを着て、廊下を足をひきずって歩くかれは、やせ衰え、憔悴していた。それが、かつて、グレゴリ・ジノヴィエフだったところのこの人をわたしが見た最後だった。取調官のところにつれてゆかれる途中の姿だったのである。数ヵ月後、かれはルビヤンカの地下室につれてゆかれ、射殺された……

どの取調検事の部屋でも、家具のなかで、いちばん大切なものは、寝椅子なのである。二〇時間から四〇時間にわたって、ぶっつづけに仕事をしなければならないからだ。検事自身、ほとんど囚人同様に捕われの身なのである。かれの職務は、限度を知らない。それは、囚人の尋問から、囚人の射殺にまで、拡がりうるのだ。無数の処刑数にもかかわらず、正規の死刑執行人がいないということは、ソヴィエトの司法手続の特徴の一つなのである。ある時は、オゲペウ合議部の死刑命令を実行するために地下室に降りてゆくのは、将校と建物の歩哨であったりする。ある時は、取調官や検事自身であったりする。これを例えてみれば、ニューヨーク地方検事が、第一級殺人の有罪決定をえて、次にガス処刑室のスイッチを動かしに、シンシン監獄にかけつける姿を想像すればよい。

オゲペウの死刑執行人たちは、粛清が一切を巻き込んだ一九三七年と一九三八年を通じて、死刑執行の記録をたてた。早くも、一九三四年に、スターリンは、オゲペウに、ボリシェヴィキ党の下部党員を襲わせた。本来は、党統制委員会の役目である党員の「定期的」浄化は、その時に、秘密警察に委ねられた。その時に、初めて、ボリシェヴィキ党の全党員は、個人的な警察取調べを受けさせられた。しかし、一九三七年一二月に、スターリンは、この浄化や粛清が、十分に徹底しなかったと判断した。かれが、一九三三年から一九三六年にかけて、権力を維持したのは、ヤゴダとその秘密工作員たちが、古いボリシェヴィキ党と赤軍の指導部とを粉砕するために忠誠心に燃えて、スターリンと提携して働いたということに、負うところが大きい。だが、ヤゴダがスターリンの粛清方法に通じすぎたために、また、権力の統御に近づきすぎたために、スターリンは、途中で死刑執行人たちを変えることに決めた。ヤゴダの後継者として、選ばれた人間は、スターリンが数年前に、共産党中央委員会書記ならびに、ひいきの配分を受けもつ人事局長として「据えつけておいた」ニコライ・エジョフだった。これらの地位にいて、エジョフは、スターリン個人だけに責任をもつ別のオゲペウを黙々とつくっていたのだ。ヤゴダの後を襲った時、かれは、国家秘密警察〔オゲペウ〕に、このスターリンの個人的オゲペウから、自分の確かな「部下」たちを二〇〇名ほど送り込んだ。一九三七年三月のスターリンのスローガンは、「粛清を強化せよ！」だった。エジョフは、このスローガンを血なまぐさい行動に移した。かれの最初の仕事は、古いオゲペウの職員たちに、かれらがたるんでいたし、堕落したやり方で指導されていたということ、また、強化された新しい粛清が、オゲペウ自体で開始されねばならないことを、知らせることだった。

一九三七年三月一八日、エジョフは、ルビヤンカ・ビルの別館にある集会室に集ったオゲペウの指導者たちに演説した。ヤゴダ直々の補佐官たち全部と、オゲペウの各局長全部は、一人の例外を除いて、すでに逮捕されていた。今や打撃は、最高首脳部のうえに加えられようとしていた。広い集会室は、そのあるものは、二〇年近くも秘密警察に勤務している生え抜きのチェキストで、満員になっていた。エジョフは、オゲペウの新しい長官として、また、恐ろしい連想を除こうとして、その名称がまたもや変えられていたので正確には、「内務人民委員」として、初の宣言を行なおうとしていた。〔一九三四年にオゲペウはＮＫＶＤ（内務人民委員部）と改称され、市民警察などを吸収して、権限が強化された。〕新しい最高司令官は、自分の仕事を真剣にとっていた。かれにとって、この日は大した日だった。かれは、自分がスターリンにとって不可欠とされている人間だということを証明しようとしていた。生き残ったオゲペウの職員たちに、偉大な頭ヤゴダその人の仮面をはごうとしていた。

エジョフは、ヤゴダの誤謬を証明することは、自分の課題ではないといって、口を切った。ヤゴダが確固とした、正直なボリシェヴィキだったならば、スターリンの信頼を失うはずがなかった。ヤゴダの誤謬の根は、深いところにある。エジョフの演説は、そこで、途切れた。そして並みいるものは皆、決定的瞬間が近づきつつあるのを感じて、息をのんだ。それからエジョフは、ヤゴダが一九〇七年にツアーの秘密警察オフラナ〔「防衛」を意味するロシア語で、ツアー政治秘密警察の俗称。その革命運動にたいする挑発者の利用（例えば、アゼフ）は悪名高い。一九一七年二月革命後に、臨時政府により廃止された〕で働いていたということを、劇的な調子で声明した。そこに会している警察の高官たちは、この告発をまばたきもせずに受けとった。一九〇七年には、ヤゴダは一〇歳だったのだ！

だが、それだけではないと、エジョフは、叫んだ。ドイツ人たちは、ヤゴダの本当の性格を、直ちに見つけだして、革命のごく初期に、ジェルジンスキーの下のチェカに、かれを送り込んだのだ。「ソヴィエト国家の全生活を通じて」とエジョフは叫んだ、「ヤゴダは、ドイツ人のスパイを勤めていたのだ。」エジョフは、語をついで、恐怖に襲われた聴衆に向って、ヤゴダが自分のスパイをあらゆる重要な部署につけていたといった。そうだ、オゲペウの各局長さえも、モルチャーノフ、ゴルプ、ガイ、パウケル、ヴォロヴィッチ——全部がスパイなのだ！

この事実を、また、ヤゴダとかれに任命された連中が、同じ穴の盗人だということを疑問の余地なく証明できる、とかれは叫んだ。「ヤゴダは、リュリエをオゲペウ建設局長に任命しなかっただろうか？　で、リュリエとは何者か？　ヤゴダと外国諜報機関との間の連絡員ではなかったか？」それが、エジョフの証拠だった。多年にわたって、とかれは言った、この二人の盗人、ヤゴダとリュリエは、国と党を欺むいてきた。かれらは、法外な費用をかけて運河を建設し、道路を拡げ、ビルを建てたが、支出を非常に低く記録していた。

「だが、どのようにして、同志諸君、諸君にお尋ねする、どのようにして、このようなことを、この悪党どもが、やりおおせたのか？　どのようにしてだろうか？」

エジョフは、化石のようになった聴衆の面々をにらみつけて、いった。

「非常に簡単なことだ。内務人民委員部の予算は、統制を受けない。ヤゴダが、法外に〝低い〟価格で、高くついたビルを建てることができた金をとったのは、この予算から、自分自身の機関の予算からなのだ。」

「では、なぜ、ヤゴダとリュリエがビルを建てたのだろうか？　なぜ、道路をつくったのだろうか？　それは、かれらが、人気と名声と勲章を獲得するために、したことなのだ！　だが、こういったことで、裏切者がどうして満足できようか？　なぜ、ヤゴダは人気を欲しがったのか？　かれは、それを必要としていたのだ、なぜならば、実際には、フーシェ流の政策をおこなっていたからだ。」

矛盾した非難にみちたエジョフの一気呵成の攻撃は、聴衆の肝をつぶした。ヤゴダは、一〇歳にしてオフラナで働いていた。ヤゴダは、泥棒だった。ヤゴダは、評判を追い求める盗人だった。今や、かれがスパイ、密告者、盗人だったことが、また、ナポレオンのあの悪名高い警察大臣に劣るまいとしたことが、明らかになったのだ！

「これは、由々しい問題だ、同志諸君」とエジョフは、言葉をつづけた、「党は、一貫して、われわれの間でのフーシェ主義の勃興にたいして注意深く警戒することをしいられてきた。それは、たやすいことではなかった。そうだ、同志諸君、わたしは、諸君に申しあげねばならない。そして、諸君の一人残らずがそのことを、銘記する必要がある——フェリックス・エドムンドヴィッチ・ジェルジンスキーでさえも、革命の防衛において、腰が挫けたのだ。」

エジョフの演説は、結論にきた。それは要するに、われわれは、粛清につぐ粛清を必要としている、ということだった。自分、エジョフは、どのような疑惑、動揺、弱さも抱かないだろう。故フェリックス・ジェルジンスキーにさえ疑問を投げることができるとしたら、どのような理由から、われわれは、チェキストの最古参で、試練を通ってきたひとたちの評判を、尊重すべきだろうか？

オゲペウ指導部の古参者たち、ボリシェヴィキ革命の古つわものたちは、自分たちが次の犠牲だと感じて、顔色も蒼く、無感覚になって座っていた。かれらは、エジョフに拍手した。かれらは、まるで自分たちが全然無関係であるかのように、拍手していた。献身ぶりをみせるために拍手したのだった。だが、誰が知ろうか？　時宜をえた告白によって、脳天を銃弾で射ちぬかれるのを避けられるかも知れなかった。

多分、かれらは、親しい友人たちを裏切ることによって、生き永らえる権利を、もう一度あがなえるかもしれなかった。

集会は、続いて、アルトゥーゾフが、発言のために起ちあがった――わたしが、前に話したあのロシアに帰化したスイス人、一九一四年来のボリシェヴィキだ。アルトゥーゾフは、何がかけられているのかを知っていた。行動にたいして鋭い直観力をもった古参チェキストは発言しようとして、小さな白いひげは、ふるえた。「同志諸君」とかれは始めた、「革命のもっとも苦難な時代に、レーニンは、ボリシェヴィキ中最良のひと、フェリックス・ジェルジンスキーをチェカの頭にした。さらに、困難な時代にあって、わが偉大なスターリンは、内務人民委員部の長官として、かれの最良の弟子、ニコライ・イヴァノヴィッチ・エジョフを任命した。同志諸君、われわれボリシェヴィキは、敵にたいしてだけではなく、われわれ自身にたいしても無慈悲であることを学んだ。そうだ、ヤゴダは、フーシェの役割を演じようとしたのだ。かれは、オゲペウを、党に対抗させようと試みた。そして、われわれは、盲目だったために、知らず知らずに、このような企てに加わっていたのだ。」

アルトゥーゾフの声は、さらにしっかりとして、確信にあふれてきた。かれは、つづけた。

「一九三〇年、同志諸君、党が初めて、このような傾向を感じとり、これを阻止するために、古参ボリシェヴィキのアクーロフをオゲペウに任命した時、一体われわれは、アクーロフにどんな手助けをしただろうか？　われわれは、激しい敵意で、アクーロフを迎えたのだし、ヤゴダは、アクーロフの活動を困難にするためにできる一切のことをした。そして、われわれは、同志諸君、ヤゴダのサボタージュを支持しただけに止まらなかった。わたしは、オゲペウの全組織がアクーロフにたいするサボタージュに専念したということを、率直にいわねばならない。」

「当時、オゲペウ党組織の責任者は誰だったろうか？」かれは、一瞬言葉を切り、それから叫んだのである。「スルツキーだ！」自分の同志を獅子の群に投げつけて、アルトゥーゾフは、意気揚々と演壇から降りてきた。

この当時、オゲペウ外事局長だったスルツキーは、自己弁護のために起ちあがった。かれもまた、古い経験を積んだボリシェヴィキだった。かれとても、何がかけられているのかを知っていた。形勢が自分に非なのを感じて、むしろみじめに話し始めた。

「アルトゥーゾフは、わたしをヤゴダの緊密な共謀者だとして描こうとした。わたしは、お答えする。同志諸君、もちろん、わたしは、オゲペウ党組織の書記だった。だが、オゲペウ合議部の一員が、アルトゥーゾフだったのか、それとも、わたしだったのだろうか？わたしはお尋ねしたい、あの頃、ヤゴダの完全な信頼と承認を得ないで、オゲペウの最高機関である合議部の一員に、誰がなれただろうか？　アルトゥーゾフは、党書記としてわたしがヤゴダに〝よく仕えた〟ので、海外勤務を獲得し、アクーロフにたいするわたしのサボの褒美に、この部署を手に入れたと主張している。アルトゥーゾフによれば、わたしは、この任命を、ヤゴダのスパイ組織とかれの国外の雇い主たちとの間に、連絡をたてる目的で、利用したといわれる。しかし、わたしは、海外勤務を、アルトゥーゾフ自身の強い主張で命ぜられた。長年にわたって、アルトゥーゾフは、ヤゴダと、きわめて親しい関係にあったのだ。」

そして、今やスルツキーは、最大の打撃を与えた。

「アルトゥーゾフ、きみにききたい。きみは、どこに住んでいたのか？　きみの向いには、誰が住んでいたのか？――ブラーノフ？かれは、最初に逮捕された連中のなかに、いなかっただろうか？そして、きみのアパートのすぐ上に住んでいたのは、誰だ、アルトゥーゾフ？　オストロフスキーだ。かれも逮捕された。そして、きみの直ぐ階下に住んでいたのは、アルトゥーゾフ？　ヤゴダだ！さて、諸君おききしたい、あの条件のもとで、ヤゴダの絶対的な信頼を受けないで、ヤゴダと同じ家に、誰が住めただろうか？」

スターリンとエジョフは、アルトゥーゾフとスルツキーの二人を利用することにしたうえ、適当な時期に両人を殺した。

以上に物語ったことが一九三七年三月に始まる強化された粛清、すなわち大粛清の性質なのだった。ソヴィエト政府は、巨大な狂人病院になりはてた。今わたしがのべたような論争がオゲペウのあらゆる部門、ボリシェヴィキ党のあらゆる組織、あらゆる工場、あらゆる軍の連隊、あらゆる集団農場で起ったのである。誰もが、他の誰かを裏切者として暴露することによって、反証をたてぬ限り、裏切者なのだった。用心深い人間たちは、できれば目立ぬように努め、僧職者的な立場に身をちぢめ、ありとあらゆることをして、重要な地位を避け、光から逃れようとした。

党への長年の献身は、何の意味もなかった。スターリンへの忠誠の表明までも、大して役にたたなかった。スターリンみずからが、次のようなスローガンを与えていたのだ、〝一世代全体が犠牲とされねばならない〟

われわれは、あの、古きものは去らねばならない、という考え方と和解するようになっていた。だが、今、粛清は、新しきものを襲っていた。その年の春、ある晩、わたしは、スルツキーといっしょになった。そこで、わたしたちは、三月来の逮捕数のことを話した――三五〇、〇〇〇、多分四〇〇、〇〇〇かもしれないと二人は思った。スルツキーは、苦々しく言った。

「われわれは、実際に古いんだね、きみ。わたしは、つかまるよ。他のひとたちが、つかまったように、きみもつかまるよ。われわれは、滅びねばならない世代に属しているんだね。スターリンは、革命前と内戦時の全世代が革命の首についた石うすとして、滅ぼされねばならないと言った。だが、現在、若い者たち、ソヴィエト国家で生まれ、他に何も知らない一七、一八の少年や少女が射殺されているのだ……そして、かれらの多くは、『トロツキー万歳！』と叫んで死んでいっている。」

この種のもっとも悲劇的な例の一つは、わたしの若い友人ヴォロージャ・フィシャーの例だった。ヴォロージャはサラトフに生まれ、内戦中に青年共産同盟に入り、その後、スヴェルドロフ大学に通った。農業集団化運動の時期に、かれは、この非常事態のために、オゲペウが設けた政治部門「ポリトディエール」〔Politicheskji Otdel の略で『政治部』の意味、現在も軍などに同じ名称の機関がある〕の一つに任命された。フィシャーは、この任命を受けいれて、空腹の都市住民のために食糧を供出しない慾深い富農を滅ぼすのに自分が役立っていると信じて、熱心に働いた。農村での任務が完了すると、かれはオゲペウに戻った。かれに関する党の書類には、かれが農村で「輝かしい活動」をしたと記録されていた。かれの昇進は早く始まり、ついには、コペンハーゲンにソヴィエト領事として、オゲペウから派遣された。ソヴィエト政府の領事館員は、全部オゲペウに所属している。これは、ヴォロージャにとってロシアを後にする最初の旅出だった。かれは、コペンハーゲンで自分が育って来た環境とは、全く異った環境を見出した。この都会の無数の商店の窓には、かれにとって笑いたくなるほど安いと思える値段で、売られている衣類を見た。食糧が豊富にあった、しかもそれは、ヴォロージャには、お噺の国にいるのではないかと思われるほど安かった。

「ねー」とかれは、わたしに語った、「コペンハーゲンにゆくまでは、ぼくは、一度もオレンジを見たことがなかったんですよ。まず、ぼくがしたことは、オレンジしぼり機を買い込んで、毎朝オレンジ・ジュースを一クォート飲むことだったんです。見て下さい。筋肉が盛りあがったでしょう！」

コペンハーゲンで、ヴォロージャにとって、仕事はごく僅かだった――実際、領事として唯一の仕事といえば、ソヴィエト大使館から目を離さないことだった――そして、かれは、この仰天すべき歓喜の世界で無上の満足にひたっていた。

突如、一九三七年四月のはじめ、かれは、モスクワ帰還を命ずる電報を受けとった。着くと、駅から、かれは、局長のスルツキーに会うためにオゲペウ本部に直行した。スルツキーに、夕食に伴われ、そこで、かれが、間もなくルーマニアかオーストリアに派遣されることになっていると告げられた。夕食後、かれは、当時、建設工事の現場監督をしていた兄のリョーヴァを訪ねるために、モスクワ近くの村ボゴロツクに、元気よく出かけた。かれを迎えた兄嫁は、リョーヴァが前年の一一月に逮捕されたという知らせを涙ながらに語ったのだった。むせび泣きながら、かの女が話したいきさつは、次のようなものだった。

リョーヴァは、建築工事で働いていた。仲間の労働者に好かれていて、クラブの会長に選ばれていた。革命記念日である一一月七日の準備が進められていた時、リョーヴァは、クラブ会館の飾りを受けもった。ソヴィエト指導者たちを描いた絵で見つけられたもののなかから一番よいのを選んで、壁に派手に飾った。記念日の夜、労働者が全部集った時に、誰かが、絵にある顔のなかで、ラデックのそれに気がついた。リョーヴァは、ラデックの顔の半分が新聞紙でおおわれていたので、気がついていなかった。クラブの党細胞書記は、リョーヴァが、最近「人民の敵」として宣告された人間の顔を展示したのだから「破壊者」だと決め、その晩のうちに、かれは逮捕された。

ヴォロージャは、モスクワ地方オゲペウの副責任者で、仲のよいアレキサンドロフスキーに会いに、モスクワに急いで引き返した。

「この全くばかげたことは、どういう訳なんだ？」とヴォロージャは、きいた。「リョーヴァは、おれの兄で、よい同志であり、労働者だ。誰が、かれを破壊者と呼ぶことができるんだ？」

「それほど、事は単純じゃないよ、ヴォロージャ」とアレキサンドロフスキーは、静かに答えた。「ラデックの絵も、重大だが、それが、かれにたいする告発の全部じゃない。他に重大な問題があるんだ。きみの兄貴は、逮捕された歴史家のフリードランドの別荘に一部屋もっていたんだよ。」

一瞬、ヴォロージャは、訳が分らなくなった。リョーヴァは、一度もフリードランドのことを話したことなどなかった。その部屋は、フリードランドがつかまった後に、ソヴィエト当局が、かれに割り当てたものだった。ヴォロージャは、怒り心頭に発した。

「悪党奴！」とかれは叫んだ。「一体全体貴様は、何を企んでいるんだ？　貴様より偉いひとたちのところにもちこんでやるぞ！」

ヴォロージャは、自分の立場が強いと確信していた。かれは、兄のためだけではなく、この見たところ気の狂った役人に、ひっかけられたかもしれない他の人たちのためにも、裁きを求めようと決心して、アレキサンドロフスキーの部屋を、荒々しく出た。

ヴォロージャは、初めに共産党中央委員会にいった。かれは、迎え入れられなかった。エジョフに会おうとしたが、会えなかった。まだ、かれは、青年らしい確信を失っていなかった。色々と手間取るのは、お役所流儀のせいにすぎないと思い、メーデーまでには、リョーヴァが釈放されるだろうと、どういう訳か信ずるようになった。

四月三〇日の晩、わたしたちは、いっしょに食事したが、ヴォロージャが暗い顔をしているのは初めてのことだった。だが、それから三、四日程たつと、わたしのところに喜色満面で走り込んできた。

「さあ」とかれは言った、「とうとう、リョーヴァを出せそうですよ。オゲペウのシャピロに呼ばれたんです！」

当時、シャピロはエジョフのもとに設けられ、「特別事件部」と呼ばれていたオゲペウの特別部門の長だった。

「シャピロは、そのことでぼくに会いたがっているに違いない」とかれは叫んで、自分と約束を守るために飛びだしていった。

ヴォロージャは、シャピロの前にでるとすぐに、兄の事件についての色々な事実を物語った。かれは、早口で確信を込めて喋った。

シャピロは、ヴォロージャが語り終るのを待って、机の向う側からゆっくりと身を起した。「党員で、オゲペウの職員たるきみが兄弟のチェキストを侮辱しようというのかね？　オゲペウは無実の人間を逮捕はせん！」

ヴォロージャが息つく間もなく、シャピロは新しい題目を始めた。

「ところで、君は去年コペンハーゲンで当時外務人民委員部のアタシェだったマンデルスタムから手紙を受けとったかね？」

マンデルスタムは、今では、これといって、はっきりしない容疑で逮捕されていた。ヴォロージャは当惑し、混乱した。

「マンデルスタムですって？　かれは、わたしの先妻の亭主ですよ。もちろん、知っていますとも。しかし、わたしがデンマークにいたとき、かれから郵便など受けとらなかったですよ。」

「確かかな？」

「確かですとも」

「結構だ」とシャピロは、冷淡にいった。「きみが必要となったら呼ぶよ。」

ヴォロージャが、シャピロの部屋をでたとき、兄のための希望は、みごとに閉ざされていた。かれは、その晩眠れなかった。朝方早く、かれは、突然寝台から飛び起きた。

「おれは、確かにマンデルスタムから手紙を一通受けとった！」と頭にひらめいた。それから、そのときの全光景が、よみがえってきた。外交伝書使《クーリエ》が、平常の郵便物の入った封印された大きな包をもち、いつものように到着して、あの日——数ヵ月前だ——かれは、ポケットに手をつっこんで、何気なくいった、「これは、丁度わたしが外務人民委員部《ナルコミンデル》を出るときに、マンデルスタムから、あなたにといって預った手紙です。」

明るくなるとすぐヴォロージャは、わたしのアパートにやってきて、出来事を話した。

「その手紙の中味は何だった？」と、わたしは、恐る恐るきいた。

「ああ、内容はまったく害のないものですよ。何か新しい仕事のことと、大学で受けていた夜間コースのことだった。ほかには何もなかった、断言しますよ。」

「ヴォロージャ」とわたしはいった。「まっすぐシャピロのところへいって、今喋ったことを話すんだ。」

かれは、わたしの示唆に従った。

「同志シャピロ」とかれは弁解を始めた。「わたしは、昨日間違えました。確かにマンデルスタムから手紙を一通受けとりました。だが、すっかり忘れていたんです。」

シャピロは返事をするかわりに自分の机の引出しをあけて、マンデルスタムの手紙の写真複写をヴォロージャの前につき出した。

「すみません」ヴォロージャは口ごもった。

「昨日は、そのことをすっかり忘れていたんです。」

「きみは、昨日うそをついたんだ」シャピロは答えた。「もう、いってよろしい。」

一九三七年五月二五日、ヴォロージャ・フィシャーはオゲペウに逮捕された。わたしは、二度とかれの噂をきかなかった。かれは、自分が連座したお話にならぬ二つの罪、つまり先妻の夫から手紙を一通受けとったことと、兄がボゴローツクの労働者クラブの壁にラデックの肖像を半分展示したこととで、破滅させられたのだった。大粛清を通じて、ソヴィエト・ロシアにはこのような事件が何千とあったのだ。

オゲペウの部屋の中では、有罪という言葉そのものは、全く意味を失っていた。ある人間の逮捕理由は、訴因とはもう、何の関係もなかった。

ヤゴダ自身の事件以上に、このことについてのいい例はない。一九三八年三月の裁判で、このオゲペウ長官にたいしてだされた多くの奇妙な被疑事実の中で、かれがスターリン、エジョフ、および政治局員たちを毒殺しようと企らんだという、およそばかげた被疑事実は最たるものだった。長年の間、ヤゴダは、スターリン自身やソヴィエト政府の高官を含むクレムリンの支配者たちの食事を直接受けもっていた。オゲペウの特別な部が、ヤゴダの直々の統制を受け、ヤゴダの部下の監視下に農作物が栽培されているクレムリンの特別集団農場から、ヤゴダの手先が給仕をするソヴィエト指導者たちの食卓に至るまで、クレムリンに食物調達するすべての段階を監督していた。栽培、収穫、輸送、料理、賄いは、ヤゴダその人に直接責任をもつオゲペウの特別機関員たちによって行なわれていた。この特別な部の部員各自は、自分の上司といっしょにヤゴダに仕え、ヤゴダは数年間、ひとりで、この神経をすりへらす責任を負っていた。スターリンは自分の生命を色々な点でヤゴダの忠実な警戒に負っており、ヤゴダの部下が給仕するもの以外の食物はたべなかったのである。

裁判では、ヤゴダが老練のクレムリン付医師たちさえも共犯として巻きこんでいた毒殺大陰謀の頭目であるということが「立証された。」しかし、これが全部ではなかった。ヤゴダは、いわば最高指揮者として、毒殺という明白な手段に満足せず、エジョフの書斎に毒液を噴霧して徐々に、かれを殺すのを企んだことが「立証された。」こういった驚くべき「事実」の総ては、法廷で明らかにされ、ヤゴダ自身によって「自白された。」これらのことは、公けに記録された事柄だ。ロシアでは、いわゆる陰謀の期間を通じて、ずっとヤゴダがクレムリンの台所の主人であったという事実に、誰もあえて言及しようとはしなかった。

もちろん、他にも訴因があった。オゲペウの建設企業から金を横領したということに加えて、クレムリンの準備食糧を外部の者に売り、利益をふところに入れて、ソヴィエト支配者たちの口から、他ならぬパンを失敬したというのだ。かれは、この財源を、法廷の証言によれば、途方もない遊興に使った。

モスクワ見世物裁判で見せられた他の多くの「事実」と同様に、ヤゴダがスターリンの食卓からパンや肉を盗んだというこの話は、その基礎には一片の真理を含んでいる。食糧がいちじるしく不足していた時期に、ヤゴダは、クレムリンの支配者たちが求めたよりも多くの食糧を実際に註文したのである。その余りを、かれは、腹を空かしているオゲペウの仲間たちに分配した。数年にわたって、オゲペウの上級職員たちは、通常の配給の他にヤゴダから内緒の食糧の包みを受けとっていたのだ。われわれ軍事諜報部のいく人かの部員は、このことで不平をいった。すると、ヤゴダは、一時かれの施し物をわたしたちにまで拡げた。そこでわたし自身、クレムリンの食卓からのこのパンくずの相伴にあずかったのだ。ヤゴダの陳述が調査されたとき、手当り次第に例をとれば、モロトフは、かれが消費できた砂糖のおよそ一〇倍の分量がつけられていたことが明らかにされた。

ヤゴダが自分の手をちょっと動かせば毒殺できた人々の念入りな毒殺陰謀と、私利のためにクレムリンの食糧を売ったということにたいする告発とは別に、スターリンの法廷はこの同じ盗んだ食糧品を分け与えたという事実にも注意し、それに基づいて、かれがフーシェ流の陰謀の目的でひとびとの歓心を買おうとした点を非難した。

わたしはこれらの奇怪な事実というより、むしろ悪夢を、読者の気ばらしのために語っているのではない。わたしは、スターリンの粛清が開始されたとき、オゲペウでは、罪の概念そのものが、消え去ったのだというわたしの確信を、読者に証明したいのである。ある人間の逮捕理由は、かれが起訴された罪名とは何の関係もなかった。誰も逮捕理由をあてにしなかった。誰もそれを尋ねはしなかった。真実は、まったく見当ちがいのものとなった。わたしがソヴィエト政府が一大狂人病院になったというとき、わたしはそれを文字通りに意味しているのである。わたしがアメリカ人に、実際に起ったこのようなばかげたこと——それで一巻の書物をみたせるほどだ——をいくつか話すと、かれらは笑う。しかし、われわれにとっては、笑いごとではなかったのだ。諸君の生涯の友人たちや同志たちが、夜、忽然と消え、諸君のまわりで死んでゆくとき、それは面白いことではないのだ。どうか、わたしが、あの巨大な狂人病院の在院者だったことを忘れないでいただきたい……

オゲペウが得た「自白」の価値は、あるオーストリア社会党員の事件によく示されている。かれは、故国でドルフュース政権によって法律上の権利を奪われ、ソヴィエトの地に、避難所を見いだしていたのだった。かれは、一九三五年、レニングラードで逮捕された。レニングラード・オゲペウの長官、ザコフスキーは、かれがかつてウィーン警察部隊の一員であったことを自白させ、この理由でオーストリアのスパイとして投獄させた。ある遠まわりな手段を通じて、かれは、ソヴィエト連邦のお飾りの大統領であるカリーニンに、うまく一通の手紙を送った。事件は、スルツキーのところに廻されたが、ある朝、スルツキーは、そのことで、わたしに電話をかけてきた。

「ワルター、ここにあるオーストリア・シュッツブント〔防衛団〕の事件がきているんだが、そいつは、何が何だかちっとも見当がつかんのだ。きみなら助けてもらえると思う。きみの得意とする方面だよ。」「関係書類を送ってくれ」とわたしは返事した。「それから、何ができるか、みてみよう。」

まもなく、スルツキーの使いの者が、書類を届けてきた。最初の数ページは、モスクワにいる自分の上役にあてたザコフスキーの報告で、自白を得た顚末が述べられてあった。囚人は、ほとんど抵抗していなかった。しかし、それに、わたしは、納得がゆかなかった。さらに書類の先を読み続けていくと、その囚人がソ連に入国したときに、どの外国人にも要求される通りに、かれが書き込んだ質問書にでっくわした。それは、かれの完全な自伝を含んでいて、戦前、どのようにオーストリア社会党に入党し、それから、戦線に従軍したかを述べてあった。戦後、ウィーンを支配していた党の指令にもとづいて、市警察部隊に入った。当時この警察部隊の九〇パーセントは、社会党員で占められ、アムステルダム労働組合インターナショナルに加盟していた。

こういったことの全部は、かれの質問書に明らかにされていたが、加えて、それは、社会党員たちがウィーンの支配権を失ったとき、かれが他の社会党員の警察官たちといっしょに警察を解雇されたことも明らかにしていた。又、それには、かれが、ファシスト国防軍《ハイムヴェアー》にたいする一九三四年二月の闘いを通じてシュッツブント、つまり防衛団の大隊長だったことも明らかにされていた。わたしはスルツキーを電話に呼びだして、このことを説明した。

「このオーストリア社会党員は、丁度きみがここでやっているように、自分の党の命令で警察部隊に勤務していたんだ。すぐ、この趣旨の報告をきみのところに送ろう。」

スルツキーはあわてて答えた、「いや、いや、どんな報告書も送らないでくれ給え。おれの事務所に来てくれ。」

わたしはかれの事務所に着くと、社会党政権下で警察官だったのであるから、社会党員が現在のオーストリアのスパイであるとは証明できないということを、わたしはふたたび説明した。

スルツキーはうなづいた。「うん、わかっているよ、ザコフスキーは、そのかれが、かつてウィーンの社会党員警察官だったことを『自白』させたんだ！　大した自白だ！　しかし、報告書を書こうなどと思うなよ。このごろじゃ、ものは書かないんだ。」

かれのぶっきらぼうな態度にもかかわらず、かれは逮捕されたオーストリア社会党員のためにカリーニン議長にとりなした。

ザコフスキーの行為は、オゲペウの任務の正常な線に全く沿っていた。かれが、ひきだしたような「自白」は、オゲペウが食べて生きていた主食だった。わがオーストリア社会党員は、運のない何万という人たちとくらべて、それ以上にも、それ以下にも有罪だったわけではなかったのだ。

わたしがこの頃に、もっとも有能なオゲペウ取調官の一人、ケドロフとかわした会話は、啓示的だ。わたしは、モスクワのオゲペウ食堂でかれに会った。かれが扱った重要な事件の一つ、プリマコフ将軍の話になった。一九三四年に、赤軍最高司令部の一員であるプリマコフ将軍は逮捕され、手きびしい尋問を受けるためにケドロフのところに回された。ケドロフは、手中のあらゆる術策を用いて、自分の高名な犠牲者をゆさぶりはじめた。ケドロフは、そのことについて話しながら、ため息をついた。

「どうなったと思うかね？」とかれは言った。「丁度、かれが参りはじめて、完全な自白がえられるのはほんの数日、あるいは一、二週間のうちだとわかったときに、やつは、ヴォロシーロフの要求で、突然釈放されたんだ！」

ここでも囚人にたいする告発がたとえ、かれが、まさに「すべてを白状」しようとしていようとも——かれの拘留理由とは無関係であることがわかるだろう。外国では、ひとびとは、オゲペウがひきだした自白が、真実かどうかと議論している。オゲペウの内部社会では疑問はほとんどおこらなかった。調査が何についてかは、問題なのではないのだ。

プリマコフ将軍は、「自白」の瀬戸際でオゲペウの手から逃れ、三年間、故国に仕え、トゥハチェフスキー元帥とともに一九三七年六月十二日、銃殺された。そして他の七人の上級将官たちは、新しい、ちがった理由で銃殺されたのだ。

一九三五年の八月に、わたしの生涯でただ一度だけ、わたしは政治犯を尋問した。かれは、一九三二年、ソロヴィエツキー島の収容所に一〇年間の刑をうけていたヴラジーミル・デドゥショークだった。かれは、ウィーンのわれわれの諜報機関長をドイツ軍諜報部と結びつけたある醜聞に関係して逮捕されたのだった。わたしは、デドゥショーク自身を知っていたが、かれは、全く無実だった。しかしわれわれの機関長はそのとき、解任するにはあまりに重要だったので、デドゥショークが犠牲の羊となったのだ。ウクライナ人デドゥショークは、国内戦の最中にボリシェヴィキ党に加わり、一〇年以上も諜報部に勤務していた。一九三五年、わたしがソヴィエト諜報部で働いていたとき、わたしは、はっきりしないウィーンでのその事件のいくつかの側面にでくわした。わたしは、デドゥショークがその事件をはっきりさせる上で、わたしを助けられるだろうと考えた。わたしは、デドゥショークを尋問する機会をもてるか、どうか、スルツキーにたずねた。スルツキーは、事件は当時ミハイル・ゴルブを長としていたオゲペウの課ににぎられているといった。それで、わたしは、ゴルブと接触した。

「運がいいよ。クリヴィツキー」とゴルブはわたしにいった。「デドゥショークは、今ちょうどソロヴィエツキーからこちらにくる途中だよ。クレムリン守備隊の将校たちの陰謀に関連して尋問するために、モスクワに連れてくるところなんだ。」

数日後、ゴルブから電話があった。

「デドゥショークは、今ルビヤンカの監獄にいる」とかれは言った、「取調官はケドロフだ。」

わたしはケドロフを呼び、その晩の一一時にかれの事務室にデドゥショークを連れてこさせるように手配した。

わたしの立場からいえば、わたしには、囚人を調べる権利はなかった。それは、もっぱらオゲペウの役目だった。だが、例外的な場合に、オゲペウの人間の立ち合いで、囚人に会見することはできる。その晩一〇時に、わたしは、ルビヤンカのケドロフの事務室、九九四号室にいた。わたしは、かれに思っていることを説明した。デドゥショークの有罪判決をめぐるいろいろな事情を知っていれば、一層都合がよかった。机の上にのっている関係書類を指しながら、ケドロフは言った。

「これを読みたまえ、事件の全容がわかるだろう。」

関係書類は数百ページもあり、さまざまな質問書、宣誓供述書等からなり、デドゥショークがいろいろな機会にうけとった推薦状もあった。おしまいに、かれの反対尋問調書がみつかった。それはケドロフによって行なわれたものではなかった。およそ二〇ばかりのタイプで打たれた、多かれ少かれ形式的な性格の質問と答のあとで、通常の尋問はなくなって、デドゥショーク自身の手になる長い物語が続いていた。わたしは、何があったかが分ったと思った。オゲペウの取調官が忍耐強くなかったか、あるいは、よくあるように、非常に疲れていたのだ。かれは、デドゥショークに看守のいる前で、自分の言葉で、自分の話をすっかり書くように言ったのだ。わたしは、デドゥショークの話を読み、かれが正式の自白に署名しているにもかかわらず、かれがまったく無実であることがわかった。書類を閉じながら、わたしは、ケドロフに言った。

「いずれにしても、これはどういういった種類の事件なんだ？六〇〇ページもあろうという綴が何もいっていなくって、それで終りに、『デドゥショークは、自分の有罪を認めている。したがって取調官はオゲペウ合議部に、かれを一〇年間ソロヴィエツキー島に送ることを勧告する』とある。合議部は、アグラーノフの署名で、それを承認している。」

「さあ、ぼくも、そいつはずっと目を通して見たんだが」とケドロフは言った。「皆目見当がつかないですよ。」

ケドロフが拘禁所司令に電話をかけて、デドゥショークをかれの事務所によこすよう頼んだときは、真夜中近かった。一〇分後に、デドゥショークは、看守に連れてこられた。背が高く、顔付きは鋭く、立派で、さっぱりした白いシャツをつけ、丹念にひげをそったかれは、おどろくほど変っていなかった。三年の間にびっくりするほどの唯一の変化は、かれの髪が完全になくなっていたということだった。かれは、机の向う側に座っているケドロフを見つめた。すぐ、かれは長椅子に腰かけているわたしを見たが、すると、かれはひどく蒼白になった。わたしは、ただ、こう言っただけだ。

「やあ、デドゥショーク」

わざと平静を装おって、かれは、ケドロフと向い合った椅子に腰をおろし、タバコを貰ってからいった。

「わたしにどんな用です？　なぜ、わたしをソロヴィエツキーから連れださせたんです？」

ケドロフは黙っていたので、かれは、わたしの方をむいた。

「第四部〔諜報を扱う赤軍参謀本部第四部〕が、ここに連れてくるよう要請したんですか？」

そのとき、ケドロフが口を開いた。

「いや、第四部じゃない。われわれがまったく別の理由できみをここに連れてこさせたんだ。しかし、クリヴィツキーは、きみに尋ねたい質問がいくつかあるんだ。」

雰囲気は、非常に緊張していた。デドゥショークは、ケドロフからわたしの方に凝視を移したままだった。かれは、ぎこちなく座っていて、わたしたち両方にたいして才知を使おうと身構えていた。ある理由で、ケドロフもわたしも一分以上長くしゃべらなかった。緑色のランプ蔽いが不気味な薄明りを、部屋に与えていた。ついに、わたしは、沈黙を破った。

「デドゥショーク、わたしは、きみの事件を知らないし、またそれに干渉する権限ももっていない。だが、わが諜報部内の某事件を調べてみると、きみがいくつかの重要な点を明らかにしてくれるだろうという結論をえたのだ。もし、きみがこの事件の詳細を思いだすことができれば、大変有益だ。だめなら、他で情報をとってみよう。」

「ええ、覚えています」とかれは幾分くつろいで答えた。「あなたの質問に答えるようやってみましょう。」

「どうやって、きみは暮しているんだね。デドゥショーク？」とわたしはたずねた。

かれの返事は、冷静だった。「最初、とても大変でしたが、今はましです。島にある製粉所の責任をもたされたんです。プラウダを定期的にとっているし、時々本も少し。まあ、こんな風に暮してます。」

かれは、わたし自身の仕事がどんな風に進んでいるかをたずねた。

「悪くないよ」とわたしは答えた。「われわれは一生懸命やって、ソヴィエト流儀で生活しているよ。」

一時間も、わたしたちは、一般的な事柄についておしゃべりした。それから、わたしが、なぜルビヤンカにきたかということに立ち入る頃には、ケドロフが言った。

「ねえ、きみ、おれはひどく疲れているんだ。きみが長くここにいることは分るんだ。おれが少し眠れるように何とかできないかね？」

厳密な規則によれば、ケドロフは会見の間、ずっと立ち会っていなければならなかった。かれだけが囚人を召喚し、監房に戻す権限をもっていた。

「ゴルブにきいて」とかれは言った。「手順ができるかどうかみてみよう。」

ゴルブは、形式にとらわれる男ではなかった。

「いいとも、クリヴィツキー」と、かれは言った。「例外を作ることにしよう。おれは刑務所司令室に電話をかけて、きみがデドゥショークの帰房に署名するということをいっておこう。」

ケドロフが立ち去ると、デドゥショークは、用心深さが少くなった。かれは、自分の書類をさしながら、その文書がまるで全く自分に関係がないものでもあるかのように、いとも他人事のように語った。

「この資料を読みましたか？」

わたしは、読んだと答えた。

「じゃ、これについてどう思います？」とかれは、尋ねた。

わたしは、かれにただ一つの返事を与える立場にいた。

「きみは自白した。そうじゃないかね？」とわたしは言った。

「ええ、自白しました。」

それからデドゥショークは、お茶とサンドウィッチをもってこさせるよう、わたしにたのんだ。わたしは、喜んでそうした。わたしたち二人とも間もなく、わたしの仕事の目的を忘れてしまった。かれは良好な服役態度にたいするオゲペウの褒美として、三日か四日間、妻が訪ねてこられるのを期待していたが、今では、自分がモスクワへ呼び返されたことからみて、かの女に会えるとは決っていないと語った。かれは、もう、その話題を早々に切りあげて、うらやましそうに興味をそそるイギリス、ドイツ、フランス、ロシアの本がぎっしりつまったケドロフの書棚の方をみた。かれは、数冊の本を抜きだし、熱心に目を通した。わたしは、ケロドフに何冊か貸すように頼んでみようと言った。朝の四時になっても、まだ、わたしたちは、会見の本題に触れないでいた。デドゥショークは、かれ自身とわたしの立場を完全に理解していた。かれは、わたしがいつでもかれと同じ身の上になれるのをよく知っていたので、殉教者ぶらなかった。外の世界の誰かと過すわずかな時間は、運命にたいする不平に浪費してしまうにはあまりに貴重だった。わたしは、オゲペウ当局に、わたしが尋問を終っていないと告げて、次の夜またやってこようと約束した。丁度、夜明前に、わたしは、デドゥショークを独房に連れもどす看守をよこすように司令室に電話をかけた。例によって混乱があった。司令が交替して、別の人間だった。かれは大騒ぎをやろうとしたので、しまいには、ゴルブを起こさなければならなかった。

次の夜、わたしは戻ってきた、そして、ふたたびケドロフは、わたしたちだけにして立ち去った。わたしは、デドゥショークにペンと紙を与え、わたしが関心を抱いている事件についてかれの知っていることを全部書きだしてくれるよう頼んだ。デドゥショークは、それを二〇分程でやった。お茶とサンドウィッチが運び込まれ、ふたたび、わたしたちは、朝まで話し込んだ。

「なぜ、きみは自白したんだね?」わたしは、本をみながら、わざと無関心を装って、ふと質問をだした。しばらくデドゥショークは、何もいわず、まるで他の考えに気をとられているように部屋の中をゆっくり歩いていた。かれが、しゃべったとき、それは外部の者には何の意味もないが、ソヴィエトの機関で一日二四時間を過したことのある者には、その暗示だけではっきりするような中途半端な文句だった。デドゥショークは、わたしと同様、本題について、おおっぴらに、しゃべろうとはしなかった。わたしが、かれにこのような質問をしたという単なる事実は、かれが容易に利用できたかもしれない危険にわたしをさらした。

かれは用心深かったので、わたしは、起った出来事をつなぎ合わせてみた。デドゥショークは、第三度の拷問にはかけられなかった。かれの取調官は、もし自白すれば一〇年の刑ですむということを期待できるとかれに告げた。オゲペウのやり方を知っていたので、かれはその提案を受け入れた方がいいと判断したのだ。かれがそのことでモスクワに召喚されたクレムリンの陰謀とは、少しも関係がなかったにもかかわらず、デドゥショークは、ふたたびかれの製粉所には帰らなかった。銃殺されたのだ……

オゲペウの自慢する成果の一つは、ソヴィエト制度にたいする熱心さに欠けたために、何百万と狩り立てられ、集団主義の祝福を学ぶために労働収容所へ送り込まれた農民や技術者、教授や工場労働者の「更生」だった。これらのスターリン独裁制の頑強な敵、自分たちの三頭の牛にしっかりとしがみついた農民たち、非マルクス主義的な科学的概念にむさぼるようにしがみついた教授たち、五ヵ年計画をしっかと取り組めなかった技術者たち、低賃銀にぶつぶつ文句をいうほど犯罪的な労働者たち——これらの絶望的な集団は、かれらと同じような他の人たちも含めて、全部でおよそ七百万人を数え、オゲペウによって新しい集団的な世界に移し入れられ、そこでオゲペウの監視兵の下で強制労働をし、柔順なソヴィエト市民として更生したのだ。

一九三一年四月一八日、ソヴィエト労働・国防評議会は、二〇ヵ月後に、白海とバルト海の間に、およそ、一四〇マイルの距離の運河が開通しなければならないという布告を発した。オゲペウは、この作業を全面的に受けもった。オゲペウは、五〇万人近くの囚人を徴集し、森林を伐り倒し、岩石を吹き飛ばし、早瀬や滝をならし、予定通りに巨大な水路を開いた。汽船アノーヒン号の甲板から、ヤゴダをかたわらに従えて、スターリンみずから、盛大な開通式に臨んだ。運河が完成したときに、大赦によって、運河を建設した五〇万人の「罪人」のうち、一二、四八四人が釈放され、他の五九、五一六人の刑期が短縮された。しかし、オゲペウはまもなく、これら「釈放された人たち」の大部分が運河で集団的に働くのを非常に好くようになったことを発見したので、かれらを、もう一つの大技術計画、モスクワ=ヴォルガ運河に送り込んだのだ。

一九三七年四月三〇日、わたしはオゲペウ運河建設部長、フィーリンの巨大な写真が赤の広場に派手にかかげてあるのをみた。さて、とわたしは心中考えた。まだ逮捕されていない大物が一人いるな！　それから二日たって、わたしは外国から呼び戻されたばかりの同僚と出あわした。まだ逮捕されないでいるわたしをみて受けた衝動がおさまってから、かれが言った最初のことは、こうだった。「おい、フィーリンは、おしまいだぜ。」

わたしは、かれに、フィーリンの写真がまだモスクワのもっとも重要な広場に展示されているのだから、そんなことは、ありえないといった。

「フィーリンは、おしまいだと、おれは言ってるんだよ」とかれは、言った。「今日おれは、モスクワ＝ヴォルガ運河の開通式にいってたが、奴は、いなかったのさ。」

その晩おそく、わたしはイズヴェスチヤで働いている友人から電話を受けた。かれは、自分の事務所にオゲペウの偉大な運河建設者、フィーリンに関係のある写真と伝記文献を文書綴から取り去るように通知があったと告げた……

オゲペウは、その活動をロシアだけに限ることに満足しなかった。有能な宣伝家たちのあらゆる努力にもかかわらず、世界は、モスクワ裁判での古参ボリシェヴィキたちの「自白」を疑惑の眼でみていた。スターリンとオゲペウは、同じような芝居をスペインやチェコスロヴァキアやアメリカ合衆国で仕組むことによって、モスクワの見せ物が嘘偽りのないものであることを世界に信じさせようと決めた。

一九三八年一〇月にバルセロナで行なわれた叛逆、スパイ行為、共和政府指導者殺害企図の嫌疑によるスペイン・マルクス主義統一労働党（ＰＯＵＭ）の指導者たちの裁判は、ロシアのオゲペウによって準備されたものだった。モスクワは、このＰＯＵＭ裁判を通じて、スターリンに反対するスペインのあらゆる急進主義者が「トロツキスト＝ファシスト陰謀家」であるということを示そうと考えたのである。だが、バルセロナは、モスクワではなかった。オゲペウは、こういう事情で、最善をつくしたが、あらゆる圧迫にもかかわらず囚人たちは、かれらがフランコ将軍につかえるスパイであると自白するのを拒否した。

わたしは、一九三七年五月のある日、スルッキーの事務所にいたときに、この外国でのでっちあげ裁判のことをかぎつけた。スルッキーは電話を受け、かれが身分を明さなかったある人物と長い会話をかわした後に、受話器を置いていった。

「エジョフとスターリンは、おれがプラハにいる連中をモスクワにいる連中のようにやすやすと逮捕できると思っているらしい！」

「クリヴィツキー、事の具合は、こうなんだ」とかれは語った。「スターリンは、ヨーロッパでトロツキスト・スパイの裁判をやりたがっているんだ。首尾よくやれれば、大した効果を生みだすだろう。プラハ警察は、グリレヴィッチを逮捕しようとしている。連中とはうまくいっているが、おれたちはロシア人を処理するようには、チェコ人をどうこうする訳にはゆかない。このモスクワでなら、おれのなすべきことの一切といえば、ルビヤンカの扉をあけて、好きなだけ沢山の人間をほうり込めばよい。しかし、プラハには、一九一八年におれたちと闘ったあのチェコ部隊の生残りがいて、奴らは、おれたちの仕事をサボっているんだ。」

アントン・グリレヴィッチは、かつてのドイツ共産党の指導者で、プロシャ議会の議員だったが、のちにトロツキストとなり、ヒトラーが権力に就いたときに、チェコスロヴァキアに避難した。スルツキーが予言したプラハでのかれの逮捕は、一九三七年六月一二日に行なわれた赤軍将官たちの処刑の直後に行なわれた。わたしは、他の筋からのこのモスクワの陰謀のその後の進展を知った。

逮捕された朝、かれは、一人のチェコ人刑事に一個のスーツ・ケースをみせられた。それは、かれが何ヵ月も前に友人の家に預けておいたもので、一九三六年一〇月以来、開けたことがなかった。そのスーツ・ケースの中には、数冊の急進的なパンフレットと仕事上の手紙、その他害のない資料が入っていた。考えられるかぎり、チェコの法律を侵すものはなにも入っていなかったし、ましてや軍事その他のスパイ行為の証拠とみなせるものは、何もなかったし、その朝、刑事がほのめかした種類のものは何一つなかった。しかし、夕方になると、新しい取調官が現われて、すぐさまモスクワ裁判についての会話にグリレヴィッチをひきこんだ。こうして、何がまな板にのっているかを、ほのめかしたあとで、かれは三枚の偽造旅券と一九三八年二月一七日付のドイツのズデーテンラント占領計画を写したネガ・フィルム、それに、お目にかかったことのない筆跡の覚え書きをグリレヴィッチに、つきだした。グリレヴィッチがその覚え書きを調べようとすると、取調官は、それをかれの手からもぎって、どなった。

「きみがこれを書いたんじゃないだろうな？」

覚え書きには隠しインクの使用法についての指示が書いてあった。こうした罪になる僅かな証拠が、かれのスーツ・ケースの中でみつけられたと、グリレヴィッチは知らされた。グリレヴィッチの主張で、正規のチェコ警察官が呼ばれ、かれらのいる前でグリレヴィッチは、品物のうちどれが自分のもので、どれが、でっちあげかを証明した。真夜中に、かれは監禁された。

七月一五日、かれは別の刑務所に移された。七月二二日、かれは、チェコ人取調官によって鄭重に調べられた。かれは、モスクワのオゲペウの連中が自分にうらみを抱いており、チェコ警察の中には「心配してくれる友人たち」をもっているらしいと語った。

グリレヴィッチは、結局、一一月の半ばになって釈放された。かれは、自分に着せられた容疑を一点一点反駁し、罪になる証拠の一切が、でっちあげであることを証明したのだった。チェコのトロツキストたちがプラハ政府に反対してヒトラーと協力していることを証明しようという企らみ——そのそもそもの発端に、わたしはモスクワで出くわしたのだが——に、オゲペウは失敗した。もし、この努力が成功していたならば、ヨーロッパの疑い深い人たちにモスクワ裁判の「証拠」が正真正銘だと信じさせるのに大いに役立ったことだろう。

オゲペウは、ニューヨークでの「トロツキスト＝ファシスト」裁判の計画さえもくろんだが、ロビンスン＝ルーベンス事件の詳細と同じく、ジュリエット・スチュアート・ポインツ失踪の詳細ないきさつが明るみにだされるまでは、どこまで準備が進んでいたかを知るのは不可能だろう。

議論の余地なく立証されていることは、プラハにおけるグリレヴィッチ事件の期間中、一九三七年五月末から六月はじめまでの間のあるときに、かつてのアメリカ共産党の秀れた指導者ジュリエット・スチュアート・ポインツが、ニューヨーク市、西五七番街三五三番地にある婦人協会クラブのかの女の部屋をでたということだ。かの女の衣類、書物、その他の所持品は、かの女がその日のうちに帰ってくるつもりでいたことを物語っている状態でみいだされた。かの女の消息は、それ以来きかれなかった。

「ドナルド・ロビンスン」、別名ルーベンスは、一九三七年一二月二日、モスクワで逮捕された。ルーベンス夫人は、アメリカ国籍があったにもかかわらず、その後間もなく、偽造旅券でロシアに入国したかどで逮捕された。長年、ソヴィエト軍事諜報部の将校として、アメリカ合衆国と国外で勤務していたロビンスンは、逮捕後、その消息を絶った。最近、ソヴィエト当局によって釈放されたかれの妻は、アメリカにいる自分の娘に一通の手紙をだし、その中で、かの女は生きている夫に、再び会おうとは期待していないと強くほのめかした。ロビンスン夫人は、アメリカ市民だったが、ソ連を去ることを許されていない。

しかし、モスクワがアメリカにいるスターリンの敵をスパイ裁判にかけるために真剣に活動しているという明白な暗示を、スルツキーがグリレヴィッチについていった数日後に、かれがふともらした言葉で、わたしはつかんだ。

かれは、第三課で一時わたしの補佐を務め、後に在米オゲペウの長となったヴァレンタイン・マーキンについて、わたしに語った。一九三四年、モスクワにいたマーキンの妻に、マーキンがニューヨークのナイトクラブでギャングに殺され、このいきさつはわたしに連絡してあるという報告が届いた。だが、一九三七年の五月に、スルツキーは、わたしにこう語ったのである。

「きみ、きみの友人で、三年前にニューヨークで殺されたヴァレンタイン・マーキンは、トロツキストだったということと、在米オゲペウ機関をトロツキストどもで一杯にしたというのが判明したよ。」

われわれの仲間うちでは、こういった批評が、意味のない噂話としてもらされることは、けっしてないし、ましてや、オゲペウ外事局長がそういったりはしない。スルツキーが話したモスクワによる他の準備と関連して、オゲペウのアメリカ部内の「トロツキスト」への言及は、ポインツ事件とロビンスン事件が発展する以前に、アメリカで、何かがでっちあげられつつあったということを示していた。「トロツキスト」ということばを、ソヴィエトの役人は、スターリンのあらゆる反対者にたいする形容語として使っているのだ。

オゲペウの本当のアメリカ工作員たちは、実際にはアメリカで諜報活動に従事しているということを忘れてはならない。軍事スパイ活動の他に、かれらはこの国の反スターリン派、とりわけ急進主義者や元共産党員を監視している。モスクワ見せ物裁判のひそみにならった、見事なでっちあげのたいがいの要素が存在した。モスクワが明らかにやってのけようと望んでいたことは、妥協的な立場に誘いこまれていた全く無実の反スターリン派とともに、何人かの本物のアメリカの工作員を絡めとることだった。

それにもかかわらず、アメリカで「トロツキスト」裁判を準備することによって、スターリンに反対するアメリカの急進主義者が、ヒトラーのゲシュタポの手先であることを証明しようとするオゲペウの入念な企らみは水泡に帰した。この国では何も進展しなかったし、ポインツ嬢の誘拐や「ロビンスン」の奇怪な逮捕にもかかわらず、ソ連では何も進展しなかった。

二人の著名なボリシェヴィキ指導者、ルイコフとブハーリンと、パリのロシアのメンシェヴィキ社会主義者の亡命者たちとを結びつけようというオゲペウの企らみもまた、不首尾に終った。この目的をもって、スペインのオゲペウは、亡命メンシェヴィキの指導者、ラファエル・アブラーモヴィッチの息子、マーク・レインを誘拐した。幼い頃にロシアを去ったレインは、ベルリンとパリで育った。父とちがって、かれは、共産党とソ連に共感をもっていた。かれは、政府側の戦列で闘い、社会党と共産党の統一のために働こうとして、スペインにいった。

モスクワは、自分のものだとみなしている領土にアブラーモヴィッチの息子がいることを知って、ブハーリンとルイコフとをソヴィエト政権の亡命している敵と結びつける見せ物裁判で、かれが役立つかもしれないと考えた。一九三七年四月九日、オゲペウは、バルセロナのコンチネンタル・ホテルからマーク・レインをさらった。そして生きた彼はふたたび見られなかった。かれの父は、すぐさまスペインに馳けつけ、そこで一月近くいたずらに息子を探したが、共和政府の閣僚の誰一人、かれに捜査のいとぐちを与えることができなかった。どんなことをオゲペウがレインにしたにせよ、かれの父親をスターリンのボリシェヴィキ反対派に結びつける自白を、引きだせなかったのだ。

それは、アブラーモヴィッチに関連するオゲペウの二度目の失望だった。一九三一年の初期の見せ物裁判で、アブラーモヴィッチがソヴィエト政府の顚覆をもくろんでロシアに秘かに潜入したことが証言された。しかしこの爆弾が爆発するや否や、アブラーモヴィッチがロシアにいったとされたその時期には、かれは実際には、労働者・社会主義者インターナショナルの大会の主な発言者の一人としてアムステルダムにいたことが疑問の余地なく立証された。ヨーロッパの新聞は、アムステルダムの大会中、国際的に知られた多くの社会主義と労働運動の指導者といっしょにとったアブラーモヴィッチの写真を発表したので、この大失敗は、完璧となった。

アブラーモヴィッチ事件の具合の悪い露見の前に、わたしは、たまたま、あるオゲペウの副部長と話した。一九三一年には、まだ、わたしたちは、まったくおおっぴらに話しをし、ものごとをその本当の名前で呼んでいた。

「なんというへまをきみたちの部はやらかしているんだね？」とわたしはかれに言った。「誰が一体、アブラーモヴィッチがモスクワにいたなどと信ずるのかね？」

「きみと同じくらい、よくわかっているさ」とかれは答えた。「しかし、われわれが何をしようというんだ？　政府は裁判を必要としている。材料を準備するのが、おれたちの役目なんだ。」

スターリンが全ロシアを恐怖させ、大粛清が頂点に達していたとき、スターリンはボリシェヴィキの指導者たちとロシア人民を結びつけている情愛の絆について演説した。かれは、ギリシャ神話のアンテウスについて知っていたので、それを説明に使った。アンテウスは、海神ポセイドンと、地の女神ガエアの息子だった。かれは、自分を生み、養い、育ててくれた母親に密着していると感じていた。アンテウスが勝てない英雄はいなかった。

「かれの強さの秘密は何か？」とスターリンは尋ねた。

「その理由は、かれが敵との闘いで、危機に瀕するときはいつも、かれを生み、育てたかれの母親、つまり大地に身をつけ、こうして新しい力を得たことなのだ。しかし、それでも、かれはその弱点、つまり、どうかしてその大地から引き裂かれるという危険をもっていたのである。」

「かれの敵は、この弱点を知り、かれを包囲した。それから、この弱点を利用する敵が現われて、かれを打ち負かした。それがヘラクレスだった。しかし、どういう風にヘラクレスは、かれを斃したのか？　かれは、アンテウスを大地から引き離し、空中に持ちあげ、大地に身をつける機会を奪い、こうして、空中で締め殺したのだった。」

「わたしは、ボリシェヴィキがこのギリシャ神話の英雄、アンテウスをわれわれに思いださせると信ずる。ボリシェヴィキは、アンテウスのように、母親、つまりかれらを生み、養い、育てた大衆に密着しているときは強い。そして、かれらがその母なる人民との絆を保ち続ける限り、あらゆる場合に、無敵であるだろう。」

「これがボリシェヴィキの指導が無敵であることの秘密なのである。」

スターリンは、人民との接触を保持しようと切望して、ソヴィエトの高級公務員とその妻たちから選ばれた百人ほどの特別な一団を使っていた。ある日のこと、かれらはモスクワの市街電車にのり、人々の会話の断片を仕入れるのだろう。また別の日には、長い行列の中に立って、家庭の主婦たちが満足しているのか、不平を言っているのを手帳に控えるだろう。それから、かれらは、列車に乗りこんでキエフ、オデッサ、ウラル地方まででかける。いたる所でこの貴族的な傍観者たちは、かれらの母なる大衆との絆を保持しようと試みていた。スターリンは、自分が言ったように、かれらが「ロシア人民の眼をのぞきこむ」ことを望んだ。

大衆とのスターリンの絆は、オゲペウのスパイと囮の大軍によっても新鮮に維持されていた。かれらは、何気なく制度にたいする不満をもらしたということで、普通の市民を逮捕することを専門としていた。ロシアで完成されたこの型の警察支配は、ナチ・ドイツでも採用されている。ヒトラーは、一九三九年九月一日の国会《ライヒスターク》での演説で、党の副官たちに、戦時には、ドイツのあらゆる州、あらゆる街、あらゆる家での民衆の気分について責任をもたせるであろうと告げた。両者の違いは、一九三七年までには、スターリンは、自分のスパイの軍団にすら信頼を失っていたということだ。すでに語ったように、かれはスパイをスパイするためのスパイ組織を設けた。総ての高官に伝わる話によると、かれは、誰も信用せず、自分自身のチェキストになることを心にきめたということだ。かれが使っている秘書の一人の行動に疑いをもち始めて、かれは、その秘書を尾行し始めた。かれは、この人物が自分の書斎の壁の内側で何かおかしな行動を続けているのを目撃した。わたしたちが受けとった話では、この秘書はスターリンだけにとどまらず全政治局員を暗殺しようと図っていたクレムリン親衛隊の多くの将校たちと関係していたのが判明した。

オゲペウのある高官は、このことをわたしに話しながら、その陰謀に気がつかないでいたということは、かれの組織にとってどんなに厄介なことであるかを語った。「最良のチェキストは、スターリン自身だ」という言葉が広まった。

このいわゆる陰謀は、クレムリン内部だけではなく、全国での逮捕の波の口実だった。だが、もちろん、この実際のスターリン殺害の企ては、モスクワ見せ物裁判で非常に劇的に演じられた「自白」のどの一つにおいてもふれられていなかった。そこではスターリン暗殺の陰謀について、何百もの奇怪な物語が語られたが、スターリン自身が発見したこの現実の企ては、公けには、けっして言及されなかった。

一九三五年、わたしは、スターリンが、大衆とのかれの情愛深い絆をどんな風に保っているかを観察する特別な機会を得た。わたしは夏の小別荘を捜していたが、わたしのむしろ素朴な友人であるヴァーリヤはメチシチエへ行くようにすすめた。

「メチシチエのオゲペウの責任者は、あたしの親しいお友達なの。適当な場所を見つけるのを手伝ってくれるわ。」

わたしたちは、モスクワからおよそ一時間程のところにあるメチシチエに自動車で向った。そこのオゲペウの責任者は、大人数のオゲペウの職員が忙しく立ち働いている広い事務所を含めて、およそ十二室あるきれいな家をもっていた。われわれを客に迎えて、かれは非常に友好的で、わたしが欲しいと思っていた通りの場所をみつけてくれた。

夕方、わたしたちは、夕食のためにかれの家に戻った。食卓についてから、かれは自分の重要さを説明して、メチシチエにかれが作りあげたすばらしいオゲペウ機関を自慢した。一般的にいって、かれは、ちょっとした小型のヤゴダだったと理解されよう。わたしは、この静かな避暑地に、桁はずれなオゲペウ機関が必要である理由がわからなかった。

「しかし、どうしてまた、こんなにとてつもない機関が必要なんですか？」とわたしは訊ねた。

「一体何のためなんですか？」

「ご存知ないんですか、同志クリヴィツキー、ここからそう遠くないところに機関車工場があって、数千人の労働者を使っているんですよ。」

わたしたちの主人は、明らかに、わたしがこういうものと思っていた。「ああ、なるほど、それですっかり解った。労働者がいるところでは、もちろん、オゲペウの仕事がある訳だ。」しかし、わたしは、だまっていた。

ところが、ヴァーリヤが会話の終りを続けた。

「もちろん」とかの女は言った。「この頃、労働者は、誰よりも不平を言っているんですものね。」

これは、一九三五年のオゲペウだった。しかし、だが二年後には、エジョフが実権を握るとともに、わたしたちは、一九三五年の頃を、懐しみさえしたのである。エジョフが、スターリンに忠勤をはげんだように、自分の主人につくしたものは史上に例をみなかった。

一九三四年に創設された軍事ソヴィエト評議会の八〇名のほとんど全員、スターリン自身の中央委員会と統制委員会の構成員の大多数、ソヴィエト中央執行委員会、人民委員会議、労働・国防評議会、共産主義インターナショナルの指導者たちの多く、オゲペウの責任者および副責任者の全部、大使や外交官多数、ソ連の地方自治共和国の幹部たち、将校団に属する三五、〇〇〇名、プラウダとイズヴェスチヤのほとんどすべての編集者、作家、音楽家、劇場支配人の多数、さらには、スターリンの最大の忠誠が期待されていた世代の精華、青年共産同盟の指導者の大部分が、エジョフの犠牲者の部分的名簿に含まれていた。

エジョフがオゲペウを主宰していた二六ヵ月の間に、かれが達成したことの累積的な効果は、かれが自分の首で忠誠をつぐなわなければならなかったほど戦慄すべきものだった。恐怖は、スターリンが自分を救うために、自分の配下の死刑執行人を死刑にしなければならないほどだった。スターリンにたいするへつらいや本当の献身にもかかわらず、エジョフはスターリンのロシアで、非常に高価な代価を支払わなければならなかったのだ。一九三八年一二月八日、突如としてエジョフが内務人民委員としての職務を解任され、スターリンと同郷のコーカサス人、ラウレンチ・ベリアが後任となった旨を、政府声明は突然発表した。いつもの習慣に従って、エジョフは名目的には水運人民委員に留ったが、かれは全く、決定的に姿を消した。

スターリンが始めたあらゆる粛清のうちで、たとえ歴史が他のもの全部を忘れることができるとしても、人類の恐怖の記憶から、けっして抹殺することのできないもっとも恐るべきものは、スターリンによる子供たちの粛清なのである。

一九三五年早く、オゲペウは、政治局に未成年者犯罪に関する報告書を提出した。一九三二年から三三年にかけての撃ち合い、強制移送、飢饉は、農村をさまようベスプリゾールニー、つまり家なき浮浪児の新しい波をつくり出した。オゲペウは、この大規模な子供たちの悲劇を分析し、拡がっている衝撃的な情況をスターリンに指摘した。年若い子供たちの間におそるべき犯罪の波が存在した。かれらの間で、病気が拡がっていた。性的堕落は、ほとんど普遍化していた。スターリンにとってさらに衝撃だったのは、何千という子供たちが、かれらのつらい生活からの逃避として、宗教的な種々の派に入りつつあるということを、報告書が暴露していることだった。

スターリンは行動を起そうと決心した。まったく奇妙なことにも、オゲペウは、いつも子供の再教育を自慢にしていたし、実際に、ボリシェヴィキ革命と国内戦によって投げ出された数百万の子供のうちから、ほんの少人数の子供を更生させるのに成功していた。しかし、この浮浪児たちの新しい群をみて、スターリンは、新しい方針をとろうと決めたのである。

一九三五年四月八日、イズヴェスチヤは、「未成年者間の犯罪と闘う措置」と題する、カリーニン議長とモロトフ首相によって署名されたソヴィエト政府の公式布告を発表した。この布告は、ちょっとした窃盗から叛逆罪に至る犯罪について、一二歳以上の子供に死刑の適用を拡大するものだった。この恐るべき武器で武装したオゲペウは、年端もゆかぬ子供を何十万人と狩りたてて、強制収容所行き、集団労働、また多くの場合には、処刑を宣告したのだ。

スターリンが、半ば修道院的な孤立した生活からでて、カメラの前で、ロシアの子供たちの名付親としてポーズをとりはじめたのは、まさにこの恐怖が起きている時なのだった。われわれは、はじめて、運動場で子供たちといっしょにいるかれの写真をみるようになった。かれが赤い広場の行進に、一二歳の少女を伴い、かの女のために軍事人民委員ヴォロシーロフから電車賃をかりてやっているところが写された。また、かれが、かわいい子供から贈り物を受けているものもあった。その子供は、トゥルケスタンから、はるばるやってきたが、その地方の綿つみの選手で、レーニン勲章と金時計と「国民の父」のキッスを貰ったのだった。わたしは、皮肉をいっているのではなく、事実を述べているのである。

この偽装は、オゲペウが一二歳、一三歳、一四歳の子供たちの生命を、「叛逆者、スパイ、トロツキスト、ファシスト、ヒトラーとミカドの手先」であると公式に非難して、消しつつあった、あのもっとも恐ろしい数ヵ月の間、故意に用いられたのだ。

一九三九年二月までは、世界はこの、あらゆるものの、もっとも恐るべき粛清に気づかなかった。そのときまでに、いつもそうであるように、若干のいけにえの羊——ただその罪はといえば命令に従っただけのオゲペウの下級職員を見つける時がやってきた。レニンスク＝クズネックの地方オゲペウ検察官とかれの数人の助手たちが、この役割に選ばれた。ウラルにあるこの村の地方法廷から、外部の世界は、一〇歳の少年が拷問されて「反革命、ファシスト、テロリスト」活動を自白させられたことを知った。一六〇人の学童が普通犯罪者たちといっしょに監房に押しこまれ、寝具もなしに眠り、八ヵ月間、絶え間のない夜間の反対尋問を受けていたということが知らされた。これらの子供たちの拷問者は、五年から一〇年の禁固刑を受けた。しかし、一九三五年四月八日の法令は、決して廃止されなかったし、一九三五年以降全国で同じように拷問されたり、あるいは、もっと簡単に処分されたそれの犠牲者の数は、見積られることは、一度もなかったし、また見積ることはできないだろう。ソヴィエト政府が認めて、公式に知られている一切は、ソヴィエト社会主義共和国連邦の地図の上ではピンの先ほどの小さなレニンスク＝クズネックの町で、一六〇人の学童が、スターリンが、かれの名づけ子にかこまれて、慈悲深く微笑している写真を写している間に、かれが立案した法律に基づいて、オゲペウによって中世的な拷問にかけられていたということだけである。

このようにスターリンは、オゲペウを通じて、かれを産み、育てた母なる人民に密着しつづけているのだ。

第六章　なぜ、かれらは自白したか?

ソヴィエト政府の創設者、レーニンは、支配党であるボリシェヴィキ党の党員に死刑を適用しないよう、追従者たちに警告していた。かれは、みずからの子供たちであるジャコバンを食い殺してしまったフランス革命の致命的な例を念頭に置いていた。一五年間、ソヴィエト政権は、レーニンの勧告を破らなかった。ボリシェヴィキの異端者たちは、党から追放されたり、投獄されたり、流刑されたり、職や生計を失ったりした。だが、党員が、その政治的な犯罪のせいで死刑にはされえないということは不文律だった。

一九三一年の春、最高機関である政治局の特別会議で、スターリンはボリシェヴィキ党の党員にたいする死刑に賛意を示した。その会議は、モスクワ党機関の指導者の一人、リューチンによって形成された新しい反対派の事件を検討するために招集されたのだった。

このときまでに、スターリンがおし進めた農民の集団化の結果は、全国的な破局の様相を呈しはじめていた。飢えが、国のもっとも生産的な地域で蔓延していた。百姓一揆が起きた。軍隊内には、不満があった。経済的惨害が、国民の眼前に迫った。スターリンの党機関は、分裂しはじめていた。次々と、新しいボリシェヴィキ反対派が、不安を反映して、頭をもちあげ、声をあげた。かれらは、政策とクレムリンの指導層の変更を要求した。

リューチン・グループは、オゲペウによって逮捕され、モスクワの内輪の人たちはその事件の話でもちきりだった。わたしが属していた軍事諜報部の党組織の書記は、わたしたちの責任者であるベルジン将軍がリューチン事件について報告することになっている秘密会議にでるよう、わたしに言った。その書記は、事柄が例外的な秘密に属するので、党組織の全員が、この会議に招集されているのではないとわたしに教えた。

ベルジンは、リューチンの秘密綱領の抜萃をわたしたちに読んできかせたが、その中では、スターリンは「大挑撥者・党破壊者」として、また「革命とロシアの墓掘人」として描かれていた。リューチン・グループは、党と政府の指導者としてのスターリン打倒をめざす闘いを企てていた。

これは、ボリシェヴィキを死刑からまぬがれさせていたレーニンの政策を逆転させようとするスターリンの企てにとって好機会なのだった。スターリンは、リューチンとその支持者たちを簡単に処理したかった。政治局員のなかでただ一人がこの決定的な問題でスターリンに反対するだけの勇気を奮い起した。内部の誰もが、この人間をレニングラード党組織の書記、セルゲイ・キーロフだと思っていた。キーロフは優位な立場にあった。もちろん、かれは、まだ影響力をもっていたブハーリンや他の反対派に支持された。そこで、この時はスターリンは譲った。リューチンとその仲間たちは、投獄され、流刑にされたものの、銃殺にはされなかった。

それからの五年間、スターリンは、どうやら権力を維持していた。しかし、この期間中、国内の不満と反乱は、野火のように広がっていた。スターリンの「完全集団化」運動にろうばいし、憤激した農民は、武器を手にオゲペウの武装部隊と闘っていた。この闘いで、あらゆる地方が荒廃し、数百万の農民が追放され、数十万の農民が強制労働に徴用された。党の宣伝のわめき声だけが、銃殺刑執行隊の銃声を消していた。大衆の悲惨と飢餓とは、かれらのスターリンにたいする憤激が党の下部党員の間に感染するほど激しかった。一九三三年末までに、スターリンは党の「浄化」を開始しなければならなかった。次の二年間に、およそ百万のボリシェヴィキ反対派が除名された。だが、それは問題を解決しなかった。なぜならば、これらの反対者たちはまだ逮捕されていなかったし、国民大衆の共感をえていたからだった。この時期に、指導者と綱領が与えられていたならば、かれらは、スターリンを打倒できたのだ。このような指導者は、ボリシェヴィキ古参親衛隊、つまりレーニンの同僚たちのなか以外にはいなかったが、スターリンは、かれらを降伏させ、「自分たちの誤謬を自白」させ、かれを「誤りなき指導者」と認めさせることによって、何年間もの間にわたって完全に叩きつぶしていた。誰もが、かれらをまともにとらなくなるまで、降伏を繰り返したにもかかわらず、また、かれら自身、不本意だったにもかかわらず、この古参ボリシェヴィキたちは、ほとんど自分たちの意志に反して、党の外部からのこのように始まった反対派の、たとえ指導者ではなくとも、代弁者、表看板となった。スターリンは、これらの勢力、組織の機能を知っている前党員たちが、近い将来に連合しないとは確信できなかった。降伏は、もはや役にたたなかった。スターリンは、他の手段を見つけねばならないと思った。かれは、ただ古参親衛隊の権威を壊滅させるだけではなく、この脅威的な反対派のあらゆる中心人物の活動を止めさせる手段を見つけださねばならなかった。

丁度きわどい時に、一九三四年六月三〇日夜、ヒトラーの血の粛清が起った。スターリンは、ヒトラーが自分の反対派を絶滅したやり方に深く印象づけられ、その夜の事件に関するドイツ内のわれわれの工作員たちからの秘密報告を余さず丹念に研究した。

一九三四年一二月一日、セルゲイ・キーロフは、奇怪な情況のもとに、レニングラードで暗殺された。その日のうちにスターリンは刑法を変更する特別布告を発表した。それは、あらゆる政治的暗殺事件を、一〇日間以内に、弁護人なしの秘密軍事法廷による裁判に付し、時を移さずに処刑させるものであり、ソ連最高会議議長にたいして罪を軽減する権利を否定するものだった。

ヒトラーはすでに模範をたれていた。スターリンがボリシェヴィキにたいする死刑を採用しようとする行手に立ちふさがった人間であるキーロフの死は、スターリンの大粛清への門扉を開いた。キーロフの殺害は、スターリンの生涯における転換点だった。それは、ボリシェヴィキ古参親衛隊の公開裁判と秘密裁判の時代、自白の時代を招来した。一高官の暗殺が、キーロフの死に続いたような大虐殺を招いたということは、世界史上、ほとんど他に例がないのである。

この暗殺をとりまく謎は、レオニード・ニコライエフという名の青年共産党員が、疑わしい挙動のせいで、キーロフの護衛にレニングラードで逮捕された一〇月にさかのぼる。逮捕された男の書類鞄から、拳銃と、日記が発見された。かれはレニングラード・オゲペウ副部長、ザポロージェッツの前に連行された時に、釈放された。ザポロージェッツは当時オゲペウ長官だったヤゴダに、この異例の処置を報告するために、モスクワに出張した。

二ヵ月後の一二月一日、この同じニコライエフが、キーロフを狙撃して、殺したのだ。その夜、スターリンは、みずから、個人的に尋問するために、レニングラードに向った。かれは、ニコライエフと、やはり逮捕されていた数人の仲間である、共産同盟員たちを取調べた。このようなことは、ソ連史上始まって以来のことだった。

同じ日の夕方オゲペウ長官、ヤゴダも、職責にそって取調べをおこなうために、モスクワを発ち、レニングラードに向った。すでにスターリンとヤゴダの間に不和があるという噂があったが、その夜は、二人の間の公然たる断絶の発端となった。スターリンは、ヤゴダに暗殺者とその仲間を尋問させせまいと全力をつくした。

スターリンがまだレニングラードにいる間に、奇怪な事故がヤゴダの身にふりかかった。夜間、ヤゴダが、自動車で、キーロフ事件に関連して数人の容疑者を尋問するつもりで郊外に向っている途中、一台のトラックがおかしな工合に、ヤゴダの乗用車に突っこんできた。オゲペウ長官は危機一髪で、助かり、車の残骸からはいだした。モスクワのオゲペウの仲間内で、この「事故」は、つきぬ話の種となった。

調査が始まると直ぐに、ニコライエフは、レニングラード・オゲペウと直接共謀して、犯罪を犯したのではないかという疑惑が生じた。しかし取調べは、この疑問を明らかにする努力を少しも払わなかった。スターリンは、レニングラード・オゲペウが二ヵ月前、逮捕されたとき拳銃をたずさえていたこの男を釈放しているにもかかわらず、レニングラード・オゲペウにたいして、容赦ない尋問をおこなうようにという命令を与えなかった。部長のメドヴェードを含む一二人のオゲペウ高級職員は、怠慢のかどで逮捕され、二年から一〇年までの禁錮刑を受けたが、これは、大したことではなかった。メドヴェードは、三年の刑を受けた。それは、一九三五年の春のことだった。それから二年と少し経って、わたしは、モスクワで全くの自由を享受しているメドヴェードに会った。かれとその部下、ザポロージェッツとは、刑期が終る前に、スターリンによって釈放されていたのだ。

現在に至るまで、ニコライエフの謎について何の説明も与えられてはいない。一九三八年三月に舞台にかけられた最後の大「叛逆裁判」で、ヤゴダが主な「自白者」の一人として登場したが、ニコライエフの最初の逮捕と、不可解な釈放の一件が、公判廷にもちだされた。だが、ヴィシンスキー検事は、ヤゴダがその問題を論じようとすると、かならず急いで話をさえぎった。ヴィシンスキーがヤゴダ自身の秘密自白から引用してのべる折に、何回か、ヤゴダは、「そんな風ではなかった」と訂正した。調べにおいてスターリンの果した役割については、何も言及されなかった。なぜスターリンが、逮捕された時に拳銃と政治的な日記をもっていたニコライエフを釈放したメドヴェードとザポロージェッツの奇妙な行動に満足していたのかについての説明は、何も与えられていないのである。

ニコライエフの日記は、明らかにキーロフ事件の中心的な要素だった。この日記については、ニコライエフと一六人のいずれも青年共産同盟員だったかれの仲間が秘密裁判の後、処刑された頃には、ソヴィエトの新聞で何度も言及されていた。多くの他の機会にも、この日記のことがほのめかされた。にもかかわらず、その内容は、一語も公衆には、知らされなかった。

オゲペウの内輪の人たちの間で、キーロフ事件をめぐる空気は、異常な謎と暗黒に包まれたものだった。ルビヤンカの本部のごく親しい同志でさえも、この問題を論じるのを避けていた。ある日、わたしはこの問題をオゲペウ外事局長スルツキーに直接ぶつけて、レニングラード秘密警察がキーロフ暗殺に関連していると思わないかと、きいてみた。かれは答えた。

「きみも知っている通り、この事件はひどくあやしいから、一切せんさくしないことが一番だ。まあ、できるだけ遠ざかっていることだね。」

キーロフ事件は、ドイツ国会放火事件がヒトラーにとって役だったと同様に、スターリンにとって有益だった。この二つの事件は、いずれもテロの高潮が押し寄せる合図となった。「誰が国会議事堂に放火したか？」という疑問に答えるのと同じく、「誰がキーロフを殺したか？」という謎を解くことは、それほど容易ではない。スターリンを別として、キーロフ殺害の謎を解ける人間で、生きているものは多分、三、四人をこえないだろう。その一人は、ヤゴダの後継者で、大粛清を組織し、みずからも一九三九年はじめには、舞台から姿を消したエジョフなのだ。スターリンだけが、キーロフ事件に関するあらゆる事実の保管者となる可能性が考えられるのだ。

一つの事実は、議論の余地がない。すなわち、キーロフ暗殺は、スターリンに、かれがボリシェヴィキにたいして死刑を適用しようとうかがってきた機会を与えたということだ。キーロフ狙撃の真の謎を調査する代りに、スターリンは、キーロフの死を、カーメネフやジノヴィエフをはじめとするボリシェヴィキ古参親衛隊のもっとも著名な指導者たちを逮捕し、ボリシェヴィキに死刑を適用する口実としたのだ。今や、スターリンは、自分とともに、レーニンの衣鉢と、一〇月革命の伝統を分ち合い、そのまわりに不満をもった反抗的な大衆が集まるかも知れぬ旗印をもったもの全部を、組織的に抹殺することに着手できた。

わたしは、この頃、無数の農民大衆だけにとどまらず、その最良の将軍たちを含む軍隊の大部分、政治委員の大多数、工場長の九割、党機関の九割が、程度の差こそあれ、スターリンの独裁に激しく反対していたということを、いわねばならないだろう。小さな膿をだすといった問題ではなかった。全ソヴィエト制度を、分解修理する必要があったのだ。やり方は？　ボリシェヴィキ古参親衛隊の信用を汚し、泥をぬり、叛逆の烙印を押し、銃殺し、さらに、かれらの支持者たちを余さず逮捕する。かれらを「トロツキスト、ブハーリン主義者、ジノヴィエフ主義者、怠業者、破壊者、攪乱者、ドイツのスパイ、日本のスパイ、イギリスのスパイ」と呼ぶ。連中を好きなように呼べばよい。だが、スターリンの擁護者たちによって「党路線」と称されているスターリンの独裁支配にたいする反対派に属する重要人物を全部、大叛逆陰謀の加担者として逮捕するのだ。これが、なさねばならなかったことだった。そして、今や、スターリンは、それを実行するしっかりした方法、つまりみっちり稽古の済んだ自白を聞かせる見せ物裁判という方法を身につけていた。以前にかれは、こういう裁判を何度となく、舞台にかけたことがあった。世界は、それを疑いの眼でみたが、以前には、役者や犠牲者は、ボリシェヴィキ党の指導者たちではなかった。〔一九二八年から三一年にかけておこなわれた主として旧世代のインテリゲンツィアにたいする産業党事件、メンシェヴィキ裁判、など一連の粛清裁判を指す。〕

西欧世界は、ソヴィエトの見せ物裁判が裁判とは縁もゆかりもなく、政治闘争の武器以外の何ものでもなかったということを、一度も十分に理解しなかった。スターリンの登頂以降、ソヴィエトの内輪の社会では誰一人として、劇的な自白をきかせる見せ物裁判を、政治的策略以外の何かであるとみなしてはいなかったし、司法行政と何らかの関係があるものとも考えなかった。ボリシェヴィキ党が危機に直面するときには、必ずいけにえを束にして見せ物裁判にかけて、国民に捧げた。これらの裁判は、もはや正義にも、慈悲にも何のゆかりもなかった。

確かに、ソヴィエト政府部内に、ボリシェヴィキ古参親衛隊の見せ物裁判の上演をめぐってスターリンに警告した人々がいたことは事実だ。それは、国民に与える影響からだけではなく、国外の親ソ勢力を遠ざけるかもしれないという危惧からでもあった。スターリンは、国民は支持するだろうと主張して、この異議を蔑みながらしりぞけて、いった。「ヨーロッパは、全部をうのみにするだろう！」

しかし、スターリンは、ヒトラーがとったと同じ方法で、粛清を行なったのではなかった。ヒトラーは組織をもって、挑戦する反対派に直面し、これを電光石火の素早さで叩きつぶした。スターリンには、このような反対派がなかった。かれは、全般的で根深い反抗の空気に直面していた。かれの課題は、権力の座から自分を除く可能性のある運動のあらゆる潜在的指導者を全部、倒すことだった。この理由から、スターリンは時間をかけた。かれは、目的に向って、徐々に近づき、新しい段階を踏むごとに、自分が頼れる部隊をもっているのを確めたのだ。

スターリンは、古いオゲペウも信用しなければ、赤軍の古い指導部をも信用していなかった。党人事局長として、中央委員会から与えられていたあらゆる任命権を行使するエジョフの助けをかりて、スターリンは、とくに自分自身のために、別のオゲペウ機構、一種の超テロリスト軍団を築きあげた。結局、エジョフがスターリンによって、国の公式の警察部隊の指揮をとるように命ぜられた時、かれは一人を除いてオゲペウの古参指導者たちを全部銃殺して、この新しい軍団を代りに据えた。

この例外は、長い間、スターリンの特別な愛顧を受けていた、オゲペウ武装部隊司令官フリノフスキーだった。赤軍の統制下に直接入らず、独立しているこの部隊は、秘密警察自体と並んで、スターリンが古参親衛隊にたいする行動を起す時に、頼った二つの武装勢力だった。かれは、エジョフとフリノフスキーを通じて、この二つの不可欠な武器の準備を整えてしまうまで、行動を起さなかった。

この準備が成った時に、キーロフ暗殺と、新しい叛逆法を携えて、スターリンは、ボリシェヴィキ古参親衛隊を絶滅する課題に着手し、それによって、国のすみずみにいたかれの支配にたいする反対派を粉砕したのだ。政治犯の大群は、すでにキーロフ殺害に連座したかどで、処刑されていた。数万の青年共産同盟員が流刑に処され、懲罰労働隊に放り込まれていた。キーロフの死について、スターリンが行なったこの大規模な報復は、古参親衛隊を告発するに当って、同じ罪名を繰り返し利用する妨げとはならなかった。全部で、およそ二〇〇人の人たちがキーロフ殺害のかどで銃殺された。この犯罪は、一九三六年八月に開始された三つのはなばなしい「叛逆」見せ物裁判で一段と派手に利用された。これらの裁判が法の正常な手続とは、全く無縁だったということは、キーロフ暗殺者たちの秘密裁判からえられる証拠が一つとして法廷に提出されなかったという事実から明らかなのである。同じ理由で、これら三つの「叛逆裁判」に出廷したボリシェヴィキ指導者たちは、弁護士依頼の権利を放棄した。そして、これらは、犠牲者たちが行なった「自白」がわかり切った事実と、しばしば明らかに矛盾していても、スターリンにとっては問題ではなかった理由なのでもある。たとえば、キーロフ殺害を企てたと自白した人たちのあるものは、その暗殺がおこなわれる前、数年間、独房に監禁されていたのだ。

自白は、どのようにして得られたのだろうか？　この問題ほど西欧人の頭を悩ませたものはなかった。途方にくれた世界は、ソヴィエト政府の建設者たちが、犯しえようもない犯罪、そして奇怪な嘘だと証明されている犯罪のために、自らを鞭打つ姿をみつめていた。その時以来、自白をめぐる謎に、西欧世界は頭を捻ってきた。けれども、われわれのように、スターリン組織の内部にいたものにとっては、自白は、けっして謎ではなかった。

人々にあのような自白をさせるのに役立った要因がいくつかあるにせよ、かれらは、結局、それが自分たちに残された唯一の党と革命への奉仕だという確信にもとづいて自白をしたのだ。スターリンの憎むべき政権を擁護するために、名誉とともに生命をも犠牲にした。なぜならば、この政権は、かれらが若くして身を捧げたあのよりよき世界にたいする希望の、最後の微光をもっていたからなのだ。スターリンは、社会主義、プロレタリア、革命といった魔術的な言葉を、まだ使っていたし、とにかく何とかして、社会主義が、血まみれの恐るべきスターリンの暴政から、まだ生れでるかもしれなかったのだ。

指導者を憎み、その政策に反対する理想に燃えた人々が、このような情況におちいることが驚くべきことのように思われるとすれば、それは、オゲペウの「取調官」の巧みな手中に一度おちいるならば、一体何がおこなわれるかを想像できないからなのだ。

一九三七年五月、大粛清が頂点に達していた頃、わたしは、当時、自白の引き出しに従事していたこれら取調官の一人、若いケドロフと話す機会をもった。話は、ナチ警察のやり方についてだったが、直ぐに、ノーベル平和賞受賞者で、高名なドイツの平和主義者で、当時ヒトラーの手に捕われていて、一九三八年に死んだカール・フォン・オシエツキー〔一八八七年ハンブルク生まれのドイツのジャーナリスト。一九二七年、無政主府義的傾向の日刊紙「ヴェルトビューネ」の編集長となる。徹底した平和主義者として、ドイツに存在する秘密の武装組織に反対する激烈な論陣を張る。一九三二年、ライプツィッヒ最高法廷で、一年の禁錮刑に処されたが、同年末に、ヒンデンブルク大統領の特赦で釈放される。ヒトラーの権力獲得後、強制収容所に拘禁され、健康をいちじるしく害す。一九三六年に釈放され、同年一〇月ノーベル平和賞を授けられる。結核性脳膜炎で死亡」の運命について話題が移った。ケドロフは、いかなる反駁も許さないといった調子で語った。

「オシエツキーは逮捕されるまでは立派な人物だったでしょうが、ゲシュタポの手中に収められて、今では、ゲシュタポの手先なのですよ。」

わたしは、ケドロフに反論しようとして、話題の人物の性格や資質を説明しようとした。ケドロフは、わたしの反論を払いのけて言った。

「あなたは、人間を自分の手に完全に収めている時に、その人物をどうすることができるか、ご存知ないんですよ。ぼくらは、ここで、あらゆる種類の人間、それこそ、もっとも豪胆な人間さえ扱ってきている。それでも、連中を叩きつぶしたし、望み通りのものを引きだしましたよ！」

実際、驚くべきことは、スターリンの政治的反対者にたいしてオゲペウがかけた種々の恐るべき圧力にもかかわらず、また、破滅の状態にありながら、自白したものは、きわめて少なかったという事実である。三つの「叛逆裁判」に登場した五四人の囚人一人一人について、少くとも一〇〇人が屈伏せずに、銃殺された。

スターリンによって処刑された主なボリシェヴィキ指導者には、六つの組があったが、そのうち、三つの組だけが屈伏して、見せ物裁判でみずからを責める役を引き受けた。他の三つの組は、——公式発表によれば——「秘密裡に裁かれた」。だが、この公式発表は、裁判と称するものの起訴状について、あるいは記録について一語もふれてはいないのである。

これら古参ボリシェヴィキが嘘の自白をすることが自分たちの義務だと納得するほどの困惑と絶望の情況に追い込んだ性格的要素は、四つある。そして、これら四つの要素全部が、程度の差はあれ、犠牲者各自に、恐らく影響を与えたのだ。

第一に重要な要素は、すでに意気消沈した状態では、耐えることができなかった肉体的・精神的拷問というオゲペウ工場の作業があげられる。アメリカ最新の大量生産方式を範にとって、スターリンが改良したこの「第三級」と呼ばれる取調べ方法は、われわれの間で、囚人取調べの「流れ作業方式」として、実際、知られるようになっていた。この方式は、犠牲者を、粗暴な新参者から、自白をひきだす技術に長けた専門家まで、いく段階にもわたる一連の尋問者にかけるのだ。

自白作成に役だった第二の要素は、スターリンの秘密文庫からひきだされた。ここにはあらゆる指導的人物の多年にわたる公的な行動と、私的な行為、政治的な行為と、家庭内の行為についての細大もらさぬ報告が、スターリンの個人的スパイ機関によって集められていた。この文庫は、スターリン支配の潜在的反対者全部にたいする名誉を傷つけ、脅迫するのに役だつ、真偽のとりまざった証拠の兵器庫になっていた。

見せ物裁判を準備するうえでの、第三の要素は、種々のありきたりのでっちあげだった。陰謀と称されるものについての既成の自白を備えた、挑発者たちが、もっと著名な仲間の役者を巻き込むという恥ずべき義務を負って、監獄に入れられた。この挑発者たちは、スターリンが眼をつけた主要な人たちに罪をきめつける「証人」や「共犯者」の役割を演じ、かれらに自分たちを護ろうとするどのような試みも絶望的なのだと自覚させたのだ。

自白をでっちあげるうえで、第四の、そしてけっして見逃すことのできない要因は、スターリンと、かれの中心的な囚人のあるものたちとの間で交渉された取引からきていた。西欧の知性にとって、君臨する死刑執行人とその罠にかけられた犠牲者との間に人命の取引があろうなどとは、驚くべきことにみえるかも知れない。われわれ、ボリシェヴィキ党の内輪のものは、このような取引は当然のこととしてとるのを、常としていた。犠牲者たちが、その「自白」によって、重要人物を連座させ、大清掃を可能にするのを扶けるならば、かれらの家族、友人、さらには、かれらほどには著名でない政治的追従者さえもが、危害を免かれるだろう。

われわれが自白を引きだす「流れ作業方式」と呼んでいたものについて説明する前に、先にふれた第三の要素――政敵を恐怖させ、超スパイ網を通じて、かれらを絶望におとしいれたスターリンの方法――について、若干つけ加えよう。このスパイ網は、オゲペウ本部と赤軍参謀本部にまで浸透していた。スターリンのスパイたちは、あらゆる人間をスパイした。こうして、赤軍の高級将官たちの逮捕と、処刑の五年以上も前に、ヒトラーの権力掌握のずっと以前に、スターリンの「小姓」の一人が突然、軍事人民委員部の本部に、諜報部を監督するために現われたのだった。かれの任務は、まず何よりも、軍事人民委員ヴォロシーロフをスパイすることだった。数ヵ月の間、かれは、毎日、最高機関である政治局の一員であるヴォロシーロフの郵便物を開封し、スターリンの個人的な文書綴にとじ込むために、えりわけて写真にとったのだ。

スターリンのスパイ組織の工作員たちは、以前の反対派幹部を、刑務所にいるもの、まだ高い地位にあるものを問わず、スパイした。かれらは、あらゆる可能性に備えて「証拠」を収集していたのだ。ボリシェヴィキ古参親衛隊の全体は、密告者とおとりという本当の大軍によって絶えず監視されていた。不注意な発言は、それを洩らした人間にたいして、異端事件をでっちあげるのに十分だった。都合の悪い時に、例えば、誰もがスターリンを称讃している時に、一瞬でも沈黙することは、不忠実の嫌疑を正当化するのに十分だった。

このような狩り立ての壊滅的な効果を、第三次見せ物裁判の中心人物の一人、アレクセイ・ルイコフの場合に、わたしは、なるほどと納得したのだった。一九三二年一一月、わたしはコーカサスのキスロヴォツク温泉保養地で、党と政府の高官用の「一〇月革命一〇《デェシャチリエチ》周年記念日《エ・オクチャーブリア》」というサナトリウムに泊っていた。ルイコフは、かれの妻といっしょにキスロヴォツクにいて、バンガローに離れて住んでいた。

人民委員会議議長として、レーニンの後を継いだルイコフは、ボリシェヴィキ党の創設者の一人であり、ソヴィエト革命の生みの親の一人だった。かれは、レーニンとトロツキーのもとで、ソ連最高経済会議の初代議長を勤めた。スターリンの集団化運動の反対者として、かれは格下げされていた。しかし、わたしが、かれに会ったときには、かれはまだ人民委員会議の一員として、郵政人民委員の地位を保っていた。さらに重要なことは、最高の立法機関であるボリシェヴィキ党中央委員会の一員としてまだ正式に名を連ねていたということだ。

わたしは、ルイコフが散歩しているのをよくみかけた。妻と連れだっていない時には、かれは一人だった。党や政府の職員の誰一人、かれと連れだっていたことはなかった。われわれのいたサナトリウムでは、浴室の前に、順番を待つ列がよく作られた。若いものが年長の指導者に順番をゆずる習慣があった。ルイコフにたいして、それは、けっしておこなわれなかった。名目的とはいえ、ルイコフはその当時キスロヴォックに来ていた誰よりも高い地位にいたのだ。かれが入浴を待つ間、誰も言葉をかけなかった。誰もが、かれから、できるだけ遠ざかっていようとした。党の内輪の社会で、ルイコフは、すでに政治的屍だったのである。

ソヴィエト革命の記念日一一月七日がやって来た。その夜、サナトリウムの大広間で祝賀会が催された。スターリンを「諸民族の指導者」、「世界労働者の天才中の天才」としてほめたたえる演説が、次々におこなわれた。酒はふんだんにあった。真夜中頃には、場の雰囲気は、非常に陽気なものになっていた。突然、わたしのテーブルにいた仲間の一人が、あざけるように叫んだ。

「ほら、ルイコフだよ！」

いつものように無造作な身なりをしたルイコフは、おずおずと入ってきたが、かれの立派な顔には、作り笑いが浮んでいた。服はだぶだぶで、ネクタイはよじれ、髪は乱れていた。かれの大きな黒い眼は、まるで霧を通してみるかのように、陽気な群集をみつめた。まるで幽霊が、この大広間で祝われている革命の英雄的な時代の幽霊が、突然現われたようだった。だが、その幽霊は生きていたのだ。

わたしの隣に座っていた男の嘲笑は、まもなく、他のものにひきつがれた。陽気な官僚たちはルイコフをさかなにして、声高く侮蔑的な批評をかわし合っていた。誰も、かれをテーブルに坐るように招くものはいなかった。会の主人役は、あちこちのテーブルを馳け廻りながらも、ルイコフを無視した。少しすると、一〇〇パーセントのスターリン主義者の何人かが、かれのところへやって来て、からかいはじめた。そのうちの一人は、ドネッツ炭田の党機関の「親分」だった。かれは、その地方の石炭の産出高を自慢し、ルイコフをくさした。

「いいですか、おれたちは、仕事をやっているんですよ。社会主義を建設しているんですよ。一体、いつまであんたや、あんたの同類たちは、党内で騒動を起しつづけるんですかね？」

ルイコフは、クレムリンに源を発するこの紋切型の論法に、適当な答をみつけることができなかった。かれは、何か当りさわりのないことをいって、話題を変えようとした。かれが、自分と集会の人々との間に、接触点と何らかの諒解点をみつけようと努めていることは明らかだった。わたしは、かれの周囲の少人数の人たちに加わった。広間には、ルイコフと十分話をしたかったものは沢山いたが、危険をおかそうとはしなかった。そんなことをすれば、スターリンの敵、反対派として眼をつけられただろう。会話は、はずまなかった。壁によりかかっていたルイコフに椅子もすすめられなければ、酒もすすめられなかった。かれは、来たときと同じように一人で立ち去った。かれは、スターリンが、かれの血を必要とするまでの数年間、物陰をさまよいつづけた。ついで、かれは、ありえようのないことが明らかな「自白」によって、脚光を浴びることとなるのだった。

わたしは、ある直接的な報告に基づいて、肉体的拷問という要素について語ることができる。わたしは、ある囚人を個人的に知っていたが、かれは尋問の間、短い中断があったものの、五五時間、ぎらぎら、目もくらむ光を浴びて立たされ通しだった。これが、恐らく、第三級のいちばん普通の方法だった。

わたしは、オゲペウのある高官と、自白をひきだすために、拷問の特殊な方法が秘密に用いられているという外国で広まっていた噂について議論したことがある。かれは、それを夢物語だと一蹴したあとで、こう言った。

「きみが仮に一〇時間の間片脚で、立たされたとしたら、自白しないだろうか?」

この方法は、短命のハンガリア・ソヴィエト共和国の首脳でロシアに難をさけ、コミンテルン指導者の一員となった、ベラ・クーンに用いられた。この世界に知られた革命家は、一九三七年五月、「ゲシュタポのスパイ」としてスターリンに逮捕されたのだった。〔一八八六―一九三九・一一・三〇。第一次大戦にオーストリア゠ハンガリア軍の中尉として参加、ロシア軍に捕虜となる。在ソ外国人ボリシェヴィキ協会会長(一九一七―一八)。内戦に、赤軍外人部隊長として闘い、一九一八年一一月ハンガリアに帰国して、ハンガリア共産党を創設、一九一九年二月二一日―一九一九年八月までプロレタリア独裁を指導、首相となり、その崩壊後オーストリアに拘留される。一九二〇年夏、ふたたびロシアに入り、コミンテルンの組織に参加、一九三五年まで、その指導者の一人だった。銃殺されたと推断されているが、かれにたいする起訴状内容と処刑の日付については、全く発表されていない。一九五六年、スターリンの犠牲者の一人として、名誉を回復された。〕

ベラ・クーンは、オゲペウのルビヤンカ本部に使える場所がなかったので、モスクワのブチルキー刑務所に収容された。かれは一四〇人の他の囚人と房を共にしたが、その中にはソ連海軍の司令官であったムクレーヴィッチのような著名な指導者たちがいた。ベラ・クーンが尋問に連れだされるとき、たいてい、他の囚人よりも長く房から連れさられていた。かれは、くずれるまで一〇時間から二〇時間にわたって、何度も「直立」試験をうけさせられた。監房に連れ戻された時には、かれの足は、起ちあがれぬほど、はれあがっていた。尋問が終るたびに、かれの状態は悪化した。戻ってきたかれの顔色は、同房の人たちに見分けがつきにくいくらい黒ずんでいた。看守たちは、ベラ・クーンをことさらに虐待した。

監房そのものが、拷問部屋だった。監房には上下二段の棚があって、そのうえに囚人たちは横になったり、眠ったりした。身体を伸ばすことができないくらい、つめ込まれていた。したがって、かれらは足を折り曲げ、互いに身体をくっつけ合って、眠らなければならなかった。そうしなければ、全部の囚人が、うまく収容されなかったのだ。「スターロスタ」、つまり、牢名主は、囚人の誰かが寝返りを打ったり、起きあがったりする場合にはいつも、位置を変えるよう、その棚の全員に命令しなければならなかった。監房に、歩く余地などはなかった。

ベラ・クーンは、自白しなかった。ムクレーヴィッチも自白しなかった。もう一人の同房者で、以前に、ボリシェヴィキ党中央委員会の一員だったクノーリンも、一度に二〇時間起たされたにもかかわらず、自白しなかった。

この拷問方法は、尋問の「流れ作業」方式の第一段階に属している。この段階を受けもっていたのは若くて、粗暴で、無知な検事たちだった。かれらはエジョフの部下だった。かれらは、囚人に照明の下に立つようにいってから、ぶっきらぼうな命令で、尋問を始めるのだった。

「貴様がスパイなのを白状しろ！」

「ちがう」

「おれたちは、知っているんだ。証拠がある。こういうことを白状しろ！」その後に、呪い、卑猥な罵言、脅迫が降りそそぐのだ。囚人が持ちこたえている時は、尋問者は寝椅子に横になり、何時間も囚人を起たせておいた。尋問者が部屋をでなければならない時は、囚人に看守がつけられ、囚人が座ったり、壁やテーブルや椅子にもたれたりしないように看視した。

「直立」罰が、狙った犠牲者を挫くのに失敗した場合には必ず、事件は、古参の、もっと老練な尋問者に廻され、洗練された方法で扱われた。ここでは装塡した拳銃をもてあそばれることも、罵言を浴びせられることも、照明をあてられることも、肉体的拷問もなかった。全く逆に、万事、囚人に第一段階が一切誤りで、不幸な経験だったと思わせるような扱いだった。気安さと形式ばらない雰囲気が作られていた。ムラチコフスキーにたいする尋問は、「流れ作業」方式におけるこの段階を特徴づけるものだった。その尋問記録は、多分ソ連の外で入手できるその種の唯一の文書なのである。

ムラチコフスキーは、一九〇五年以来、ボリシェヴィキ党の党員だった。かれは、ツァーリによってシベリアに流刑された革命家を父とした。かれ自身も何度となくツァーリの警察に逮捕された。ソヴィエト革命後、国内戦の時代に、ムラチコフスキーは、ウラル地方で義勇軍を組織し、それは、コルチャック提督の反革命軍にたいする勝利で、すばらしい武勲をたてた。かれは、レーニンとトロツキー時代に、ほとんど伝説的な英雄として呼名が高かった。

一九三五年の六月までに、第一次見せ物裁判の準備は、総て完了していた。一四人の囚人の自白が入手されていた。主役、ジノヴィエフとカーメネフの配役はきまっていて、下稽古をすませていた。しかし、狙いをつけられた犠牲者のこの一団に、自白を引きだせなかった二人の人間がいた。その一人がムラチコフスキーだったのだ。他の一人は、かれの同僚で、ボリシェヴィキ党の創立者であり、国内戦期に、第五軍を指揮したイヴァン・N・スミルノフだった。

スターリンは、この二人の人間なしで裁判を進めたくはなかった。かれらは、数ヵ月間、きびしく尋問され、オゲペウによる第三級のあらゆる肉体的拷問にかけられながら、まだ自白に署名することを拒否していた。オゲペウ長官は、突然、わたしの仲間スルツキーを呼んで、ムラチコフスキーの尋問を担当して、この男を「叩きつぶす」ように命じた。ところが、スルツキーは、たまたま、ムラチコフスキーを深く尊敬していたのだ。スルツキーから尋問者としてのかれの経験をきかされて、わたしたち二人は泣いた。

「おれは、尋問を始める前に、ひげをきれいにそっていった」とかれは、言った。「尋問を終えた時には、ひげがのびていた。尋問は、九〇時間つづいた。二時間毎に、スターリンの事務所から電話がかかってくるんだ。かれの秘書の声が、冷然ときくんだ。『ところで、奴を叩きつぶしたかね？』」

「きみは、その間中、ずっと外へ出ないで部屋にいたというわけじゃないんだろう？」と、わたしは、きいた。

「うん、最初の一〇時間が過ぎて、おれは、ちょっと外へ出たよ。だが、おれの秘書が交代した。尋問のつづく九〇時間の間、ムラチコフスキーは、一分たりとも一人にさせられなかった。便所にゆくにも、看守がついたんだ。」

「かれが最初おれの部屋に連れて来られた時には、国内戦で足に受けた傷でびっこをひいているのに気がついた。おれは、椅子をすすめた。かれは座った。おれは、こんな調子で尋問を始めた。『さて、同志ムラチコフスキー、わたしは、あなたを尋問する命令を受けました』」。

ムラチコフスキーは答えた。「わしにはいうことなど何もない！わしは、きみとは、どんな話もまったくしたくないのだ。きみのような奴は、ツァーリの憲兵よりはるかにたちが悪い。どんな権利があって、わしを尋問するのか、言ってみるがいい。革命の時、きみは、一体どこにいた？　どうも、革命戦争の時代に、きみのことをきいた覚えはないな。」

ムラチコフスキーは、スルツキーが着けていた二つの赤旗勲章に眼をとめ、言葉をつづけた。

「わしは、きみのような男を、戦線でみたことは一度もない。その勲章は、きっと盗んだものにちがいない！」

スルツキーは、黙ったままだった。かれは、囚人に皮肉をすっかり吐きださせる機会を与えた。ムラチコフスキーは、つづけた。

「きみは、わしを同志と呼んだ。たった昨日、わしは、きみと同じような他の男に調べられたばかりだ。やつのやり方は、違っていた。やつは、わしを虫けら、反革命家とぬかした。やつは、乱暴な言葉を使った。だがな、わしは、ツァーリの監獄で生れたんだ。父親は、シベリアに流されて死んだ。母親もそうだ。わしが、革命運動に参加し、ボリシェヴィキ党に加ったのは、子供子供していた頃だった。」

こういって、ムラチコフスキーは、起ちあがり、素早い動作でシャツをはだけ、ソヴィエト政権のための戦闘で受けた傷痕をみせた。

「これが、わしの勲章だ！」と、かれは、叫んだ。

スルツキーは、沈黙をつづけていた。かれは、お茶をもって来させ、囚人にコップとタバコをすすめた。ムラチコフスキーは、コップと、かれの前にあった灰皿を掴むと、床に叩きつけて、どなった。

「きみは、わしを買収したいのか？　スターリンに言うがいい、わしは、奴が胸のむかつくほどきらいだとな。奴は、裏切者だ。わしは、モロトフ（ソヴィエト首相）のところへ連れていかれたが、モロトフも、わしを買収しようとした。わしは、奴の顔につばをひっかけてやったよ。」

スルツキーは、ついに口を開いた。

「いいえ、同志ムラチコフスキー、わたしは赤旗勲章を盗んだのではありません。わたしは、タシケント戦線で、赤軍にいた時にもらったのです。そこで、わたしは、あなたの指揮下で闘いました。わたしは、あなたが虫けらだと思ったことは一度もありませんでした し、今でもそんな風にはみておりません。しかし、あなたは、党に反対し、闘いましたね？　もちろん、そうですとも。ところで、党は、今、あなたを尋問するようにわたしに命じているのです。それから、傷については、これをみてください」スルツキーは、自分の身体の一部をさらして、かれ自身の戦争の傷痕をみせた。

「これも、国内戦の時のものです」と、かれはつけ加えた。ムラチコフスキーは、耳を傾け、考え込んだ後に口を開いた。

「わしは、きみを信用せん。説明してみてくれ。」

スルツキーは、自分の公式の略歴を、オゲペウの書類綴からとってくるように命じた。それから、かれは、言った。「わたしは、国内戦後、革命裁判所に関係していました。その後党は、オゲペウにわたしを移したのです。わたしは、今、ただ命令を実行して、与えられた任務を果しているだけなのです。もし党が、わたしに死ねと命ずるならば、わたしは死ぬでしょう。」（それから一八ヵ月後、スルツキーの自殺が報ぜられた時に、この言葉は、誤りなく守られたのだった。）

「いやいや、きみは警察の犬、オフラナ〔ツァーリ時代の政治・秘密警察〕の手先になったのだ」と、ムラチコフスキーは、叫んだ。それから、かれは、沈黙し、ためらい、やがて言葉を次いだ。「しかし、まだ魂が抜け切った訳でもないらしいな。」

初めて、スルツキーは、ある理解の火花が、自分とムラチコフスキーとの間に発生したように感じた。かれは、ソヴィエト政府の国内的、国際的情勢、内と外からの危険、ソヴィエト権力を掘り崩す党内の敵・革命の唯一の救済者としての党を、どのような犠牲を払っても救わねばならぬ必要、などについて話し始めた。

「おれは」とスルツキーは、わたしにいきさつを話しかけた。「自分個人としては、かれ、つまりムラチコフスキーが反革命家ではないと信じていると、かれに言ったんだ。投獄されているかれの同志たちの自白を、机からとりだして、連中が、ソヴィエト政権にたいする反対の泥沼にどれほど落ち込んでいるかの証拠として、かれに見せたよ。」

「まる三昼夜、おれたちは、しゃべり、議論した。その間、ずっとムラチコススキーは、一睡もしなかった。おれの方も、かれとの格闘の間に三、四時間眠っただけだ。」

ムラチコフスキーは、二度、監獄から連れだされて、スターリンに会ったとスルツキーに話した。クレムリンに連れてゆかれた最初の時、スターリンの謁見室で、モロトフ首相と出合った。モロトフは、ムラチコフスキーにこんな忠告を与えた。

「かれに会うところかね。かれには率直にしろよ、セルゲイ、何も隠すな。さもなければ、銃殺刑執行隊の前で、おしまいになるぞ。」

スターリンは、夜が更けるまで、ムラチコフスキーを引き留め、あらゆる反対派の見解を否認するよう説いた。スターリンは、国が、ボリシェヴィキ独裁の生命を脅かしている分裂をはかる分子にみちている、と主張した。党の全指導者は、ただ一つの路線、スターリンの路線だけが開かれているのだということを国民に示さなければならない。ムラチコフスキーは、譲らずに、監房に連れ戻された。

ムラチコフスキーが二度目にクレムリンに連れてゆかれた時に、スターリンは、条件をだして、路線に従うように誘った。

「きみが、精一杯、協力してくれるならば」とスターリンは、約束した、「ウラルへやって、あそこの工業を受けもってもらおう。きみが指導をするんだ。きみには、まだ大仕事ができる。」

ムラチコフスキーは、ふたたびスターリンの提案を拒否した。スルツキーが、見せ物裁判を準備するために、かれを挫く任務を与えられたのは、それからだったのだ。

いく日も、いく晩も、議論がつづき、ムラチコフスキーはスターリン以外の何人もボリシェヴィキ党を指導できないと考えるに至った。ムラチコフスキーは、一党支配制を固く信じていた。また、内部から党組織を改革し、スターリンの指導権を打倒できるボリシェヴィキ・グループが存在していないということを認めなければならなかった。事実、国内には深刻な不満があった。が、ボリシェヴィキの戦列の外部から、それをどうこうするということは、ムラチコフスキーが忠誠を誓うプロレタリア独裁にとって終りを意味するだろう。

予審検事とその囚人の両者ともに、ボリシェヴィキはその意志と見解を、党の意志と見解とに従属させなければならないということに意見の一致をみた。かれらは、もしソヴィエト権力を固めるために必要となるならば、死や不名誉、さらには不名誉な死を経験するとも党内に留まらなければならないということに同意した。党が求めるならば自白者たちが、自分たちの自己犠牲行為について考慮を払うということは、党のためなのだった。

「おれは、かれが泣き始めるところまでもっていった」と、スルツキーは、わたしに報告した。「おれたちが、総てが失われ、希望や信念という道には何も残っておらず、なすべき唯一のものは、不満な大衆の側の無益な闘いの機先を制するために絶望的な努力をすることだけだという結論に達した時には、おれは、かれといっしょに泣いた。このためには、政府は、反対派指導者たちによる、公けの『自白』が必要なんだ。」

ムラチコフスキーは、かれの親しい同僚であるイヴァン・スミルノフと会わせて欲しいと頼んだ。スルツキーは、スミルノフを監房から連れてこさせ、二人の対面は、スルツキーの仕事部屋でおこなわれた。スルツキーは、その模様を次のように物語った。

「それは、痛ましいほど不安な場面だった。あの二人の革命の英雄は、お互いに抱きあって、泣いた。ムラチコフスキーは、スミルノフにいった、『イヴァン・ニキーティッチ、やつらに欲しいものをくれてやろう。そうしなくちゃならないんだ。』スミルノフは同意しないで、こう答えた、『おれには、自白することなど全くない。おれは、ソヴィエト権力に刃向って闘ったことはけっしてないぞ。

党に反対して闘ったこともない。おれは、だんじてテロリストじゃなかった。おれは誰かを殺そうなどとはしなかったぞ』。」

ムラチコフスキーは、スミルノフを説得しようとしたが、スミルノフは、譲ろうとはしなかった。その間、ずっと二人は抱き合ったままで、泣いていた。結局、スミルノフは連れ去られた。

「ムラチコフスキーは、ふたたび、頑固になり、いらだってきた」と、スルツキーは言った。「かれは、スターリンを裏切者だと呪い始めたんだ。だが、四日目の終りになって、かれは、公判で自分がする自白全部に署名した。」

「おれは、家に帰った。まる一週間というもの、おれはどんな仕事も手につかなかった。生きるのがたえられなかった。」

ここでつけ加えておかねばならないことがある。それは、ムラチコフスキーが自白をオゲペウに渡した後で、イヴァン・スミルノフの抵抗が挫かれ、同志の轍を踏んだということである。それでも、スミルノフは、第一次公判で、自分の自白を否認しようと、再三試みた。そのたびに、検事は、かれの言葉をさえぎった。

囚人を屈服させる——オゲペウで普段使われている言葉を用いれば、「割る」——のに、これらの方法でだめだとなると、しばしば、スターリンとの個人的会見という手段がとられ、そこである取引が成立するのだ。わたしは、レーニンのもっとも身近な協力者だったカーメネフとジノヴィエフが裁判にかけられる数ヵ月前にスターリンと、このような会見をしたことを知っている。ジノヴィエフは、スターリンの要求に従った。のちになって、かれの家族の一人が言っているように、二つの理由からジノヴィエフは自白に同意するに至った。「第一に、政治的に、他に方法がなかった。第二に、かれは、家族を迫害から救いたかった。」やはり、カーメネフも、法廷でのかれの弁明が示しているように、妻と三人の子供たちにたいする報復を恐れた。政治的犯罪で起訴された人間の家族を処罰するというのは、スターリンの常套手段なのである。実際、現在のソヴィエト刑法によれば、家族は有罪とされているのだ。

第二次見せ物裁判で主役の一人だったカール・ラデックは、かれを「流れ作業方式」にかけるよう命ぜられていた若い取調官ケドロフに答えるのを拒否した。ケドロフが、光彩陸離たる政治評論家であるこの囚人を侮辱でやっつけるのに失敗すると、ラデックはスターリンのところへ連れてゆかれた。ラデックがクレムリンから戻って来た時には、全く違った様子をしていた。かれとスターリンは、ある了解に達したのだった。ラデックは「大首領」が何を欲しているのかを知った。今や囚人が、自分自身の自白を書くという仕事を引きついだのだ。

「きみは眠りにいってもいいよ、ケドロフ、わたしが残りをやろう。」

そして、その時からラデックは、自分自身にたいして尋問をおこなった。

スターリンのもっとも著名な犠牲者たちのなかの三人が、ちょうど一年前にクレムリンで開かれた集会で果した役割によって、かれらのおこなった「自白」には、一条の光が投げられている。それは出席者七〇名を数える共産党中央委員会総会だった。粛清は、当時、絶頂に達しつつあった。国民は、混乱していた。政府は麻痺状態にあった。「大首領」が何を考えているのか知っているものは、一人もいなかった。スターリンの副官たちでさえもが、自分たちの首が、明日にはその肩にのっているかどうか確かではなかった。

恐怖と疑惑にかられた七〇人の高官たちがクレムリンの大広間に集った。かれらは、スターリンの命令一下、主人にたいする忠誠心を示すために、互いに襲いかかろうとして身構えていた。この歴史的な劇の三人の主役は、ヤゴダ、ブハーリン、ルイコフだった。オゲペウの長官を解任されるまで、久しい間「革命の復讐の劒」と呼ばれてきたヤゴダは、当時はまだ自由な身の上だった。かれは、郵政人民委員としてルイコフの後を襲っていた。しかし、かれは——誰もが知っているように——自分が運命の定まった人間だということを知っていた。

スターリンが演説した。かれは、守られるべき政策を規定した。粛清は、まだ十分徹底していなかった。異端と叛逆は、十分に根絶やしにされていなかった。さらに裁判が必要だった。さらに犠牲者がみつけだされねばならなかった。この意味合を汲みとった人々には、栄達の道が開けよう。恐怖と狡猾が七〇人の顔に書かれていた。かれらのなかで一体誰が、主人の好意の奪い合いで、生命の奪い合いで勝利をえるだろうか？

ヤゴダは、静かに耳を傾けていた。スターリンの横目づかいの、敵意にみちた顔付きに示唆されて、多くの憎しみの眼が、かれに向けられた。まもなく、大広間のいたるところから、質問と非難が奔流となってヤゴダに注がれた。なぜトロツキー派の虫けらどもを甘やかしたのか？　なぜ、自分のところに裏切者をかくまったのか？　ヤゴダの政治的死骸に殺到しようとして、人々は、非難を競い合った。誰もが、献身振りを確信させ、そして多分、その恐ろしい報復を逃れようとして、スターリンの覚えをえたがった。

突然、墓場のように静かに、ヤゴダは、顔を、自分を攻める人々の群の方に向けた。かれは、静かに、まるで、独り言を言っているかのように言葉少なにいった。

「おれが権力を握っていた時に、貴様たち全部を逮捕しておかなかったのは、何とも残念なことだ。」

これが、ヤゴダの言った総てだった。嘲けりの言葉が、疾風となって広間を吹き通した。怒号する七〇人の党領袖たちは、ヤゴダが六ヵ月早く自分たちを逮捕していたならば、自分たちの自白をえていただろうということを知っていた。ヤゴダは、ふたたび、仮面に戻った。

二人の囚人が制服を着たオゲペウの係員によって広間に連れられてきた。そのうちの一人は、共産主義インターナショナルの前議長、ニコライ・ブハーリンだった。もう一人は、ソヴィエト首相〔人民委員会議議長〕としてレーニンの後を継いだアレクセイ・ルイコフだった。みすぼらしい服をつけ、蒼ざめ、消耗し切ったかれらは、よい身なりをして、栄養十分なスターリンの小姓たちの間に腰をおろしたが、小姓たちは、混惑し、驚いて、二人からそろそろと離れていった。

スターリンは、ソヴィエト史上のこの二人の偉大な人物、このボリシェヴィキ党の創立者を自分が「民主的に」扱っているということを証明しようとして、中央委員会の前にこのように出場させるよう演出したのだった。だが、会議は今や、スターリンの完全な支配下にあった。ブハーリンは、発言するために起ちあがった。途切れ途切れの声で、かれは、同志たちに向って、自分がスターリンやソヴィエト政府にたいする陰謀にけっして参加しなかったということを確言した。決然として、かれは、自分にたいするこのような行動についての疑惑を否認した。かれは泣いた。抗弁した。かれとルイコフは、自分たちが創建するのに力をかした党中央委員会の古い同志愛の火花を喚び起そうと望んでいたことは明らかだった。しかし同志たちは、用心深く沈黙を守っていた。かれらは、スターリンの発言を待つ方を選んだ。そこで、スターリンは、ブハーリンをさえぎって言った。

「そんなのは、革命家が自己弁護するやり方ではない！」とかれは叫んだ、「もし、きみたちが無実ならば、それを監房の中で証明できるはずだ！」

参会者たちは、荒々しい叫び声を、一斉にあげた、「裏切者を銃殺しろ！　奴を監獄に連れ戻せ！」

ブハーリンとルイコフが打ちひしがれ、泣きながら、手入れのよい軍服を着たオゲペウ係員によって監獄に連れ戻されてゆくと、スターリンは、喝采を浴びた。

二人の囚人は、この機会を誤解していたのだった。スターリンの考えでは、かれらが過去の誤謬を告白し、スターリンの指導をほめたたえることによって党への自分たちの忠誠を示す機会だったのだ。そうする代りに、かれらは、スターリンをだし抜いて、参会者に呼びかけ、今ではスターリンのあやつり人形にすぎないかつての同志たちの前で、自分たち自身を正当化しようと企てたのだった。

中央委員会の態度は、二人の囚人たちに、スターリンの権力がどれほど絶対的なものであるかを証明した。それは、スターリンに反対すれば、「出口」はないというかれらの確信を強めた。ブハーリンとルイコフは独裁者と、かれのだす条件で取引きすることに失敗した。そして、他の条件は存在していなかつたのだ。「国家、それは朕である」といったルイ一四世のように、スターリンは、「党、それは余である」という地位をほしいままにしていた。かれらは、自分たちの生命を党の奉仕に捧げた、そして、スターリンの命令に従う以外に、党に奉仕する道は残されていないと考えた。こうして、かれらは、革命に奉仕しているという幻想をもちこたえたのだった。

以上が、自白を基本的に説明するものなのだ。だが、わたしがふれた他の一切の要素が、あの五四人の古参ボリシェヴィキに、あれほどまでに屈辱的な奉仕を甘受させる上で、それぞれの役割を果した。他に一つの要素があるが、わたしは、それがほんの小さな役割しか果さなかったと思うので、ふれないできた。かれらの大部分については、それは、何の役割も果さなかった。この要素とは、もし「自白」すれば、自分たちの家族やその政治的追従者たちだけではなく、自分たち自身さえもが危害を加えられずに済むかもしれないというかすかな望みなのである。第一次裁判、つまりカーメネフ＝ジノヴィエフ事件裁判の前日、スターリンは大赦と減刑の権限をソヴィエト最高会議議長に回復する政府布告をだした。この布告は、明らかに、公然と自白しようとしていた一六人の人々に、慈悲が待っているということを暗示する意図でだされた。ところが、裁判を通じて、囚人たちは次々に声明した。「わたしは、慈悲を乞う必要はない」、「わたしは、自分の刑の軽減を求めない」、「恩典を乞うことができるとは考えない。」

八月二四日の朝早く、一六人の人々は、銃殺を宣告された。かれらは、ただちに恩典を訴えた。その同じ日の夕刻、ソヴィエト政府は「これら有罪宣告を受けたものたちの恩典の訴願を拒否し」、「判決は執行された」と発表した。かれらは、スターリンと取引をおこない、スターリンがそれを守らなかったのだろうか？　もっと確かなことは、かれらが、かすかな、ぐらつく希望を抱いたということであり、それが総てだったのだ。

第二次見せ物裁判、つまりラデック＝ピアタコフ＝ソコルニコフグループの裁判で、スターリンは、まるで、将来の裁判に備えて、もっと自白を手に入れようとするかのように、振舞った。スターリンは、このグループの一七人の人々のうち四人を、判決の減刑によって助命した。かれらのうちの二人は、主役のラデックとソコルニコフ、別の二人は、他のものをひっかける ために、「証人」として送り込まれていたオゲペウの名もない工作員だった。

一年後、一九三七年六月に、トゥハチェフスキーをはじめとする八名の赤軍高級将官たちがいわゆる秘密裁判にかけられた後に、何の自白もしないで処刑された。一九三七年七月九日、スターリンの故国の首都、チフリスで、スターリンのかつての同僚革命家ブドゥ・ムジヴァーニをはじめとする七名の著名なコーカサスのボリシェヴィキが、やはり、いわゆる秘密裁判の後に、自白なしで、処刑された。一九三七年一二月一九日、スターリンの青年時代、かれの良き教師の一人であり、一八年間ソヴィエト政府に高い地位を占めていたエヌキーゼをはじめとする八名の著名なボリシェヴィキ指導者のグループが、これまた一方的な秘密裁判の後に、自白なしで処刑された。

これまでのところ最後の「叛逆裁判」であるブハーリン＝ルイコフ＝ヤゴダ事件は、一九三九年三月に上演され、二一名の被告で構成されていた。かれらから自白を引きだすには、一年かかった。このグループのうち三人は、減刑された。この見せ物裁判における起訴事実は、キーロフ暗殺、マクシム・ゴリキー毒殺の陰謀からヒトラーのスパイ容疑にまでわたっていた。自白者たちの自己中傷は、底知れぬ深さにまで達した。世界は、被告の有罪を主張して競い合う自白者たちと検察当局に唖然としていた。

各裁判で、被告の間には、おのれを中傷し、さらに多くの罪状を自白しようとする競争があった。裁判が回を重ねるに従って、この一見気違いじみた行為は、増加していった。

非常に多くの人たちは、犠牲者たちが、かれらの達したおどろくべき極端さによって、スターリンが慈悲を与えるであろう少数者の群に、自分たちもえらばれようと努めていたのだと考えている。犠牲者たちが、でっちあげの点で無類の、検事ヴィシンスキーに勝ったことをみれば、若干のものたちが、淡い希望を抱いていたかも知れない。しかし、わたしには疑問だ、というのは、かれらは、みなスターリンをよく知っていたからだ。かれらは、みなクレムリンのあの決定的な会議で、スターリンが、かれの古い同僚ブハーリンにたいして放った「そんなのは、革命家が自己弁護するやり方ではない」という侮蔑の言葉を知っていた。

ボリシェヴィキ党の古い党員として、わたしは、挫かれ、拷問を受けて、ついには自白したにもかかわらず、かれらが、自分たちの自白の全くおどろくべき極端さによって、この自白は、見せ物裁判の他の一切のものと同様に政治的行為なのだということを明らかにしようと考えていたと信じている。かれらは、死の瞬間まで政治闘争をおこなっているのだということ、また、党に奉仕しようとする最後の努力から党にたいする犯罪を「自白」したのだということを、世界と歴史に知らせようと望んだのだ。

わたしから、このような考えを打ち明けられた人たちは、西欧の考え方では理解できないといっている。それにもかかわらず、わたしは、それが真実であると固く確信している。古参ボリシェヴィキの資質、かれらの主義への献身、ボリシェヴィズムがゆきついた袋小路についてのかれらの認識、スターリンについてのかれらの理解をわたしは知っているのである。

第七章 なぜ、スターリンは自分の将軍たちを銃殺したか？

一九三六年一二月のはじめ、ハーグの本拠にいた時、わたしは、偶然、ある大陰謀の鍵を入手することとなった。この陰謀は、六ヵ月後、スターリンによるトゥハチェフスキー元帥と赤軍首脳部のほとんど全員の処刑を招いたのである。

陰謀には、権力や報復を切望している人たちが計画するものと、事態の成行きがめぐらすものとがある。時として、このような二つの陰謀の進路は交叉し、からみ合う。すると、歴史家は、最大限の能力を要求されるようなもつれた枠《かせ》に直面する。スターリンが赤軍の精華をドイツ政府のために働くスパイとして絶滅したという奇怪な事件は、この種類のものなのである。

それは、今なお世界の人々を、当惑させつづけている謎なのである。いたるところで、今なお、次のような疑問が発せられている。

なぜ、スターリンは、ヒトラーが戦争準備に狂奔していると一般に信じられていた時に、赤軍の頭部を切り落したのだろうか？ 赤軍の粛清と、ドイツとの協定に達しようとして払われていたスターリンの努力との間には、何らかの関係があったのだろうか？ 赤軍首脳部の側に、現実に、スターリンにたいする陰謀があったのだろうか？

クレムリンが、偉大なトゥハチェフスキー将軍と八名の赤軍司令官たちが非友好的なある外国と結んで陰謀をめぐらしているのを突如発見した、と発表したのは、一九三七年六月一一日のことだった。

その翌日、赤軍参謀総長トゥハチェフスキー元帥、ウクライナ軍管区司令官ヤキール将軍、白ロシア軍管区司令官ウボレーヴィッチ将軍、フルンゼ陸軍大学校長コルク将軍、プトナ将軍〔ロンドン駐在陸軍武官〕、エイデマン将軍〔ソヴィエト国防飛行科学建設後援会会長〕、フェルドマン将軍〔赤軍行政・人事部長〕、プリマコフ将軍が、いわゆる秘密軍法会議にかけられたのちに処刑されたという報道に世界の人々は仰天した。軍事人民委員代理で赤軍政治本部長のガマールニク元帥は、自殺したと報ぜられた〔六月一日付のプラウダは、「前中央委員ガマールニク」が、「反ソ分子との自分のかかり合い」をあばかれそうになったために、自殺した旨を報じた。「政治本部」は軍にたいする党の統制機関〕。ヒトラーとゲシュタポのスパイとして突然摘発されたこの九名の指導的将軍のうち三名——ガマールニク、ヤキール、フェルドマンは、ユダヤ人だった。

スターリンがかれの権力にたいする赤軍の陰謀を、「突如」発見するずっと以前に、わたしは、スターリン自身が陰謀家であり、少くとも七ヵ月の間、赤軍首悩部のこのような抹殺を企んでいたことを証拠だてる一本の鎖に連らなる出来事の主要な環を、それとは知らずに、手に入れていた。

赤軍大粛清という謎の断片を、全部集め合せると、完成された図柄は、次の事実を明らかにする。

(1)　トゥハチェフスキーと他の将軍たちに「ぬれぎぬを着せる」スターリンのもくろみは、赤軍陰謀のいわゆる発見の少くとも六ヵ月前に着手された。

(2)　スターリンはかれ自身、何ヵ月にもわたる秘密交捗の後に、ヒトラーとの取引を結ぼうとしていた矢先に、トゥハチェフスキーとその同僚を処刑した。

(3)　スターリンは、赤軍のもっとも忠実な将軍たちにぬれぎぬを着せるのに、ナチのゲシュタポによってでっちあげられ、ドイツから移入されたいんちきな「証拠」を利用した。

(4)　この「証拠」は、国外にあるツァーリスト軍事組織を介してオゲペウに供給された。

(5)　スターリンは、ツァーリスト軍人会会長エヴゲニー・ミラーを、一九三七年九月二二日、パリで誘拐させた。この図々しい犯罪は、赤軍首脳部を陥し入れたスターリンの「証拠」に関して、ゲシュタポ自体を別として、自分の統制下にない唯一の情報源と、証拠が運ばれた経路とを、破毀するために犯された。

バルセロナからパリに着いたばかりのオゲペウ外事局長スルツキーからわたし宛の至急報をもって、一人の急使がハーグに着いたのは、一九三六年一二月の第一週のことだった。当時わたしは、西ヨーロッパ駐在ソヴィエト軍事諜報部を担当していた。

例によって、急使がもってきた指令は、特殊な写真機でとった小さなフィルムの一巻に収められていた。フィルムを現像すると、大要次のような指令だった。

「貴官の部下から、ドイツ将校に扮することのできるもの二名を選ばれたし。かれらは、その風体で十分武官として通用するほど印象的でなければならない。軍人として話すことに慣れたものでなければならない。また、とくに信頼するに足る大胆なものでなければならない。遅滞なく、かれらを本官のもとに派遣せよ。これは、きわめて重要である。二、三日中にパリで貴官と会見することを期待する。」

わたしの部にたいするこのようなオゲペウの要請に、わたしは困惑した。スルツキーへのわたしの返事は、伝書使を介して帰りの飛行機で急送されたが、中心的な部下をその部署から離して、ドイツ国内のわたしの組織を崩さねばならないことに、わたしが立腹しているのを隠してはいなかった。しかしながら、わたしは適当な二人の工作員を呼びに、人をドイツにやった。

二日経ってわたしはパリに向い、パレス・ホテルに泊った。わたしの当地の秘書を通じて、カピュシーヌ通りのカフェ・ヴィエルで、スルツキーと会う手筈をした。わたしたちは、オペラ広場の近くにあるペルシャ料理のレストランの方へ歩いていった。途中、わたしは、わが国の全般的政策についての最新のニュースを、かれに尋ねた。

「われわれは、ヒトラーと早期に了解に達する方向に路線を決定した」とスルツキーは言った。「それで、交渉が始まっているのだ。交渉は順調に進んでいるよ。」

「スペインで、あのざまなのにか！」とわたしは叫んだ。ドイツと協調しようというスターリンの見解が執拗なのに、わたしは驚きはしなかったが、スペインの諸事件がそれを背景に押しやってしまったものと思っていたからなのだ。

わたしたちが、テーブルに腰をおろすと、スルツキーは、エジョフがわたしの勤務を評価していると告げることから、会話の口火を切った。内務人民委員――オゲペウ長官の正式な名称――としてエジョフは、スターリン自身の声を語っていた。したがってわたし個人としては喜んだ。

「きみのやったことは、みごとだよ」とスルツキーはつづけた。「しかし今後、きみはドイツでの活動をおさえなくちゃならん。」

「事態が、もうそれほど進行しているというわけじゃないんだろうな！」とわたしは叫んだ。

「いや、そうなんだとも」とかれは、言った。

「おれにドイツでの仕事を全部やめろという指令をもってきているという意味なのか？」

わたしは、このことを、残念そうにいった。後になって、政策転換がおこなわれるのをわたしは予見していたし、そうなれば、丁度その助けが一番必要とされる時に、わたしの組織が、崩れているだろうということを知っていたからだ。このようなことは以前にもあったのだ。

スルツキーは、わたしの一連の考えを、明らかに理解した。というのは、かれが、次のように強調したからだ。「今度は本物なんだ。ヒトラーと協定がまとまるまで、ほんの三、四週間の問題なんだ。全部やめてしまってはならないが、仕事を進めてはいけない。腐りかかっている死骸にひとしいこのフランスには、人民戦線があったところで、おれたちにとっては、何もありゃしないんだ！　ドイツにいるきみの部下の何人かを将来に備えさせておきたまえ。他の連中は、他の国に移して、訓練するのだ。だが、完全な政策転換に備えておけよ。」そして、わたしが抱くかもしれない疑念を追い払うように、かれは、意味深長につけ加えた、「これが、現在、政治局の方針なんだ。」

この頃には、政治局は、スターリンと同義語になっていた。ロシアにいる誰もが、政治局の決定は、戦場にのぞんだ将軍の命令のように最後的なものであることを知っている。

「事態は非常に進んでいる」とスルツキーはつづけた、「だから、おれは、きみに、スターリン自身の考えを、かれの言葉通りに話すことができるんだ。かれは、最近エジョフにこういった、『ごく近い将来、われわれは、ドイツとの協定を達成するだろう』。」

その問題については、もうそれ以上、話題がなかった。しばらく沈黙がつづいてから、わたしは、スルツキーが、例になくドイツにいるわたしの部下を二人要求してきたことを問題にした。

「どんな悪企みをやっているんだ」とわたしは尋ねた。「きみらは、どんなことをしているのか解っちゃいないんだな？」

「もちろん、解っているさ」と、かれは、言った。「しかし、これはありきたりの仕事じゃないんだ。それは、他の仕事を全部ほっぽって、やりとげるために、ここにこなくちゃならなかったほど、すごく重要な事件に関係しているんだ。」

わたしの例の二人の工作員は、わたしが想像していたように当時スペインにおもむくよう命ぜられるのではなかった。明らかに、かれらは、フランスでの、ある何か向うみずな仕事をやるために必要とされていたのだ。わたしは、まだ、かれらをオゲペウにまわしたことに抗議しつづけると、スルツキーは、ついに本音を吐いた。

「きみの言い分が正しいにしろ、指令は、エジョフ自身からでているんだ。おれたちは、生粋のドイツ将校の役割を演じられる男が二人、必要だ。しかもすぐ欲しいんだ。この仕事は、他のことなんかどうでもいいくらい重要だ。」

わたしは、すでにドイツにいる最良の工作員のうちの二人を呼びに人をやったし、かれらが、いつでもパリにこられるだろうということをスルツキーに告げた。わたしたちは早朝まで他の問題について話し合った。わたしは、ドイツ国内のわたしの組織を、新しい政策に適応させる計画をねるために、二、三日のうちにオランダの本拠に帰った。

一九三七年一月、第二次叛逆裁判が進行していたモスクワで、新しい一連の「自白」がなされた報らせを知って、世界は仰天した。被告席に腰をおろした一団のソヴィエト指導者たちは、検察当局によって「トロツキスト・センター」と呼ばれ、一人一人が、ドイツを利するスパイ行為を含む大陰謀を自白したのだ。

この頃、わたしは、ドイツ国内のわれわれの諜報網の大部分を解散する仕事にたずさわっていた。モスクワの新聞は、毎日、裁判の進行状況を報告していた。わたしは、妻や子供とともに、家にいて、一月二四日の夕方におこなわれた証言の部分を読んでいたが、その時、ラデックの秘密自白から法廷で引用されたくだりを読んで、自分の眼を疑った。ラデックは、最近まで駐英ソヴィエト大使館付武官で、数ヵ月間、オゲペウの囚人となっていたプトナ将軍が、「トゥハチェフスキーの要請で」かれのところへきたとのべた。ラデックの秘密自白からこのくだりを引用した後で、ヴィシンスキー検事は、ラデックを尋問した。

ヴィシンスキー――わたしの知りたいのは、どんな関係で、被告がトゥハチェフスキーの名を引きあいにだしているかということだ。

ラデック――トゥハチェフスキーは、政府からある仕事を委嘱されたが、必要な資料をみつけることができなかった……トゥハチェフスキーは、プトナの活動にせよ、わたしの犯罪的活動にせよ、何も知らなかったのだ……

ヴィシンスキー――そこで、プトナは、被告の仕事とは何の関係もない公務でトゥハチェフスキーから、被告のところに送られた、というのは、かれ、トゥハチェフスキーには、きみの仕事は何の関係もないから、というわけだね？

ラデック――トゥハチェフスキーは、わたしの仕事とは、何の関係もないのだ。

ヴィシンスキー――被告のいうことを正しく理解するならば、プトナは、被告らのトロツキスト地下組織の所属者たちと関係があったし、また被告がトゥハチェフスキーを引きあいにだしたのは、プトナがトゥハチェフスキーの命令で、公務としてやってきたという事実と関連してなのだね？

ラデック――その通りだ。そして、わたしは、反革命運動と関連して、トゥハチェフスキーとは何の関係ももたなかったしまた、もちえなかった。というのは、わたしは、トゥハチェフスキーの党と政府にたいする態度が全く献身的な人間のそれであると知っていたからだ。

わたしは、これを読んで、非常な衝撃を受け、妻が何ごとが起きたのかと尋ねたほどだった。わたしは、新聞をかの女に渡して、いった。

「トゥハチェフスキーは、もうおしまいだ！」

妻は報道を読んだが、驚きはしなかった。

「でも、ラデックは再三、トゥハチェフスキーが陰謀とは何の関係もないと主張しているわ」と、かの女は、いった。

「その通り」と、わたしはいった。「トゥハチェフスキーには、ラデックの無罪申立が必要なのかね？　ラデックが、自分から進んで、トゥハチェフスキーの名前をあえて裁判で引きあいにだそうとしたと、思うかね？　そうじゃない。ヴィシンスキーが、トゥハチェフスキーの名前をラデックの口からいわせたのだ。スターリンがヴィシンスキーに吹きこんだんだよ。ラデックは、ヴィシンスキーの代りにしゃべり、ヴィシンスキーは、スターリンの代りにしゃべっているのが解らないのかね？　だからトゥハチェフスキーは、もうおしまいなんだよ。」

トゥハチェフスキーの名前は、この短い一節のなかで、ラデックとヴィシンスキーによって一一回、あげられていた。そしてオゲペウの手口に精通しているものにとっては、このことは、ただ一つの意味合しかなかった。わたしには、スターリンとエジョフが、すでにトゥハチェフスキーと、おそらくは、赤軍首脳部の他の高級将官たちを鉄の輪でかこんでしまったように思えた。秘密の準備が総て完了し、かれらを締めつける過程が公然と始まったということは確かだった。

わたしは、起訴状に眼を通し、ラデックの秘密の「自白」が一二月におこなわれているのに気がついた。それは、わたしがスルツキーから二人の「ドイツ将校」をだすように要請をうけた月だった。二人は、これまでに、わたしのところに復帰し、パリで数週間ぶらぶらしていたが、突然、「仕事」は延期されたという簡単な説明で解任されたということを、わたしに語っていた。わたしたちは、ある障碍が起きたか、計画が変更されたのだろうと結論した。

トゥハチェフスキーの名前を引きあいにだしているラデックの「自白」は、外交政策におけるスターリンの転換ともだいたい合致していた。この外交政策の転換は、スルツキーがわたしにドイツとの協定という緊迫した成行きについて警告し、ドイツにおけるわたしの活動を押さえるように命じた直後にやってきた。

しかし、何故にスターリンは、このような時期に、赤軍の将官層を壊滅しようと望んでいるのだろうか、とわたしは首を捻った。カーメネフ＝ジノヴィエフ・グループを抹殺し、ラデック＝ピアタコフ事件でもう一つの政敵ブロックを撲滅していながら、一体どんな動機がスターリンを、わが国防体制の最高首脳部にたいして、事をすすめさせているのだろうか？

スターリンが長い間にわたって打ち砕き、骨抜きにしてきたジノヴィエフやカーメネフのような政治家の群を銃殺刑執行隊の手に引き渡すことと、国家の軍事機構の舵手たちを殲滅することとは別の事柄である。スターリンは、このように国際的に危機の高まっている時期に、トゥハチェフスキー元帥や、たとえば軍事人民委員代理ガマールニクのような指導者たちをあえて銃殺しようというのだろうか？　かれは、赤軍の頭部を切り落すことによって、敵の前に、あえて国を無防備にしておこうというのだろうか？……

この問題に関するわたしの意見の背景をのべてみよう。トゥハチェフスキー元帥は、ソヴィエト革命のもっとも輝ける、軍人だった。国内戦の初期、二五歳でかれは第一赤軍の司令官に任命された。一九一八年九月一二日、ソヴィエトの行く手が、もっとも暗澹としていた時期、かれは、チェコ軍と白軍の連合軍をシンビリスクで破り、決定的な勝利をえた。翌年の春、コルチャック提督が東から前進して、ヴォルガ流域に達し、ロシア領土のわずか六分の一がボリシェヴィキの手に残っていたとき、トゥハチェフスキーはブスルクで反撃にでて、敵の戦線を突破した。この最初の成功につづいて、かれは、驚嘆すべき追撃を開始し、コルチャックをウラル山脈のかなた、シベリア深くにまで撃退した。一九二〇年一月六日、かれは、クラスノヤールスクでコルチャックを壊滅した。レーニンは歓喜の電報を送って、トゥハチェフスキーとその軍隊を称讃した。

シベリアで白軍を壊滅させたトゥハチェフスキーは、デニキンと相対する中央ロシア戦線の指揮をとるため急派された。三ヵ月もたたないうちに、デニキンは、黒海まで撃退され、船で白軍最後の砦だったクリミア半島に逃げなければならなかった。トゥハチェフスキーは、ソヴィエト政府のもっとも危険な二つの敵、コルチャックとデニキンを絶滅した。

その間に、ポーランド軍は、突如ウクライナに侵入し、ほとんど抵抗を受けずにキエフに迫り、一九二〇年五月七日には、これを陥した。しかし、デニキン敗北によって自由になったソヴィエト部隊はやがて、ポーランド軍をウクライナから駆逐し、赤軍は、ワルシャワに向って輝やかしい前進を開始した。ロシアの主力軍を指揮するトゥハチェフスキーは、ワルシャワの射程距離内にあって、全軍を八月はじめにはポーランドの首都に投入しようとしていた。かれは、ブジョンヌイとヴォロシーロフの指揮下、ルヴォフに向けて南西戦線を急速に移動しつつあった騎兵兵団の到着を待っていた。この騎兵兵団の政治委員は、ヨシフ・スターリンだった。全赤軍の最高政治権力だった革命軍事評議会は、八月一日から、南西戦線の司令官たちがトゥハチェフスキーの指導下に入ることを決定していた。

トゥハチェフスキーは、ヴィストゥラ河の決戦に当って、ロシア主力軍の左翼に向けて北上し、ヴィストゥラ河の決戦に当って、ロシア主力軍の左翼を援護するように命じた。八月一一日、この命令は、モスクワによってくり返された。スターリンの指示でブジョンヌイとヴォロシーロフ、さらには一二軍の司令官もまた、この軍事命令に従わなかった。騎兵兵団は、ルヴォフに前進をつづけた。八月一五日、ヴェイガン将軍〔一八六七年、ブリュッセルに生まれた、フランスの将軍。一九二〇年、潰走中のポーランド軍の再組織を担当し、ワルシャワ北方での赤軍にたいする反撃に力があった。一九四〇年ペタン内閣に入閣し、ついで、仏領アフリカ総督に任命されたが、対独協力をサボタージュし、一九四二年ゲシュタポに逮捕、一九四五年連合国軍に解放されるまで、ドイツに拘禁された。」に再組織され、フランスの砲で装備されたポーランド軍は、ルブリン地区からトゥハチェフスキーにたいする反攻に転じた。八月一五日から八月二〇日まで、ポーランド軍がルブリンの間隙を進撃しつつあった時に、ブジョンヌイ兵団は、いたずらにルヴォフを攻撃していた。

ピルスツキー元帥は、その回想録に、ブジョンヌイがトゥハチェフスキーと合流しなかったのは、この戦争における決定的要因だったとのべている「――これらの兵力（騎兵兵団および第一二軍）の進軍の正しい路線は、トゥハチェフスキー麾下のロシア主力軍に接近するものだったし、これは、われわれにとって最大の危険を意味しただろう。すべてわたしには、暗黒で希望のないものに思えた。地平線上に現われたかすかな明りは、ブジョンヌイの騎兵が、われわれの背面を攻撃しなかったということと、第一二軍によって示された弱点とだった。」

トゥハチェフスキーも、スターリンも、ポーランド戦役をけっして忘れなかった。陸軍大学でおこなわれ、一九二三年に本として出版された一連の講義のなかで、トゥハチェフスキーは、ルヴォフにおいてスターリンのとった態度を、一九一四年、タンネンベルクの惨澹たる戦闘で、ツァーリの将軍テンネンカンプのとった態度と比較した。

「わが勝利に輝く騎兵兵団は」とトゥハチェフスキーは、明言した。「その当時、ルヴォフで激戦に巻きこまれ、市街の前面に堅固な陣地に立てこもり、騎兵と強力な飛行大隊に援護されていた歩兵部隊との交戦に時間を浪費し、戦力を消耗した。」

スターリンは、自分の伝記へのこのような貢献の故に、トゥハチェフスキーをけっしてゆるしていなかった。この男は、時節の到来を待って、自分に致命的な批判を加えたことのある総ての人々にたいして、おそかれ早かれ報復してきた。トゥハチェフスキーは、その唯一の例外になるように、運命づけられてはいなかったのである。

何年かの後、政策の主要な問題に関して、スターリンと赤軍との間には重大な対立が生じた。しかし、この対立は、妥協で終りを告げた。そして、政治的な古傷と同様、個人的な古傷も表面上は治やされたかのようにみえた。スターリンの政策にたいする赤軍の批判者たち全部が、ソヴィエト政府に抱く絶対的忠誠を、われわれは唯一人として、疑ってはいなかった。

スターリンと赤軍との対立についての詳細な全貌は、他の話になる。（もちろん、軍隊内のトロツキスト反対派は、大粛清の数年前に一掃されていた。）しかしながら、主要な対立の大要を、ここで明らかにしておくことは、決定的に重要なのである。

飢餓と数百万の農民の死をもたらす強制移住やその他の懲罰措置を伴っていた農民保有地の強制的集団化は、ただちに、赤軍の内部に反映した。なぜならば、ソヴィエト支配の時期に、工業労働者の数が非常に増大したにもかかわらず、人口の圧倒的多数は、いまだに農民だったし、軍隊の根は、農村に深く植えつけられていたからなのだ。

兵士や初年兵たちは、故郷の身内たちがこうむっている運命をかいた手紙を受けとり、憤激、苦痛、さらには反抗心を抱くに至っていた。農村は、「富農《クラーク》の一掃」という仕事をすばやく、徹底的におこなえという命令を受けたオゲペウの部隊によって略奪され、破壊されていた。農民一揆が、ソ連のもっとも豊かな農業地帯、ウクライナと北コーカサスで勃発した。反乱農民たちは、オゲペウの特別分遣隊によって容赦なく弾圧された。なぜならば赤軍が、ロシア農民を射殺するとは信用されていなかったからだ。

このような情況にあって、赤軍の士気は、軍事的な観点からみて、急速に悪化しつつあった。ガマールニク将軍を長とする赤軍政治部は、わが国防のもっとも貴重な補助機関の一つであり、動揺している戦列を走り抜けるどんな震動をも摑みあげる精巧な神経組織だった。この政治部を通じて、参謀本部と全将校団とは、兵営内の兵士と農村の農民双方の今にも爆発するような状態を直接知っていた。

一九三三年、当時、極東軍管区司令官だったブリュッヒェル元帥は、東シベリアの農民が、現行の苛酷な法令の適用を免除されないならば、日本にたいする沿海州とアムール流域の防衛に責任をもてないという主旨の最後通告を、スターリンに急送した。その当時のスターリンの権力は、かれが屈服を余儀なくされるほど、非常に微妙な均衡の状態にあった。大幅な譲歩が、ブリュッヒェル元帥の管区内の農民に与えられた。数年後、スターリンは、集団農場の農民全部に、個人的な小保有地を所有し、耕作するのを許可して、全般的集団化計画を修正せざるをえなかった。

ソヴィエト政府と農民との間の戦争は、まだ終っていない。今年の夏（一九三九年）、農民が、自分たちの所有する小保有地に手をつける前に、集団農場で、一定の仕事の割当量を果さなければならないという法令が発布されて、この戦いは、ふたたび山場にきた。今日の赤軍司令部にとって、これは、農産物問題を「解決する」ための猛運動から一〇年後に、オゲペウの係官たちが、戦争勃発の際に、食糧補給を確保すべく、全農民を看視することを意味している。

これとほぼ同じ頃に、戦略的に重要な東支鉄道〔ヴラディヴォストークで、シベリア横断鉄道と結ぶ満州内の鉄道で、一八九六年から一九〇三年にかけてロシア人により建設された。日露戦争後、南部の線は、日本に譲渡、内戦期には、白軍、日本軍、アメリカ軍により支配された。一九二四年、中国との協定により、ソ連は、同鉄道にたいする権利を回復したが、一九三五年に日本に売却した。〕の売却に始まる、日本の侵略にたいするスターリンの宥和政策と関連して、将校団のなかで、もう一つの不満が生じた。この時には、軍事人民委員ヴォロシーロフは、完全に赤軍司令部の側にたち、ガマールニクやトゥハチェフスキーとともに、スターリンの政治局に、軍の観点を押しつけた。スターリンは、集団化が将来の国力を延ばすうえで強力な経済基地を作りだすだろうし、すべてがこの政策の犠牲にされなければならないし、それを達成するには、どのような代価を払おうとも、ロシアは、平和を維持しなければならない、と主張した。

トゥハチェフスキーは、何年もの間、赤軍の機動化と機械化に要する資金をスターリンにむなしく懇願しつづけていた。そして、このことで、かれはソヴィエト陸軍士官学校出身の若い将校たち全員に支持されていた。スターリンは、トゥハチェフスキーのこの熱望について知っていたので、その夢を実現させて、かれをなだめようと決めた。政治的取引きが、おこなわれた。スターリンは対内および対外の全般的な政策を思い通りにし、赤軍司令部は近代化の資金について思い通りに行動した。軍部は、この取引きで大きな成功を収めたが、集団農場が期待された「強固な基地」という目標に、今なおどれほど遠いかということは、この夏の法令で明らかなのである。

以上にのべたことが、スターリンにたいする赤軍の反対として一般的に知られるようになったところのものの出発点なのだった。それは、ソヴィエト国防体制の創設のさまざまな段階でもちあがってきた政策をめぐる多くの不一致の一つなのだった。しかし、今度は、この不和は、ヴォロシーロフとスターリンの間で権力闘争がおこなわれているという突拍子もない噂を、海外に流すにいたった。そのようなことは、全く起らなかった。この対立は、スターリンとさまざまな政治反対派との間の初期の対立に似ていた……

わたしには、スターリンが他の反対派と決着をつけたのと同じ血なまぐさい方法で、赤軍反対派と決着をつけようと、今や決心したことは明らかだった。時期は恰好だった。集団化の危機は、尖鋭な段階から、鈍い慢性的な段階に移行していた。

赤軍の将官たちは、それまで、政治的反対派が一二年以上にもわたって経験していた試練をまぬがれていた。かれらは、あの特殊な党という世界の外で生きていた。この世界では人々は、たえずスターリンの正しい路線から「逸脱し」、「自説を撤回し」、またまた「逸脱し」、「自説を撤回し」、その度毎に刑が重くなり、意志が次第に挫けていったのだ。将軍たちは、自分たちの任務、つまり強力な軍隊と国防体制の建設によって士気をもちこたえつづけていた。

スターリンは、トゥハチェフスキー、ガマールニク、ヤキール、ウボレーヴィッチ、その他の高級将官たちを、自分が今や周囲の誰からも要求している絶対服従の状態に、陥し込むことができないのを知っていた。かれらは、偉大な人間的勇気をもった人々だったし、スターリンは、自分自身の声威が、いちばん低かった時代に、これらの将軍たち、とりわけトゥハチェフスキーがただ将校団や兵士たちばかりではなく、国民のすばらしい人気をえていたことを忘れていなかった。スターリンは、また、自分の支配が危機的段階——強制的集団化・飢餓・反乱——をむかえるごとに将軍たちが、自分を渋々支持し、かれの行く手に隘路を設け、取引を強要したことも忘れてはいなかった。スターリンは、今や——自分の対外政策の急激な転換に直面して——将軍たちが、自分の全体主義的権威を承認しつづけることに、確信がなかった。

以上のようにわたしは考えたが、どのようにスターリンが、自分の将軍たちの「一掃」を、やってのけるのだろうかといぶかった。

間もなく、モスクワから報告がわたしのところに届きはじめた。それは、トゥハチェフスキーだけでなく、他の数人の将軍たちが、次第に孤立していっていることを、暗示していた。かれらの側近たちの多くは、逮捕されつつあった。トゥハチェフスキーをとりまくスターリンの部下たちの輪は、一寸刻みに、せばめられつつあった。トゥハチェフスキーが、その比類ない業績や地位をもってしても、自分を救うことのできないことが、明らかになり始めた。

一九三七年三月、わたしは、ある極秘の用件で、エジョフと相談するのを表向きに、モスクワにいった。古参ボリシェヴィキにたいする二次にわたる叛逆裁判の結果、国外の親ソ分子の信念が動揺していた。スターリンの粛清の嵐は、日ましに激しくなっていたが、それは、西ヨーロッパで、破壊をもたらしつつあったのだ。

モスクワに着くと、わたしは、恐怖の空気が、政府の最上級の事務所にさえみなぎっているのに気がついた。粛清の範囲は、国外できかされていたよりも大きくこそあれ、けっして小さくはなかった。国内戦以来わたしの友人や仲間だった人々、参謀本部や赤軍の他の部門の鍛えられ、信頼できる誠実な将校たちが、次から次へと姿を消しつつあった。誰も、次の日には自分の机に座っているか、どうか覚束なかった。スターリンが赤軍の全首脳部の周囲に網をはりつつあるということには、一点の疑いの影もなかった。

この高まりゆく緊張のなかで、一発の砲弾が、わたしのうえで炸裂した。それは、モスクワのオゲペウ本部に帰ってきていたスルツキーが、わたしに伝えた極秘のニュースだった。スターリンとヒトラーの間で協定が起草され、これをダヴィド・カンデラキーがもち帰ったというのだ。

コーカサス生まれで、スターリンの同郷人だったカンデラキーは、公式には駐独ソ連通商代表だった。実際には、かれは、ナチ政府に派遣されたスターリンの密使だった。ルドルフという偽名のオゲペウのベルリン駐在秘密代表を伴って、カンデラキーは、ドイツから帰ったばかりだった。そして、二人は、スターリンと会見するために、クレムリンへ直行した。「ルドルフ」は、国外の活動ではスルツキーの部下だったが、カンデラキーにたいするかれの助力は、かれが自分の上役のスルツキーをとびこえて、直接スターリンに報告することが許されるほど、重要だと明らかに考えられていた。カンデラキーは、他の特使たちが失敗した分野で成功を収めた。かれは、ナチの最高指導者たちとの交渉を始めたばかりでなく、ヒトラー自身とも私的に会見した。

カンデラキー使節団の完全な性格は、六人ばかりの人間にしか知られていなかった。スターリンにとっては、それは、かれの個人外交の勝利だった。少数のスターリンの側近たちだけが、そのことをいくらか知っていた。外務人民委員部、人民委員会議（ソヴィエトの内閣）、カリーニン議長を頭とするソヴィエト中央執行委員会は全く関係していなかった。スターリンが、自身でヒトラーとこの秘密の交渉をつづけていた時に、古参ボリシェヴィキの同志たちをナチのスパイとして処刑していたのだから、これらの交渉は広く知られなかったのは当然だった。

もちろん、スターリンがヒトラーとの諒解に長年努力してきたことは、ソヴィエト上層部にとって秘密ではなかった。ナチ体制が、強固に確立されており、この強力な独裁者と諒解に達しなければならないと――それの進行中ですら――スターリンに確信させたあのドイツにおける血の粛清の夜から、ほとんど三年が経過していた。

一九三七年四月、カンデラキーの報告を受けると、スターリンは、ヒトラーとの取引が、成就することは、確かだと思った。かれは、もはや、ドイツからの攻撃を恐れる必要がなかった。赤軍粛清のために、道は開かれたのだ。

四月末頃には、トゥハチェフスキー元帥、軍事人民委員代理ガマールニク、その他多くの高級将官たちが、急速にせばめられてゆくスターリンの特別スパイたちの張った網に捕われているということは、公然の秘密となった。これらの軍の指導者たちは、まだ自由の身だったが、狙いをつけられた人間だった。社会的な行事の席上で人々は、かれらを避けた。かれらに話しかけているところをみられるのは、危険だと考えられた。かれらは、一人ぼっちでいた。沈黙が、かれらをとりまいた。

わたしが、自分の古い上官のトゥハチェフスキー元帥を最後にみたのは、一九三七年五月一日、赤の広場でだった。このメーデー記念式典は、スターリンが公衆の前に姿を現わす珍らしい機会の一つなのだ。一九三七年を通じて催されるいくつかの式典についてオゲペウがとった警戒措置は、わが国の秘密警察史上未曽有なほど厳重だった。その少し前、わたしは、たまたまオゲペウ特別部のカルニエーリエフの事務所にいった。かれは、政府職員がレーニン廟（観閲台）の囲いの中に入れる許可証の発行を担当していた。

「いやはや大変なことだよ」と、かれは、わたしにいった。「何しろ一四日間というもの、おれたち特別部は、メーデーの警戒措置をとることとで手一杯だったんだ。」

わたしは、ようやく四月一三日の夕方になってオゲペウの使いの者から、自分の通行証を受けとった。

メーデーの朝は、すばらしく良い天気だった。わたしは、赤の広場に早くからでかけたが、すくなくとも一〇回は巡視にとめられて、通行証だけでなく、身分証明書まで調べられた。わたしは、式典の始まる一〇時よりも一五分早くレーニン廟に着いた。

すでに、観閲台は、ほとんど人で一杯だった。オゲペウのいくつかの部から、全部員が、私服を着て、行進の「見物人」として、そこに動員されていた。かれらは、朝六時から、そこを一列おきに占領していた。政府職員や来賓の列の前と後に、秘密工作員の列があったのだ。これが、この時に、スターリンの安全を確保するためにとられた警戒措置だった。

わたしが到着して間もなく、ある知り合いがわたしの袖をひいて、ささやいた。「トゥハチェフスキーがくる！」

元帥は広場を横断していた。かれは、ただ一人だった。手は、ポケットに突っこまれていた。自分が暗い運命にあることを知りながら、メーデーの陽光を浴びて、ゆっくり足を運んでいるこの人の胸中を誰が想像できただろうか？　かれは、一瞬立ちどまり、人でいっぱいになり、旗でかざられた赤の広場を眺めまわした。それから、赤軍の将軍たちが行進を閲兵することになっている廟の前面の場所へと進んだ。

トゥハチェフスキーは、最初にそこへ着いた将官だった。かれは自分の席につくと、手をまだポケットに入れたまま、動かずに立っていた。数分後に、エゴーロフ元帥がやってきた。かれは、トゥハチェフスキーに挨拶もせず、見向きもせずに、自分がまるで一人でいるかのように、トゥハチェフスキーの横に立った。しばらくすると、軍事人民委員代理ガマールニクがやってきた。かれもまた、その同志のどちらにも挨拶せずに、かれらが眼に入らないかのように、その隣りに立った。

やがて、列ができあがった。わたしは、革命とソヴィエト政府の忠実で献身的な召使として知られているこれらの人たちを眺めた。かれらが、自分たちの運命を知っているということは、全く明らかだった。かれらが、お互いに挨拶もしなかったのは、そのためだった。各々は、自分たちが死ぬ運命にある囚人であって、専制的な主人のお情けで刑の執行猶予を享受していること——群集と外国の来賓や代表たちが、本当の自由だと思いこんでいるこの少しばかりの太陽の光と自由とを享受していることを知っていた。

スターリンを先頭にして、政府の政治指導者たちが、演壇のような墓の平石に陣どった。軍隊が、行進していった。軍の将軍たちは、その後につづく市民たちの行進に臨むために、その場に残っていることが習わしなのである。しかし、この時、トゥハチェフスキーは、残らなかった。軍の行進と市民の行進との間が途切れているうちに、かれは、列外にでて、歩き去った。手をポケットのなかに突っこんだまま、かれは、掃き清められた脇の道を通り、赤い広場から、視界から去っていった。

トゥハチェフスキーは、ソヴィエト政府の代表として、ジョージ五世の葬儀に参列したので、ジョージ六世の戴冠式にも臨席することになっていたが、この任務は、五月四日に取消された。海軍人民委員、オルロフ提督が、かれの代りに任命された。だが、オルロフの任命もとり消された。そして、その後、処刑された。

この時までに、わたしは特別な用件でモスクワに帰っていて、この件で内務人民委員エジョフと数回会談していた。この会談のうち、一回は真夜中におこなわれた。エジョフは、わたし一人に会いたがった。そこで、わたしは、早朝までかれとともに一室に閉じこもったままだった。わたしは、かれの仕事部屋をでると、オゲペウ外事局長のスルツキーと、かれの補佐のシュピーゲルグラスとが、わたしを待っているのをみて驚いた。かれらは、明らかにわたしがエジョフと一晩中会談したのを不思議に思っていた。

わたしは、旅券を申請してあったので、出発の準備万端をととのえていた。わたしの親しい友人たちは、この準備を笑った。

「きみは、でかけられないさ」と、わたしは、何度もきかされた。実際、当時は、責任ある公務員たちが世界中から召喚されたまま任地には戻らなかったのだ。

五月一一日、トゥハチェフスキーは、ヴォルガ軍管区司令官に左遷された。かれは、実際には就任しなかった。それから一週間もたたないうちに、軍事人民委員代理ガマールニク——かれ以上に忠実なボリシェヴィキはいなかった——が逮捕された。

つづいて、わたしが生涯の交わりをしていた人たちの逮捕と処刑が相つぎ、まるで、ロシアの屋根が崩れ落ち、ソヴィエトという建物全体がわたしの周囲で、倒れかかるように思われた。

わたしは、出発する許可をまだ受けとっていなかったので、許可がえられないだろうと仮定して行動した。わたしは、ハーグにいる妻に、子供といっしょにモスクワに帰る準備をするように電報をうった。

それから突然、わたしは部長の部屋に呼びだされた。かれは、自分の前にわたしの旅券をおいて、机のところに座っていた。

「きみは、何を、ここで待っているのかね？」と、かれは、言った。「なぜ、きみは部署にいないのかね？」

「旅券を待っていたんです」と、わたしは、いった。

「そう、ここにあるよ」と、かれは、いった。「きみの汽車は、一〇時にでる。」

わたしが、モスクワをたつ頃には、不安の状態は耐えがたい程度に達していた。何か恐慌ににたものが、赤軍の全将校団を捕えていた。刻々、新たな逮捕を伝える報告が入ってきた。

わたしは、エジョフといっしょに、スターリンのために大粛清を指揮していたオゲペウ人民委員代理ミハイル・フリノフスキーのところへ、まっすぐにいった。

「一体、何が、おこなわれているんです？」と、わたしは、フリノフスキーに尋ねた。

「こんな状態で、どうして出発することができますか？　どうなっているか知らずに、仕事をどうしてできます？　海外にいる同志に、どういったらいいんです？」

「陰謀なんだ！」と、フリノフスキーは答えた。「赤軍内にわれわれは、前古未曾有の大陰謀を発見したところなんだ。それから、たった今、他ならぬニコライ・イヴァーノヴィッチ（エジョフ）の殺害計画を知ったばかりなんだ！　しかし、われわれは、連中を全部つかまえた。われわれは、万事たづなを握っているんだ。」

フリノフスキーは、こう突如としてオゲペウが発見した大陰謀の証拠を何一つ進んで明らかにしはしなかった。だが、わたしは、国外の白系ロシア人の間で活動している対敵諜報班の班長フルマーノフに、ルビヤンカの廊下で、ゆきあって、事のいきさつを知った。

「あのね、きみが、よこしてくれた二人組は第一級の連中だったよ」と、かれは言った。

「誰のことだ？」と、わたしは、尋ねた。

「『ドイツ将校』だよ、知ってるだろう！」といって、かれの仕事のために、部下を派遣するのを、わたしがひどく渋ったといって、冗談まじりに、文句をいい始めた。

そのことを、わたしは、すっかり忘れていた。そこで、わたしは、フルマーノフが、どうして、そのことを知るようになったのかをきいた。

「なあに、あれは、おれたちの仕事だったのさ」と、フルマーノフは、自慢した。

わたしは、フルマーノフが、オゲペウを代表して、パリにいるミラー将軍を会長として全世界で組織されているツァーリスト軍人会のような国外の反ソ組織を相手にしているのを知っていた。かれの言葉は、わたしの二人の部下がフランスにあるこの白系ロシア人グループに関連した企てのために狩りだされたのだということを意味していた。わたしは、この問題がきわめて重要だといったスルツキーの言葉を憶い出した。フルマーノフは、赤軍にたいする粛清の背後にある真の陰謀を解く決定的な手掛りを、わたしに与えたのである。しかし、その時には、わたしはそのことが分らなかった。

わたしは五月二二日の晩、モスクワを離れた。まるで、相つぐ地震の最中の都会を離れるようだった。トゥハチェフスキー元帥は、逮捕されていた。オゲペウの仲間うちでは、プラウダが、共産党モスクワ地区委員会へのガマールニク元帥の選出――これは、スターリン自身が承認して、はじめて与えられる大きな名誉だ――を報道していたにもかかわらず、かれも逮捕されたという噂でもちきりだった。わたしは、まもなく、この一見矛盾したような報道の意味を理解した。スターリンは、ガマールニクを逮捕したが、同時に、ガマールニクがトゥハチェフスキーを滅ぼすために自分の名前を使うことを認めるという条件で、最後の刑執行猶予を与えていたのだ。ガマールニクは、この申し出を拒否した。

その月の終り頃、わたしは、ハーグに戻っていた。ソヴィエトの首都からきた公報は、軍事人民委員代理ガマールニクが、取調べの最中に自殺した旨を世界に報じた。後になって、わたしは、ガマールニクが自殺をしたのではなくて、監獄で、スターリンの手下によって殺されたのを知った。

六月一一日、モスクワは、はじめてトゥハチェフスキー他七人の最高級将官を、ナチのスパイ、死んだガマールニクの共謀者として逮捕したというニュースを発表した。六月一二日、この八人の将軍たちが、他の八人の高級将校で構成された軍事法廷でいわゆる秘密裁判にかけられた後に、処刑されたという発表がおこなわれた。

これら八人の判事のうち、少くとも一人、アルクスニク将軍は、わたしの知っているかぎりでは、かれが自分の以前の上司を裁いていたと考えられる時刻には、すでにオゲペウの囚人だった。

この八名のいわゆる判事のうち、六名――ブリュッヒェル元帥、アルクスニク将軍、ビェーロフ将軍、ドゥイベンコ将軍、カシーリン将軍、ゴルバーチェフ将軍――は、その後殺された。軍事評議会の八〇人全員が、すばやく粛清された。赤軍の粛清は、オゲペウが全将校団を一掃し、全部で三五、〇〇〇の軍人を犠牲にするまで、やまなかった。

事実は、トゥハチェフスキー・グループにたいする軍事法廷など、全く開かれなかったのだ。その犠牲者たちにたいするみせかけの合同裁判さえなかった。八人の将軍たちは、いっしょに処刑された日でもなかった。かれらは、別々に、それぞれ違った日に銃殺されたのである。裁判がおこなわれたという嘘の報道は、赤軍の兵士たちに、オゲペウが赤軍部内の陰謀を、「突如」発見したという話を信用させるために、スターリンによってだされたものだった。

この摘発がどんなに突然であったか、真の企らみは何だったのか、この「前古未曾有の陰謀」の証拠がどんなものだったのか――こういった疑問のすべては、わたしがパリに帰った時におのずから解けた。

オゲペウ外事局長補佐シュピーゲルグラスが、七月はじめ、パリにきた。わたしは、約束通り、モンパルナス通りのカフェ・クロズリー・デ・リラで、かれに会った。すると、かれは、自分が「特別に重大な任務」を帯びていると語った。わたしたちの話は、数時間つづいた。まもなくトゥハチェフスキー事件が話題になった。

処刑の直後、スターリンの代弁者をつとめるプラウダにのった「外国諜報機関の危機」と題する記事がきっかけとなった。

「なんて、阿呆らしい記事なんだ。で、誰をからかうつもりなのかね？」と、わたしは、言った。「モスクワは、世界に向って、ドイツ諜報部が赤軍の少くとも九人の元帥や将軍を雇っていたと喋っているんだぜ。この記事のいいたいことは、したがってドイツ諜報機関に危機が存在するということらしいな。ナンセンスもいいところだ！　筆者は、こういう重大な事件には、もっと努力を払うべきだったよ。これじゃ、まるで、われわれを国外で笑いものにするようなものじゃないか。」

「しかし、その記事は、きみたちや、事情に通じている人間に向けて書かれたものじゃないんだ」と、シュピーゲルグラスはいった。「つまり、一般公衆むき、国内消費用なのさ。」

「われわれソヴィエト人にとって」と、わたしは言った。「ドイツ諜報機関が、赤軍の参謀本部を事実上まるごとスパイとしてかかえることができたというのを世界に発表させたのは、恐ろしいことだ。シュピーゲルグラス、きみは、わが軍事諜報部が、どこか外国の大佐を、ただ一人でも、協力させることに成功すれば、大変なことだというのを知らなくちゃいけないよ。そうなれば、直ぐさまスターリン自身の関心をひいて、大勝利として扱うだろう。そりゃ、ヒトラーが、赤軍の高級将校九人をスパイとして雇うのに成功したのならば、かれが一体どれほど多数の下級士官たちを、わが赤軍部内にまだスパイとしてもっていることになるだろう？」

「ばかばかしい」と、シュピーゲルグラスはむきになって答えた。「おれたちは、連中を全部捕えたんだ。全部、根こそぎにしたんだ。」

わたしは、ドイツにいるわたしの機関の幹部諜報員からきた短い秘密通信の内容をかれに示した。ナチの高官たちが催した公式レセプションに、この情報提供者が出席していたが、そこで、トゥハチエフスキー事件が話題になった。ヒトラーの個人的政治顧問で、後にサンフランシスコ総領事に任命されたフリッツ・ヴィーデマン大尉は、赤軍の将軍たちにたいしてスターリンがスパイ活動の罪名をきせたことについて、何らかの真実があるのかという質問を受けた。わたしの部下からの報告は、ヴィーデマンの鼻高々の返事を再録していた。

「われわれは、赤軍部内に九人のスパイではなくて、もっと多くのスパイをもっている。オゲペウは、ロシア国内にいるわれわれの部下全部をあげるには、まだ、ほど遠い。」

わたしは、このような話の性格を知りすぎるほど知っていた。どの国の諜報将校とても同様だろう。それは、敵の士気を沮喪させる目的で広く流布するために、もくろまれたものだった。軍事諜報部の用語で、それは「逆情報」として知られている。

第一時世界大戦中、ドイツ参謀本部は「逆情報部」として知られている部局を設けさえした。ここで、専門家たちが、表面上はもっともらしい秘密軍事計画や指令を作成して、それを、本物の文書として敵の手に「つかませた」。時として、戦時俘虜でさえもが、逆情報部によって仕組まれた秘密情報を所持していることがあった。それは、捕獲者が、内部計画だと信じ込むくらい巧妙に仕組まれていた。

チェカとその後身オゲペウの古参であるシュピーゲルグラスは、その実際面によく通じていた。かれは、赤軍部内に他のナチ・スパイがいるという暗示を一笑にふした。

「きみに、いっとくが」と、かれはいった。「もう、そいつは、何の中身もないんだ。おれたちに、トゥハチェフスキーやガマールニクを摘発する前に、すっかり片づけたのさ。おれたちは、ドイツからも、つまり内部の情報源から、情報をえているんだ。おれたちのは、サロンの会話からとったものじゃない。ゲシュタポそのものの内部からでているんだ。」

かれは、ポケットから一枚の紙をだして、わたしにみせた。それは、かれの部下の一人がよこした報告で、得心させる調子で、かれの主張を裏づけていた。

「きみは、こういうものを証拠としてみているんじゃないだろうね？」と、わたしはいった。「それはほんの小さな例さ」と、シュピーゲルグラスは断言した。「実際のことをいうと、おれたちは、トゥハチェフスキーやガマールニク、その他、奴らの一味全部について、長いこと、ドイツから情報を受けとっていたんだ。」

「長いことだって？」と、わたしは、くりかえしたが「突如」赤軍の陰謀を発見したというのを憶いだした。

「そうさ、過去数年間だ」と、かれはつづけた。「沢山の情報をね。それも軍に関するものばかりじゃない、ほかの大勢の連中についても、クレスチンスキーに関するものすらだ」(クレスチンスキーは、一〇年間、駐独ソヴィエト大使を勤め、後に、外務人民委員代理になった。)

オゲペウが、地位がどのように高かろうとも、ソヴィエトの政府職員たちのあらゆる足取りを、また、かれらが外国にゆく時には、ことに監視の眼を光らせているということは、わたしにとっては、耳新しいことではなかった。ソヴィエトの大使、公使、通商使節たちは、皆このような監視の下におかれている。トゥハチェフスキーのような将官が、ジョージ五世の葬儀に参列するため、政府の代表としてロシアをでた時、エゴーロフ元帥のような将官がバルト海沿岸諸国に親善旅行に派遣された時、さらにプトナ将軍のような将官が、ロンドンの大使館づき武官の地位に任命された時――かれらの往来や会話の一切が、オゲペウのスパイたちが作成するおびただしい量の報告書の主題だったのだ。

通常、政府というものは、その職員たち、とくに、責任ある地位にあるものたちを信用しており、かれらについての密告を重視したりはしない。例えば、わたしがモスクワの参謀本部に配属されていた時、ドイツにおけるわたし自身の行動についての報告を読む機会があった。それは、事実にもとづいてはいたが、悪意で歪曲され、入念に仕上げられていたので、それが信じられたならば、わたしを窮地におとし入れるようなものだった。過去には、ソヴィエト政府においてすら、そのような資料は、該当の人間に廻付されるのが習わしだったのである。

スターリンは、こういったことを全部、徐々に変えていった。かれは、オゲペウの支配権を手に入れると、ソヴィエト政府の責任ある職員たち全員に関するこういった一連の報告を、特別の秘密文庫に集め始めた。この文書綴は、オゲペウの広範囲にはりめぐらした情報網を通じてかれのところに集められた資料で増え、ふくれあがっていった。ソヴィエトの指導的人物についての密告が、どれほどに現実離れしていようと問題ではなかった。オゲペウの卑屈な職員たちが、その全部を文書綴に綴じ込んだ。スターリンは、どんな指導者にたいしても、ある種の事実を握っておくことが、役立つと考えていた。

もちろん、この極秘の文庫は、ゲシュタポの仕組んだものを含め、各国の「逆情報部」が仕組んだ資料で、一杯になった。わたしは、シュピーゲルグラスにこのような証拠が価値のない性質のものであるのを、思いださせた。

「きみは、きみのドイツの情報源を確実だと思っているらしいね」と、わたしは言った。

シュピーゲルグラスは、自慢をおさえられなかった。

「おれたちは、情報をグチコフ会からとっているんだ」と、かれは言った。「おれたちの部下が、その中心部にいるんだ。」

シュピーゲルグラスがこう言った時、わたしは、息がとまるほど驚いた。

グチコフ会は、白系ロシア人の非常に活動的なグループで、一方ではドイツ軍諜報部と緊密なつながりをもち、他方では、パリにいるエヴゲニー・ミラー将軍を会長とするツァーリスト軍人会とかたく結んでいた。

この会の創設者は、国会の著名な一員で、ツァーリの下で軍需産業委員会の議長をしたアレクサンドル・グチコフだった。その青年時代、グチコフは、イギリスと闘うために、ボーア戦争にロシア義勇旅団をひきいて参加した。ツァーリ退位の直後、陸軍大臣を務めた。ボリシエヴィキ革命後は、国外でこの団体を組織したが、それは、もっぱら東方へのドイツの膨脹に関心をもつあのドイツの分子と関係を維持していた。

グチコフ会は、ドイツ軍事諜報部長ブレドウ将軍と永い間協力していた。ブレドウ将軍が、一九三四年のヒトラーの粛清で処刑されると、かれの部と海外諜報網は、すべてゲシュタポの支配下におかれた。

シュピーゲルグラスによれば、今ではグチコフ会とオゲペウとの関係もやはり密接になっていた。後に知ったことだが、この団体の会員の一人は、オゲペウの工作員でソヴィエト政府のスパイだった。だが、その時には、シュピーゲルグラスは、オゲペウが、この会の中心部に部下をもっており、トゥハチェフスキーの叛逆についての証拠がえられたのは、この人間からだとわたしにいったにすぎなかった。もし、それが、本当ならば、グチコフ一味の誰か、また、明らかに、ツァーリスト軍人会の会長も、この「証拠」を知っていたし、その現物をまだ、所持しているというのは、全くありうることだった。

「前古未曾有の陰謀」を解く決定的な鍵を、一九三七年九月二三日の朝、わたしはパリで入手した。わたしは、派手な見出しをつけた一束の新聞をとりあげた。それは、九月二二日水曜日、ツァーリスト軍人会〔正確には、「ロシア軍事同盟《ルスキー・オブシュチエ・ヴオエンヌイ・サユース》」。白軍の将兵で組織された反ソ軍事団体。ウランゲリ、クチェポフ、ミラー各将軍の順で、指導した。略称ROVS〕会長エヴゲニー・ミラー将軍が、白昼、誘拐されたということを報じていた。ミラー将軍は、一二時一〇分に自分の事務所をでる前に、側近に封をした伝言を渡して、次のように注意したことが明らかだった。

「わたしの気がおかしくなったなどと思わないでくれ。だが今度は、きみに、封をした伝言を残しておこう。わたしが帰ってこなかった場合にだけ、開封するようたのむ。」

その日の午後、ミラーは戻ってこなかったので、何人かのかれの同僚が、その封書をあけるために呼ばれた。それには、次のような覚え書が入っていた。

わたしは、今日、一二時三〇分、ジャスマン通りとラフエ通りの角で、スコブリン将軍と落ち合う。かれは、わたしを二人のドイツ将校――一人はある隣国に駐在する武官でシュトローマンという大佐、もう一人は、当地のドイツ大使館付のヴェルナー氏――との会見に連れてゆく。この二人は、ロシア語を流暢に話す。この会見は、スコブリンの音頭で、とりきめられた。これは、わなであるかもしれない。したがって、わたしは、この覚え書を、きみに残しておくのだ。

わたしは、ミラーの覚え書で、「二人のドイツ将校」に言及されていることに愕然とした。そうだ、これこそ、かつて、一九三六年一二月に、スルツキーが、わたしの最良の部下、二人の徴発を必要とした「大」仕事なのだった。これが、白系ロシア人の間での対敵諜報活動に関するオゲペウの専門家フルマーノフが、モスクワでわたしの「ドイツ将校」について冗談をいった時に、かれが思い浮べていた「事件」なのだ。

スコブリン将軍は、白系ロシア軍人の組織のなかで、ミラー将軍の右腕だった。スコブリンの妻は、有名なロシア民謡の歌手ナディーナ・プレヴィツカヤだった。ミラーの同僚たちは、その晩、スコブリンとその妻が住んでいるホテルにおしかけた。最初、スコブリンは、ミラーとの昼食の約束については何も知らないといって、アリバイを主張した。ミラーの覚え書を突きつけられ、警察へ突きだすと脅されると、かれは、見張りのちょっとしたすきをうかがって抜けだし、待たせておいた車にのって逃走した。

ミラーの行方は、皆目分らなかった。スコブリンも、消え失せてしまった。かれの妻プレヴィツカヤは、従犯として逮捕された。かれら夫妻のアパートで発見された書類は、スコブリンがオゲペウのスパイだったことを疑問の余地なく示していた。プレヴィツカヤは、一九三八年十二月、パリでかの女の裁判が始まるまで、取調べを受けて留置された。かの女はソヴィエトのスパイとして起訴され、二〇年の禁錮刑を受けた。これは、フランスの法廷が婦人にくだす判決では、異常に過酷なものだった〔一九四四年に、獄中で死亡〕。

実に、スコブリン将軍こそ、トゥハチェフスキーとその他の赤軍の将軍たちにたいするオゲペウの陰謀の中心にいた人物だったのだ！　スコブリンは、この超マキァヴェリ的悲劇のなかで、三重の役割を果したのである。グチコフ会の書記として、かれは、ゲシュタポのスパイだった。ミラー将軍の幕僚の一人として、かれは、海外のツァーリスト勢力の指導者だった。この二つの役割を、かれは、この第三番目で、しかも主な雇主であるオゲペウの諒解をえて遂行したのだ。

ミラー将軍の残した覚え書は、スコブリンの墓穴を掘ることになった。一九三八年一二月五日から一四日までつづき、ヨーロッパの耳目を広く集めたかれの妻の裁判で、スコブリンが、一九三〇年のはじめにおきたツァーリスト軍人会の指導者として、ミラー将軍の前任者だったクチェポフ将軍〔国内戦で、ウランゲリを補佐して、赤軍と闘い、敗北後、国外からロシア内部での反ソ活動を指導。一九三〇年一月二六日、パリで失踪〕の奇怪な誘拐事件にも関係があったことが明らかにされた。

スターリンが、赤軍の指導者であり、創設者だった人々にたいして用いた「証拠」を、かれに調達したのはツァーリの将軍スコブリンだったのだ。この「証拠」は、ゲシュタポによって捏造され、グチコフ会という供給路を通ってミラー将軍の組織に送られ、それからスターリンの極秘の文庫に流入したのだった。

スターリンは、ヒトラーとの接近が、赤軍に手を着けることを正当化するものだと判断すると、オゲペウの秘密文書綴をとりだした。もちろん、スターリンは、このような情報源からでた「証拠」の価値を知っていた。かれは、それが生地丸だしの「逆情報」であるのを知っていた。その沈黙が、信頼するにたるゲシュタポと、オゲペウの一員としてやはり安全なスコブリンとの他には、この情報の出所を明らかにできる人間は、世界でただ一人だった。それは、エヴゲニー・ミラー将軍だったのだ。ミラーがその気になれば、赤軍の将軍たちにたいするスターリンの「証拠」の出所と、それがオゲペウに供給された径路とを全世界に暴露することができた。かれは、赤軍の将軍たちにたいするスターリンの陰謀と、赤軍の二つの主要な敵、すなわち、ヒトラーのゲシュタポと、パリにあるツァーリの白軍の残存者とを結びつけることができた。ミラーは、当然片づけられなければならない。オゲペウは、行動を開始しなければならない。それほどの「大」仕事を扱うことができたのは、オゲペウ外事局長スルツキーを措いてなかった。スルツキーは、他の仕事を全部放りだして、それを成功させるためにパリへくる。かれは、急使を飛行機でハーグにいるわたしのもとへ送る……「貴官の部下から、ドイツ将校に扮することのできるもの二名を、選ばれたし。かれらは……軍人として話すことに慣れたもの……とくに信頼するに足る大胆なもの……これはきわめて重要である。」

一九三七年九月のある朝、わたしがパリのカフエ・デ・ドゥー・マゴに腰をおろして、エヴゲニー・ミラー将軍誘拐というセンセーショナルな記事を読んでいると、わたしには、一切余すところなく明白になった。わたしは、秘密機関の世界や、関係している集団の複雑な気分や錯綜した活動について知らない読者に、それをわたしにとってと同じように明白にさせたのか――あるいは、明白にさせられるものなのか――は、自信がない。わたしにとって――また、全体の情況をよく知っている人たちにとっても、と信ずるが――わたしの示した一連の証拠が、決定的なものだと明言することで、わたしは満足しなければならない。スターリンにたいする赤軍とゲシュタポの陰謀といわれているものが、実は赤軍の将軍たちにたいするスターリンの陰謀だったということ、そして、自分の将軍たちに「ぬれぎぬを着せる」ために、スターリンが、ゲシュタポによって作成され、ツァーリスト勢力を通じて、オゲペウに供給された「逆情報」を使ったことに、疑問の余地は全くないのだ。

またも、スターリンは、かれが忘れたり、許したりは、けっしてしないということを示した。赤軍首脳部との古い意見の相違は、かれの記憶のなかでは「反対」として留まっていた。この「反対」はオゲペウ機関の網にさらわれた時に「陰謀」に化した。このような、いくつもの「陰謀」は、スターリンが絶対権力によじ登るはしごの段なのである。この過程で、批判者は「敵」となり、まじめな反対者は、「裏切者」となり、正直で熱烈な反対意見の総ては――オゲペウの専門的な手助けをかりて――「組織的陰謀」となった。自分の元の同志、同僚、革命家、ソヴィエト国家の創建者、建設者たちの死骸のうえを、スターリンは、ロシア人民を独り支配するために、一歩一歩のぼっていったのである。

読者は、カール・ラデックが、ヴィシンスキーを通じてスターリンによって口述された秘密の自白に署名し、はじめてトゥハチェフスキーの名前を引き合いにだしたのは、一九三六年の一二月のことだったのを思いだすだろう。また、わたしが二人の「ドイツ将校」を提供するように要請されたのも一九三六年の一二月だった。トゥハチェフスキーにたいする陰謀は、すくなくとも、この時期に端を発した。しかし、何らかの隘路が生じた。それで、わたしの二人の部下は、待たされ、それからわたしのもとに帰された。ミラー将軍の誘拐は延期されなければならなかった。この隘路の性質は、一年後、プレヴィツカヤの裁判で提出されたある証拠のなかで示された。一九三八年一二月一一日、リベー弁護士〔ミラー将軍の顧問弁護士〕は、ミラーの秘密書簡のうち、ミラーがフィンランドにいたドブロヴォルスキー将軍から受けとった、スコブリンを警戒するようにという一通の手紙を法廷で読みあげた。ドブロヴォルスキーは、スコブリンがオゲペウのスパイだと、多くの言葉を用いてのべているわけではなかった。かれはただ、自分の若干の同僚たちの間で、スコブリンの立場が、いくらか疑わしくなってきているといっているにすぎなかった。

「ああ！」と、リベー弁護士は嘆息して言った。「この警告は、スコブリンにたいするミラー将軍の信頼を、揺るがさなかったのだ！」

それは、かれの信頼を完全に失わせるものではなかった――スコブリンを囮とする、オゲペウの考えだした誘拐計画は、延期されるだけで十分だったのだ。スコブリンは、ミラーの信頼を、ふたたび確実なものにしようと試みた。

六ヵ月が過ぎて、一九三七年六月二日、トゥハチェフスキーとその同僚たちは、モスクワで処刑された。それから三週間後、スルツキーの主席代理シュピーゲルグラスは――かれがわたしに話したようにふたたび、「非常に重要な任務」をおびてパリにきた。かれは、わたしの個人的に知るところでは、九月に入ってもパリに留まっていた。九月二三日、スコブリン（かれをミラー将軍は、いくぶん、まだ信用していなかった）が囮となって、ミラー将軍は、誘拐された。ほぼ同じ頃、シュピーゲルグラスは、姿を消した。

シュピーゲルグラスが姿を消したのはパリからだけではなく、信頼できる報告によれば、この世からもだということを、つけ加えねばならない。ミラー将軍が、トゥハチェフスキーにたいする「証拠」の出所について、あまりにも知りすぎていたとすれば、シュピーゲルグラスも同じように、ミラー将軍の最後についてあまりにも知りすぎていたということがなければ、このような末路は辿らなかっただろう。スルツキーもまた、知りすぎていたので、その数ヵ月後、驚くほど突然、モスクワで「死んだ。」

スターリンが赤軍首脳部をナチのスパイとして処刑したということは、今では、歴史の一章となった。かれは、スターリンの「証拠」とゲシュタポとの間にあるつながりを暴露するかも知れなかったミラー将軍を抹殺した。さらにかれは、ミラー将軍の抹殺者たちをも抹殺した。謎全体をとく鍵をわたしの手中に与えた、一連の全く偶然の出来事がなかったならば、スターリンの秘密を暴露できるものは、今では、ドイツのゲシュタポ以外にはいなかった。そして、ゲシュタポは、かれらの目的、つまり赤軍の頭部を切り落し、ロシアの偉大な将軍たちを破滅させることを成就した以上、真相を語る動機を明らかにもってはいなかっただろう。けれども、重大な内幕の話を知っているものが、それを完全に秘密にしておくということは、稀なのである。一九三八年一〇月二七日、ナチの公式な軍機関紙「ドイッチェ・ヴェアー」(ドイツ軍)は、赤軍の粛清を扱った特別記事のなかで、トゥハチェフスキーとその同僚たちを、スターリンの手に渡した人間が、「パリ在住の叛逆者、著名なスコブリン将軍だ、かれは、二人の将軍、クチェポフとミラーをボリシェヴィキに売った人間だ。赤軍には属していなかった」と暴露した。

これ以外に、わたしの知っている限りでは、モスクワでおこなわれた赤軍の将軍たちの処刑と、パリのミラー将軍誘拐事件との関係を暗示するものは、どこにも発見されていない。わたしは、現在、ゲシュタポではなく、ドイツ軍人がこのように部分的な暴露をした動機が分らない。とはいえ、事実に通じているこの記事は、わたしが提供した鍵によって、いつの日か、この奇怪な物語の詳細が明らかにされ、自分の将軍たちにたいするスターリンの陰謀が、歴史の公然たる一ページとなるだろうという、わたしの確信を深めるものなのだ。

第八章　スターリンとの訣別

一九三七年五月、スターリンは、かれの権限内で最高の賞をわたしに与えた。それから六ヵ月経たぬうちに、わたしは、スターリンのオゲペウ工作員による激しい人間狩りの対象となった。どのようにして、こういうことが起ったのだろうか？

この六ヵ月の間に、国外のソヴィエト〔諜報〕機関にいたわたしのもっとも親しい友人〔後出のイグナス・ライス〕が、スターリン政権と手を切った。オゲペウは、特別な暗殺隊〔一九三六年一二月に、「特別任務部《スペツ・ビュロー》」といわれる極秘の組織が、エジョフの直接指揮の下に、オゲペウ内に設置され、大粛清の微妙な側面、例えば、トゥハチェフスキーにたいするでっちあげ、ミラー将軍の誘拐、トロツキー、ライス、クリヴィツキーの暗殺などを担当した〕を組織し、この友人をわなにかけ、スイスのローザンヌの近くで、自動小銃を使って射殺した。

わたしの経験は、一人の忠実なソヴィエト公務員が、一夜にして、銃撃に適した場所ならばところかまわず殺される、国家の犠牲に変貌した個人記録なのである。ソ連では、何千人もの人が、今日は英雄として栄誉を与えられ、明日は裏切者として告発されるということは、よくあることなのだ。最近、スターリン自身によって称讃されたソヴィエト政府の著名な要人の名を、百科辞典か、年鑑で探してみたまえ。そうすれば、今日、かれらの全部が、事実、「スパイ」とか「虫けら」として、公表されていることが分るだろう。

大粛清のたけなわな頃に、わたしを西ヨーロッパ駐在ソヴィエト軍事諜報機関長という部署に送り返したのは、スターリンと党中央委員会がわたしに厚い信頼をよせたしるしだった。当時は、特務工作員は、いわずもがな、大使や領事が、世界各地から呼び戻されて、モスクワで銃殺されたり、投獄されたりした時代であり、また、赤軍の指導的将軍たちですら、銃殺刑執行隊の前に立たされた時代だった。

三月のはじめ、わたしは、自分の意志で、帰国して、上司に報告するために、ハーグの本拠を発ったが、わたしは、ソ連では一体何が進行しているのかを、直接みつけだしたいという激しい欲望にかられていたのだ。わたしは、ほんの短期間、留守にするつもりだったので、妻と子供は、オランダに残した。

三月一六日、わたしは、飛行機でフィンランドのヘルシンキに着き、その晩、汽車でレニングラードに向った。このコースは、ここ数年間、ソ連から出たり、ソ連へ帰ったりする時に、わたしが、いつもとるコースだった。ドイツを通る直接の路程を避けていた理由は、一九二三年にさかのぼる。すでにのべたように、わたしは、ドイツ赤軍の骨組を組織することに携わっていたソヴィエト将校たちの一員だった。このことで、わたしは、ベルリンの警察当局を相手に、ひどい苦境に陥ち入り、一九二六年には二ヵ月の間、当地のソヴィエト大使館にかくまわれていた。もっともその後、わたしは、数回ひそかにドイツを通ったが、一九三三年のヒトラーの権力獲得後は、とくに危険となった。モスクワは、わたしがヒトラーのゲシュタポの手中におちいるような冒険を冒すのを全く望まなかった。

これが、一九三七年、わたしがスカンジナビア諸国を通って帰国した理由なのだ。当時、粛清のために、オゲペウは、ソ連への入国査証を稀にしか発行していなかったので、国境を越える往来は、あまりなかった。わたしの列車に乗っていた他の客といえば、わずか三人のアメリカ人だった。かれらは、荷物を調べられなかったところから、明らかに外交官旅券で旅行していた。一行は、一組の夫婦と、高い黒い毛皮の帽子をかぶった三十代の金髪をした男だった。かれは、ロシア語を話し、風体から考えると、モスクワの合衆国大使館員らしかった。税関吏と、外交官手荷物のことで、ちょっとしたやりとりがあった。そのなかには、たくさんの大きな包があったが、中味は、ソヴィエトの税関吏の間で、当推量の対象なのだった。レニングラードの鉄道出札所で、わたしは旧友であり、同志である男にであった。

「ところで、どんなぐあいだね?」と、わたしは、かれに尋ねた。かれは、あたりを見まわしてから、低い声で答えた。

「逮捕、ただ逮捕だ。レニングラード地区だけでも工場長の七割以上が逮捕された。軍需工場もふくめてだ。これは、党委員会がおれたちに知らせた公式の情報だ。誰も安全じゃない。誰も、人を信用していないんだ。」

モスクワで、わたしはアパートを、ある同僚に明け渡してあったので、サヴォイ・ホテルに泊った。粛清は、たけなわだった。わたしの同志たちの多くが姿を消していた。犠牲者たちの運命をせんさくするのは、危険だった。わたしは、何度も友人たちに電話をかけたが、返事がなかった。まだ、そこらにいたものたちは、仮面をかぶっていた。

前軍事人民委員代理の甥で、わたしのいちばん親しい友人の一人マックス・マキシモフ＝ウンシュリヒトは、妻といっしょに、わたしの隣りの部屋に住んでいた。三年近くの間、マックスは、もっとも危険な諜報任務の一つである在ドイツ・ソヴィエト諜報機関長として勤務していた。才能のある画家で、絵を勉強するためにモスクワへやってきていた地方出の娘と、かれは、結婚したばかりだった。かの女は、ほとんど家にいたので、わたしは、自分の個人的な書類を、かれらの部屋に預ってもらうことにしていた。

わたしは、夕方になるとウンシュリヒト夫妻の部屋を訪ね、早朝になるまで、話し込むのが習わしだった。わたしは、ニュースに飢えていた。マックスのおじは、すでに、うとんじられていた。かれは、強力な軍の地位から、ソ連中央執行委員会の書記という無力な地位に左遷されていた。ウンシュリヒト家の友人や仲間や親類たちは、毎日のように、姿を消していた。そのなかには、多くの上級将官や人民委員がいた。

「どうして、ヤキール将軍は逮捕されたのかね? なぜ、エイデマン将軍は、捕まったんだろう?」と、わたしは、マックスに尋ねたかった。

だが、マックスは、こちこちのスターリン主義者だった。わたしの特定の質問に答えないで、かれは、徹底的に粛清を擁護するだろう。

「今は、ソ連にとっては危険な時期なんだ」と、かれはいうだろう。「スターリンに反対するものは、革命に反対するものなんだ。」

ある晩、わたしは、自分の部屋におそく帰ってきた。わたしは、ウンシュリヒト夫妻の部屋に寄らないで寝てしまった。真夜中、わたしは、外の廊下の物音で、眼がさめた。オゲペウが、わたしのところへやってくるのにちがいない、とわたしは考えた。しかし、かれらは、わたしの部屋にはこなかった。朝七時に、誰かが扉を叩いた。開けてみると、マックスの妻レジーナで、涙が頬を流れ、眼には、恐怖の色が浮んでいた。

「マックスが連れてゆかれたのです！　マックスが逮捕されたのです！」これが、かの女のいえたすべてだった。

マックスが、仕事場から帰って、ホテルのロビーに着いたとたんに逮捕されたことが分った。夜になって、オゲペウの要員たちは、かれの部屋を襲って捜査し、押収物件といっしょに、たまたま、わたしの個人的書類ももっていった。朝早く、ホテルの支配人は、マキシモフ＝ウンシュリヒト夫人に、一時間以内に部屋を立ち退くようにいった。レジーナは、モスクワに親類がなかった。金もなかった。金があったにせよ、直ぐさま、モスクワで住居をみつけることは不可能なのだ。

わたしは、ホテルの支配人を、思いとどまらせようとしたが、かれは、がんとして、きかなかった。わたしにたいするかれの態度も変った。わたしは、マックスの親友ではなかったか？　かれの顔の表情は、わたしの立場とて、少しも安全なものではないと思っていることを、物語っていた。

わたしは、マックスと共通の友人である軍事諜報部の高級将校に電話をかけた。かれとはマックスの部屋で、たった二晩前にあったばかりだった。わたしは、レジーナが街頭に放りだされないように、何かしてやれないものかどうかと尋ねた。かれの態度は、冷淡だった。

「オゲペウは、マックスをつかまえた。したがって、かれは敵だ。おれは、奴の女房に何もしてやれないな。」

わたしは、反論しようとしたが、かれは、わたしも事件に手をださぬ方が身のためだといった。かれは、電話を切ってしまった。

そこで、わたしは、マックスの逮捕を担当したオゲペウの将校に電話をして、わたしの個人的な書類を、すぐ返してくれるようにたのんだ。わたしは、この問題では、絶対に譲らないぞと、心に決めていたのだ。ところが、全く驚いたことに、当のオゲペウ将校は、ひどく丁重だった。

わたしが、書類をマックスの部屋に預けていた理由を説明して、いつでも、とりにゆくつもりだというと、かれは、こう答えた、「わたしの方から、使いにもたせて、直ぐに包みをお届けしましょう、同志クリヴィツキー。」

三〇分も経たぬうちに、わたしの書類は、戻ってきた。その日ずっと、わたしは、レジーナが、晩のうちに、故郷に帰れるよう手筈をつけるのを手伝った。わたしは、内緒で、かの女に必要な金を与えた。かの女が、夫に面会にいったり、助けたりすることは、全くできない以上、モスクワに留まっているのは、無益なのが明らかだった。当時は、政治犯に食物や衣類の包みを送ることさえ禁じられていたのだ。

その日、勤務先に着いて、まずなすべきことは、マックスとわたしとの関係について二通の報告書を作成することだった。一通は、軍事人民委員部の上司たちに宛て、もう一通は、わたしの党細胞にだした。これは、政治犯罪で告発されたものがいた場合、そのものとの関係について、詳しい記録を提出するという全党員に要求されている不文律にしたがってだった。この報告の提出を怠れば、罪を認めたに等しかった。

スパイ狩りが、全国を吹きまくっていた。スターリンによれば、裏切者を捜しだすのはソヴィエト市民各自の第一の義務だった。「人民の敵、トロツキスト、ゲシュタポの手先」が至るところに潜伏し、あらゆる分野に浸透していると警告したのは、スターリンなのだった。エジョフのテロ機関は、スターリンの警戒心の喚起を次のように説明した。

「諸君が、生者の間に留まりたいならば、互いに告発し合え、互いに密告し合え。」

スパイ行為熱に浮かされて、人々は、友人や、もっとも近い身内まで、告発するようになった。人々は、恐怖に気がふれて、スパイ狩りにとりつかれ、自分自身を救うために、犠牲者を、競ってオゲペウに捧げた。

粛清を担当する特別部の責任者がわたしに明らかにした公式数字に従えば、最初の五ヵ月が経たぬうちにオゲペウは、三五〇、〇〇〇の政治的逮捕をおこなった。囚人には、元帥やソヴィエト政府の創建者から、下級の党職員までいた。

この逮捕と処刑の津波のさなかに、わたしは、オランダに帰る前に解決を必要としていた国外の問題について、エジョフに報告し、仕事に精だしていた。仲間のなかには、わたしがソ連を発つのを許されるかどうか危ぶむものがいたが、わたしは、国外の自分の組織を強化するために、高度に訓練された工作員を六名増やすように要請した。われわれの秘密訓練所を卒業したものが大勢、面接を受けに送られてきた。そのうちの一人は、本名をキャサリン・ハリスンといい、キティ・ハリスで通っているアメリカの婦人だった。わたしは、かの女がアメリカ共産党の指導者アール・ブラウダーの先妻で、したがって、きわめて信頼できるときかされていた。その頃、わたしは、スイスで婦人工作員を一名必要としていたし、アメリカ旅券の所持者はとくに歓迎された。

キティ・ハリスが、わたしを訪ねてきて、封をした関係書類をさしだした際に、わたしは、かの女もサヴォイ・ホテルにとまっているのを知った。かの女は四〇才くらいで、黒い髪と立派な様子をしていた。かの女は、数年間、わが国の秘密機関と関係していた。キティ・ハリスは、ブラウダーのことを、よく言った。

わたしは、ある外国の部署にハリスを任命することを承認した。そこで、かの女は、四月二九日に出発した。わたしが選抜した他のものたちも、同じように、西ヨーロッパにいるわたしの補佐たちに報告するという命令を携えて発っていった。粛清とマックスの逮捕さえもが、わたしの立場に影響を与えなかったことが明らかになった。もしエジョフは、わたしを粛清する気が少しでもあったならば、わたしに工作員を選ばせ、海外に送らせたりは、けっして、しなかっただろう。

とはいえ、粛清は、雪崩のように国民を押し流していた。わたしの使っていた老練な通訳たちの一人で、長年わたしの部で働いていた婦人が、オゲペウに逮捕された。かの女はかけがえのない人だった。というのは、その仕事が、多くの言葉を完全に知っていると同時に非常に信頼できる人間を必要としていたからだ。わたしが、かの女の逮捕理由をきくと、モスクワで工場長として働いていた党員の夫が逮捕されたので、かの女に警戒措置がとられ、捕えられたとのことだった。

「しかし、政治局のために情報を集めるのに、海外で一二人ほどの人間を使っていても、情報を翻訳して、纏める秘書がいなかったら、何の役に立つんだ?」

わたしは、こうスルツキーに訴えたが、かれは、ただ肩をすくめるだけだった。

五月の中旬、わたしは、ルーマニア駐在のソヴィエト大使館づき武官をしていた古い知人にであった。かれは、背の高い、陽気な男で、ユーモアのセンスを、その頃でさえも失っていなかった。

かれは、通りでわたしに、であうと、足をとめた。

「おれは幽霊をみているのかな、それとも本物のワルターなのかな? え、奴らは、まだ、きみを逮捕してないんだって? いや、気にするな、悪く思うなよ。もう直ぐ、奴らはきみにお鉢をまわすさ」と、かれは、大声で笑った。

わたしたちは、しゃべりまくった。かれは、逮捕されている赤軍将校たちのことを、次から次へと話した——この頃には、トゥハチェフスキー元帥とその同僚たちは、すでに網に捕えられていたからだ。かれは、自分自身の番が、間もなくやってくるのを疑ってはいなかった。

わたしは、短期間、滞在のつもりでソ連にきていたが、任地に戻るようにという命令がでないままに、二ヵ月が経過していた。赤軍の粛清が頂点に達している時に、ソ連を離れるのを許されそうにも思えなくなったので、わたしは、結局オランダにいる妻に、子供を連れてモスクワに帰る準備をするよう電報を打った。

五月二二日、軍事人民委員ヴォロシーロフ自身の運命がきまらずに、没落が今か今かと待たれていた時に、わたしは、列車が午後一〇時にでるときかされた。わたしは、エジョフの右腕ミハイル・フリノフスキーのところへいくと、かれは、その晩、わたしが出発するという知らせを確認した。

わたしの仲間は、このことを、クレムリンがわたしにおいている暗黙裡の信頼のしるしだと解釈した。しかし、わたしが、フィンランドとの国境に臨むビエロ＝オストロフに着き、地区司令のみなれた姿が、一通の電報をかざしながら、わたしの車室に向って走ってくるのをみると、わたしは次のように思った、「かれは、おれの逮捕命令を受けた!」

多くの人たちが、まさに国境をこえようとした時に、こういう具合に逮捕されていた。「だが、なぜだろう?」と、わたしは自問した。「なぜ、おれは、この前に逮捕されなかったんだ?」

列車が停った。司令は、心からの挨拶をのべた。かれが手にしていた電報は、偽旅券で通過する秘密機関員に与えられるべき助力を、わたしに保障できるように、わたしの到着を知らせるおきまりの通信だった。

わたしは、まだ、一九三五年にソ連を出発した際の旅券を所持していた。わたしはエドゥアルト・ミラーというオーストリアの技師だった。この旅券は、わたしがスエーデンとソヴィエト・ロシアとの往復にだけ使うように、ストックホルムのソヴィエト大使館に保管されていた。ストックホルムに着くと、わたしは、オランダ在住の際に使う旅券に替えた。そこで、わたしは、ハーグ市セレベス通り、三二番地のオーストリア人美術商、マーチン・レスナー博士にかえることができた。

わたしは、モスクワでえた経験に衝撃を受けたとはいえ、ソヴィエト政府に奉仕しつづける決心で、部署に戻りつつあった。

五月二七日に、わたしは、ハーグに到着した。それから二日して、わたしの古い友人であり、同志であるイグナス・ライスが訪ねてきた。かれは、多年、国外の秘密機関で働いていた。かれは、ルードヴィヒという偽名で知られていた。当時、かれは、ハンス・エーベルハルトというチェコ人の旅券を使用していた。

ライスは、古参ボリシエヴィキの粛清と、「叛逆裁判」に深刻な衝動を受け、すでにモスクワと訣別しようと決心していた。かれは、わたしがソヴィエト・ロシアから帰るのを、しびれを切らして待っていた。そして、ソヴィエト国内の出来事について、わたしからじかに情報をえるために、オランダに直行してきたのだ。かれは、事実を確めようとして多くの質問をしたが、わたしの答から、破壊的な印象を受けた。ライスは、共産主義と世界革命の大義のために身心を打ちこんでいた徹底した理想主義者だった。かれにとって、スターリンの政策は、ファシズムに向っての進展であることがますます明らかになっていた。

ライスとわたしは、多くの歳月にわたる危険な地下活動で結ばれていて、互いが分ち合わなかった秘密は、ほとんどなかった。かれは、自分が抱いている凄まじい幻滅について語り、総てを捨てて、どこか、自分が忘れ去られてしまうような遠い片隅へ去ってゆきたいという希望をもらした。わたしは、使い古された議論の総てを動員し、戦いの場から逃げだしてはならない、という古い歌をうたった。

「ソ連は」と、わたしは主張した。「まだ、世界の労働者たちの唯一の希望なのだ。スターリンは、まちがっているかも知れない。スターリンのような連中は、来たり、そして去るだろう。しかし、ソ連は、残るだろう。部署を守ることは、われわれの義務なのだ。」

ライスは、スターリンが破局への反革命的な道をたどっていると確信していたが、予定していたソヴィエト政府との訣別をする前に、時宜がくるのを待ち、モスクワでの事態の進展を見届けることに同意した。

これは、五月のことだった。そしてわたしは、ライスと七月にパリで再会した。パリには、わたしの機関員と協議するためにでかけたからだ。七月一七日、土曜日の夜、七時、わたしはカフェ・ヴェーベルでかれと数分会った。かれは、明らかに、自分にとってきわめて重要な問題で、わたしとじっくり話したがっていた。わたしとの会合を打ち合わせるために、かれが翌朝の一一時に、わたしに電話することになった。わたしは、ホテル・ナポレオンに泊っていた。

それから二時間後、わたしは、パリで使っていた秘書マドレーヌから、オゲペウ外事局長補佐シュピーゲルグラスに会うようにという急の知らせを受けた。エジョフは、かれを、極秘の任務で、西ヨーロッパに送ってきていたのだ。

わたしは、シュピーゲルグラスに、パリ博覧会の構内で会ったが、直ぐに、何か異常なことが起ったにちがいないのが分った。かれは、二通の手紙をみせた。それは、ライスが、あの日に、モスクワへ急送するために、パリのソヴィエト通商代表団づきのオゲペウ工作員リディア・グロゾフスカヤに手渡したものだった。ライスは、自分の手紙がフランスでは開封されないものと信じていたのだ。かれは、自分が疑惑をもたれているということも、シュピーゲルグラスが在外機関を粛清するために、全権を与えられて派遣されていることも知らなかった。エジョフは、シュピーゲルグラスに疑わしい工作員たちの誘拐、暗殺をいとわず、何事にもためらわずに行動せよという命令と全権とを与えていた。「そうなんだ」と、シュピーゲルグラスは、手にもっている手紙を指して言った。「われわれは、はじめには、きみを疑ってさえいたのだ。あるソヴィエトの高級秘密工作員がオランダに現われ、トロツキストと連絡をつけたことだけしかきかされなかったからだ。きみではなくて、ルードヴィヒが裏切者だということを発見したよ。」

六月一一日、モスクワがトゥハチェフスキーと八名の赤軍高級将官の粛清を報じた日に、わたしの友人ライスは、オゲペウの握った情報によれば、アムステルダムにいた。そこでかれは、国会議員で、アムステルダム運輸労働組合の指導者であり、トロツキー的傾向のH・スネーヴリート〔第二次大戦中ドイツ強制収容所で殺害された〕と秘密会談をした。オゲペウは至るところに眼と耳をもっていたのだ。

最初、シュピーゲルグラスは、手に入ったライスの辞任の手紙を、わたしに読ませたがらなかったが、結局、折れた。わたしの友人の主な手紙の方は、共産党中央委員会――つまり、書記長のスターリン――に宛てられていた。この手紙は、七月一七日の日付けだったから、わたしがライスとわずかの間会った、その一、二時間前に書かれたものにちがいなかった。かれは、明らかに、その翌日のわたしとの会見で、自分の決心について議論するつもりだった。ライスは、次のように書いていた。

「今日、わたしが、諸君に宛てて書いている手紙を、本来ならば、諸民族の父（スターリンにたいするソヴィエト式の呼び方）の命令で、あの一六人（一九三六年八月に処刑されたカーメネフ＝ジノヴィエフ・グループを指す）が、ルビヤンカの地下室で殺害された日に書くべきだった。その時、わたしは、沈黙を守った。わたしは、その後のいく多の殺人に、抗議の声をあげなかった。したがって、わたしには、大きな責任がある。わたしの罪は重い、だが、わたしは、その償いをするよう、そして、わたしの良心を和らげるよう試みるつもりだ。

今まで、わたしは、諸君に従ってきた。今からは、一歩も従わぬ。われわれの道は、別だ。この時になっても、沈黙を守るものは、スターリンの共犯者、労働者階級と社会主義の大義にたいする裏切者となるのだ。

二〇歳の時から、わたしは、社会主義のために闘ってきた。わたしは、五〇歳になろうとしている今、エジョフのお蔭で生きたいとは思わない。わたしの背後には、一六年の地下活動がある――これは、些細なことではないが、わたしは、まだ新しい出発をするのに十分な力をもっている……極地飛行家の周囲で、あげられた、はなばなしい音楽は、ルビヤンカの地下室で、ミンスクで、キエフで、レニングラードで、そしてチフリスで、拷問される犠牲者たちの叫び声を、打ち消そうとしてもくろまれた。しかし、それは成功しないだろう。真理の声は、最大馬力のエンジンの唸りよりも、はるかに大きいのだ。

そうだ、新記録をたてた極地飛行家が、アメリカの女たちや、両大陸のスポーツ狂の青年たちの人気を拍するのは、われわれが世界の世論を味方につけ、世界の良心を揺り動かすことよりも、簡単だろう。しかし、だれも欺かれはしない。真理は、自ずとその行手を発見するだろう。審判の日は迫っている。クレムリンの紳士諸君が考えているより、はるかに近いのだ……

いや、もうこれ以上つづけることはできない。わたしは自由へ――レーニンへ、レーニンの教えとその大義へ帰ろうとしている。

追記――一九二八年、わたしは、プロレタリア革命への献身によって、赤旗勲章を受けた。わたしは、同封して返そう。ロシア労働者の最良の代表者たちの死刑執行人と、同じ時に、身につけていることは、わたしの尊厳にかかわるからだ。」

シュピーゲルグラスにとって、ライスの手紙には、ただ一つのこと――叛逆の意味しかなかった。ライスは、スパイであり、「抹殺さる」べき危険な敵なのだった。スターリンは、任務を放棄したソヴィエトの特務工作員を許しはしないからだ。「知っての通り、きみは、ライスについては、責任がある」と、シュピーゲルグラスは、意味ありげに言った。「きみは、かれを党に紹介し、かれがわれわれの組織に加わるようにいいだしたからだ。」

シュピーゲルグラスは、ライスが、その翌日フランスを発とうとしているという情報を入手しており、行動はその夜のうちにとられなければ、手遅れになるかも知れないと、言葉をつづけた。最初、かれは、わたしがライスの「抹殺」に手をかしたら、よさそうなものだということを、用心深く暗示した。わたしは、かれが何をいおうとしているのか理解できない振りをして、話を別の方へ移そうとした。

シュピーゲルグラスは、当時パリにいたライスの親しい友人で、マンという名で、われわれの秘密機関に入っていたハンガリアの元牧師に電話をかけ、かれに、われわれの話に加わるようにいおうといった。マンを呼びだすと、かれは、やって来るといった。

その間、シュピーゲルグラスは非常にあけすけになった。かれの言い方は、わたし自身の運命が、その晩の行動いかんにかかっているということを、はっきり分らせた。エジョフやスターリンの眼に、わたし自身の忠誠心を示すためには、ライス事件の「解決」を組織するのに加わるべきだと、執拗にシュピーゲルグラスは説いたが、わたしは結局、自分がそのような仕事に関係するつもりは、全くないと答えた。

その瞬間、わたしは、ソヴィエト政府にたいするわたしの一生の奉仕は、終ったのだと悟った。わたしは、スターリンの新しい時代の要請に答えることができないだろう。わたしは、シュピーゲルグラスやエジョフのような連中に要求される能力を、もってはいなかった。わたしは、スターリンに仕えようと願うものに、今や課せられた犯罪的な試験を通ることができなかった。わたしは、ソ連に奉仕する宣誓をしていたし、その宣誓に、基づいて生きてきた。だが、このような大規模な殺人に、積極的に参加することは、わたしの能力を越えていた。

情勢は、明らかにわたしのモスクワ帰還を要求していたので、わたしは、シュピーゲルグラスに、わたしの諜報網を引きつぐ権限を与えられているかどうかを尋ねた。かれは、それが自分の権限外のことであり、わたしが問題を上司に直接だした方がよいと答えた。

やがて、マンが、わたしたちに加わった。わたしたちがライスの背信について、むし返している間、シュピーゲルグラスは、時々、博覧会の別の展示場へいって、その場にいなくなることがあった。明らかに、他の工作員と協議するためだった。この留守を狙って——もう真夜中をすぎていた——わたしは、公衆電話から、ホテルにいるライスを呼んだ。ライスが、「もしもし」と向う側で答えると、直ぐに、わたしは、受話器をおいた。その日、七月一八日の午前一時から三時までの間に、マンとわたしは、このようにして四回、電話をかけた。それは、ライスに、危険が迫っているということを警告するためだった。

ホテルに戻って、わたしは、次の朝一一時に、わたしとの会見をきめるためにライスから電話があるのを待っていた。一〇時に、電話が鳴った。マンだった。かれは、わたしに直ぐきてくれといった。わたしは、ライスと一時間以内に約束があるといった。

「きみは、こられる。かれは、現われないだろう」と、マンは言った。

ライスが、すでに殺されたのだという考えに悩まされながら、わたしは、タクシーを拾って、マンのもとへ急いだ。そこには、シュピーゲルグラスがいた。

「奴は、逃げたぞ！」と、かれは叫んだ。「ホテルを今朝七時にでたんだ。」

マンとわたしは、目くばせをかわした。わたしたちは、ほっとした。

翌朝、七月一九日、月曜日、別れを告げ、自分の行動を説明した手紙を、わたしは、ライスから受けとった。わたしは、読んで、ポケットに入れた。ライスにたいするわたしの友情は、知れわたっていたので、帰国し、その結果に直面しなければならないだろうと、当然わたしは考えた。わたしは、事件全体についてモスクワに報告書を送った。スターリンと手を切った人間と親しいということは、スターリンの機関のなかでは、由々しいことであり、しかも、わたしが、友人の殺害に協力するのを拒絶したことは、エジョフやスターリンから、思いやりのある眼ではみられないだろうということを、わたしは知っていた。わたしは帰国を提案して、指令をもとめた。

七月二〇日火曜日の午前三時、わたしは電話で、眼がさめた。シュピーゲルグラスだった。

「手紙を受けとったかね?」と、かれはきいた。わたしは、眠気が覚めていなくて、ライスからの手紙を直ぐに思いだせなかったので、かれが、何のことをいっているのか見当がつかないと、本気で答えた。

シュピーゲルグラスは、直ぐ会いたいといった。わたしは、反対した。かれは、緊急を要することだといって譲らず、結局、わたしの方がおれた。わたしは、急いで服を着て、近くのカフェで、かれに会った。ここでは、シュピーゲルグラスは、ライスから手紙を受けとったかどうか、あからさまに尋ねた。かれが何でも知っているのに驚いて、わたしは、その手紙をポケットからとりだした。かれは、読ませて欲しいといい、それから直ぐに写真にとらせるようにといったが、それは、不可能だった。かれは、手紙の写真複写を欲しがったので、わたしは、元の手紙をかれに渡すことに決めた。

わたしの立場は、一層複雑なものになっていた。わたしは、「裏切者」ライスから手紙を受けとり、しかも、直ちにシュピーゲルグラスに知らせるのを怠った。そのうえ、最初、電話で起された時に、わたしが、そういう手紙をもっているのを否定したのだ。このことは、シュピーゲルグラスの眼に、はっきり、わたしがライスの共犯者だと写った。

わたしは、妻に手紙を書いて、モスクワ帰還に備えて、荷造りをし、子供を連れてパリにくるよういった。その月の終りに、かの女は、パリに着いた。わたしたちは、レスナーという偽名で、金持ちの住宅街パシーのマロニエ通りに下宿をみつけて落ち着いた。

八月一〇日、モスクワへの召還指令が届いた。エドゥアルト・ミラー名儀のオーストリア旅券が、期限切れとなっていたので、チェコスロヴァキアの商人シェーンボルン名儀の特別な旅券が送られてきた。わたしは、フランスの汽船、ブルターニュ号で、ル・アーヴルからレニングラードまでゆくつもりだった。ブルターニュ号は、夏になると、この二つの港の間を定期的に往復していたのだ。

わたしが召還される少し前、シュピーゲルグラスは、あるアメリカ婦人がわたしの部下の一人なのを、わたしからきいて知っていた。かれは、フランスで「重要な仕事」があって、そのためにとくに信頼できる人間を必要としているから、かの女を、自分の方へ回すように、要求した。わたしは、すでにのべたシュピーゲルグラスの「重要な仕事」に、この婦人が関係したというのではないが、アメリカ人はスターリンの機関に加わる場合に、陥る状況がどんなものかを理解すべきだと考えている。

わたしが、組織をシュピーゲルグラスに引きつぐよう指令された以上、かれは、わたしの主な部下たちに個人的に会わせるように要求し、別の名儀でだされたアメリカ旅券を使って活動しているこの婦人と会わせることを強調した。

かの女は、四〇代に近い、小柄な、学校教師によくある型の婦人で、しばらくの間、ソヴィエト軍事諜報部に勤務していた。一九三六年から三七年まで、かの女は、中央ヨーロッパで活動し、そこで、われわれの秘密無線局を設置する下地を準備した。かの女は、無電技師として、モスクワの諜報学校を卒業しており、学生といつわって海外で生活していた。

わたしは、五月末に、ソ連から帰ってくると直ぐに、かの女をオランダに呼んだ。わたしたちは、六月はじめに、アムステルダムで会った。かの女は、そこのホテル・オランダに泊っていた。わたしの本部はハーグにあり、頻繁に会うには遠すぎたので、かの女にシェヴェニンゲンに移ってはどうかと提案した。かの女は、わたしの言葉に従って、一九三七年の六月と七月、そこのホテル・ゼーレストに住んだ。七月の末、わたしは、かの女をパリに呼んだが、かの女は、ラスパイユ通りのホテル・リュテシアに泊った。

わたしが、シュピーゲルグラスに紹介した、並はずれた才能をもった部下は、若いベルギー人で、その後の数週間、重大な役割を演ずることとなった。かれは、多くの特殊任務に際して、わたしのもっとも信頼する助力者だったし、わたしの家族とも親しくなっていた。わたしは、この青年と、かれの妻が非常に好きだった。

わたしは、八月二一日、汽船ブルターニュ号でモスクワに発つ準備をしていた。ライス事件が起きた時から、そして、まだホテル・ナポレオンにいる間に、わたしは、尾行されているのを知っていた。妻と子供が到着して、パシーの下宿に移ってから、尾行は、一層激しくなった。妻は、子供を公園の散歩につれだす時にさえ、気がついたものだった。もちろん、シュピーゲルグラスの仕業だった。元来、丈夫でない妻は、こういった苦労で、さらに悪くなり、そのうえ子供はひどい咳をしていた。出発の日がきた時には、家族をあとに残しておかなければならないことが、はっきりした。わたしは、妻と子供が数週間後、わたしの後を追ってモスクワへゆけるように手配した。

シェーンボルン名儀の旅券をもって、わたしは、ル・アーヴル行きの八時の列車をつかまえるために、午後七時頃、サン・ラザール駅に着いた。ル・アーヴルで、わたしはレニングラード行きの船にのるつもりだったのだ。わたしが手荷物の積込みに立ち会い、すでに客車のなかに席をとって、出発の時間まで後一〇分ほどという時に、オゲペウ・パリ駐在代表の補佐が、とび込んできた。かれは、たった今、モスクワから電報が届いて、わたしがパリに留まるようにという指令を受けたといった。わたしは、信じられなかったが、その直後に、わたしの使っている部下の一人が、息を切らして、同じような内容の別の暗号電報が入ったという知らせをもって、かけこんできた。わたしは、電報をみたいといったが、シュピーゲルグラスが、もっているという話だった。わたしは、荷物を運ばせ、丁度、動きだした列車からおりた。

わたしのモスクワ召還という問題全体が、わたしが本当にソ連に帰るかどうかをためすために仕組まれたのだという考えが、脳裡に閃めいた。その点では、わたしは、試験を通ったのだ。しかし、このつまらぬ策略に、ひどく腹が立った。その瞬間、わたしは、自分の勤務をやめるだけでなく、けっしてスターリンのロシアには帰るまいと思ったのだ。

わたしは、自分が名のっていた、チェコの商人、シェーンボルンの名で、サン・ラザールのホテル・テルミニュスに泊った。妻は、まだレスナー夫人として、下宿にいた。わたしは、かの女に、結局、出発しなかったことを連絡した。その晩、わたしは独り、パリ中を歩きまわって、戻るべきか、戻らざるべきかという問題にとり組んだ。

次の日からもずっと、わたしは、なぜ最後の瞬間になって、出発が延期されたのかを明らかにしようとしつづけた。スターリンは、もう一度、わたしの忠誠心を示す機会を与えようというのだろうか？　だが、わたしにたいするスパイ行為は、明らかに激しくなっていた。八月二六日の夕方、わたしはベルギー人の助手夫妻をつれて、パリ訪問中のソヴィエトの劇団が上演していたゴリキーの「敵」のさよなら公演をみに、劇場へいった。わたしたちは、第二列目に座っていた。最初の幕間に、一本の手がわたしの肩をおさえた。わたしは、ふりむいた。何人かの連れといっしょにシュピーゲルグラスがいた。

「きみは、明日、ソ連船で、あの芸術家たちといっしょに発てるよ」と、かれは、わたしにすすめた。

わたしは、かれをにらみつけ、困らせないでくれといった。「準備ができ次第、出発するさ」と、わたしは言った。

わたしは、その後直ぐ、シュピーゲルグラスとその仲間たちが、劇場から姿を消したことに気がついた。わたしは、子供が健康になり次第、家族といっしょに帰るつもりだと、モスクワに電報を打った。

八月二七日、わたしたちは、パリから二時間ばかりのブルトゥーユに移り、子供の病気が回復する間の、約一週間を静かに暮した。

九月五日の朝、わたしは、「パリ・マタン」紙を開いて、スイスのローザンヌ発の至急報をみた。それは、チェコスロヴァキア人ハンス・エーベルハルトの奇怪な殺害を報じていた。そうだ、かれらはイグナス・ライスを仕止めたのだ！

ライスの暗殺は、ヨーロッパで有名な事件となり、アメリカの報道界と世界中に反響を呼んだ。スイス警察は、スネーヴリート代議士とライス未亡人の援助をえて、数ヵ月に及ぶ注目すべき一連の調査をおこなった。事件の記録は、ピエール・テーヌがパリで『イグナス・ライスの暗殺』の表題でだした本に発表されている。次の事実は、警察の調査によって、突きとめられたものだ。

九月四日の夜、ローザンヌからきているシャンブランド街道からはずれたところに、四十代くらいの身許不明の男が、機銃弾で蜂の巣のように穴をあけられ、死体となっているのが発見された。頭に五発、身体に七発の弾が入っていた。一本の灰色の頭髪が、死者の手に握られていた。ポケットには、ハンス・エーベルハルト名儀の旅券とフランス行きの汽車の切符があった。

九月六日、ジュネーヴで、乗り捨てられたアメリカ製自動車は、九月四日、ローザンヌのホテル・ド・ラ・ペに止宿し、荷物ももたず、勘定も払わずに逃亡した二人の奇怪な客、男と女を調査する糸口を提供した。女は、ローマ在住のドイツ国籍のゲルトルーデ・シルドバッハだった。かの女は、イタリア駐在のオゲペウ工作員だった。男は、ローラン・アビア、別名、フランソワ・ロッシ、又は、ピィといい、モナコ生まれで、パリ駐在のオゲペウ工作員だった。

ゲルトルーデ・シルドバッハがホテルに残していった身のまわり

品のなかに、ストリキニーネの入ったチョコレートが一箱あった――それは、今では、事件の証拠物件の一つとしてスイス警察の手にある。ゲルトルーデ・シルドバッハは、ライス家の親友で、ライスの子供とよく遊んだものだった。かの女は、シュピーゲルグラスの指令通りに、友だちとしてよく訪ねた家族に、毒入り菓子を与える神経をもっていなかった。

ゲルトルーデ・シルドバッハ自身は、粛清の開始以来、政治的に動揺していたし、モスクワと訣別しようとするライスと行を共にする用意のあるものの役を、もっともらしく演ずることができた。ライスは、かの女の動揺を知っていたし、またかの女を信頼していた。ライスは、かの女を伴って、情勢全体を検討するために、シャンブランドの近くにあるレストランで夕食をとりにでかけた。そう、かれは思い込んでいた。食事がすんで、かれらは、ちょっとした散歩にでた。どういうわけか、かれらは人気のない道に入りこんでいった。一台の自動車が現われ、急停車した。数人の男たちが飛びおりて、ライスを襲った。ライスは、襲いかかる一団と闘ったが、かれらは、シルドバッハ――かの女の頭髪が一筋ライスの手に握られていたのだ――に手伝われて、ライスを車に押し込んだ。そこで、かれらのなかにいたアビアが、かれと同様にパリ駐在のオゲペウ工作員エチエンヌ・マルティニャの手をかりて、ライスに向って自動小銃の水平射撃を浴びせた。ライスの死体は、少しいったところで車から放りだされた。

一九〇八年、スイスのサン＝ガルで生れたレナタ・シュタイナーが、ライス暗殺に使用されたアメリカ製自動車を借りた人物であることが確認された。シュタイナー嬢は、一九三五年以来、オゲペウに勤務し、以前、トロツキーの息子、セドフの尾行を命ぜられたことがあった。かの女は、警察に逮捕されたライス暗殺の三人の共犯者のうちの一人だった。かの女は、この犯罪で果した自分の役割を自白し、当局が犯罪を解決するのを助けた。

この殺人事件には高価な続編があった。スイス当局は、リディア・グロゾフスカヤの調査を要求した。そして、ソ連大使館のすさまじい圧力にもかかわらず、フランス当局は一二月一五日、かの女を尋問した。七月一七日、ライスから手紙を受けとり、これをシュピーゲルグラスに手渡したのは、グロゾフスカヤだったことが憶いだされるだろう。取調べ二日後、かの女は、逮捕された。スイス政府は、かの女の引渡しを要求した。しかし、ふたたび、スターリンの外交的な手が、もう一方の手、つまり秘密の殺人をこととしていた手の援助に向った。フランスの法廷は、保釈金五万フランを積ませ、フランスを離れないという誓約書に署名させたうえで、グロゾフスカヤを釈放した。かの女が、跡方もなく姿を消したことは、いうまでもない。フランスの刑事がグロゾフスカヤの姿を最後にみたのは、かの女がソ連大使館の馬力の強いリムージンで、かれらをまいた時だった。

九月五日、ライスの死について読んで、わたしは、自分自身の立場が絶望的なことを悟った。スターリンとエジョフは、この犯罪への参加を、わたしが拒否したのをけっして忘れないだろう。かれらにとっては、それは、ライスの抱いた疑惑をわたしが分ち合っていることを意味していたろう。わたしは、今や自分の前に、スターリンの公式の死刑執行人からルビヤンカで一発の弾丸を打ち込まれるか、ロシアの外で、スターリンの非公式な暗殺者の手に握られた自動小銃から発射される弾丸の雨で消されるか、そのどちらかを選ばねばならなかった。

この恐るべき窮地は、だんだん、わたしの妻にも分り始めていた。わたしたちは、パリに戻ることに決めた。わたしは、まだ、モスクワへ発つ準備をしている素ぶりをつづけていた。秘書のマドレーヌは、わたしたちのために、サン・ジェルマンに適当なホテルをみつけてくれた。わたしたちは、「アンリ四世」ホテルに宿をとった。

ここに、九月の半ば頃、あの若いベルギー人の助手が現われた。かれは、ひどく悩んでいた。スネーヴリート家に泊っているライス夫人のいるオランダへゆき、ライスが残したノートや書類をかすめてくるように命令されたのだ。かれは、でかけたが、空手で帰ってきた。かれは、もう一度でかけて、殺人さえ含めて何事にもためらわずに、書類を探すように、せきたてられた。絶望し、眼に涙をためて、助言を求めに、わたしのもとにやってきたのだった。

わたしは、ライスが理想主義者であり、真の共産主義者だったということと、革命運動と労働運動の歴史は、将来、オゲペウの殺人を断罪するだろうということを、かれに話した。わたしは、シュピーゲルグラスから任された危険な任務をサボタージュするようにすすめ、そのやり方を教えた。しかし、まだ、わたしは、自分が直ぐにモスクワへ帰らなければならないことを話したし、わたしの若い友人は、マドレーヌがわたしと家族のために、ブルターニュ号の切符を手に入れようとしているのを知っていた。

わたしたちは、サン・ジェルマンから、パリのカンボン街のホテル・メトロポリタンに移り、そこに、九月一七日から一〇月六日まで滞在した。そこへ、マドレーヌが、フランス船の航路は、その季節最後の航海を終ってしまったと知らせてきた。わたしたちは、帰国する他の方法を討議した。わたしは、まだソヴィエト軍事諜報部の高級将校だった。わたしは、ソヴィエト船で出発する特別許可をもらうためモスクワに電報を打たねばならなかった。なぜならば、ソヴィエト船は、他の国々の秘密機関によって、注意深く調べられるからだ。わたしは自分自身と妻が絶えず、スパイたちに尾行されているのを知っていた。だが、かれらの主人シュピーゲルグラスは、姿を消していた。

わたしは、モスクワから、ソヴィエト船に乗る許可と、ル・アーヴルを発つ次の船が、一〇月六日に出港するジュダーノフ号だという知らせを受けとった。スペインからの帰路、フランスを通ってゆく一ソヴィエト市民の名儀で、新しい旅券が用意されなければならなかった。妻と子供は、別の旅券で、ドイツを経由して帰ることになっていた。

ある日、九月も終りの頃、妻は、モスクワへ帰って、死から逃れる機会があるのかと、わたしに尋ねた。

わたしは、自分の考えを告げた、「全くないよ。」

そして、わたしは、いいだした。「おまえが、わたしのせいで罰せられるいわれはないのだよ。おまえが、戻れば、奴らはおまえに、わたしと絶縁し、わたしを裏切者として非難する書類に署名させるだろう。そうすれば、褒美に、おまえと子供は、危害を加えられないですむ。わたしの方は、あそこへ戻れば、死ぬのは間違いない。」

妻は、泣き始めた。それから何週間というもの泣きやむことは、ほとんどなかった。フランスで、スターリンの暗殺者たちから、命を全うして逃れる機会は、非常に薄かったが、わたしは、その機会をつかもうと決心した。わたしは、新しい生活の光をみた。そして、それに向う道を模索しようと決心した。決意は、頭のなかでは簡単だったが、具体的な困難は、巨大だった。

わたしは、合法的な身分証明書をもっていなかった。わたしの動きは、日夜を分たず、看視されていた。わたしには、絶対に信頼のおける親友も、知り合いもなかった。わたしは、長年パリに住んでいた古い友人〔反ナチのドイツ人亡命ジャーナリスト、パウル・ヴォール〕のところへいって、かれに真実を全部打ち明ける危険を冒そうと決心した。かれは同情の耳をかたむけ、わたしを助けようと言った。かれは南仏へいって、トゥーロンの近くにあるイエールという小さな町で、小別荘をわたしたちのために借りて、一〇月三日に戻ってきた。翌日、わたしは一〇月六日に出帆する汽船ジュダーノフ号で、ロシアに帰る手続をすませるよう、ソヴィエト大使館に呼ばれた。わたしはでかけていって、一切の手続を終えた。

一〇月六日の朝早く、わたしは、ホテルの勘定を払い、オステルリッツ駅までタクシーを使い、荷物を預けた。ヴァンサンヌの森で一時間すごしてから、バスティーユ近くのカフェでその友人に会い、荷物の預かり証を渡した。その間、かれは車と運転手を予約して、ホテル・ボイ＝ラファイエットにわれわれを迎えにくるようにいった。わたしは、直接そこへゆき、友人は、オステルリッツ駅にいって、わたしの荷物を受けとった。運転手は、大戦の退役軍人で、フランスに住んでいるアメリカ人という恰好をさせた。かれは、家族を休暇旅行に連れてゆくところだという印象を与えた。

こうしたこと総ては、オゲペウのスパイたちの眼をくらますために考えられた警戒措置だった。わたしたちは、その日、ソヴィエト船に乗るため、ル・アーヴルに発つことになっていた。そうする代りに、わたしたちは、自動車でディジョンに向った。パリの郊外にでた時、わたしは、車をとめて、マドレーヌに電話をかけ、わたしがソヴィエト政府と絶縁したことを知らせた。かの女は、わたしが、この知らせを伝えると何も答えなかった。後で知ったことだが、かの女は、電話の前で、気を失ったのだ。

その日の夜、九時にディジョンに着いて、駅で車を捨て、コート・ダジュールゆきの列車に乗った。翌朝の七時、わたしたちは、イエールのかくれ家に着いた。その夜、友人は、わたしに当局の保護をえるという課題にとり組むために、パリに帰った。

一一月のはじめ、わたしは、パリに戻ったライス夫人の弁護士を通じて、トロツキーの息子、レオン・セードフと連絡をつけた。かれは、「反対派通報」を編集し、パリに亡命していたロシア・メンシェヴィキ社会主義者の指導者たちといっしょだった。当時、レオン・ブルムが政権をとっていた。かれらは、ブルム政府と非常に良い関係にあった。わたしは、ライス夫人と、暗黙のうちに信頼していた若いベルギー人の助手〔オランダ人ハンス・ブルスのこと〕にも手紙を書き、わたしに会いたいならば、パリの「ウーヴル」紙に広告をだすように頼んだ。わたしは、かれがスターリンと訣別し、わたしの後につづくと信じていたのだ。

セードフに会うと、わたしは、トロツキストに加わるためにきたのではなく、助言と同志的関係を求めるためにきたのだということを、率直に言った。かれは、わたしを暖かく迎えた。そして、その後は、ほとんど毎日、わたしは、かれと会った。わたしは、このレオン・トロツキーの息子を、親譲りの人物として感嘆するようになった。わたしは、スターリンの手先たちに追われていたあの頃に、かれが、与えてくれた私心のない援助と慰めとをけっして忘れないだろう。かれは、まだ非常に若かったが、並はずれた才能をもち、魅力があり、よく物事を知っていて、実行力があった。モスクワの叛逆裁判では、かれが、ヒトラーと天皇から莫大な金を貰っているといわれた。わたしは、かれが革命家の生活をしていて、毎日、反対派のために労苦を惜しまず、衣食に実際、不自由しているのを知った。それから三ヵ月後、健康で、人生の花盛りにいたかれは、あるパリの病院で急死した。かれの父も含めて、多くの人たちは、オゲペウが、かれの死に手をかしたと考えた〔白系ロシア人の病院に盲腸炎で入院したが、手術後に、医師が必要とされた注意を患者に与えなかったために、容体が悪化し、死亡したが、オゲペウ暗殺説が強い〕。

わたしに身分証明書と警察の保護を与えるようレオン・ブルムの政府にとりはからってくれたのは、ロシア社会主義者の指導者テオドール・ダン〔一九二二年にソ連を亡命したメンシェヴィキ、一九四四年ニューヨークで死亡。その頃には、親ソ的な雑誌「新しい道」を主宰していた〕とその協力者たちだった。しかしながらそれ以前に、オゲペウは、わたしの命を狙う最初の企てを行なったのだ。

わたしは、前に、例のベルギー人の助手に、スターリンと訣別するのを決意した時にだけ、わたしに連絡するように手紙を書いてあった。わたしは、かれが、いつものようにデュフォ街のホテル・ブルトンに泊っており、会いたいという連絡を受けとった。わたしは、電話をして、バスティーユ広場近くのあるカフェで会う約束をした。かれが入ってきた時に、わたしは、カフェのテーブルに座っていた。

「わたしは、組織を代表してきました」これが、かれの発したほとんど最初の言葉だった。わたしは、とっさに、かれがゲルトルーデ・シルドバッハの役を与えられており、わたしの生命が危険にさらされているのを悟った。わたしは、この青年を深く信頼していたので、手痛い衝撃を受けながらも、すばやく気持を落着かせると、隣の卓に座っているただならぬ男たちに気がついた。かれらは、オーストリアの巻たばこを喫っていた——そこは、小さな、小市民的なフランスのカフェだった——わたしは、かれらがオゲペウ機関にいるものだとはっきり感じた。

わたしの若い友人は、機関と手を切るつもりでパリにやってきたが、モスクワから来た特別委員が二日間、かれと議論して、結局、わたしが間違っていて、スターリンのしたことすべては、主義のために正しかったということを、納得させたのだと話した。それから、かれは、わたし自身に余りにもおなじみのあの古い議論を残らずもちだして、わたしに伝道し始めた。このような情況のもとで、わたしは、かれから深い印象を与えられている振りをするのが最善だと考えた。

「モスクワでは、あなたは裏切者でも、スパイでもないということが分っています」と、かれはいった。「あなたは、立派な革命家です。だが、疲れたのですよ。あなたは、過労で参っています。たぶん、あなたは、どこかへいって、十分、休息をとらせてもらえるでしょう。ともかく、あなたはわれわれの一員です。」

こう、青年は主張したのだった。

「あなたは、八月二一日は、帰国の準備を一切して列車に乗っていたじゃありませんか？　まだ、帰れますよ。われわれが連れてゆきましょう。ともかく、モスクワからきた委員は、あなたの問題を理解しているし、あなたとじっくり話したがっています。もちろん、その人をごぞんじでしょうが、わたしには、名前をいう権利がありません。」

かれがしゃべっている間、わたしは、かれが隣のテーブルにいる男たちに何か合図するかをみようとして、かれの手に注意していた。わたしは、わなにかかっていたが、頭の回転は早かった。かれの見方を今まさに、捨てたばかりだったから、わたしにとって、かれがききたがっている言葉を正確にいうのは、何でもないことだった。わたしは、モスクワから、そのように物分りのいい人間が送られてきたことに満足の意を表わした。わたしは、その人間に会って、事を解決したいという熱望を示した。

「シュピーゲルグラスは、全くのばかもので、月並みな暗殺者だった」と、わたしは言った。「きみのいうその男は、どうやら、わたしの立場を完全に理解してくれるようだね。」

それから、わたしは、提案されたその特別委員との会見について議論した。かれは、わたしが非常によく知っていた、オランダにある自分の妻の実家で会っては、どうかと提案した。わたしは、計画では、まだミラー事件やライス事件でわき返っているフランスから遠くへ、おびきだすことになっているんだなと感じながら、こころよく賛成した。かれは自分の成功に気をよくしたようだった。そして、わたしは、不愉快な隣の男たちに、万事うまくいったとかれが合図するのをみたのは確かだった。わたしたちは、会う一応の日取りをきめた。そして、わたしは、少くともはじめて、オゲペウの暗殺者たちの裏をかいたと思ったのだ。

腹がすいたといって、わたしは、その若い友人をうまいレストランに誘い、走っているタクシーを止めた。わたしは、つけられていないのを知って、脱出に十分満足した。食事は楽しいものではなかった。別れた後で、かれをまくのに、数回、タクシーを乗りかえた。しかし、かれが裏切ったという苦がい思いをふり払う方がもっと難しかった。

そのことがあってから、わたしは、社会党出身の内相マルクス・ドルモワ氏〔一八八八年、社会主義者の労働者を父として生まれた。一九二六年、モンリュソン市長、一九三一年代議士に選ばれた。ブルム内閣で、はじめ国務次官をつとめた。三八年、ミュンヘン協定に反対、四〇年にはペタンに反対して逮捕され、翌年七月二六日に暗殺された〕に訴え、身分を明らかにして、かれの政府の保護を強く要請した。わたしは、自分と妻の偽造旅券を全部纏めて、ドルモワ氏に引渡すようにテオドール・ダンに預けた。ドルモワに送った訴えのなかで、わたしは、一九一九年から三七年までのわたしのソヴィエト政府への奉仕にふれて、次のように綴った。

「ソ連における最近の政治的諸事件は、全く事情を変えてしまいました……古いわたしの同志たちとともに死におもむくか、それとも、わたしと家族の生命を救うように努力するか、この選択の前に立たされたわたしは、スターリンのテロに、何の声もあげずに、身を委ねまいと決心したのです……」

「わたしは、自分の首に賞金がかけられているのを承知しています。暗殺者たちは、わたしにつきまとい、妻や子に危害を加えることさえ厭わないでしょう。これまで、わたしは、主義のために、しばしば生命を危険にさらしてきました。しかし、今、犬死は望まないのです。」

「わたしは、わたし自身と、家族にたいするあなたの保護と、わたしが他の国に移って、生計を得、自立と安全をみつけるまで、フランスに留まる許可を求めているのです。」

内相は、わたしの訴えに応えて、パリ警察に身分証明書《カルト・ディダンティテ》をわたしに発行するよう命じた。わたしは、後にこの証明書をもとにして、アメリカ合衆国渡航の旅券を確保した。

モーリス・モパーンという警部が、わたしを護衛して、イエールまでつきそう任務を与えられた。そしてイエールで、かれが、わたしの家族を保護する手配をしてくれることになった。内相は、政府が、わたしにたいして何も要求しないし、仏ソ関係にこれ以上支障が起るのを避けたいので、フランス領土内でどんな危害もわたしにふりかかってこないようにすることにのみ関心をもっていると明言してくれた。

わたしは、モーパン警部につきそわれて、しばらくの間いるつもりでイエールに引き返したが、行先はパリ中でただ六人の人しか知らなかった。わたしたちは、月曜日の夜おそくマルセーユについた。汽車は、駅に三〇分間停車していた。別の汽車に、視界をさえぎられてプラットフォームをみることができなかった。わたしたちが着いて数分後に、その汽車が動きだすと、わたしは、あの若いベルギー人の友人を見た。レインコートを着、手を振りながら、もう一人の男の方へ急ぎ足で歩いているところだった。

わたしは、モーパン警部に叫んだ。「あそこに暗殺者がいる！」

わたしは、かつてのわたしの助手の連れに、ソヴィエト・オゲペウの上級中尉クラルのよく見なれた姿を認めた。警部とわたしは、車室からとびだした。汽車の反対側のレールの向うに、別の男が二人立っていた。若いベルギー人は、わたしの動きを見たのか、警戒の叫びをききつけたかした。そして、モーパン警部とわたしが列車からとび降りると、四人の男は、ポケットに手を入れたまま逃げだした。警部は、拳銃をとりだし、わたしたちは、追跡した。しかし、プラットフォームのはずれまでくると、かれは、わたしに立ちどまって、壁際に立つように命じた。わたしの身体をかばいながら、かれは、いった。

「わたしの受けた命令は、あなたをパリへ安全に連れ戻すことなんです。わたしは、四人の武装した暗殺者を、一人でつかまえる用意はない。」

かれは、暗殺者たちが手榴弾をもっているにちがいないといった。真夜中だったし、憲兵の姿は、あたりにみ当らなかった。かつてのわたしの助手とその仲間たちは、逃げ去っていた。そこで、わたしたちは、車室に戻った。今日に至るまで、わたしには、オゲペウがどうして、わたしのとった道順と日程を知ったのか不可解だ。

警部の意見とちがって、わたしは、かれらの計画が、わたしを列車から連れだし、このような仕事にはもってこいの都市、マルセーユの安全な場所にひっぱってゆくことだったと判断した。そして、マルセーユで、わたしは、ソヴィエト船が入港するまで、とどめられているか、あるいは、もっと簡単に処理されるかだったのだ。

一二月、わたしは、家族をイエールの隠れ家から移して、パリ、サン・ペール街の警察署に隣り合うホテル・アカデミーに住居を定めた。当局は、三人の警官に、わたしたちの身辺護衛を命じた。かれらは、わたしたちの隣の部屋に詰めて、八時間交替で働いた。夜も昼も、警官が一人、ホテルの入口で見張りをつづけた。

一九三八年三月、モスクワで最後の叛逆裁判が開かれている時に、フランスの労働記者たちは、わたしに口を開くよう、熱心に促した。わたしは、かつてコミンテルンの執行委員会にいて、今はパリの「フィガロ」の寄稿者であるボリス・スヴァーリンと、元駐英ソ連大使レオニード・クラシンの義理の息子で、国民議会の一員、ガストン・ベルジェリ〔一八九二年生まれ、一九二四年、外務省官房長、一九二八年代議士に選出された。一九三五年に「社会戦線」運動を組織、「ラ・フレーシュ」紙を創刊。一九四〇年駐モスクワ大使、戦後ペタン協力のかどで裁判にかけられたが無罪放免された〕と会見した。現在、パリで独立の週刊誌をだしているベルジェリ氏は、かつて、仏ソ同盟を最初に提唱したが、粛清で幻滅を味わった。

わたしはまた、パリに亡命したロシアの社会民主主義者がだしている雑誌「社会主義通信」に、モスクワからのニュースを解説した記事をいくつか書いた。これらの記事は、ストックホルムの「社会民主主義者」紙と、コペンハーゲンの同名の新聞に、転載された。両紙とも、当時スエーデンとデンマークで政権についていた社会党の公式機関誌だった。この転載発表によって、モスクワは、スエーデンとデンマークの政府に外交的抗議を提出した。両政府は、両国では、新聞報道が自由だと回答した。

アメリカ合衆国でさえも、スターリンの報復の長い手は、わたしを捕えようとしている。一九三九年三月七日、火曜日、午後四時頃、あるニューヨークの労働新聞の一編集者と連れだって、わたしは、タイムス・スクエアの近く、四二番街のレストランにいった。わたしたちが着いてから、一五分ほどすると、三人の男が、わたしたちの隣のテーブルに腰をおろした。わたしは、そのうちの一人を知っていた。わが国の秘密機関で、かれはジムというあだ名で知られていたが、本名は、セルゲイ・バーソフといった。バーソフは、もともとクリミアで船員をしていたが、ソヴィエト軍事諜報部の古手の工作員で、常駐工作員として勤務するために、数年前、アメリカに派遣されてきた。このため、かれは、アメリカの市民権を獲得した。

わたしは、スターリンのやり口を知っていたから、スターリンが、大西洋のこちら側で、わたしの追跡を組織する仕事をボリス・ブイコフ大佐に委任したということを確信していた。わたしは、ブイコフが、アメリカ合衆国駐在ソヴィエト軍事諜報部の責任者であり、一九三六年の夏、アメリカに派遣されてきたことを知っていた。

連れとわたしは、レストランを急いででようと立ちあがったが、バーソフは、勘定場で、わたしをつかまえた。かれは、親し気に挨拶した。

「わたしを、撃ちにきたのかい？」と、わたしはきいた。

「いや、本当に、これは、非公式なんです。あなたと仲良く話したいだけなんですよ。」

わたしは、ゲルトルーデ・シルドバッハや、わたしのベルギー人の助手が、これと同じ親し気なお喋りで、かれらの仕事の口火を切ったのを知っていた。しかし、わたしは、友人のいる近くの出版社〔ニューヨーク・タイムス〕まで、バーソフをついて来させた。わたしの連れは、遅れて、他の二人の男にまつわりつかれていた。だが、かれらは、その出版社がある建物のなかには、あえて入ろうとはしなかった。

わたしとバーソフが喋ったことは、モスクワや、海外で働いている共通の友人たちのことだった。友人の事務所に着くと、わたしは、バーソフに、もう二度と会いたくないし、この国を引きあげた方がためだろうと言った。

かれが、去った後も、長い間、わたしは、その出版社に残っていた。わたしは、他の友人たちの一団が、わたしの苦境を電話で伝えきいてやってきた晩の九時までいた。もう芝居の時間で、警官があたりに一杯いたし、駐車している自動車は、なかった。わたしは、またも、無事に逃れたのだった。〔一九四一年二月一一日付、「ニューヨーク・タイムズ」紙は、筆者の謎の死を次のように報道した、

「ワシントン、二月一一日発、元赤軍諜報機関長ワルター・G・クリヴィツキー将軍が、今日早朝、ユニオン駅近くのホテル・ベルヴュ五階の一室で、右こめかみに〇・三八口径の弾丸を一発受けて、寝台で死んでいるのを発見された。」警察は、「自殺」と発表した。〕

訳者解説

現代史のなかの著者と本書について

〃書物にはそれぞれの運命がある〃
HABENT SUA FATA LIBELLI.
Terentianus Maurus

一 本書の成り立ちと邦訳をめぐって

ソ連秘密警察の元ハーグ駐在諜報機関長だったワルター・クリヴィツキーが、一九三七年十月六日にパリで亡命後、一九四一年二月一〇日ワシントンの安宿の一室で、拳銃で至近距離からこめかみを撃って、あるいは撃たれて発見されてから、四十五年がたった。その遺した唯一の回想録がこの本であり、ニューヨークとロンドンで英語で出版されたのが、死に先立つこと二年たらずの一九三九年一一月。それから四十七年が過ぎた。この本の最初の邦訳は一九六二年にみすず書房から出版され、六七年に再刷されて以来絶版のまま一九年になる。

クリヴィツキー回想録の原題は、ニューヨークのハーパー書店版では『スターリンの秘密機関に勤務して―元駐西欧ソ連諜報機関長によるロシアの秘密政策の暴露』、ロンドンのハミシュ・ハミルトン書店版では『私はスターリンの特務だった』である。一九四〇年にフランス語訳がパリで、ドイツ語訳がアムステルダムで出版された。戦後は一九四七年にスペイン語訳がマドリードで、一九七九年には、米国ハーパー版の復刻本がコネチカット、ウエストポートのハイペリアン・プレスから、仏語訳の再版がパリで出た。骨子をなしている文章は、一九三九年四月から一九三九年九月までアメリカの週刊雑誌サタデー・イヴニング・ポストに五回にわたり連載されたものであり、これに補筆されて一冊としてまとめられた。日本ではサタデー・イヴニング・ポスト発表後すぐに、週刊朝日が大粛清の内幕についての記事を全訳紹介している。同年九月に今日の問題社から前赤軍参謀本部諜報局長ヴェ・クリヴィツキー著、三宅邦雄訳『ソ聯の暗黒面――クレムリンの謎を解く――』、またタイムス出版社の国際パンフレット通信で『ソ聯恐怖政治の内幕』が要約出版されている。上海ではロシア語で一部の記事が出版されている。

邦訳を「スターリン時代」としたのは、原著出版当時のように耳目をそばだてる必要はなくなっており、その内容からみてスターリンが拷問と処刑と強制収容所を手段にレーニン時代の古参共産党員、赤軍首脳部、それに総ての潜在的反対者だけではなく、スターリン派までも一掃して独裁を確立し、覇権を行使する一九三〇年代についての稀な証言として位置づけたからである。スターリン時代とは、スターリンが党書記長についた一九二二年から始まり、一九五三年の死に至る三〇年間の時代であるが、クリヴィツキーの証言は、一九三九年秋までをもって終わっている。しかしクリヴィツキーが言及した時期は、スターリン政治の核心である恐怖手段が史上類を見ない規模で行使された時期であり、スターリンがついに絶対的独裁専制を確立し、いわゆる一枚岩の共産党が、二千万の犠牲者の屍《しかばね》の上に成立するのである。戦後も、ソ連で続けられた粛清（ヴォズネセンスキーらを処刑するレニングラード事件、捕虜となったソ連軍兵士の処刑と強制収容所送りなど）、支配下に入った東欧諸国で行なわれた一連の凄惨な粛清は、この時期の延長線上なのである。本にはそれぞれ運命がある、といったのは無名のラテンの詩人である。

原書が世に問われてから半世紀がやがて過ぎようとしている。この間に第二次世界大戦、ソ連と米英の合従連衡、東欧のソ連支配、冷戦、スターリンの死、フルシチョフ秘密報告など幾つもの歴史的事件が起こった。スターリン支配の同時代について、少なからぬ証言が新たに日の目をみた。クリヴィツキーにかかわる、あるいはクリヴィツキーの証言当時には一笑に付されるか、疑惑の目でみられた事柄について関係政府の公文書の一部が公開された。この間に発表されたソ連史、コミンテルン、スペイン内戦の研究書や戦後の英国政府部内ソ連スパイ事件でケンブリッジ大学出身者からなるフィルビー、マックリーン、バージェス事件の研究書で、クリヴィツキー証言が枚挙に暇がないほど引用されて、歴史資料として認知された感がある。最近の一例はロバート・コンクェスト（スタンフォード大学フーバー戦争平和研究所の上級研究員）の『スターリンの秘密警察の内部で——一九三三年から三九年にかけてのソ連秘密警察の政治』（一九八五年）だろう。スペイン内戦の標準研究書の著者ヒュー・トーマスは、その一九六一年の初版本の注釈ではクリヴィツキー証言を歪曲されて疑わしいものと評していたが、七七年の第三版では、留保を取り去ってクリヴィツキー証言を採用している。この点についてはE・H・カーも遺稿の『コミンテルンとスペイン内戦』で注目している。

私が八三年に東京に滞在した際に、みすず書房の高橋正衛氏に久方振りにお目にかかった。その折り同氏から邦訳の再版を望む声が各方面からしきりと寄せられるので、新しい資料をもとに解説を書き直してみてはどうかと相談を受けた。私はこの二〇数年欧州とアメリカ各地を歩きながら、余暇をみつけて図書館、古本屋を訪ねてはクリヴィツキー関係の資料を探してきたいきさつもあった。またクリヴィツキーの生前、亡命地のパリでクリヴィツキーを知った記念碑的スターリン伝の著者ボリス・スヴァーリン、クリヴィツキーの非業の死をうたった長編詩『クリヴィツキー将軍の苦悩』をナチスの収容所内で書いた詩人のアンドレ・フレノーなどにも会った。

いわばクリヴィツキーの亡霊に取り付かれて過ごしたと言えなくもない。私とクリヴィツキー回想録との出会いは一九五六、七年頃だったと思う。渋谷の当時恋文横町といった露店めいた小店の軒がひしめく商店街の一隅に、間口二間そこらの洋書専門の古本屋の奥の棚に色あせた赤い表紙のロンドンのハミシュ・ハミルトン版を偶然見付けた時にさかのぼる。その夜一睡もしないで読み終えた記憶がある。巻置くあたわざる本には、そう滅多にお目に掛かるものではない。驚愕の書と聞いてはいたが、長年探して未見の本であった。それまでにスターリン治下のソヴィエト・ロシアとコミンテルンの真相に迫る本としては、バルミン、ワイスベルク、ベック、ゴディン、ヴァルチン（本名リヒャルト・クレプス）、イプシロン（本名カール・フォルクとジュリアン・ガンペズ）、ブーバー・ノイマン、レオンハルト、シローネ、クラヴチェンコ、ケストラー、オーエル、セルジュ、トロツキー、スヴァーリン、シリガ、オルロフなどを読んでいた。外に生前知己をかたじけなくした荒畑寒村氏、対馬忠行氏の著作も挙げねばならない。

この内外の書を読み漁ったのは、次の疑問への答を探していたからである。それは私が目撃した敗戦後の満洲で暴行掠奪をほしいままにするソ連軍兵士の姿であった。いったいソ連とは何か、共産主義とは何かという疑問である。更には人間による人間の搾取を廃絶し、人が人にとって狼ではない世界を建設するという美しい理想を掲げて十月革命を準備し遂行したブハーリン、ジノヴィエフたち古参ボリシェヴェキが、「人民の敵」、ナチス・ドイツ、英国、日本などのスパイだという途方もない自白をした上処刑されたのは何故かという疑問にもつながる。

クリヴィツキーの記録が、前掲の一連の人々の記録と異なっている点は、後で触れるオルロフはいささか別として、スターリンの恐怖支配の最大の手段だった秘密警察の外国部幹部要員として国外で諜報活動の一線にあって、しかもモスクワの中枢と緊密な関係があり、粛清のため召喚の命に接するや亡命、すぐに大粛清の真相についての証言を西欧で発表、後にアメリカで更にまとまった形で発表した事実である。クリヴィツキーの地位、亡命時期、手記発表時期、手記内容は外に類を見ない。

オルロフも秘密警察の幹部でパリ、ベルリン勤務の経験もあり、地位はクリヴィツキーよりも高かった。最後の任地のスペインではソヴィエト秘密警察の最高責任者であった。クリヴィツキーが回想録第三章で記しているが、スターリンのスペイン内戦干渉では現場で鍵の役割を果たし、スペイン共和派内部の粛清を指揮した。モスクワから召喚命令を受け取ると、直ちに妻子を連れてピレネー山脈越えでフランスに逃げ、アメリカに一九三八年夏に渡って一切消息を絶って一五年間地下に潜み、スターリン死後まで浮上せずに、死後になってやっと手記を発表した。それは一九五三年四月のライフ誌上である。オルロフ（本名レオニード・フェルドビン）は、白ロシアのミンスクに一八九五年に生まれ、クリヴィツキーよりも四歳年長の同時代人である。オルロフは亡命すると三七枚の手書きの手紙をスターリンに、その写しをエジョフに送った。それは、国内に残された自分の母親と妻の母親を迫害しないこと、自分と妻子に危害を加えないこと、もしこれが守られない場合にはスターリンの犯罪だけではなく、ソ連諜報網の要員名を暴露するというものだった。ライフ誌への寄稿とこれを元にした『スターリン犯罪秘史』（一九五三年、ニューヨーク）はクリヴィツキー回想録とともに一読に値するが、書中雄弁なオルロフは、スペインで自分が何をしたかには口をつぐんでいる。この回想の発表から一〇年後、オルロフ『諜報・ゲリラ戦争便覧』をミシガン大学出版部から出した。この本でも彼は、フランコ軍の背後で活動した共和派パルチザンに触れながら、スペインで自分がなにをしたかは語っていない。生き残ったスペイン共和派によれば、オルロフこそが、一九三七年五月のバルセロナの流血、元プロフィンテルン（赤色労働組合インタナショナル）執行委員・スペイン統一マルクス主義労働党（ＰＯＵＭ）幹部アンドレウ・ニンの拷問と処刑の責任者として糾弾している。スペインからの逃亡に当たり三万ドルを持ち出し、これが十数年に亙るアメリカでの地下生活を支えた。こうしてスターリンの生前口を固く閉ざしたオルロフは、一九七三年にオハイオ州クリーヴランドで七七歳の天寿を全うした。オルロフが死ぬとアメリカ議会司法委員会国内治安行政調査小委員会は、オルロフの聴聞記録をまとめて『アレクサンダー・オルロフの遺産』と題して政府刊行物として同小委員会委員長のイーストランド上院議員の献辞を巻頭に付して出版し、オルロフの記念に捧げたのである。これは一四九ページ、索引九ページからなる。クリヴィツキーにたいする待遇とは雲泥の差があるのは、アメリカの国際的地位、パックス・アメリカーナ・ソヴィエチカの前後の違いを浮き彫りにしているからである。

クリヴィツキーの場合は、オルロフと違ってスターリンとの訣別後すぐに西欧で手記、証言の発表を開始した。思想的な動機の他にパリからニューヨークに移ってからのサタデー・イヴニング・ポストへの寄稿は、妻子のために生活の糧を得る必要からでもあった。クリヴィツキーは口を開き、やがて謎の非業の死を遂げた。

クリヴィツキー、オルロフの二人はともにユダヤ人*で同じように秘密警察あるいは軍諜報部の経験が長かったが、生き残りの才覚と能力においては、オルロフの方が遙かに上だった。二人の間の大きな違いは、クリヴィツキーが革命理想主義の虜として終始した点にあるように思える。ソ連はバルト海沿岸三国の併合前、レニングラードから僅か二五キロにあるフィンランド国境地帯の割譲を要求して、一九三九年一一月三〇日、宣戦布告なしにフィンランドへの侵入を開始した。予防戦争の名をかりた侵略であるこのソ・フィン戦争勃発を聞いて、クリヴィツキーは、この戦争は良い戦争だと知人に語っている。

第二次大戦を境にしてアメリカの国際地位と役割が大きく変化して、世界地図が米ソの二大勢力圏に色を塗りかえられてから、ソ連亡命者へのアメリカの対処ぶりと、戦前の孤立主義の伝統が根強かった時代とでは全く異なる。クリヴィツキーは一度だけ上院の非米活動委員会（ダイス上院議員を委員長とする）で証言しているが、その記録二四ページと前記オルロフ証言記録を比べてみると、その取扱のちがいは明らかである。オルロフの証言記録には依然として非公開の量も多いが、公開された分だけでも、量ばかりではなく聴聞内容を比較してみると、クリヴィツキーの聴聞の場合は、アメリカ側がいかに無知無邪気な質問をしているか失笑を誘うほどである。一言でいえばアメリカの政策当局と保安機関にとっては、一九三八年から一九四一年のクリヴィツキーは、およそ物の数ではなく、手厚い保護の対象でもなければ、情報源としての評価も、国務省の影響力の殆どないロシア問題専門家マーフィを除いては正当なものではなかった。マーフィが作成したクリヴィツキー関係覚書は、マーフィが国務省を退職した際に失われてしまった。アメリカにとって、ソヴィエト・ロシアは脅威としては見られていなかったのである。

スターリンは一九四六年二月九日ボリショイ劇場で最高ソヴィエト選挙を前に演説、ソヴィエト制度が外の総ての制度に優ると自賛し、勝利に貢献した米英の努力には一切触れなかった。同年三月五日チャーチルはミズーリ州フルトンで〃バルチック海のシュテッチンからアドリア海のトリエステまで鉄のカーテンが降りた〃という有名な言葉を含む演説を行なった。両者の演説は冷戦への突入を意味していた。こうしてアメリカは戦争中の俄か作りの情報機関海外戦略局（OSS）を母胎に、中央情報局（CIA）を創立したのは、実に一九四七年になってのことである。三十年代半ばにローズヴェルト大統領から防諜活動を指示された連邦検察局（FBI）は、防諜よりはマフィアなど組織犯罪との取り組みに大童で、防諜の主眼はナチスのアメリカ国内の活動にあった。

クリヴィツキー、オルロフのほかにソヴィエト秘密警察からの同時代の亡命者としてはリュシコフを逸してはならないだろう。リュシコフは一九三八年六月一二日、シベリアから徒歩で満洲に入り日本に亡命したが、日本陸軍に監禁されたリュシコフの手記の発表は断片的であったし、それも日本であるから、国際的影響は限られていた。リュシコフの尋問から当局がどのような情報を引き出したかは、記録のすべてが焼却処分されて一切不明である。爆撃の激化もあって一九四五年五月に内地から大連に送りかえされていたリュシコフは、やがてソ連軍の侵入直前に身柄を拘束していた陸軍特務機関の手で射殺されている。当時私は大連中学の一年生だったが、毎日朝から晩まで大連と旅順とを結ぶ道路脇で子供だましの対戦車壕を掘っていた。リュシコフについては西野辰吉氏の『謎の亡命者リュシコフ』（一九七七年）がある。

クリヴィツキーの回想録は冒頭に記したように英語で出版されたが、クリヴィツキー自身が英語で書いたものではない。クリヴィツキーのロシア語の口述と討論をもとに、アメリカ人でウクライナ出身のユダヤ系作家アイザーク・ドン・レヴィンが英語でまとめた。その経緯は後に紹介するが、一九七三年にレヴィンが出版した自伝『歴史の証人――ある海外特派員の半世紀についての回想と考察』（ニューヨーク）に詳しい。

モスクワに特派員として生活もしたレヴィンにはロシア、ソ連関係の著作が多い。トロツキー暗殺犯人ラモン・メルカドールについての本は、なかでも一読に値する。レヴィンはローズヴェルトの側近としてヤルタ会談にも臨んだ国務省のアルジャー・ヒスがソ連スパイではないかとする事件のきっかけを作ったが、その発端はソ連諜報機関の一員だった元アメリカ共産党員チェンバースを知ったからだった。そのいきさつをレヴィンは次のように書いている。

「一九三九年四月にクリヴィツキー将軍の連載記事がサタデー・イヴニング・ポストに出たが、その副産物としてある夕食会で奇妙な客と知り合うことになった。西欧駐在の元ソ連諜報機関長だったクリヴィツキーが、来るべきヒトラーとスターリンの取引つまり独ソ不可侵条約締結について暴露したが、それを信用する人はいなかった。私がクリヴィツキーの執筆協力者だと知れ渡ると、悪口を浴びせられた。クリヴィツキーもチェンバースも典型的なソ連特務機関員で、世界中に駐在している何百の特務と同様に、一九三八年に頂点に達する大粛清で深刻に動揺していた。……スターリンの国外地下組織を粛清がどう襲ったかは依然として全貌は不明である。ソ連の国外勤務の秘密機関員の多くが、本部での打ち合わせに呼び戻されたまま、二度と姿を現わさなかった。その何人かはスターリンが赤軍首脳部殆どとレーニン、トロツキーとともにソヴィエト政権を造った古参ボルシェヴィキの殆ど全員を抹殺しつつあった時期に、召喚を拒絶し、そして国外で暗殺された。ウイテッカー・チェンバースとクリヴィツキーの二人がお互い知り合う数カ月前に、彼らの生き方を変えた二人の人物がソ連諜報機関からの脱走者のなかにいた。米国でジュリエット・スチュアート・ポインツがマンハッタンの中心西五丁目のアパートの自室から痕跡を残さずに行方不明となった。この事件は一九三七年六月三日に起こりながら、その年の一二月一八日まで一般には知られなかった。これはチェンバースにとっては衝撃だったし、またしても身近で殺人が行なわれたことを意味した。ポインツ女史は中西部出身で名門バーナード校卒でアメリカ共産党中央委員だった。私が事件後調査したところでは、地下工作員としてソ連軍事諜報部に加わっていた。チェンバースはロシア人の上司バイコフ大佐から、一時は衆目を浴びていたこの同志が抹殺されたのを知らされた。一九三七年九月四日、ポインツ誘拐から三カ月ばかりたって、自動小銃の弾を浴びた身なりのよい男の死体がスイスのローザンヌからシャンブランドに向かう道路上で発見された。財布にあった書類によれば、ハンス・エーベルハルトという三七歳のチェコ旅券の持ち主であった。捜査の結果、死体は赤旗勲章を貰ったことのあるソ連秘密警察の上級工作員イグナス・ライスと身元が判明した。ライスは欧州の共産党幹部の間で良く知られ、フランスとオランダの警察が長らく目をつけていた。ライス、クリヴィツキーともオーストリア・ハンガリア帝国とロシアに境を接するポーランドの同郷の出身で友達だった。ライス暗殺事件は各国で大きな反響を呼んだ。スターリンの送った七名の刺客がつかまり身元が割れた。ライスはトロツキー派と連絡を取り、思想上の幻滅からクレムリンと手を切りスターリンに決裂状を送った。ライス、クリヴィツキーの間で、お互の生命がお互いの動きで決まるのを知っていたから、警告を交わし合っていた。クリヴィツキーは指令通りモスクワに帰る準備の振りをして、実際は有名な反ナチのジャーナリスト、パウル・ヴォールの手助けで逃亡に取りかかった。十月六日クリヴィツキーは東に向かう汽車に乗る代わりに妻のトーニャと幼い息子を連れて別方向に向かう汽車に乗り、フランスの田舎に身を潜めた……それから二カ月の間に二度危うく暗殺を免れた。三七年一二月五日、クリヴィツキーは社会党と労働運動関係の新聞に公開状を送った。ニューヨーク・タイムズにも一二月七日に要旨が報道された。クリヴィツキーがそれから半年後にサタデー・イヴニング・ポストに暴露記事を発表してから、非難と悪口が浴びせられたのだから、ここでその公開状の一部を引用する意味があるだろう。

〝一八年間私はロシア共産党とソヴィエト権力に忠実に奉仕した……長い間赤軍に籍を置き上級の地位を占め、軍需産業研究所長として勤務し、この二年間は特殊任務を帯びて国外に駐在した……赤旗勲章と名誉の剣を授与された。私の首には懸賞がかかっているのを知っているし、その証拠がある……〟

クリヴィツキーが西欧の発行部数の少ない社会主義新聞やロシア人亡命者の出版物に寄稿している限りは、ソ連と外国の親ソ派は一貫して黙殺した。三八年一二月〔これはレヴィンの記憶違いだろう。アメリカ移民局の記録でクリヴィツキー一家の入国は三八年一一月一五日なのだから――根岸注〕に駐仏アメリカ大使ウイリアム・ブリットが、クリヴィツキーの入国の手配をした。到着の何カ月も前に事情を知っていたので、レーニン伝の著者で社会主義系のジュイッシュ・デイリー・フォーワード紙の編集者デイヴィド・シューブから紹介された時にはクリヴィツキーに喜んで会った。クリヴィツキーの持ち金は底をつきかけていたので、ソヴィエト地下組織での豊富な経験を広い読者層に発表する大手出版社を探していた。当時四〇歳ぐらいのクリヴィツキーは一見スターリンの幹部特務工作員について一般に想像されるような人間とはおよそ掛け離れていた。痩せた作りで体重は平均以下、濃い眉毛で褐色の頭髪を後ろになぜつけ、高い額を見せ緊張した青い目のクリヴィツキーの人相からはひねたところとか、うさん臭いところはなかった。教師か詩人と間違われたかもしれない。第一回の会合は長かったが、その後の何度もの会合はもっと長かった。私はクリヴィツキーにドストエフスキーの主人公、苦悩する知識人、自己分裂した人間を感じた。何か驚くべき情報の一端を語るとすぐに、それは発表しないでくれと言って口数が少なくなった。

自由に打ち明けてくれても、アメリカの法律では彼の回想録は彼の財産であって発表前にどの箇所であれ、事柄であれ、削除する権利があるのだと何度も繰り返して説明しなければならなかった。私はクリヴィツキーに会う一〇年ばかり前にスターリン伝を書いたことがあるので、スターリンとその死刑執行人の長ニコライ・エジョフに、一年まえ、西側でのスパイ活動を報告するために会った生き証人クリヴィツキーから情報をもとめて飽くことがなかった。そして、ソヴィエト制度の暗い側面、特にスパイと暗殺者の果てしない蜘蛛の巣について、一挙に知識が深められ、西側世界はスターリンによって創造された怪物を全く知らないでいる、と思った。

もしあなたがロシアを離れてアメリカに来なかったなら、ソヴィエト秘密機関で大変な地位に就けただろう、とクリヴィツキーはいつだったか私に向かって言ったことがある。私にはいただけないお世辞だったが、彼としては、われわれの相互理解に敬意を表したつもりだったのだ。アメリカでは、ほかに誰とも親しい付き合いができないといって、こぼすことが多かった。実際二人とも同意見だったのは、ユーラシア共産主義からアメリカ文化を隔てる深淵は越えがたく深いということだった。

一週間にわたって、ロシア語でした突っこんだ聞き取りと議論から収集した情報を選別しおわって、私はフィラデルフィア、インデペンデンス・スクエアーに出かけた。そこには当時大衆雑誌界に君臨していたサタデー・イヴンニング・ポストがあった。旧知の編集者スタウトが待っていてくれた。……会議室で八つのクリヴィツキーの記事の見出しをつけた一覧表を見せた。表の最初の方には、スペインにのびたスターリンの手、スターリンはヒトラーを宥和する、何故彼らは自白したか、があった。」（レヴィン前掲書）

ドン・レヴィンがクリヴィツキーの回想録の作成と出版の陰にあったことは、本人が以上に述べているだけではなく、クリヴィツキーのフランスへの亡命、ついでアメリカへの亡命を助けたヴォールも認めている。また、そのせいでクリヴィツキー幽霊説、つまりクリヴィツキーなる人物は架空だという言いがかりが、左翼から声高にあげられることとなった。クリヴィツキー口述、レヴィン編訳とでも最初からうたってあれば、少なくともこのような詰まらぬ言いがかりをさけられただろう。

クリヴィツキーはアメリカに亡命するまでに既にスターリン・ロシアの恐怖政治、集団農業化の惨状、大粛清などについて断片的な発表を始めた。この当時にも執筆上の協力者がいたが、それは解説の付録として訳出してある追悼文を書いたヴォールである。これはアメリカに移住してからクリヴィツキー、ヴォールの二人が寄稿報酬の分配をめぐって仲たがいしたことから明らかである。この点については後の機会に譲る。クリヴィツキーがロシア語、ポーランド語、ウクライナ語に通じていたのは、ロシア帝国とオーストリア・ハンガリア帝国の国境の町に生まれたので当然だが、外国語の知識はドイツ語に優れていた。そのためドイツ語圏であるオーストリア、チェコの偽造旅券を使った。英語、フランス語はあまりできなかった。ちなみにクリヴィツキーにとってドイツ語は、オーストリア・ハンガリア帝国の文化圏に育ち、ウィーンで学校に一時通ったためだが、ドイツ語そのものが、コミンテルンのいわば公用語と言ってよく、ソ連諜報網での共通語の地位を占めていたこともあった。本来物書きでない者が本職の協力を得る例は多々ある。クリヴィツキーはアメリカではレヴィン、シューブたち、フランスではヴォールの力を借りた。問題はヴォール、レヴィンたちによってクリヴィツキー自身の証言が歪曲されているかどうかである。ヴォールは、クリヴィツキーが事実だけを語り、解釈を差し挟むのを嫌ったと強調している。ヴォールとの関係が悪化して、クリヴィツキーがレヴィンやシューブなど在米ユダヤ系アメリカ人との協力を仰いだのを遠回しに批判している。つまり新しいアメリカでの協力者の執拗な要求で、嫌々ながら見聞した事件について解釈、説明を交えるに至ったとしている。クリヴィツキーの欧州での発表記事は、レヴィンも指摘しているように、およそ世論には影響力皆無と言ってよい傍流の出版物に掲載された。それはトロツキー派の出していた、それもロシア語の「反対派通報」であったり、亡命メンシェヴィキの機関誌「社会主義通信」であったり、フランスの自由主義政治家ガストン・ベルジュリの週刊紙「ラ・フレーシュ」である。そのうちで「ラ・フレーシュ」掲載のクリヴィツキー会見記も参考までにヴォールの文章と一緒に訳出しておいた。なおパリの国立図書館で当時の新聞で影響力のあったル・タン紙などを閲覧したが、全くクリヴィツキーについての報道はない。ロシアでの粛清裁判の報道にも、さして紙面は割かれていない。左翼知識人や急進労働運動に関係する人達を除いて、スターリンの粛清は対岸の火事というか、むしろ悪漢たちが仲間割れしているくらいの感じで報道されている。もしクリヴィツキーがヴォールのお陰でアメリカに移住できずに、やがてはナチスに席巻されるフランスに留まっていたならば、スターリンの差し向けた暗殺隊に早晩抹殺されたか、ゲシュタポに殺害されたかして、系統だった証言は残されなかっただろう。その意味では、アメリカでの手記を発表するに当たってレヴィンの果たした役割は大いに評価されてしかるべきだろう。

欧州亡命期――三七年十月から三八年一一月初旬までの間――のクリヴィツキーの発表記事に通じているヴォールは、アメリカでのサタデー・イヴニング・ポストへの連載、回想録、ボルチモア・サン紙への発表内容は、欧州ですでに発表したものを下敷きにしていると言っている。しかしレヴィンは聞き取ったクリヴィツキーの情報を読み物として通用する、言い換えれば商品価値のあるものに仕立てたといえる。したがって潤色と脚色が施されなかったとはいえない。クリヴィツキーが厭がるのを押し切って、適切でない将軍という肩書を使わせたのも、その一例である。その点については改めて後で触れるが、生存者としては事情に一番詳しいライス未亡人の手厳しい批判が参考になる。しかしレヴィンの読み物としての小細工にかかわらず、クリヴィツキーの回想録が歴史資料として真剣に検討されるべき価値は、そこなわれてはいない。

クリヴィツキーの回想録が、以上のような経緯で、三九年四月一五日号からサタデー・イヴニング・ポストに連載され始めると、すかさずアメリカ共産党のデーリー・ワーカーやニュー・マッセズなどは、筆者はぺてん師、記事はでたらめとして、罵言を浴びせただけではなく、党派の立場にない人たちも信用しなかった。その辺りの事情を、同年五月二二日の週刊タイム誌の記事が次のように伝えている。

「サタデー・イヴニング・ポストの読者たちは、クリヴィツキーの記事を読んで興奮した。雑誌の発行者はこの特種に得意だった。クリヴィツキーは、スターリンがスペインに傀儡政権をどうやって樹立しようとしたか、ゲシュタポに提供されたでっちあげの証拠で赤軍の将軍たちをなぜ銃殺したか、スターリンはヒトラーとの取引を目的にどんな政治を行なったか、を語っている。少数の消息通はクリヴィツキーのあげた事実を疑問視し、白紙の人たちの多くは、クリヴィツキーの発言の公平さは疑ったものの、クリヴィツキーなる人物の存在自体を怪しんではいなかった。二週間前、共産党のニュー・マッセズが正面きって〝クリヴィツキー将軍、おまえは将軍ではなかった。鉄砲さえ使いこなせない。おまえはシュナルカ・ギンスブルクだ〟と指弾したのである。

更にニュー・マッセズは、クリヴィツキーがロシア人ではなく、オーストリア人で、激戦を演じたのはパリの賭博場だと追い討ちをかけた。加えて記事を書いたのは一時ハースト系新聞に寄稿していたアイザーク・ドン・レヴィンだとした。サタデー・イヴニング・ポストは、この暴露にたじろがず、はっきりレヴィンがクリヴィツキーと協力したと認めうえで、クリヴィツキーは英語を書けないのでレヴィンが訳したとし、クリヴィツキーはギンスブルクという説も認め、トロツキーの本名がブロンスタインであるように、古参ボリシェヴィキにあっては、珍しいことではないと反駁した。さらに同誌はパリのアメリカ大使館とワシントンの国務省に確かめ、筆者が実際クリヴィツキーであることを確認、満足したとしている。

今週本誌が国務省に照会したところ、肯定、否定のいずれも拒絶された。ソ連大使館はそんな人物はきいたこともないと言っている。ニュー・マッセズは攻撃の手を緩めようとしていない。ダイス上院非米活動調査委員会はクリヴィツキーをワシントンに招請した。ポスト誌は大宣伝になったと喜んで連載をつづける計画だ。」

このニュー・マッセズなどの誹謗は、実は一面真実である。つまりクリヴィツキーの本名がギンスブルクという点とオーストリア人としている点である。ギンスブルクが本当の名前であることに間違いはない。またクリヴィツキーことギンスブルクが生まれた所は、既に述べたようにオーストリア・ハンガリア帝国とロシア帝国の境を接する今のポーランドのルヴォフから遠くないロシア帝国領西ウクライナのポドヴォルチスカである。この辺りは国境線が、両帝国の崩壊のために移動している。国籍をオーストリア人とするのは間違っているが、地理的文化的にオーストリアから遠くはないとも言える。また亡命直前迄ハーグでクリヴィツキーがオーストリア人と称していたのは事実なのである。このような一面の真実を盛ったニュー・マッセズの非難は、クリヴィツキー発言の信憑性を崩そうとするソ連情報機関の指示で書かれたのではないか。またパリは当時西欧でのソヴィエト情報活動の結節点で、クリヴィツキーが活躍した舞台であることも事実である。わが国では冒頭に挙げたクリヴィツキー記事の紹介のほかに、中央公論がやはり手記の一部を掲載、その後竜造寺明がニュー・マッセズを種本にクリヴィツキー幽霊説を書いて、これを否定している。当時の日本は軍部が抬頭して政府をつんぼ桟敷に置いてナチス・ドイツとの軍事同盟を結ぶため、ベルリンの日本大使館付陸軍武官大島浩（後大使）を通して極秘にヒトラーの外交特別代表リッベントロップといわゆる反コミンテルン協定の交渉を進めていたのであるから、その内幕の暴露とともに大島、東京間の暗号通信がクリヴィツキーによって解読されていたのでは、面子丸潰れだっただろう。また、この日独防共協定締結から三年後に独ソ不可侵友好条約が寝耳に水で締結されて、平沼内閣は「欧州の情勢複雑怪奇」の迷文句を残して総辞職する（一九三九年八月二八日）有様で、独ソ接近を正しく予告したクリヴィツキー情報の重要性を全く理解していなかったわけである。

サタデー・イヴニング・ポスト連載後、この記事は、その年の一一月に補筆、加筆されて一冊の回想録として出版されたが、その書評は概ね信憑性を評価したものが多い。その理由は雑誌掲載時期三九年四月―八月と本の出版時期同年一一月の差にある。この間の数カ月にクリヴィツキーの証言を裏づける事件が起こったからである。何といってもクリヴィツキーの信憑性を一挙に高めたのは、前掲の雑誌の四月二九日号に発表した「スターリンはヒトラーを宥和する」でヒトラーとスターリンの提携を断言して、それが四カ月足らずの三九年八月二三日に世界を動転させた独ソ不可侵条約の締結で、裏打ちされたからである。

たとえばロンドン・タイムスの三九年一二月九日付け別冊文芸付録は、次のように書いている。

「この本の重要性は、当然その信憑性についての見解いかんに懸かっている。著者の実名はどうもクリヴィツキーではない。また肩書も定かでない。けれどもこういったことは、たいしたことではない。問題はいったい著者が実際にソ連秘密警察で高い地位にいて、その主たる秘密に近づきえたかどうかだ。内部の証拠はそれが事実だということを示唆しているし、同じ結論を指す外部の証言もある。全体として、この本はまじめに受け取られねばならない。この本のいくつかの部分は雑誌で発表されたが、その後の出来事で劇的に確認された。して見ると、この本はあらゆる面からみて驚くべき歴史の証言であり、この五、六年のソヴィエト・ロシアの内外政策に投げかける光は、まばゆいばかりである。」イェール大学「季刊評論」四十年冬号は、

「またもやスターリンについて、論争を巻き起こすことになる本がでた。クリヴィツキーの回想である。書中に語られている多くの出来事は照合して確かめる方法がない。けれどもこの本の暴露には、内容上強い一貫性があり、スターリンのスペイン政策、ロシアの粛清、スターリンの目指すヒトラーとの協定への願望について知りえたほか情報とも符号している。」と評した。

それから四半世紀後のソ連関係文献での評価はどうだろうか。プリンストン大学『ソ連外交関係と世界共産主義』トーマス・ハモンド編（一九六五年）は、

「高い地位にあった亡命者によるソ連諜報活動、特に内戦下のスペインに言及した正直で率直な手記」と位置づけ、シカゴ大学『ロシアとソヴィエト連邦――西欧語文献案内』ポール・ホレキー（一九六五年）は、次のように記している。

「もっとも高名、かつおそらくはもっとも価値ある秘密警察脱走者クリヴィツキー。クリヴィツキーは概ね自身が経験したか、直接知ったことを述べるに止めている。ソヴィエト外交に果たした秘密警察の役割、とくに独ソ不可侵条約の背景についての分析が、回想中の肝心な部分。これに比べるとオルロフの『スターリン犯罪秘史』は、根拠のない推量を事実として記している嫌いあり。クリヴィツキーはスターリン政権からの逃亡者で最も重要かもしれない。始め赤軍諜報部、後に秘密警察諜報部の西欧駐在幹部将校。一九三七年に逃亡。特にスペイン内戦と秘密警察、コミンテルン機関内の人物と態度についての情報は役立つ。スターリンの外交政策についての解釈はせいぜいのところ、また聞きにもとづいていて、怪しい。」

さて一九六二年に、拙訳がわが国で最初の完訳として出版されたときには、各紙に書評がでた。スターリンが死んでほぼ一〇年たち、一九五六年にフルシチョフが個人崇拝というご都合主義で、スターリン批判を行ない恐怖時代の説明をして、粛清の犠牲者の復権をおずおずと開始してから六年たっていた。各紙の書評は、わが国の進歩的文化人とか知識人といわれる人達がどんな心理状態だったか、どの程度のソ連史認識だったかを示して、甚だ興味深かった。その中でも、当時一橋大学教授の野々村一雄氏が六三年二月六日付東京新聞の文化欄に寄せた批評が標本だろう。同教授は、クリヴィツキーの実在性と叙述の真実性の二点について、「訳者解説」は精密を欠き、この本が贋書でないことを実証しえていない、としてこの回想録を全面否定している。その理由は単純で、「この本が出版された一九三九年に、独ソ不可侵条約におけるソ連を攻撃し、スペイン内戦における政府軍の敗北をロシア人のせいにすることは、当時のアメリカの右派指導層の要求に合致している――というよりは、

余りにも合致しすぎている――からである。」というものだ。さらに続けて、「かりに、クリヴィツキーなる人物が実在したと仮定しよう。彼がロシアをのがれてアメリカ秘密警察の庇護下にはいり、ロシア時代の体験を書くとする。彼が事実をありのままに書いたとしても、イヌ（密偵）はしょせんイヌであり、自尊独立の市民であるわれわれは、イヌとその見解をともにするわけにはいかない。さらにそのイヌが、自分のパトロンであるアメリカのＦＢＩの意を迎えて策〔筆?〕を曲げたとすれば、その資料的価値はさらに激減する。――以上の理由により、評者は、この本をいわゆる『スターリン時代』の史料とすることに正面から反対である。」と述べ、さらに「出版者〔ママ〕の方にも、テキスト・クリティークについてさらに一段の慎重さがほしかった。訳者はこの本の原本が稀覯（きこう）本だという意味のことを書いているが、この本については、上海製の海賊版が作られて、バラまかれたことを、ついでながら書きそえて おきたい。」とも書いている。

　私は当時パリで生活していたので、この書評というよりは信仰告白めいた文章に反論する機会を逸したが、国会図書館勤務の菊池昌典氏（現東大教養学部教授）が雑誌「みすず」に「イヌはしょせんイヌであるか」の一文をよせて、野々村氏に反論した。菊池氏は当時のニューヨーク・タイムズと非米活動調査委員会（ダイス委員長）記録をもとに、クリヴィツキーの実在を推量し、信憑性については、イヌであれば事実であっても信用できないという飛躍した理屈を突いた上で、この回想録の史料価値は野々村氏のように単純に否定するのは納得できないと主張している。

　私は今回再版を機会に、この文章で野々村氏の私と出版社みすず書房への非難に応えることとする。引用した同氏の言い分自体は裏付けを全く欠いた、同氏の信仰告白であるから、まともに取り合う必要もないが、クリヴィツキーはアメリカ官憲の庇護を受けてはいなかったこと、したがって庇護と引き換えにＦＢＩの意にそって筆を曲げる必要性は些かもなかったこと、アメリカ政府と世論は、当時孤立主義の伝統に依然支配されており、戦後のパックス・アメリカーナ・ソヴィエチカの時代になってロシアや東欧からの重要な亡命者にたいして払っている配慮は全く無かったこと、だけをここでは指摘するに止める。尚、私がクリヴィツキー回想録をあたかも稀覯本であるかのごとくいっているというのは、事実に反することなので、ここではっきりさせておく。入手しがたいと書いたにすぎない。稀覯本とは、読んで字のごとく、常識的にはシェクスピアの二つ折り版やマルクスの『資本論』の初版本にふさわしい言葉である。ただクリヴィツキー回想録の英語版はもとより、その他冒頭にあげた各国語版は邦訳出版当時既に入手は難しかったということである。また上海のロシア語版は雑誌からの抜粋翻訳であって、クリヴィツキー回想録の完訳ではない。それにバラまかれたとして、いったいロシア語を読めたのは、ソヴィエト・ロシアの外でどのくらいの数の人々だっただろうか。

二　ワルター・クリヴィツキーこと
サムエル・ギンスブルクの生と死

　クリヴィツキーの経歴の詳細は今日に至っても不明である。けれども生き残った同時代人の二人、エリザベート・ポレツキーとパウル・ヴォールの証言、アメリカ連邦検察局の公開されたクリヴィツキー関係書類、移民局入国記録、上院非米活動調査委員会速記録がかなりの部分を明らかにしている。

エリザベート（エルザとも呼ばれた）・ポレツキーはクリヴィツキー回想録第八章「スターリンとの訣別」に登場するイグナス・ライスの夫人である。ライスとクリヴィツキーは同郷の出身であり、少年期から革命運動で行動を共にした。エルザはライスが殺害された後、友人達に匿われ、一九四一年二月、首尾よく戦火のヨーロッパからアメリカに逃れた。

エルザは一九六九年にオックスフォード大学出版部から『味方—イグナス・ライスとその友人たちの思い出』と題する回想録を出版した。同年パリのドノエル書店からフランス語版を出したが、これには英語版にはないトロツキーのライス追悼文とライスの日記抄録が含まれているだけではなく、本文にかなり違いがあり、より詳しい。翌年ミシガン大学出版部からも発行されたが、これはオックスフォード版と同じである。副題にある友人の一人としてクリヴィツキーには多くの言葉が割かれている。夫の非業の死に、クリヴィツキーの煮え切らない去就が引き金になったという個人的怨恨の感情もあらわに表現されている。加えてクリヴィツキー回想録中の記述についても後掲のように批判している。

ヴォールは一九二五年にクリヴィツキーを識り、金銭問題で仲たがいする一九三九年末まで親しい関係にあった。ヴォールは共産主義者ではなく、左翼でもなかった。反ナチスの立場でクリヴィツキーと共感、クリヴィツキーが組織から逃亡して頼ったのはヴォールであった。ヴォールは、パリに潜むクリヴィツキー一家のために、パリに亡命していたメンシェヴィキ指導者テオドール・ダンを介して、当時の人民戦線内閣の内相から身分証明書を入手し、さらに刺客にたいするフランス警察の二十四時間身辺保護を取り付けた。また知人の駐仏アメリカ大使ウイリアム・ブリットからは、アメリカへの渡航許可を取り付けた。ヴォールがいなかったならば、クリヴィツキーは渡米以前にソヴィエト秘密警察の手にかかって、友人で同僚のライスと同じ運命をたどったであろうことは疑いない。

クリヴィツキーは一八九九年六月二八日、当時ロシア帝国に属していた西ウクライナの小さな町ポドヴォルチスカにサムエル・ギンスブルクとして生まれた。家庭は中位の商家であり、少年期は寡婦の母親に育てられた。一時はウィーンで学び、建築に興味を抱いた。

同郷の早熟な少年たち六人が、社会正義の自覚から革命思想に情熱を燃やした。クリヴィツキー、ライス（通称ルードヴィク）、ウマンスキー兄弟、ブルン、フェディンである。彼らは皆一九一七年に勃発するロシア革命の嵐に身を投じて、例外なく後に赤軍参謀本部第四部（情報部）、秘密警察外国部（諜報部）、コミンテルン諜報部のいずれかに所属して日の当たらない諜報活動に入っていった。しかも皆例外なく粛清されたり、悲惨な死を遂げることになった。

この仲間たちの間でクリヴィツキーは銀の匙をくわえて生まれた幸運児と言われていた。痩せて小柄で眉毛の濃い広い額のクリヴィツキーの神経質な容貌は、子供のような無邪気な笑い方と対照的だった。ロシア共産党に一九一九年に入党、諜報活動には一九二〇年のポーランド戦役で初めて従事、当時弱冠二十歳そこそこであった。一九二一年から二三年まで赤軍参謀本部第四部第二、第三課勤務。二三年に騒乱のドイツに派遣されてドイツ共産党の軍事組織、将来のドイツ赤軍の中核を組織するために地下活動、一九二五年赤軍参謀本部第三課中央ヨーロッパ班長となった。一九二四年にフルンゼ陸軍大学に在籍、一九二〇年にオーストリア、一九二四年にポーランドで逮捕され国外追放を経験した。一九三三年にモスクワの軍需産業研究所長に任命されたが、ここでも軍事諜報機関が入手する外国の兵器にかんする情報の利用の外に、当時頻発した軍需化学工場での事故対策を手掛けた。約二年勤務後、一九三五年に赤軍から秘密警察諜報部に転籍、ヒトラー・ドイツに対する情報活動のため、直ちにオランダの首都ハーグに派遣され、ハーグとパリの間を頻繁に往復しながら諜報活動に専念した。

その間一九三六年七月に勃発したスペイン内戦に伴い、反乱軍にたいするドイツとイタリアの軍事援助の情報収集の外に、欧州各地に擬装貿易商社を設立して、これを介してスペイン共和国向けの武器購入と輸送に携わった。なお赤軍から秘密警察へ転籍した背景はつまびらかではないが、赤軍と秘密警察との間の配転は、戦時共産主義の時代には頻繁であったし、その後もそれほど稀ではなかった。それに秘密警察が外国部という諜報部門を作って以来、国外経験者が足りなくて盛んに赤軍諜報部からの引き抜きが行なわれた。

先に述べたようにクリヴィツキーの本名はギンスブルクであり、クリヴィツキーは党員名である。ヴォールが後掲の追悼文でも説明しているように、クリヴィツキーという名前は、西ウクライナ人やポーランド人の間ではそう珍しい名前ではなかった。皮肉なことに革命家の偽名としては、ふさわしくない「心の歪んだ不正直な人間」という意味である。ユダヤ系のギンスブルクという名前を避け、スラヴ名にしたのは、ロシアにおける根強い反ユダヤ主義に対する配慮が働いたのだろう。以上の略歴から分かるように、クリヴィツキーは赤軍に在籍中一貫して情報関係の部門に所属し、戦闘部隊を指揮する部署についたことはない。クリヴィツキーの階級については諸説紛々だが、赤軍あるいは秘密警察にあって将軍の呼称では呼ばれてはいなかった。ヴォールやアメリカでのクリヴィツキーの顧問弁護士ワルドマンは、将軍相当の地位にいたとしている。パリ亡命時に接触のあったスヴァーリンは、クリヴィツキー証言の引用に当って将軍の肩書をつけている。他方、エルザ・ライスは国外諜報機関で将軍の肩書をもった工作員は一人もいなかったと断言している。また同様に西欧駐在諜報機関長という肩書も一笑に付して、真っ向からそのような地位は存在しなかったと否定している。西欧各地にそれぞれ担当地域を管轄する機関長はいたが、いずれもモスクワの直接統括下にあった。

将軍、西欧駐在軍事諜報機関長という肩書は、レヴィンと雑誌社が一役買った売らんかなの商売気の産物と見た方が当たっていよう。クリヴィツキーはハーグ特務機関長とするのが正しいだろう。エルザ・ライスによれば夫のイグナス・ライスとクリヴィツキーは秘密警察で、赤軍諜報部の待遇に準じて大尉待遇の給与を受けていたが、身分は文官だったとしている。クリヴィツキー自身はレヴィンに将軍の肩書を外せと要求するが、レヴィンは雑誌社との契約を楯に譲らず、結局クリヴィツキーは不本意ながら譲歩したという事実を、オルロフがレヴィンから聞いたとする証言が、連邦検察局の記録中に見られる。クリヴィツキー自身はスターリン政権への絶縁状の中で、赤軍で上級の地位にあったとしか言っていない。給料が大尉相当であったとしても、機関内での発言力、重み、評価、ひいては極秘情報へ接近できた立場などを勘案すれば、クリヴィツキーの地位は西欧の軍階級制度に準ずれば大佐と見るのが妥当と思われる。アメリカの連邦検察局の記録はこの点でも混沌としているが、クリヴィツキーは聴きとりに米軍の大佐相当と答え、将軍ではなかったと言っている。

ロシア革命後ソヴィエトの外国諜報は、主として赤軍参謀本部第四部が、軍事に限らず政治、経済、外交情報の収集に当たった。他方、秘密警察は専ら国内に専念した。赤軍諜報部はロシア革命の防衛、即ドイツを通って西欧への革命の輸出とするレーニンの戦略に沿って、各国の革命運動、共産党と連携した。またソヴィエト・ロシアは多くの国から承認されていなかったので、大使館、総領事館を利用できなかった。例えばアメリカによるソ連の承認は、一九三三年である。革命は武装蜂起なしには有り得ないという考えから、赤軍諜報将校が各国共産党の武装蜂起の準備の指導にあたった。赤軍諜報部はこうして各国共産党、ひいてはコミンテルンの要員の間で工作員を探して採用した。それ以前も既に格好の条件が備わっていた。つまり革命直後のロシアには四百万以上の外国人がいた。チェコ、ハンガリア、ポーランド、オーストリア、スロヴァキア、ブルガリア、セルビア、クロアチア、ドイツ、朝鮮、中国など、その多くは捕虜だったが、そのうち三〇万人以上が赤軍に志願した。赤軍諜報部と秘密警察はその中から要員を見付けるに事欠かなかった。その中でもソ連諜報網に加わった共産主義者には、ドイツ人、ポーランド人、ラトヴィア人が多かった。日本と縁の深い例はゾルゲである。ゾルゲはコミンテルン諜報部（ＯＭＳ）から赤軍諜報部に移り、上海を経て東京での活動に入った。

赤軍諜報部の母胎は、一九一八年に創立された国防人民委員部革命戦争評議会戦争司令部に設けられた登録局である。これは一九二一年に労農赤軍司令部情報部に改組され、一九三五年には赤軍参謀本部情報総局に昇格した。通称赤軍参謀本部第四部と言われていた。現在の名称は略してＧＲＵとされている。一九二〇年のポーランド戦役に際して、秘密警察（当時チェカの略称で呼ばれていた反革命怠業投機鎮圧非常委員会）の初代長官ジェルジンスキーは、腹心のラトヴィア人ヤン・カルロヴィッチ・ベルジン（本名キュジス・ペテリス、一八八九年生まれ）を送り込んでその強化を計った。ベルジン将軍は赤軍諜報部長として一九三五年まで赤軍諜報部に君臨して優秀な要員を養成した。

ベルジンは一九三五年四月に極東軍司令部に転出後、一九三六年八月二七日、内戦下のスペイン共和国にソヴィエト大使館付武官長兼ソヴィエト軍事使節団長として登場するが、三七年七月にはモスクワに戻り、前職に復帰するが、翌年七月、次席のウンシュリヒトたちとともに、モスクワのホテル・メトロポールの地下室で処刑されたといわれる。しかし三七年の末には処刑されたという別の説が一般に広くいわれている。ベルジンの下でゾルゲを始めクリヴィッキー、ライスなどのほか、第二次大戦中「赤いオーケストラ」と呼ばれた対独諜報網を指揮したユダヤ系ポーランド人レオポルド・トレッパー、ハンガリアの地図専門家シャンドール・ラドーなどが育った。ベルジンは、西にトレッパー、東にゾルゲを配置してドイツと日本に備えたが、ベルジンの粛清によって二人の運命は狂ってしまう。粛清された者の子飼の部下はモスクワでは容疑者となるからだ。トレッパー、ラドーは、いずれも戦後ソヴィエトに帰ると、戦時中の功績は無視されて、一九四五年から五五年迄の一〇年間投獄された。いわゆる非スターリン化の余恵で復権、トレッパーはポーランドにいったん戻りながら、反ユダヤ主義に苦しめられ、イスラエルに難渋の末移住、そこで死んだ。ラドーはハンガリアに帰り、ブダペスト大学に教鞭を取ることとなった。ゾルゲは、日本政府に逮捕され一九四三年一一月七日に処刑された**。

スターリンが一国社会主義に宗旨変えをするまで、ソ連は外国共産主義者の間で諜報員を求めたし、諸外国の共産主義者がモスクワを世界革命の本部と仰ぐ以上、協力は当然で、階級闘争とプロレタリア国際主義の立場で、出身国の政治制度を否定し破壊する活動も思想上矛盾はなかった。勿論金で働く手合いがいなかったわけではない。オルロフはそうした手合いが四割、純粋な思想上の動機から働く者が六割としている。

これは革命の幻想が消えていない四〇年代までであって、戦後特にスターリン体制の実態が知られてからは、外国人で理想主義からソヴィエトのために働く者は激減した。

スターリンの権力確立に伴い、秘密警察の権力が一層強化されてソ連社会の隅々までその支配と監視が浸透していくが、それと並行して外国諜報活動も強化された。「隣人」と呼ばれる赤軍諜報部からの引き抜きが積極化し、赤軍諜報部の上層に秘密警察幹部が監督の意味合いで入るようになった。秘密警察には、西側の事情に通じ言葉も操れる要員が不足していた。またどちらも共産党政治局に報告義務を負い、表向き「隣人」として協力関係にあったが、仲は良くなかったし、実質的には競争関係にあった。クリヴィツキーはこの辺の事情にも触れているが、秘密警察転属後も依然として赤軍の一員で、単に一時出向という意識が強かった。ソ連国民は一般に赤軍には好意的だったが、戦時共産主義時代から農業集団化にかけて、農民からの食糧徴発、流刑、裁判なしの即決処刑、強制移住を強行した秘密警察を蛇蝎視していた。

クリヴィツキーは秘密警察諜報部に配転されると、すぐ妻のアントニーナ（一九〇二年レニングラード生まれ、一九二六年五月二六日、モスクワでクリヴィツキーと結婚）と一歳になる息子のアレクサンドルを伴ってオランダのハーグに派遣され、セレベス通り三二番地に稀書美術書専門、オーストリア人マルチン・レスナー博士の偽名で根拠地を構えて、ナチ・ドイツに対する諜報活動を開始した。英国諜報部はハーグの領事館の旅券担当に係官を派遣しており、このレスナーなる人物がソ連の特務である事実はつかんでいたが、クリヴィツキーであることは知らなかった。ちなみにハーグはドイツ国境まで車で三時間程度、第一次大戦中はオランダが中立だったので交戦国の情報戦の舞台となり、ちょうど第二次大戦中のリスボンやチューリッヒに似ていた。着任早々一月でクリヴィツキーは諜報員として最大の成功を収めることとなった。

クリヴィツキーはドイツ国内の諜報員から、ヒトラーの特別外交代表フォン・リッベントロップとベルリンの日本大使館駐在武官大島浩将軍との間で、日独外務省をつんぼ桟敷に置いて極秘の交渉が進捗している情報を入手したのである。クリヴィツキーは、この交渉が日独間の軍事協力関係にかかわる重要なものとして、急遽訓令を仰ぐためにモスクワに帰り、工作に必要な資金と人員の手当をして再びハーグに戻った。クリヴィツキーはドイツの外務省が知らなくても、ナチス秘密機関が交渉の成り行きを追っていると判断し、ヒムラーに近いナチス親衛隊員からの情報入手に着手した。実際ゲーリング空軍相が組織したフォルシュンクアムト（調査局）は無線盗聴を行なっていて、大島と東京間の暗号交信をすべて入手していることが判明した。親衛隊将校が、若い女優との情事のために金が必要で、クリヴィツキーの部下にその写しを提供したのである。日本側が使用した暗号書は別途入手ずみだった。

三六年七月末にクリヴィツキーの部下が入手した日本側の交信綴りの複写フィルム数巻を、八月八日、クリヴィツキーはアムステルダムとロッテルダム間の自動車道路上で受け取った。ドイツからの暗号フィルムの持ち出しには、クリヴィツキーは稀書専門商の看板通りフランシス・ベーコンの初版本を使ったと後に語っている。クリヴィツキーはハールレムに設営してあった現像場所に急ぎ、現像済みのフィルムを待機させていた日本語の第一級の専門家に訳出させた。クリヴィツキーの眼前に大島＝リッベントロップ交渉の全貌が開けた。オランダでは無線装置を使ってモスクワと交信をしていなかったので、パリに使者を送り、そこからモスクワの本部に無線で電送した。同じ年の一一月二五日、日独防共協定いわゆるアンチ・コミンテルン協定が正式に締結されるまで交渉の逐一を、クリヴィツキーはモスクワに通報することができた。この情報入手の功績でレーニン勲章を推薦されるが、その後一年おかずに同じ組織のソ連秘密警察の暗殺者に追われる身になるとは当時予想だにしなかった。ここでは詳しくは触れないが、この協定は日本が国際的孤立を選択し崩壊に向かう大きな里程標となったが、ソ連にとっては腹背両面からの脅威を意味した。一九三九年のナチとの不可侵条約締結にスターリンは、これを契機に一層の力を注ぐこととなった。

一九三六年七月一九日、スペイン内乱が勃発した。以後三九年三月までの間、欧州現代史でロシア革命後の内戦につぐ例をみない大規模で凄惨な内戦が展開されていく。クリヴィツキーはモスクワ本部の指示をまたないで、直ちにフランス、スペイン国境のアンデーとポルトガルのリスボンに部下を派遣し、スペイン情勢の掌握に努めたが、モスクワは沈黙し、指令は一向に来なかった。八月末スターリンは、ほかの列強とスペインをめぐって複雑な外交と策略に着手していたのである。

一九三六年八月二二日、ソ連は不干渉政策の採用を宣言、ついで八月二八日には、スペイン向けの兵器弾薬、軍需品の輸出、再輸出を禁止する貿易人民委員の告示を公表した。このことは共和国支持を当然期待していた各国の自由主義者や進歩主義者を失望させた。彼らはスペインでドイツ、イタリアとの衝突を回避しようとするスターリンの意図を理解できなかった。しかしスターリンは同時にまさにこの告示が禁止している行為を、ひそかに実行に移そうとしていた。スターリンの対スペイン政策が決定すると、クリヴィツキーは共和国への武器買い付けの指示を受けた。その間ソ連秘密警察の長ヤゴダはスターリンの命令でスペインにアレクサンドル・オルロフを送り込み、独自の組織を設立した。九月一四日モスクワ・ルビヤンカの秘密警察本部で開かれた会合で、スペインでのコミンテルンの活動を統制下に置くこと、スペイン共産党の活動調整、外国で募集された義勇兵の思想身許調査と反共、反スターリン派の排除などが決められた。スペイン共和国向けの武器供給については、ソ連からのものはヤゴダが直接管轄し、外国での買い付けはクリヴィツキーの担当となった。クリヴィツキーのドイツ国内の諜報網からは、反乱軍へのドイツとイタリアの援助についての情報が、続々もたらされた。武器買い付けの新しい仕事が加わって、クリヴィツキーの負担は重くなったが、それよりも深刻な事態は、国内で古参共産党員たちが、「人民の敵」として裁判にかけられ始めたことだった。第一次裁判はカーメネフ、ジノヴィエフを被告の筆頭とするもので、すでに一九三六年八月にはじまった。第二次裁判はラデック、ピアタコフ、ソコルニコフたちが、裏切り者として法廷にたたされた。

法廷でラデックの口から唐突にトゥハチェフスキーの名前がださされた。これはきたるべきトゥハチェフスキー始め赤軍首脳部が一挙に抹殺される事件の導入部を意味していた。ヤゴダの開いたルビヤンカ会議から一週間後の九月二一日クリヴィツキーは、パリでモスクワから来た秘密警察軍事部の兵器専門家ジミンと会った。この秘密会合には、クリヴィツキーの部下もロンドン、ストックホルム、スイスから参加し、スペイン向け武器の輸送が論議された。ジミンは、この武器供給がソ連と結びつけられてはならないとのモスクワの命令を強調した。九月の末にはクリヴィツキーとソ連秘密機関はパリ、チューリッヒ、ロンドン、ワルシャワ、コペンハーゲン、アムステルダム、ブラッセルに会社を設立した。同時に義勇兵の徴募を開始した。この動きをナチ・ドイツの軍事諜報機関アプヴェアが逸早く察知して、機関員を潜入させ、自ら欠陥兵器を買い付けて、新品に見せかけてクリヴィツキーの組織に売りつけた。クリヴィツキーは各地に設立した武器購入のための貿易会社の責任者に、ソ連秘密警察の工作員をすえ、資金と取引を任せた。欧州とアメリカであらゆる武器の入手がはかられたが、難問は輸送だった。イギリスとフランスが中立政策（不干渉宣言）を掲げて兵器の船積みを禁止していたからだ。

フランスを仕向け地とし、共和派が持ちこたえているスペインの港に荷揚げする計画が、フランスの不干渉政策のためご破算となった。結局この問題は、中国とラテン・アメリカと東欧のいくつかの国の領事館から、当該国向けという証明書を入手して、武器はラテン・アメリカあるいは中国ならぬスペインにむけて積み出すということで解決された。ソ連からの武器売却は、政府の表向きの武器禁輸上、苦肉の策で秘密警察が、ソ連に民間会社をでっちあげ、このいんちき会社がスペイン政府代表に売却する形を取った。代金はスペイン中央銀行の準備金金塊で受け取ることとした。もちろんソ連には民間会社などありえない上での話である。用心深いスターリンは、この武器を自国船で運ぶのを禁止したが、おいそれと外国船を調達するには時間がなかった。そこで実在する外国船の書類を偽造、その船名がソ連船腹にかかれ、船籍のある国の国旗を掲げて、ソ連の港を出港し、スペインに向かった。スペインに貨物が陸揚げされると、船はまた洋上で本来の船名に塗り替え、ソ連旗を掲げて、母港に向った。一九三六年十月半ばには、共和国に武器が到着しはじめた。一一月クリヴィツキーはマルセイユからバルセロナに飛び、ソ連要員が接収した市の中心部のホテルに、アクーロフ将軍を訪ねた。アクーロフはオルロフの指揮下にあったが、オルロフは共和国政府が移ったヴァレンシアのソ連通商代表部に、本来の身分を隠して駐在しており、バルセロナにはあまりこなかった。アクーロフはフランコ軍の支配下の地域で、後方攪乱を指揮していた。クリヴィツキーは、自分が送り込んだ敵の背後で活動する工作員たちの指揮をアクーロフに譲る話をつけた。スターリンが送り込んだ政治顧問スタシェフスキーから、カバリィエロ首相を、言いなりになるネグリン教授に置き換える話をきかされたのはこの時である。元の上司のベルジン将軍には会えずじまいだった。ベルジンの存在は、スペイン政府の高官でも一握りの人しか知らない程、厳重に秘密とされていた。ベルジンはグリシン、スタリックなどの偽名を使ってその幕僚たちと秘密裡にスペイン共和国軍を指揮していた。そのベルジンはじめスペイン内戦で活躍した、ゴレフなど、スペイン派遣の多くの赤軍将校たちは、一九三七年から三八年にかけて本国に召還され、銃殺された。その中で生き残って独ソ戦を戦った、シュムシュケヴィッチ（別名ダグラス、ノモンハン事件で空軍司令官）、マリノフスキー、コーネフなどは例外だった。

一九三七年三月にクリヴィツキーが、妻子をハーグに残してモスクワに戻ったのは、ヤゴダにかわって秘密警察を掌握したエジョフに報告するためだった。ヤゴダは既に逮捕されていた。外国新聞で粛清が大きく扱われ、また遅れて届くソ連の新聞が書いている驚くべき自白の内容を読んで、クリヴィツキーはこのモスクワ行きで自分の目と耳で、いったいどうなっているのかを確かめたかった。三月一六日ヘルシンキに飛び、そこから汽車でレニングラードに入った。そこで出会った旧知から、レニングラードだけでも兵器工場長も含めて工場長の七割が逮捕されており、いつだれが逮捕されるか知れず、お互い不信でさけあうようになっていると、きかされた。モスクワでは、逮捕と粛清の詳細を知った。古参共産党員、赤軍幹部、党政府職員から無名の事務員にいたるまで、粛清は社会の上下を問わず進行していた。粛清を実行する秘密警察内部でも、昨日まで粛清をした者が、今日は自ら粛清されるという有様だった。クリヴィツキーはエジョフと何回かの会合で、信用をえたようだが、提出した旅券は戻されないで、二週間の滞在予定が二ヶ月になっても任地への帰還指示が出なかった。ハーグの妻に電報で帰国の連絡をとろうとした矢先、突然帰任命令が出た。ハーグには五月二七日に戻ったが、モスクワでの陰惨な粛清の進行を見聞きしながらも、一線での活動に専念する意欲を失ってはいなかった。その二日後、クリヴィツキーは人生最悪の危機にたたされ単独で逃亡を決定することになるとは予想もしていなかった。

親友のイグナス・ライスがスイスに駐在していたが、ライスは、クリヴィツキーとともに、スペイン向け武器密輸にも携わっていた。またライスの入党に際して、クリヴィツキーは推薦者でもあったし、秘密警察へ推薦したのもクリヴィツキーという因縁があった。ライスは、党員名をポレツキーといい、党内ではルードヴィクとも呼ばれていた。すでに一六年間国外の諜報機関で働き、後に明らかになるが、英国政府内にスパイを獲得していた。この二人の間には深い信頼関係があった。クリヴィツキーのモスクワ帰還中に、ライスは音沙汰がないので、粛清されて西ヨーロッパにはもう戻ってこないだろうときめかけていた。クリヴィツキーがハーグに帰ったという知らせがきた。ライス夫人はその翌日の早朝電話をかけた。共通の友人の近況を聞くと、クリヴィツキーからははんで押したように、「重病で入院している」という答がかえってきた。明らかにこれは逮捕されたことを意味していた。みなが逮捕されているのに、何故クリヴィツキーは帰任できたのだろうかというライス夫人の疑問に、ライスは、在外機関内の恐怖を静めるために、クリヴィツキーを帰任させたにちがいないと説明した。

ライスはクリヴィツキーから直接モスクワの情勢を聞くために、パリからハーグに向かった。クリヴィツキーとライスは、それまでに何度もスターリン政権との訣別については、意見を交わしていた。ライスはクリヴィツキーがモスクワから帰るのを待って、最終決断に踏み切ろうとしていた。二人は行動を共にする了解になっていた。ライスにしてみれば、クリヴィツキーの支持が必要だったし、単独行動すればクリヴィツキーを危険に陥れることになるのは明白だった。クリヴィツキーが決裂を躊躇する理由の一つは、スペイン革命を防衛しなければならない、というものだった。三六年一二月にはライスはすでにスペインでソ連がはたす役割について幻想を捨てていた。二人ともスペインでのプロレタリア蜂起が、コミンテルンに君臨するソヴィエトの支配を揺るがし、ひいては、ソ連内でのスターリン支配を破ることを期待していた。この点はスターリンも用心して、そのような事態を避ける手を打っていた。スペイン派遣のソ連要員の多くを粛清する筋書きは、あらかじめ書かれていたのだ。プラヴダの特派員で秘密警察と関係の深かったミハエル・コリツォフ、バルセロナ総領事アントノフ・オフシェンコ、ベルジン将軍など、皆召喚されて闇に消えていった。それも待ち受けている運命を知りながら本国帰還に応ずる場合が多かった。ベルジンは同年六月にトゥハチェフキー元帥がナチと結んでスターリンの転覆を狙ったとされた赤軍の陰謀の首謀者として、粛清されるに至るいきさつを知りながらモスクワにもどっていった。ベルジン将軍は、青年時代ラトヴィアで帝政に対して地下活動を行ない、死刑の判決をうけたが、年少のせいで助かり、牢獄とシベリア流刑と国内戦を経験し、赤軍諜報部長として最高の責任を担った。しかもソ連政府に反対したことはなかった。多くの優秀な情報将校を育て、皆に慕われていた。仮にベルジンが召還を拒絶し、赤軍粛清の内幕を暴露し、スターリン政権への訣別を呼びかけたならば、その下で育った多くの国外勤務の人々が、呼び掛けに応じただろうし、多くの生命を救えたかもしれないという見方をライス夫人は、回想記で述べている。恐怖政治は理性、忠誠、友情といった人間の資質を破壊した。ベルジンのような人物さえ服従させたスターリンは、歴代のツァーが果たしえなかった思想で結ばれた人々の連帯精神まで破壊したのである。

ベルジンと一緒に召還されるスタシェフキーは、国内戦時代にベルジンの下に仕えたことがあったが、党内反対派を憎悪してスターリンに忠実だった。三七年のはじめに、クレムリンでスターリンに会ったさい、スターリンのほめ言葉に心をゆるして、スペインでのソ連秘密警察のかしゃくなき恐怖支配を批判した。スタシェフスキーは、そのためにソ連の評判が傷付いていると、スターリンに訴えた。スターリンは善処しようと約束したが、知りすぎたスタシェフキーの抹殺を決めた。その後ベルジンと一緒に再びモスクワに召還されるとスタシェフキーも、自分と同じポーランド出身の党員が続々逮捕処刑されているのを知りながら帰っていった。クリヴィツキー、ライスの同僚でロンドン駐在のハンガリー出身のテオドール・マリ（クリヴィツキー回想録中でマンとなっている）が、モスクワへの帰途、パリにライスをたずねた。ベルジン、スタシェフキーが、待ち受けている運命を知りながら、なぜ帰ったのだろうと、ライス夫人は信頼するマリに尋ねると「帰らねばならかった」と繰り返して言った。「それで、あなたは帰るの」、という問いには「帰る」という答が返ってきた。「なぜなの、何が待っているか、ご存じでしょう、銃殺されるわよ」、「分かっている。あちらであれ、こちらであれ、殺されるだろう、あちらで死んだほうが良い。他の者には違うだろうが、自分は連中に殺させるつもりだ」と言って、その理由を次のように説明した。

「第一次大戦中私は従軍牧師だった。カルパチア地方で捕虜になった。あらゆる種類の恐怖を経験した。塹壕で、足が凍傷になって死んでいく若い兵士たちをみとった。収容所を転々として、飢えを経験した。皆虱にたかられ、多くはチフスで死んだ。神への信仰を失い、革命が勃発するとボルシェヴィキに加わった。過去とは完全に絶縁した。もうハンガリア人でもなく、牧師でもなく、キリスト教徒でもなく、誰の子でもなくなった。いわば作戦行動中行方不明の兵士となった。共産主義者となっても、それ以来かわってはいない。白軍、人民の敵、僧侶から、革命を守るため作られたチェカに入り、国内戦を戦った。一日のうちに同じ村が敵と味方に入れ代わりたち代わり占領され、燃え落ちた。国内戦は恐ろしい。わが赤軍支隊は、白軍と全く同じやり方で、村を掃討した。白軍に協力したかどで村に残った老人、婦人、子供たちが機関銃で薙ぎ倒された。女たちの泣き声が我慢できなかった。味方が村を掃討する度に、猛烈な下痢に襲われた。掃討が終わるまで隠れていた。こうして自分は革命を守ったのだ。集団農業化の時代には、どれだけの農民が収容所に送られ、また殺されたかを知っている。それでも、自分はチェカに残りつづけた。自分がしたことで、いつか罪を償う機会がくるものと希望していた。ある日、ジャガ芋を盗んだ罪で、一人の百姓に死刑を宣告した書類が回ってきた。よく読むと、その男は小さな袋にはいったジャガ芋を盗んだだけで、それも子供に食べさせるためだった。自分と一緒にチェカに入ったハンガリア人の上司の所に行って、男はもう十分罰を受けていると言い、男の妻に面会の許可を求めた。上司は書類を見て同意し、死刑の代わりに、禁固刑に減刑した。男の妻に夫が助かったことを告げ、これで自分は贖罪になったと思った。それから二週間、出張から帰ってきて、何よりも先に、この一件がどうなったかを調べた。書類は見付からなかった。上司と一緒になって書類の行方を追った。やっと見付けた書類には走りがきがしてあった。処刑ずみ、と。

秘密警察の外国部に行って、国外勤務を志望したのはその翌日だった。過去に何度も国外勤務を断ってきたが、もうとてもソ連で生活するのはたえられなかった。どこかへ逃げたかったし、牧師としての過去を蘇らせたいとさえ思った。銃殺されるために、帰る理由が分かるだろう。今となって、いったいどこにかくれるのか。」

オルロフによると、三七年夏に約四〇名の在外機関員がモスクワに召還された。マリも七月に帰任、秘密警察外国部に戻ったが一一月のある日突然姿を消した。

パリからハーグに向かったライスは、友人の帰任を待たずに、亡命しなかったことを幸運に思っていた。今度こそは、一緒に必要な手段を取れると期待していた。クリヴィツキーは希望と絶望の間を絶えず行き来する人物であるのを忘れないように、という妻の言葉を無視しようと努めた。三五年にライスがモスクワから赴任したときに、連中はわれわれを信頼していないと言ったのは、クリヴィツキーではなかったか。クリヴィツキーは言った。連中はわれわれを必要としている、しかし信頼はしていない。われわれは、国際共産主義者であり、われわれの時代は終わった。連中はわれわれを革命運動の意味を理解しない機会主義者で置き換えるだろう。ライスはクリヴィツキーのこの意見を聞いて、では処理されるのを待つつもりか？　と尋ねたが、クリヴィツキーは、いや、そのつもりはない。しかし時期が熟していない、と答えている。二人は長時間話し合った。

クリヴィツキーは、ロシアでの見聞を詳細にライスに語った。スターリンから党の粛清を任されているエジョフが狂人だと、知ったいきさつも物語った。重要な極秘電話の最中エジョフは、突然気が違ったように笑い声をたて、個人的な話を卑わいこの上ない言葉で口にし、一緒に数時間もいれば、自分までおかしくなったのではないか、とクリヴィツキーは言っている。何よりも重要な情報は、クリヴィツキーが、なぜライスの兄が、ソヴィエトにたいして抗戦したポーランド軍の一員として戦って戦死したことを報告しなかったのか、と質問された点だった。ライスの兄がポーランド情報機関員だったのを知らなかったのか、ライスがこの秘密を隠しているのは、兄の仕事を引き継いでいるからではないか、ライスは初めからポーランド警察のために働いていて、長年忠実な党員である振りをしてきたのではないか。このライスの兄について、党に誤った情報を与えたのではないか。クリヴィツキーは、この質問には、確かにライスの兄が戦争で死んだのは知っているが、第一次大戦だったと思っていたと答えた旨、ライスに告げた。ライスはやっとなぜ親友が帰ってこれたかが分かった。兄にまつわる話から、ふたたび国外に送られたのだと理解した。同時にクリヴィツキーがこの件を打ち明けたのは、ライスを連れて帰れという自分の任務を遂行する意志のないことを示すものであった。ライスはソ連に帰る気がまだあったとしても、この話だけで帰るのをやめただろう。ライスが帰らなければ、クリヴィツキーは容赦されない。ライスは今こそ二人で、決裂に踏み切るべきだと説いた。けれども、クリヴィツキーはソ連は「まだ、世界の労働者たちの唯一の希望なのだ。スターリンは、まちがっているかもしれない。スターリンのような連中は来たり、そして去るだろう。しかし、ソ連は残るだろう。部署を守ることは、われわれの義務なのだ。」（本書一六三ページ）と言ってその場では決定を先に延ばした。

ソ連との訣別をするまえに、時機が来るのを待ち、モスクワでの事態の進展を見届けることに二人は同意して別れた。しかし、ライスは単独でも行動を取る決意を固めたのだった。この会合の後時をおかず、ライスはアムステルダムに行きオランダのトロツキー派の指導者スネーヴリート（第二次大戦中ナチス強制収容所で殺害される）に電話で接触して、会合、離脱を実行に移すことにした。

スネーヴリートは、ライスの絶縁状を左翼紙に公開するよう求めた。しかし、ライスはその前に党中央委員会に通知するのが筋という考え方で、一週間もあれば、パリの大使館経由で届くと計算する。これは大きな誤算で、パリでこの絶縁状はソ連の秘密警察の手に渡って、ちょうど国外機関査察のためパリに来ていた秘密警察外国部次長シュピーゲルグラスが指揮して、直ちにライス暗殺の計画が練られることとなった。この辺の判断と行動は、ライスが長年の党員としての生活で、党規律が習い性となり矛盾した律義さのせいで、命を落とす結果となった。すでに、スネーヴリートに組織の誰かが接触したことは、ソ連秘密警察の知るところとなっていたので、これで、それがライスだったことが判明した。そしてすぐに暗殺の手配がされたわけだから、逃亡を準備実行する貴重な一週間が失われた。ライスはクリヴィツキーとパリで再会するが、スネーヴリートに会ったことを黙っていた。ライス未亡人によれば、クリヴィツキーは、夫人に対しライスのソ連帰国を妨げないよう警告した。夫人は、パリを通過して、殺されに帰っていく多くの機関員たちは、ちょうど第一次大戦で、講和のラッパが鳴る寸前に殺される兵士を思い出させると抗議するが、これにクリヴィツキーは、その通りだ、と答えた。いったいどうするつもりかとの、質問に、クリヴィツキーは自分は帰るつもりだと漏らした。ライス夫人によれば、クリヴィツキーはこの期に及んでもまだ、自分だけは助かるという幻想を抱いていたのかもしれないと、回想している。

ライスたちはスイスの寒村にかくれるが、その間テオドール・マリは、待ち受ける銃殺の運命を知りながら、モスクワに帰った。ライスはクリヴィツキーも帰ったものと信ずるが、夫人はクリヴィツキーのいつでも決心をかえる性格を知っていたので、きっとまだどこかにいるはずだと主張し二人の意見が分れた。クリヴィツキーは、ライスの暗殺計画に参加を強要されているかもしれない、という夫人の推測をきくと、ライスは、「たとえ、強制されたうえでだとしても、クリヴィツキーがそんなことをするならば、私には生きている意味などない」という気持を漏らしている。

ライス逃亡後も、クリヴィツキーは、まだ去就に迷っているが、決定的にモスクワと絶縁を決意するのは、九月四日にライスが殺害されてからである。三七年十月の下旬、ライス未亡人のもとに一通の手紙が届くが、差出人はクルシアとなっていた。内容は、「私は雇い主と縁を切った。できるだけ早く会う必要がある。スネーヴリートに用心するよう伝えられたし。あなたと子供には危険が迫っている。この手紙を受けとったならば、ルーヴル紙の求職欄に広告を出して、私と同じようにクルシアの名前を使ってほしい。」

クルシアという少年期の仲間の名前で意志が通ずる人は、クリヴィツキーとライス未亡人しか残ってなかった。クリヴィツキーが接触を求めてきたのだった。クリヴィツキーと彼女の間ではライスの血が、すでに流されており、彼女は気持ちが進まないものの、パリのローゼンタール弁護士のところで、クリヴィツキーに会うことに決めた。ローゼンタールはトロツキーの弁護士でもあった。

一一月の雨の降る日に、エルザ・ライスがローゼンタールの事務所に入ると、クリヴィツキーが、スネーヴリート、トロツキーの息子レオン・セードフと向かいあって、部屋の奥に座っていた。クリヴィツキーは見分けが付かぬほど変わってしまって、灰色の顔とぼさぼさの眉毛の下の目が虚ろで、昔日の面影は無かった。クリヴィツキーはセードフにロシア語で話し、セードフがほかの人達にフランス語で通訳した。クリヴィツキーはセードフひとりを相手に話していた。一つには、フランス語ができないことと、セードフのうちに親しんだ多くの若いロシア共産主義者の面影を見て親近感を抱いたからだった。クリヴィツキーはエルザ・ライスに向って「あなたに会いにきた。あなたと子供が危険なのを知らせにきた。何か役に立てればと思う」と言った。

エルザが、「警告は遅すぎましたわ。もし間に合うように言ってくれたらば、今頃ルードヴィクはまだ生きていて、ここに一緒にいられたでしょうに」となじると、クリヴィツキーは、「私に何ができただろう、ルードヴィクになにを警告することがあっただろう。ルードヴィクは私とおなじくらい、殺されるのを承知していたのだから」と応じた。二人は握手をせずに別れた。ライス未亡人とクリヴィツキーの会見場所を提供した、ローゼンタール弁護士は、回想録『トロツキーの弁護士』(一九七五年)の中で、この時の二人の会合の様子を次のように語っている。

「エルザ・ライスは、クリヴィツキーに会うのをいやがっていた。……私の事務所での会合は氷のように冷たかった。長い沈黙の後で、エルザ・ライスは、貴方はルードヴィクの暗殺者たちの仲間だわと厳しい息苦しそうな声で攻撃した。痩せて灰色の肌をした小柄な男は当惑気に無気力に、善意の証拠としてライスに警告する無言の電話を掛けたことを挙げ、『エルザ、貴女は危ない。子供も。シュピーゲルグラスは貴女たちを襲う計画だった。北駅の筈だった。彼は貴女の出発日を知っていた。出発時刻がラッシュと重なったので諦めたのだ。』と答えた。電話が鳴った、取ると『同志ワルター』と言った。クリヴィツキーに電話を渡すと、彼は万事順調だと電話にドイツ語で答えた。クリヴィツキーも、準備怠りなく来たのだった。……立ち去りながら、クリヴィツキーは通りの角で殺されるかもしれないと言った。」

しかし、その後二人の間の緊張は次第に解けて、クリヴィツキーがフランスを去って、アメリカに向かうまで、パリで亡命メンシェイヴィキのニコライェフスキーの主宰する社会史研究所や、カフェで会った。当時クリヴィツキーは、反ナチの亡命ユダヤ系ドイツ人ヴォールの尽力でフランス人民戦線政府から、身分証明書を発給され、フランス警察による二四時間の身辺保護を受けていた。二人を過去のいきさつにもかかわらず会わせたのは、ライス夫人の言葉によれば、寂寥感であった。クリヴィツキーはフランス警察の保護、ことにフランス諜報機関の尋問に答えたのを、気にやんでいた。クリヴィツキーと話しているうちに、ライス夫人はクリヴィツキーがライスと一緒に行動をともにするはずがなかったことが、分かってきた。たしかに、ライスよりもはっきり考えを言うものの、クリヴィツキーはソ連でのほんのちょっとした兆しでも、良いほうへの変化ととって簡単に動揺するのが、一層分かったからだ。後日振り返って、ライス夫人は、クリヴィツキーのように聡明で、しかもソ連の政治に通じているものが、どうしていともたやすく間違った判断を下せたのかと驚く。

クリヴィツキーは至るところにソヴィエト秘密警察の陰を見て脅え、レオン・セードフさえも、スターリンの廻し者ではないかと当初は警戒していた。ローゼンタールの事務所にかけてきた安否を確かめる電話は、ヴォールがクリヴィツキーに事前に依頼されて、かけたものだった。後にクリヴィツキーの死後、連邦検察局の調べに際してヴォールは、その旨を語っている。ヴィクトル・セルジュについても、ソ連を出国、フランスに亡命できたのは、ソ連秘密警察のスパイとなったからではないかと強く疑っていた。セルジュはセルジュで、クリヴィツキーを送りこまれてきたソ連の秘密警察のスパイだと始めは疑っていた。

ピレネー山脈の彼方の内戦の戦火は、やがて欧州大陸を焼きつくすことになる大戦争を予告していた。ナチス・ドイツの脅威は既に至るところに不吉な影を落していた。ユダヤ人クリヴィツキーにとっては、このナチスの脅威とソ連秘密警察の報復が付きまとっていた。既に二度暗殺を危うく逃れた。トロツキー派はクリヴィツキーをスターリン差し回しの挑発者、スパイではないかと疑惑の目で見ていた。メキシコの亡命先でトロツキーは、パリに住んで第四インタナショナルを指導していた息子のセードフに、クリヴィツキーが接触して援助を求めたという知らせに接して、妻ナタリヤへの手紙で不信感を露骨に示している。「われわれのところでクリヴィツキーを受け入れるのは全く不可能のようだ。彼はリョヴァ（息子のセードフ）に汚いことをしなければ良いのだが、すぐリョヴァにそのことを手紙で書いてやって欲しい」（一九三八年二月一四日）。セードフはクリヴィツキーのために側近のエチアンを世話役として付けるが、このエチアンことユダヤ系ポーランド人マルク・ズボロフスキーこそ、トロツキーの息子の周辺にソ連秘密警察が送り込んだスパイだったことが一九五五年になって判明した。エチアンの正体が暴かれたのは移住先の米国でだった。ライスの暗殺とクリヴィツキーの暗殺未遂は、エチアンが手引きをしたのである。クリヴィツキーは、マルセーユ駅頭での暗殺未遂に触れて「今日に至るまで、わたしには、オゲペウがどうして、わたしのとった道順と日程を知ったのか不可解だ」と記している。（本書一七六ページ）

ズボロフスキーは、パリでレオン・セードフの側近としてライス、クリヴィツキーなどの逃亡者の動静だけではなく、第四インタナショナルの情報を逐一ソヴィエト秘密警察に通報していた。一九三六年一一月七日の夜に起こったトロツキー文書一五巻が盗難にあう事件もズボロフスキーが手引きした。ズボロフスキーは一九四一年一二月に米国に移住、その任務はフランスでと同様に米国在住の亡命ロシア人、特に左翼メンシェヴェキに食い込むことだった。一九四四年以降はクラヴチェンコの動静を監視、ソヴィエト秘密警察に通報した。クラヴチェンコは一九四四年四月に米国派遣ソヴィエト物資購入使節団から脱走して、ニューヨーク・タイムズに、ソヴィエトの恐怖制度、同盟国米国への背信行為を非難する声明を発表、一九四七年に自伝的回想「私は自由を選んだ」を発表したからである。

またズボロフスキーはセードフの不審な死因のきっかけを作った。ズボロフスキーはセードフを白系ロシア人の出入りするあやしげな病院に入れたが、手術後の手当の初歩的なミスでセードフは死んだからだ。

大西洋の彼方の米国はナチスの脅威とスターリンの報復の手から安全な新天地と思われた。それまでロシアからの亡命者はパリを目指したが、その頃からアメリカが新たな亡命地となろうとしていた。

クリヴィツキーは、パリ駐在アメリカ大使ブリットを介して、アメリカへの渡航許可を待つが、ライス夫人も同様アメリカへの移住を申請していた。その頃、クリヴィツキーはライス夫人にダイス非米調査委員会から受け取った手紙を見せて、それをどう扱うか相談している。ライス夫人も同様の手紙を受け取っていた。二人とも証言には乗り気ではなかった。

クリヴィツキーは、三七年一二月四日、スターリンとの絶縁状を発表した。パリ亡命期にクリヴィツキーは、ロシアでの粛清と恐怖政治について、後掲のラ・フレーシュへの会見記事を発表したり、メンシェヴェキの機関誌「社会主義通信」に寄稿し、これは、スカンジナヴィアの社会民主党の新聞に転載されるが、いずれも発行部数は少なく、影響力は限られていた。アメリカに行って生活を一から やり直し、無名のうちに静かに暮らす希望を、クリヴィツキーはヴォールを介してパリで知った詩人のアンドレ・フレノ（ナチス占領下の抵抗運動に参加、「深夜叢書」の一員）に語っていた。

クリヴィツキーは本名のギンスベルクとして家族とともに一九三八年一一月一〇日にフランス郵船ノルマンディー号でニューヨーク港に到着した。入国時の移民局への申請には渡航目的として、スタンフォード大学でロシア史の執筆に協力するためと記載した。入国記録には次の肉体的特徴の記載がある。

背丈・五フィート六インチ、体重・一四五ポンド、頭髪・灰黒色、眼・青色、顔色・普通、体格・普通、傷痕と特徴・なし。

船上には先着していたヴォールが迎えにきた。クリヴィツキーはエリス島の移民収容所にいったん収容され、ブリット大使の秘書の力添えで釈放されてニューヨーク、西四〇丁目六〇〇番地のヴォールの住まいに厄介になるが、翌年八月初旬にニューヨークのカーメルに小さな家を借りて引っ越した。

ニューヨークはクリヴィツキーの抱いていたあらゆる先入見を遥かにこえていて、言葉が通じないせいもあり、なじむことができなかった。なによりも苦しめた絶望と孤独は、幼いときから信じてきた主義にたいする信念が揺らいだことからもたらされた。新しい友人ができたものの、孤独からは逃れられなかった。蓄えがないせいもあり、レヴィンたちの説得におれて、レヴィンが聞き取って書いたサタデー・イヴニング・ポストに連載された記事に、赤軍将軍の肩書をつけて自分の名前で発表する。この記事は八回連載されて、一回に五〇〇〇ドルの謝礼をえて、レヴィンらと分け合うが、しばらくは経済面では保証が得られることとなった。この記事寄稿料は合計四万ドルとなった。物価指数で計算すると、今日の約三二万ドルに相当するが、レヴィンと分け合っているので、クリヴィツキーの取り分は、かなり少なくなっただろう。この共同作業は難航し、アメリカ商業主義を知らぬクリヴィツキーと、それを熟知したレヴィンとのあいだで、始終衝突した。肩書についても押し切られて使ったのは前に述べた。

この雑誌連載記事によって、クリヴィツキーは一躍有名になるが、これはクリヴィツキーが絶対に避けようと考えていた事態だったし、結果として友よりはむしろ敵を多く作ることになった。アメリカの自由主義者で世論をヒトラーとファシズムの脅威にたいして動員しようとしている人たちにとって、クリヴィツキーの告発は、無益かつ有害な雑音としてとられ、そして一九三九年七月には、クリヴィツキーにアメリカ滞在査証がないことを理由に、議員を動かして移民局に強制退去の手続を開始させるに至った。クリヴィツキーは、二度社会党の候補としてニューヨーク州知事選挙に出たことのあるルイス・ワルドマン弁護士（一九一六年に一六歳でウクライナから移住）の助力で強制送還をなんとか逃れることができた。この経験は深刻な衝撃をクリヴィツキーに与えた。レヴィンらとの協力関係に入って、パリからアメリカ入国に至るまで、クリヴィツキーの直面した最大の危機の時期に力となったヴォールとは、次第に仲たがいし、一九三九年終わりには絶交するにいたっていた。一九三九年十月一一日の午前と午後にわたりクリヴィツキーはワシントンでダイス議員を委員長とする上院の非米活動調査委員会で宣誓の上、証言台にたった。この証言は「元ソ連軍事諜報部員ワルター・G・クリヴィツキーの証言——通訳ボリス・シューブ」と題され、全文で二四ページの記録となる。一九三七年一二月にソ連政府と絶縁した理由を尋ねられて、クリヴィツキーは次のように答えている。

「一九三六年に先立つ数年の間、われわれのだれもが、党内でのより大きな民主主義、ひいては国内でのより大きな民主主義に徐々に入っていくものと信じていた。憲法が準備されていた時期だった。国民がこの変化を期待していた決定的な年である一九三七年に、スターリンは党と国の民主化の基礎となる分子を粛清した。三六年、三七年に党内、政府部内、軍隊内、それに労働者、農民、党知識人の間でそのような分子をスターリンは総て粉砕した……。

スターリンは一九三七年に赤軍将校団の三五、〇〇〇名を殺害し、三〇万から四〇万の党員を投獄あるいは流刑にし、数百万の民衆を強制収容所に送った。レーニンの死以降長年のあいだスターリンは、全体主義独裁の基礎を作るために、国内のあらゆる形の反対と戦ってきた。その過程が三六年と三七年に頂点に達した。当時、粛清に直接かつ積極的に参加しない限り、だれも党または政府の部署に留まることはできなかった……」

しかしこの証言記録は、ソ連の政策決定機構、ソ連とコミンテルン、コミンテルンと各国共産党との関係、ソヴィエト政府と共産党政治局との上下関係など、ソヴィエトと共産主義運動への無知をさらけ出した、委員達の素朴な質問に終始していて、内容は実のあるものとはなっていない。とはいえ、この二四ページの記録は、クリヴィツキーについて残されている唯一の西側機関のまとまった証言記録であり、公開されている原資料としての価値は高い。この聴聞会でも、クリヴィツキーは周知の事実と雑誌に発表した情報以外に殆ど語っていない。上院委員会での証言はこの日で終わり、二度と更に突っ込んだ聴き取りは行なわれなかった。アメリカ保安当局が真剣にクリヴィツキーに関心を示し始めたのは、何とクリヴィツキーが死んでからのことで、死人に口無しで何とも皮肉なことである。次ぎに示すのは連邦検察局記録番号一〇〇―一一一四六―八の文書である。

一九四一年二月一一日づけ連邦検察局フーヴァー長官から検事総長宛の覚書

「クリヴィツキーが連邦検察局に何らの価値ある情報も提供しなかった点を指摘したい。彼が情報提供者として利用されたこともないし、連邦検察局としてはクリヴィツキーが外の連邦当局に情報を与えたかどうかも知らない。ワルドマンによればニコラス・ドーゼンバーグ事件で旅券偽造に関連しての最初の証言を国務省のマーフィー氏に行なったとのことである。」

外に次の簡単な覚書も興味をひく。

一九四一年二月一一日　連邦検察局覚書

「ワルター・クリヴィツキー将軍、サムエル・ギンスブルク、シュナルカ・ギンスブルク、ワルター・ポレフの偽名を使用。

一九三九年十月六日、ニューヨーク、ブロードウェー三〇二の顧問弁護士ルイス・ワルドマンの事務所でクリヴィツキーは連邦検察局捜査官の尋問を受けた。この際クリヴィツキーはバーソフがロシア秘密警察のためにアメリカで活動するために派遣された旨述べた。……局の保管書類を調べたが、上記の面談を除いては局とは何等の接触や情報提供も行なっていない。」（連邦検察局記録一〇〇―一一一四六―二八）

クリヴィツキー自身はスターリンの恐怖政策を暴くのには熱心でも、所属した組織の上司、同僚で特に個人的に知った者についての情報提供には乗り気ではなかった。クリヴィツキーがアメリカ当局に漏らした情報は氷山の一角に過ぎなかった。連邦検察局がクリヴィツキーの尋問から十分な情報を得ていなかった事実は、英国政府部内のソヴィエト・スパイ摘発のきっかけが全く別の線から与えられたことからも推定できる。

ある時レヴィンと会ったクリヴィツキーは、突然英国政府部内にキングという暗号担当官がソ連スパイとして働いており、ほかにも帝国国防評議会にも名前が分からないがスパイが一人いると言い出した。既に第二次大戦は勃発していて、英国軍は独仏国境でドイツ軍と対峙していた。そのドイツとソ連とは友好不可侵条約で結ばれており、両国情報機関の間に協力関係がありえた。英国の機密がモスクワを経てベルリンに渡る危険を考えてレヴィンは、ワシントン駐在英国大使ローシアン卿にこの情報を伝えた。既に同大使館からクリヴィツキーのサタデー・イヴニング・ポストの連載記事がロンドンの外務省に送られていて、特に独ソ接近を暴露する記事をめぐってやり取りがあった。この一連のやり取りについては後述する。それから二週間後、ニューヨークのレヴィンのもとに英国大使の秘書から至急大使が会いたいとの電話がはいった。駆け付けたレヴィンに大使は、ロンドンから信じがたい確認情報が届いたと告げた。事実、クリヴィツキーの言った通り、キングという名前の暗号係官がソ連のスパイとして摘発、逮捕されたので、クリヴィツキーに英国内のスパイ摘発に協力してもらえまいかという相談だった。キング事件はそれから一七年たった一九五六年六月七日に英国外務省が、外務省電信部勤務のキングが三九年十月一八日にソヴィエト政府に情報を流したかどで緊急権限令にもとづいて裁かれ、一〇年の禁固刑に処されたと公表するまで秘密に伏されていた。

キングがソ連諜報機関にどのように組み込まれたか、またクリヴィツキー情報を端緒に、どのように英国防諜機関が摘発したかは、スパイ小説を地で行くような話である。ジョン・ハーバート・キングは、第一次大戦が終わると、大尉で除隊した。三〇代の半ばだった。戦後ありついた仕事は外務省の暗号係で、初任給年俸一〇〇ポンドのしがないものだった。驚くべきことに、二〇年後逮捕されたとき、この給与の額はたいして上がっていなかった。一九三九年の外務省暗号担当官の年俸区分は、八五から三五〇ポンドで、キングは一六人中一三番目の職階に過ぎなかった。暗号という外交の神経中枢を扱う係官でありながら待遇のひどさが、誘惑に負け易い素地を用意していたのであろう。キングの場合、臨時雇いの身分だったために恩給受給資格は無く、老後の不安があった。一九三五年ジュネーヴに出張して、国際連盟英国代表団の暗号を扱っていた際に、アメリカ女性ヘレン・ウイルキーと出会った。キングは家庭生活が離婚で崩壊し、昇進の希望もなく、友人もいない、人生に敗れた初老の男だった。薄給の身とて女友達を上等な食事に誘うことも、贈り物で喜ばせることもおぼつかなかった。ここにオランダ人画家のピークが登場する。ピークは怪しげな裸体画を描いていて、ジュネーヴの外交界に出入りしていたが、ピークは政治信条からソ連のスパイとなって働いていた。イグナス・ライスがこのピークを諜報活動に引き入れ、統制していたのである。ピークはキングに目をつけると、はじめはしきりと食事によんで、ついには女友達共々スペインの休暇に費用持ちで誘ったりした。

機が熟したのを見計らって、ピークは、国際情勢を見通して有利に投資しようと考えている知人の実業家のために、英国外務省の情報を入手してやってくれないかと持ちかけた。もちろん見返りに謝礼が約束された。初め及び腰だったキングはやがて定期的に情報を流すようになった。ロンドンに帰ったキングは、テオドール・マリの統制下に引き継がれた。マリについては既に触れたが、経歴が特異であっただけではなく、洗練された欧州人として、ソ連秘密機関の中で最も優秀な一員として評価され、ロンドンにはクリヴィツキーのオランダ派遣とほぼ時を同じくして着任していた。それも二度目のロンドン勤務だった。しかし一九三七年七月にはモスクワに召還されていた。このため、マリが統制していた英国内のスパイたちは一時休眠状態に入っていたが、英国防諜機関は、外務省通信部にいるキングがワシントン大使館からの情報に一致するのを確認して、監視下におき、ロンドン、ストランドの喫茶店で、情報をソ連側に渡そうとしたとき逮捕した。キングの家の金庫から発見された五ポンド、一〇ポンドの高額紙幣中から、ソ連との関係を否応なしに証拠だてる紙幣がでてきたのだ。当時のポンドは、今日のドルのように基軸通貨だった。

五ポンド以上の高額紙幣は、発券時から紙幣番号が登録されて、流通が追える仕組みになっていた。キングの持っていた紙幣は、イングランド銀行からソ連国立銀行に直送した分にほかならなかった。秘密警察がキングに支払った金はこうして簡単に足がついた。さらに英国にとって幸いだったことには、モスクワが粛清で混乱しており、英国駐在機関長マリが粛清され、ライスが脱走したせいで、キングが休眠状態におかれていて、キングから漏れた情報が、モスクワをへてベルリンに届くという事態が防がれたことである。いずれにせよ、クリヴィツキー情報の正確さが、立証されたわけで、英国防諜機関は、国防評議会にいるというもう一人のスパイの検挙を急いだ。

クリヴィツキーは英国諜報部に情報を提供するためロンドンに行くのを、初めは承諾しなかった。その理由は、ソ連秘密警察から報復される危険が大きいこと、またかつて非合法に英国に潜入したかどで逮捕される恐れがあること、加えて英国政府がスターリンにクリヴィツキーの身柄を引き渡す可能性が否定できないことなどだった。それに比べれば、北大西洋に跳梁しているドイツのUボートに、いつ襲われるか分からない不安などは小さなものだった。身柄の安全を保証されたクリヴィツキーは、一九三九年一二月二六日ニューヨークを離れた。カナダのノーヴァスコチアから英国軍艦に移乗し翌年一月リヴァプールに到着した。カナダを経由地としたのは、当時まだ中立だった米国が国際紛争をおもんばかってのことだった。一九三九年一二月三〇日のニューヨーク・タイムズは、次のような小さな記事を載せている。

「クリヴィツキー、米国を去る。
出発日時と目的地は極秘。

昨二十九日、移民局が明らかにしたところによると、スターリンの元中部欧州秘密機関長クリヴィツキー将軍は、米国を離れた。行く先は極秘とされている。

クリヴィツキー将軍は入国いらい一年、滞在許可はいったん更新されたが、明日その期限が切れるので、移民局から更新手続をとらねば期限までに出国するように通告されていた。

クリヴィツキー将軍は、米国で生命の危険があると信じており、ダイス非米活動委員会で証言のさいに見られたように、公衆の前にでる場合には護衛されていた。その動向は極秘で、親しい友人たちも、行先は知らず、出発も三、四日前だろうと語った。」

四〇年一月一九日、ロンドンに到着したクリヴィツキーは、郊外に防諜部が用意した隠れ家で、三週間以上にわたり、熟練した女性担当官ジェーン・シスモーア嬢の質問に応じた。英国諜報部は、アメリカと違って帝政時代にさかのぼりロシアとの諜報戦争を経験していた。ヒマラヤ山脈ぞいに英帝国植民地インドがあり、帝政ロシアの権益と相対していた。ペルシア国境においてもそうだった。ボリシェヴィキ革命勃発後は、反革命派を支援した外交官ロックハートや伝説的なスパイ、ライリーが知られている。国交回復後も一九二七年にはロンドンのソ連貿易会社アルコスを破壊活動の根拠地として捜索していたし、クリヴィツキー到着の二年前一九三八年一月にウールウィチ兵器廠のソ連スパイ団摘発に成功していた。シスモーア嬢（結婚後はアーチャー夫人）の取材で初めてクリヴィツキーは同じ情報専門家として敬意を表すに値する相手に出会った。法廷弁護士の資格があり、質問が的確だっただけではなく、回答の適切な評価もできる力量を、シスモーアが示したうえに、信頼感情をもたせる人柄でもあった。クリヴィツキーは世界中で活動する約一〇〇名のソ連スパイの名前を明らかにした。内六一名が英国を目標に活動していた。その内六名が外交官や貿易代表団員といった合法的な肩書をもったソ連人、二一名は国籍はアメリカ、ドイツ、オーストリア、ポーランドとさまざまな非合法要員だった。その職業も芸術家、新聞記者、秘書、学生、実業家と各種にわたり、書類運び係、写真係、隠れ家提供などの補助的役割をになっていた。もっと重要だったのは三五名の本格的諜報員だった。ポーランド、インド、チェコなどの外国人に加えて、一六名の英国人の名前が浮び上がった。政界、労働組合、政府機関、新聞に身を置いている人たちだった。クリヴィツキーが挙げた氏名のうち半分は既に防諜部が把握していた。ただちに無力化する措置がとられたが、裁判は行なわれなかったし、氏名も明らかにされていない。だがクリヴィツキーは、戦後の英国政府部内のスパイ事件として世界の耳目をそばだたせたケンブリッジ・スパイ事件ともいわれるケンブリッジ大出身のキム・フィルビー、マクリーン、バージェスの名前は挙げていない。クリヴィツキーが知らないほど秘密だったのか、それともクリヴィツキーが後日のために情報の出し惜しみをしたのか、いまでは知るよしもない。しかし国防委員会にいるとして、クリヴィツキーが指摘したスパイは、戦後同事件の発生後に判明する。シスモーアから同委員会の書類を見せられたクリヴィツキーはすぐに、モスクワで写真複写で読んだ物を選びだした。主として国際問題の分析にかかわるもので、外務省勤務のマクリーンの手を経たことは確実であった。しかしクリヴィツキーの聴取から四カ月後、それまでドイツ軍と英・仏軍が対峙したまま全く動かなかった西部戦線で、突如五月一日、ドイツ軍が、怒濤のように攻撃を開始したため、クリヴィツキー情報の裏付けをとる時間がなかった。一方、シスモーアが上司と反りが合わなかったことも影響しているかもしれない。クリヴィツキーの秘密調書は、一九四〇年四月には、外務省内で回覧され、これを読んだマクリーンはもちろんのこと、フィルビー、バージェス、ブラントやモスクワも、恐慌に見舞われたと推定される。

クリヴィツキーの実在を認めた唯一のソ連側資料は、一九六三年一月にキム・フィルビーがモスクワに脱出後、ソ連秘密警察の検閲と許可の下に書いて西側で一九六八年に出版した自伝『わが沈黙の戦争』である。ソ連では一九八〇年になって初めて出版された。勿論、随所にいわゆる逆情報も盛られていると見るべきである。

クリヴィツキーは、当時すでにマクリーンについて、外務省内にいるスパイは、「スコットランド人で家柄が良く、夕方にはケープをまとう男だ」との、手掛かりを与えていた。フィルビーについても、「スペイン内戦中、フランコ軍の制圧下にいた新聞特派員」という、手掛かりを漏らしていた。フィルビーは『我が沈黙の戦争』の中で、クリヴィツキーがどのように脅威だったかを述べている。戦後の冷戦の最中、英国諜報部MI六の幹部だったフィルビーは、共産圏と共産主義運動にたいする諜報を担当する第九課の責任者だった。ワシントンの大使館ではCIAとの連絡調整を担当した。

「私が課の拡充のため、人探しをしている最中に、ジェーン・アーチャー（シスモーア）なら第九課を十分に補強するがどうか、という話がきた。この話は断るもっともらしい理由がないので、非常に当惑した。ガイ・リデルについで、ジェーンは多分今までにMI六が採用した最も有能な専門諜報官だった。彼女は厳しい職業生活の大部分を、共産党の活動をあらゆる側面から研究して過ごしてきた。一九三七年に西側に逃げ、揚句は幻滅した人間としてその何年後かにはアメリカで自殺した赤軍諜報将校クリヴィツキー将軍の調書をとったのは、外ならぬジェーンだった。クリヴィツキーから、ソ連諜報部が内戦中のスペインに派遣した若い英国の新聞記者について、われわれが冷汗をかいた情報を引き出したのもジェーンだった。その当人が何と突然自分の課に飛び込んでくるというのだ。だが、われわれに幸いだったのはジェーンが、きつい、あけすけにものを言う女だったことで、最高幹部の会議で、温厚なだけであまり取りえのない数年来の副部長パーカー准将をひどく侮辱したせいで、MI六をクビになった……」と回想している。

ロンドン・タイムズの正式特派員として、フランコ支配下のスペインに赴任する前に、スペイン旅行をした事実について、上司のホワイトから旅費の出所を聞かれたフィルビーは「これはちょっと厭な質問だった。何故ならばクリヴィツキーが言っているように、この旅行はソヴィエト機関から話があって、金も出たからだ。それに、当時の私の銀行口座の出入りをちょっと見れば、私にスペインを遊び回る金が無かったのは、すぐに分かったはずだっただろう……」とも記している。

ベルギー、オランダに進攻し、独仏国境のマジノ線を中央突破したドイツ軍は、一九四〇年五月二九日、英仏軍をダンケルク海岸に追い詰めた。六月二二日フランスは降伏した。英国情報機関は総力をあげて、来るべきドイツ軍の英本土上陸侵攻に備えて対ドイツ情報戦に突入する。それから一年後の六月、ヒトラーは英国上陸作戦を棚上げし、不可侵条約を反古にしてソ連への侵攻を開始した。スターリンのロシアは一夜にして英国の同盟者に転じた。この劇的な情勢の展開によって、英国内のソ連情報網の摘発は緊急性が薄れていった。しかしクリヴィツキーの聴取が更に続けられたならば、モザイクタイルの壁画の欠けた部分が補われていったことは確かだった。四〇年一月から二月の段階でクリヴィツキーが明かした情報は、ソ連諜報組織の二、三流どころで、いわば将棋の歩の程度だったかが、モスクワにとってはたいした痛手ではなかっただろう。モスクワが恐れたのは英国政府中枢部で活動するフィルビー、マックリーン、バージェス、ブラントたちが暴露されることだった。しかしクリヴィツキーは一九四〇年一月の聴取で自らの死刑執行令状に署名したともいえる。なぜなら次の聴問の機会を防ぐためにモスクワはあらゆる手段を講じただろうからである。翌四一年の始めに、英国政府は再度クリヴィツキーを英国に呼ぶ手配をしていたが、二月にクリヴィツキーは謎の死を遂げるのである。クリヴィツキーは英国残留の勧めを断って、カナダのモントリオールに向けて発ち隠まわれていた家族と合流し、四〇年十月三一日ワルター・ポレフの名で正規の入国滞在査証を獲得した上でニューヨークに帰ってきた。米国再入国の申請書類の職業欄には、「著述家」と記入されていた。二月から十月にかけての、カナダ滞在中はトーマスの偽名で、カナダ治安警察の提供した隠れ家で過ごした。その間カナダ当局にどのように協力したかは不明である。ニューヨークに戻って間もなく、ハーグ時代の若い有能な部下ハンス・ブルス（回想録では若いベルギー人としているが、オランダの労働運動指導者の息子ハンス・ブルスのことである）の姿がニューヨークの街頭で見かけられたとの情報がヴォールから間接に寄せられた。ハンスの出現は既に、タイムス広場で刺客を経験したクリヴィツキーの恐怖を一層かきたてるものだった。ヴォールはクリヴィツキーと金銭問題のいざこざから絶交状態にあったが、次の手紙を共通の知人であるラフォレット女史に送った。

「ニューヨーク、一九四一年一月七日
レキシントン・アヴェニュ、一七三
ラフォレット様

貴女が尊敬している友人Kに、危険人物ハンスがニューヨークにいることを知らせて下さい。

Kが私を避けているので、この手紙は貴女宛にしました。調停の結果、Kは私に二百ドルを払わねばならなず、それを請求されるのがいやで遠ざかっているのだと思います。彼の怪しげなやり方を考えると、こんな警告をするいわれはないのです。鼠共同士お互い食い殺させたほうが多分よいかも知れません。　敬具

パウル・ヴォール」

クリヴィツキーの死後、連邦検察局はヴォールからハンスについての事情を聞いた。その記録（一〇〇―一一四六―三四）によれば、ヴォールはクリヴィツキーから欧州での執筆に協力した記事ならびに米国でもその記事を発表した報酬として一五〇〇ドルを受け取ったが、なお一〇〇〇ドルを支払う約束を履行せず、調停にかけられた。その結果クリヴィツキーは同意しながら支払いを滞っていた。ラフォレット女史宛の手紙にある二〇〇ドルはその一〇〇〇ドルの残りの未払い分を指していた。

根無し草であること、生活が苦しく不安定であることなどから亡命者の世界では金銭上の問題、妬み、疑心暗鬼などで離合集散は習いとなっている。ヴォールの追悼の文章を読むと行間にそのあたりの事情が、筆を押さえてはいるが、にじみ出ている。ヴォールはクリヴィツキーと一緒にアメリカで執筆活動を計画していたが、クリヴィツキーはレヴィン、シューブ、それに、元アメリカ共産党の同伴者だったフランク、モロウらと新しい交友関係に入っていて、そのお陰でサタデー・イヴニング・ポストに記事を掲載し、更には回

想録を出版できた。これで、金銭上の余裕ができたし、いやでも時の人になってしまった。ヴォールは、亡命後のクリヴィツキーのいわば保護者の役割を果たしていたのだから、自分が傍観者の立場に押しやられたという複雑な感情があったことは想像できる。ヴォールとクリヴィツキーの金銭上の争いは、サタデー・イヴニング・ポスト連載記事の多額の原稿料に直接端を発しているようにも考えられる。上記の連邦検察局記録でヴォールはクリヴィツキーが発表して得られる謝礼の約一割を受け取る約束になっていたと述べている。

ラフオレットを通じてヴォールの警告を知ったクリヴィツキーは、四一年一月九日ワルドマン弁護士を訪ねて次のように告げた。このハンスは危険な男だ。友人で部下だったからこそ、余計に危険なのだ。スターリンの粛清では、友人が一番警戒すべき人間となる。スターリンが糸を引けば、友人は敵に、いや人殺しにさえなるのだ。」

クリヴィツキーの部下だったハンスは、クリヴィツキーの離脱後、ソ連秘密警察に疑われ、忠誠審査の意味で、イグナス・ライス夫人が匿われていたアムステルダムのスネーヴリート宅から、ライスの日記を盗むよう命ぜられたが、これには失敗した。しかしソ連秘密警察は、後日クリヴィツキー暗殺のための持ち駒として、ハンスを粛清しないで泳がせたと、クリヴィツキーは説明している。クリヴィツキーの求めでワルドマンはヴォールに宛てた手紙でハンスとの出会いについて詳しく知らせるよう求めた。クリヴィツキーは「もしヴォールが詳細を知らせてくれれば、まだ味方だが……もしそうでないと……」と言って考え込んだ。ヴォールは、またもやシュザンヌ・ラフォレットを通して間接にワルドマンに答えてきたが、ハンスについては、ヴォールの弁護士に聞けというそっけない内容だった。これは、クリヴィツキーにとって打撃だった。ワルドマンがヴォールの弁護士と連絡をとろうと言うと、クリヴィツキーは、断って「いや、いや、ワルドマンさん、もうおしまいです。」と言うと、長いこと黙りこくってしまった。数日後、護身用拳銃所持証のことで、ワルドマンに電話をかけてきたという。アメリカでは、外国人の武器携帯には特別許可が必要だったため、クリヴィツキーは手続を嫌って入手していなかった。

その頃クリヴィツキーには、ニューヨークの学校制度にたいする共産主義の影響を調査していたニューヨーク州立法委員会で証言を求める召喚状が届いていた。初め出たがらなかったクリヴィツキーは、ワルドマンから、米国の市民権取得のためにも協力すべきだと説得され、いやいやながら応ずることにしたが、ヴァージニア州で農場を買う契約があるので、出頭を延期して欲しいと希望した。こうしてクリヴィツキーの証言は、四一年二月一〇日月曜日と決まった。この件でワルドマンと話していたクリヴィツキーは、絶え間なしにたばこを吸って、非常に神経質だった。突然机に向かって背をかがめ、両手を机にいっぱいに広げ、「ワルドマンさん、何んとかしてFBIの保護をとりつけてください」と嘆願した。ヴァージニアに行く途中、ワシントンのFBIに寄って話をつけなさい、もしそれでもダメなら、自分がいくが、アメリカにいるのだから、ヨーロッパと違ってそんなに心配する必要はないと、ワルドマンに言われると、クリヴィツキーはうなずきながらも「多分大西洋を渡ると、事情は違うかも知れないが、彼らはメキシコでトロツキーを殺したんだ」と独り言のように言った。

ワルドマンはメキシコは米国にあらずと慰めるが、得心はしなかった。ワルドマンは、もっと積極的に国務省への情報を提供した方が有利だと促すが、クリヴィツキーはしゃべればすぐ、ソ連秘密警察に筒抜けだと言って尻込みした。クリヴィツキーは、ロンドンで供述した情報は英国政府の中枢からモスクワに筒抜けだったと言ってワルドマンを驚かせた。フィンランドの情報将校でクリヴィツキーとは旧知のヴァン・ナルヴィクは、クリヴィツキーから「ロンドンに行ったのは大失敗だった。英国人は信用出来ない。ソヴィエトは英国政府の上層部にスパイを送り込んでいる。いったいだれが味方で、だれが敵だか分からない」と聞かされている。

ソヴィエトが、英国情報部と政府にスパイを浸透させている事実を隠蔽するため、クリヴィツキーは殺されたとする見方が強い。フィルビーが最初の妻エリザベース・コールマンと出会ったのは、ソヴィエト秘密機関の指令で、はじめてウィーンに滞在したときだが、エリザベースとクリヴィツキーの妻ターニャとは地下組織でお互いに知っていた。クリヴィツキーがターニャと知り合ったのもウィーンでだった。

ワルドマンによれば、クリヴィツキーがこれまでに米英の官憲に明かした情報は、ほんの一部に過ぎなかった。クリヴィツキーは米英に限らずドイツなどほかの国の情報も豊富に持っていて、まさに情報の宝庫だった。暗殺者に脅えていたクリヴィツキーに、デイヴィッド・シューブが「もう貴方は暴露してしまったのだから恐れるいわれはなくなるだろう」と言うと、クリヴィツキーは「いや、肝心なことは、まだ話していない」と答えている。

やがて一週間ほどたち、四一年二月一〇日の聴聞会がきた。クリヴィツキーが証言するはずの委員会からワルドマンに、本人が現れなかったがどうしたのかと電話がかかってきた。ワルドマンは旅先の都合で帰れなかったのではないかと答えたが、不吉な予感がした。数時間過ぎたところへ、ニューヨーク警察の失踪部の婦人警察官ロバートがワシントンのベルヴュ・ホテルで男の死体が発見され、財布のなかにワルドマンの名前と住所があったと連絡してきた。名前はサムエル・ギンスブルクといわれたので、すぐには思い当らなかったが、数日前事務所の机の前に座っていたクリヴィツキーの様子を思い出して、飛び上った。ワルドマンがそのとき、ワシントン警察に電話して、聞き取った記録は次のような内容だった。

「第一分署エングストロム警察官

一九四一年二月一〇日、九時三〇分頃ワルター・ポレフ、別名サムエル・ギンスブルク、白人、四一歳、ワシントン、エドワード通り一五、ベルヴュ・ホテル、五三二号室在住。同ホテル女中、ブラウン通り一三一五居住、黒人、二一歳、セルマ・ジャクソンによって、意識不明で発見された。ワルター・ポレフ、別名サムエル・ギンスブルクは、一九四一年二月一〇日、午前一一時死亡。死亡診断は緊急病院のエルスバーグ博士が行なった。死因は銃傷。殺人課と検死官には通告ずみ。銃を携帯したゲスト刑事が捜査。死体はコロンビア特別区死体置き場に移送。」

ワルドマンは、この報告に納得せず、ただちに電話でワシントン警察の捜査部長トンプソンに、他殺に間違いないと捜査を要請したが、トンプソンは、どの弁護士も依頼者が自殺するとすぐ殺人に結び付けるといって取り合わなかった。死体が発見されて七時間近く経過したのに、当局は何の発表も行なわなかったので、四時半にワルドマンは、数人の新聞記者を呼んで、上記の警察記録と共に、次の声明文を発表した。

「私見では、ワルター・クリヴィツキー将軍の死は自殺ではない。ソ連秘密警察に殺害されたのである。この事務所でつい一週間前に、クリヴィツキーは尾行に気づいて、生命の危険を訴えたばかりだ。クリヴィツキーは既に連邦当局に提供した重要な情報以外にも多くの情報を持っていたので、私にFBIと身辺護衛の問題を検討するよう依頼した。かれの危懼には特別の理由があった。それは当市にソ連秘密警察の最も恐るべき手先の一人が現われたという事実だ。私は直ちにワシントンに行き、依頼者クリヴィツキーの死をめぐる総ての情況について、警察および連邦検察局の徹底した調査を要請する。」

ワルドマンがワシントンに到着した午後の一一時には、ニュースは全米に流れ、どの新聞も最終版はクリヴィツキーの死を第一面に掲載していた。

見出しは、おおむね「スターリンの仇敵クリヴィツキー、殺害さる、犯人はゲペウのスパイか」というものだった。

クリヴィツキーが、ワシントンで謎の死を遂げるまでの足取りは、簡単にたどられた。クリヴィツキーは、ヴァージニアのシャーロットヴィールに、ヴォールを介してニューヨークで知ったドイツ人ドーバート夫妻を訪ねた。回想録中でドバートフと記されている人物で、アメリカ風にドーバートと名を変えていた。このドーバート夫妻の農家で、クリヴィツキーは、二月六日から九日の朝まで過した。ナチ党に入ったのち、共産党の同調者に転向、ついで共産主義にも幻滅した思想遍歴の持ち主だった。養鶏場を営みながら、メリランド大学で講義をしていた。土曜日の朝にドーバート夫人マーゲリットがクリヴィツキーを乗せてシャーロットヴィールの荒物屋まで車を運転、銃を買うのに付き合っている。その時のクリヴィツキーは落ち着いていて、むしろ楽しそうだったので、銃は護身のためだという説明をごく自然に受け取った。ドーバート夫妻にクリヴィツキーは、大学も近いところだし、研究生活と農業を両立させて、新しい生活を始めたいと語った。ドーバート夫人が車でワシントンのユニオン駅まで送って午後五時頃に別れたが、別れぎわにクリヴィツキーが駅にシャワーが有るだろうかと尋ねたので、次の汽車でニューヨークに発つとばかり思っていた夫人は、けげんに感じた。そのまえに自分の身の上にもしものことが起こったら、妻子を頼むと言ったが、冗談と受け取った。夫人と別れるとクリヴィツキーは、その足で駅から歩いて五分足らずの安宿ベルヴュ・ホテルに、午後五時四九分にワルター・ポレフの名前で記帳して、部屋に上がった。

六時半から七時の間にヴィシー水を電話で注文したが、買い置きがなかったので、ボーイは近くの店に買いに行って部屋に届けた。それから死体で発見されるまで、だれもクリヴィツキーを見かけた者はいない。壁がうすくて、いびきや、電話が聞こえると苦情が寄せられるような安普請なのに、両隣の宿泊客は当夜、銃声はおろか、言い争いや格闘の物音を聞かなかった。検死官が判断したとおり、クリヴィツキーが午前四時から五時の間に致命傷を受けたのが事実とすれば、クリヴィツキーは午後七時から午前四時—五時の間、いったい何をしていたのだろう。上着と靴は脱いでいたが、パジャマに着がえてはいなかった。歯を磨いた跡があったが、数時間後に自殺する人間が、歯を磨いたりはしないというのが、ワルドマンの意見である。警察は部屋に入って、遺書を見付けたので在りきたりの自殺として、部屋の扉の指紋も、銃の指紋も取らなかったし、死者の手が銃を発射したかどうかを確めるパラフィン試験もしなかった。ワルドマンの要求で、警察は事後検証を行なったが、既に部屋は洗い清められ、総ての手掛かりは失われていた。銃弾は発見されず見付かった薬きょうは、クリヴィツキーが買い求めた〇・三八口径の銃のそれと一致していた。結局、ワルドマンは、クリヴィツキーが家族の安全と引き換えに、自殺を選んだと推論している。

ワルドマンによれば、クリヴィツキーの死亡情況は次のようだった。右額から弾丸が入り、傷口を大きく開け、脳が飛び出ていた。弾丸はダムダム弾だった。検死官が、破裂傷と記録したように、頭蓋のかなりの部分が損傷していた。死体置き場に収容されたクリヴィツキーの死体は、ホテルの部屋で見付かった時のままで、上着と靴を脱いだだけだった。ワルドマンは真夜中になって宿の部屋に、三通の手紙があったことを知らされた。ワルドマンが見たこの三通のうち、一通は英語で書かれたワルドマン宛、二通目はドイツ語で書かれたシュザンヌ・ラフォレット宛、三通目はロシア語で書かれた妻と息子宛のものだった。その内容は次の通りである。

「ワルドマン様、

妻と子供に貴方の助けが必要です。どうか、力になってやって下さい。

敬具

ヴァージニアでなら銃が買えると知って、出かけた次第です。友人たちに面倒が生じたら、助けてやって下さい。彼らは良い人たちですし、私が銃を買った理由は一切知らないのです。多謝。

ワルター・クリヴィツキー

ワルター・クリヴィツキー」

「親愛なシュザンヌ、

お元気と思います。貴女がターニャと可哀想な息子の力になって下さるものと願いながら、死にます。貴方は良い友人でした。

敬具

ワルター

貴女の兄弟とドロシーにもよろしく。」

「愛するターニャ、愛するアレクス、

何とか生きていたいのだが、とても無理だ。これ以上、生きてはいられない。君を愛している、愛しているのは君だけだ。もう手紙は書けないが、私のことを思いつづけて欲しい。それから、アレクスには父親がどこに行ったか言わないでもらいたい。時が来てから言うのが本人のためにいちばんいいのだ。許してほしい。もう書けないのだ。アレクスの面倒を見て、いつも良い母親であってもらいたい。とても良い子だが、まだ幼いのだから。おだやかに、叱らないでやってほしい。良い人たちが、君たちを助けてくれるだろうが、ソヴィエト人民の敵は助けてはくれまい。私は自分の罪が重いと思っている。ターニャ、アレクス、では、別れの抱擁を！

君たちのワルター

この手紙を昨日ドバートフの農場で書いた。ニューヨークではとてもそんな気力はなかった。ワシントンに用はない。ドバートフの所に行ったのは、そこでだけ銃を買えたからだ。」

悲報に接したチェンバースは、直ぐにクリヴィツキー夫人と子供の安否を気づかって、田舎に隠まった。

ワルドマンは、クリヴィツキーを破滅に追い込んだ三つの要因を推論している。まず、クリヴィツキーはある種の国際陰謀と軍事計画を知っていた。この情報が英国に提供されれば、ドイツとその同盟国ソ連にとって重大な打撃となった。またクリヴィツキーは米英を含む全世界のソ連諜報網の所属員を知っていた。これが暴露されれば、スターリン政権は致命的な打撃を受ける。最後に、スターリンは、反対者を容赦しなかった。特に脱走者の地位が高ければ高いほど、みせしめの意味でも絶対に許さなかった。これが、ワルドマンの指摘する三点で、すでに述べたように、クリヴィツキーは、一度は英国政府の要請に応じてもいたし、英国政府はさらに四一年一月にはクリヴィツキーを英国に招く手配をしていた。この二度目の英国行きを阻止し、加えて米国政府に情報が提供されるのを防ぐことは、ソ連にとって、急務だったというのがワルドマンの推定だ。一九四〇年十月にクリヴィツキーが米国に戻り、翌四一年一月までにハンスが米国に現われ、二月一〇日にクリヴィツキーが死んだ、という時間の流れからみて、モスクワ裁判で、多くの被告が家族を救うために〝自白〟したという例に習い、クリヴィツキーも妻子の安全と引き換えに死ぬという条件をのまされたのではないか、とワルドマンは見ている。そう考えると、遺書となった三通の手紙は、特別の意味合いを帯びてくる。しかし、一方、ソ連が優秀な筆跡偽造者を抱えていることから、この手紙はすべて偽造されたもので、クリヴィツキーは自殺ではなく射殺されたという仮説も、一概に否定できない。ライス夫人は、次のように冷たく突き放した見方をしている。

「クリヴィツキーの友人たちは、自殺を信じなかった。安全で金の心配もないのに、なぜ自殺しなければならなかったのか理解できなかった。また彼の本の中で作り上げた人物とも一致しなかった。彼らは一致して他殺だと主張した。手紙は銃口で脅されて書いたものだと判断した。しかしクリヴィツキーの筆跡、文体、表現を知るものには、疑いなく手紙は本人のものだった……」

ライス夫人はクリヴィツキーの死んだ翌日米国に到着した。ライス夫人に言わせると、クリヴィツキーは初めて自分を見詰める時間ができ、古い生活と絶縁しながらも新しい生活を築けずに、絶望感から自殺を選んだとの結論を下した。

クリヴィツキー死亡後に、ヴォールは連邦検察局でハンス・ブルスをめぐる事情聴取に際して、クリヴィツキー夫人の神経が完全に参っていて、夫妻の間で絶えずいさかいがあったと証言している。（一九四一年二月一七日づけ連邦検察局記録一〇〇―一一四六―三四）

ＦＢＩは所管ではないとして、ワルドマンの調査依頼を拒絶した。警察は自殺の検死結果を撤回しなかった。ニューヨーク・タイムズ（二月一五日づけ）は、次の小さな記事を掲載した。

「クリヴィツキーの遺体、だびに付される。

葬儀には未亡人と友人数人のみ。

元ソヴィエト諜報将校クリヴィツキー将軍の遺体はクイーンズ区のフレッシュ・ポンド火葬場で昨日だびに付された。遺体は昨夜ワシントンからニューヨークに到着。ブルクリン、ラファイエット広場のフェアチャイルド礼拝堂の葬儀に出席し、火葬場まで同行したのは、クリヴィツキー未亡人と少数の友人だけであった。

連邦捜査局特別捜査官ロバート・ゲランは、当地で昨日、ワシントンの連邦捜査局係官の意見を繰り返して、クリヴィツキー将軍の死因を調査する意図はない、と語った。」

クリヴィツキー夫人も自殺を信ぜず、トロツキー未亡人も、自殺に見せかけるのはソ連秘密警察の常套手段だとして、クリヴィツキー他殺説を強く主張した。クリヴィツキー夫人は次のように語っている。

「私は主人が遺した手紙は強制されて書いたものだと確信しています。ハンスは家にしょっちゅう来ていました。ですから私たちの生活の細かい点をいろいろと知っていました。主人が書かされた手紙にはハンスの跡が認められます。殊に私宛の手紙は、決して主人が書いたものとは思えません。ワルターは自殺をとことん軽蔑していましたし、進んで自殺するなど有り得ません。手紙を無理矢理書かされ、それから無理矢理自殺させられたのです。私と息子を救う為に取引をしたのです。」

夫人と息子のアレクスは後日、姓をトーマスと変えて帰化し、アメリカの生活に埋没する。アレクスは成長して技術者となったが、最近癌で亡くなったといわれる。夫人は存命とのことだ。

死人に口なしで、クリヴィツキーの死の真相は謎のままであるし、おそらくこの謎が解ける日は来ないだろう。クリヴィツキー自身、死ぬ数週間前、何人かの友人に、自分が自殺したという記事を読んだとしても、一切信じてはならない、と語っていた。

クリヴィツキーは米国に移ってからも絶えず暗殺の恐怖にとらわれていた。回想録も、タイムス広場で旧知のソヴィエト秘密機関員セルゲイ・バーソフとの出会いで巻を閉じている。クリヴィツキーはモスクワの本部に在勤時代にバーソフを知っていた。バーソフは一九二〇年にソヴィエト秘密警察に入り二〇年代に米国に移住、国籍を取り、米国旅券で欧州各地を密使として旅行できたので、ソ連秘密警察にとってはかけがえのない存在だった。三七年七月にオランダで資金を運んでいて逮捕されたが、アムステルダムの米国総領事館の保護を受けて間もなく釈放された。クリヴィツキーは、国務省の担当者にバーソフと遭遇した模様を回想録よりも詳しく語っている。バーソフがクリヴィツキーにタイムス広場で近付いた際に交わされた二人の会話は、次のように記録されている。

「……クリヴィツキー将軍がバーソフに、誰の命令で来たのだと聞くと、バーソフは偶然だと答えた。将軍が、自分のようなソヴィエト当局と悪い関係にある者と命令なしに会えるはずがないと言うと、バーソフはモスクワにはまだ将軍の友人がいるし、依然多くの人が将軍を信頼していると答えた。そしてバーソフは、勿論われわれは貴方が書いたものは全部読んだし、また貴方がまだまだ書くだろうと考えていると言った。将軍が友人たちの運命について尋ねると、一人残らず射殺されたと答え、クリヴィツキー夫人の兄弟もひどい苦境に立たされた、とも告げた。その際のバーソフの口調と身振りは、クリヴィツキーと夫人の取った行動のせいだと言わんばかりだった。

クリヴィツキーはバーソフに、米国でこんな風にして近付くのは怖くないのかと尋ねた。バーソフは怖くはない、ここでは全く安全だと言った。クリヴィツキーは自分の命を取りはすまいと言った。バーソフは脅迫こそはしなかったが、恐れることは何もないし、たとえ殺人を犯してもたかだか二、三年の懲役だと言った。将軍はバーソフに、すぐ出て行け、二度と近寄るなと言うと、バーソフは将軍のいた建物を出て、外で待っていた三人の連れに合流して姿を消した……。

将軍は私に生命の危険にさらされていると信じている旨語った。理由は米国内のソヴィエト秘密警察が強力であること、バーソフがソヴィエト最高当局の指令無しでは近よらなかったに違いないこと、それに将軍の経験と回想を何とかして書かせないようにするという決定があって近づいて来たに違いないというものだった。将軍は、一九三六年にニューヨークで、あるソ連秘密警察の工作員が不審な自動車事故で死んだ例をあげ、この事件のように事故にみせかけて自分の生命を奪うやり方はいくらでもあると述べた。

私が将軍に、警察の保護を望むかと尋ねたところ、その要請をするつもりはないと答えたが、同時にできればニューヨークを離れてどこか遠くに住みたいと希望した。しかし、その前に執筆中の原稿を書き上げることと、三月三一日に失効する滞在許可を延長してもらうのが先決だと語った……」(ワルター・クリヴィツキー、一九三九年三月一五日の国務省代表による聴取報告)

家族の命と引き換えに、自殺するという取引の可能性については、事件後三五年たってから、クリヴィツキーを知っていてライスの部下だった元ソ連秘密機関員ヘッダ・マッシング女史は、次のように評している。

「クリヴィツキーは、脅しは本物でも、約束は決して守られないことを確実に知っていたはずです。彼自身、同じ秘密機関の上級職員としてスターリンの名で行なわれた多くの〝特赦〟の約束が、目的が達せられるや否や冷然と反古にされるのを見てきました。クリヴィツキーのようなプロが、ただの一度でも、そんないんちき取引をまじめに受けるはずはありません。」(一九七六年一一月一六日、ブルーク・シェパードとの会話)

連邦検察局はクリヴィツキーの死を自殺と断定するワシントン市警察の結論を公には支持し、またワルドマンから出された同局による正式捜査要求を拒絶しながら、実際は殺害されたのではないかとの疑惑にもとづいて極秘裡に捜査を開始した。しかし連邦検察局はクリヴィツキーが雑誌と聞き取りで名前を挙げたソヴィエト秘密工作員バーソフの調査をしながら、破壊活動に従事している証拠がないとして、簡単に調査を放棄している。バーソフとともにクリヴィツキーの死に影を落とすハンス・ブルスについても迷宮入りで終った。情報公開法にもとづく連邦検察局のクリヴィッキー関係書類は、クリヴィッキーの死を境に、ぐんと増えて、五七〇ページに達している。そしてクリヴィッキー事件の真相を追って一九六〇年代におよんでいるが、ついに全容を究明するには至っていない。

他方国務省もずっと関心をはらっていた。第二次大戦が終わり、ソ連との同盟が惨めに解消すると、初めてソヴィエト秘密機関のアメリカと西欧での活動に、真剣に対抗する政策が本格的に動きだした。遅まきながらクリヴィッキーの死因について、ひそかに調査が再開された。クリヴィッキーが死んで六年たって、国務省の調査官は、敗戦後のドイツで押収した公文書のなかにあった一九三九年九月二一日付のドイツ外務省発ワシントンのドイツ大使館宛の暗号電報に目をとめた。これはシュタインという男にふれており、「シュタインを特殊任務のため派遣した。ワシントン大使館経費から五〇〇ドル支払われたし」という内容であった。さらにこの電報は、シュタインはドイチェ・アルゲマイネ・ツァイトゥンク紙から滞在中の給与を受けるが、必要とあれば大使館から支援せよ、と指示していた。またその翌日の電報には「ドイツ国防軍諜報部からの通報によれば、シュタインの任務は、クリヴィッキーの足跡を追うことにある」とあった。国務省はベルリン駐留米軍政治顧問に秘密訓令を送り、シュタインがワルター・クリヴィッキーの死に関係したか、あるいは情報を持っているかも知れないとして調査を求めた。ドイツ側にもクリヴィッキーを殺害する十分な動機があったと信じられるのは、クリヴィッキーが独ソ不可侵条約を予告し、またナチス・ドイツの情報活動にも通じていたからである。またシュタインのアメリカ派遣とクリヴィッキーのサタデー・イヴニング・ポストへの連載記事の発表は同時期であった。国務省はシュタインを捜し出すこと、そのソヴィエト秘密警察との関係、そのほかの情報を求めた。六カ月の調査からは、何の結果もえられなかった。廃墟のベルリンの図書館にあったドイチェ・アルゲマイネ・ツァイトゥンクの綴からは、一九四一年にパリからフリッツ・シュタインの署名記事が一つ見付かっただけだった。明らかにシュタインはアメリカから記事を送っていなかった。またこのパリのシュタインが、果たしてドイツ外務省の派遣したシュタインであるかどうかも不明であった。ある文書から、リオ・デジャネイロにシュタインが姿を現わしたことは判明したが、そのあとは全く不明である。リオからの出国は、クリヴィッキーの死亡後一〇日たった四一年二月二〇日だった。アメリカの情報関係者の間にはクリヴィッキーが殺害されたとする見解が有力になっていった。

第二次大戦後のソヴィエトと東欧諸国からの重要な逃亡者にたいする扱いは、アメリカ当局にとってクリヴィッキー事件が教訓となったといわれる。

こうしてクリヴィッキー、ライスと同郷同世代で同じくソヴィエト秘密機関に勤務していたフェディアが一九二九年の暮、モスクワでエルザ・ライスを前に予言したことは、ライスにとっては七年後、クリヴィッキーにとっては一一年後に現実となった。フェディアこそ、西ウクライナの少年たちを革命運動に誘い、ついでソヴィエト秘密機関に引き入れた人物であった。フェディアもクリヴィッキーとともに一九二三年、騒乱のドイツに潜入し、ドイツ革命の失敗後、モスクワに戻った後で赤軍諜報部からローマに派遣された。クリヴィツキーは当時、オランダにいてフェディアの指揮下で働いていた。フェディアはモスクワに幻滅して、社会主義運動の将来はモスクワから独立した欧州共産党に懸かっているという考えに達していた。ローマから英国にたいする情報活動の糸が手繰られたのは、一九二六年にムソリーニとモスクワの関係が良好であったからで、ムソリーニはイタリアの秘密警察（ＯＶＲＡ）にソヴィエトの情報活動がイタリアを目標とせず、英国を対象としている限り妨害しないよう指示していた。ソヴィエトとファシスト・イタリアは情報の一部を交換する関係にあった。フェディアはこんな仕事に嫌気がさしていたところへ召還命令が来て、モスクワに帰ると即刻党を除名されてしまった。一九二九年の末、ライスの執り成しで復党できた日のことをエルザ・ライスは次のように書き留めている。

「モスクワの私たちのみすぼらしい部屋にやってきたフェディアは、赤旗勲章をつけていてしかるべき――実際はつけていなかったのだが――ルードヴィク（ライス）の襟を指さしながら言った。〝その小さな赤い奴の御利益で、君は僕を復党させることができたわけだ。だがこの同じ赤い小さな代物のせいで君は間もなく面倒な目に合うだろう。おまけに、それは僕よりも先のことだろう〟。私はびっくりしてフェディアの顔を見ながら言ったのを覚えている。〝フェディア、貴方は少しおかしいんじゃない。〟フェディアは答えた。〝多分君の言う通りだろう。しかし僕らのような者には残された道は二つしかない、敵に首を縛られるか、味方に撃ち殺されるかだ〟。」

三　クリヴィツキー情報の真憑性

クリヴィツキーの情報分析力の一端を示す挿話をワルドマンが記録している。それは彼の滞在査証の延長を交渉するためニューヨークのエリス島にあった移民局に渡る連絡船の甲板上でのことだった。ニューヨーク・タイムスを読んでいたワルドマンは、モスクワ発の次の記事に目を止めた。

「モスクワ発、七月五日ＡＰ

ソヴィエト・ロシアのカメラマンたちは、内戦と干渉戦の時期に外国侵略者にたいする若いソヴィエト共和国の西部戦線の戦いを描いた新作の映画『第一騎兵軍団』の戦闘場面を撮っている。一九二〇年ソヴィエト領土に侵入、ジトミールとキエフを落とすポーランド軍が登場する。若いヴォロシーロフ――現国防人民委員――とブジョンヌイ――現国防人民委員代理――に率いられた第一騎兵軍団はポーランド戦線に急行する。スターリンが到着し、スターリンの乗った列車のなかで干渉主義者撃退の作戦が練られる。第一騎兵軍団はまずジトミール奪回の攻撃に移る。ソヴィエト軍の前にポーランドは敗走し、ソヴィエト・ウクライナから追い払われる。この映画製作の技術顧問のなかにはヴォロシーロフ、ブジョンヌイ両元帥が加わっている……」

ワルドマンは、スターリン讃美のために歴史を偽造する試みではないかと、面白がってクリヴィツキーにこの記事を見せると、「いや、いや、そうではありません。これはすごく重要なニュースですよ」と興奮して言った。クリヴィツキーは、「現在世界で最重要な問題は何か、交渉中の英ソ条約でしょう。違いますか。もしこの協定が結ばれれば、いつかロシアはナチスにたいして戦うことになるでしょう。しかしだれの側にたってだと思いますか。英国の側ではありませんよ、英国はロシアまで兵を送れません。ロシアはポーランドの側にたって戦うことになるでしょう。しかしスターリンが、ポーランド軍を同盟軍として、ロシア軍をナチスと戦わせるとしたら、ソヴィエトの敵としてポーランドを描くこの映画を作らせるでしょうか。こういう戦争映画は兵営で上映するのを主眼にしているのですよ。」この二人のやり取りがあって七週間後、一九三九年八月二三日独ソ不可侵友好条約が締結され、その付属秘密議定書は両国の勢力範囲を定めていた。この議定書は九月二八日に改訂されたが、最終的にはソヴィエトの勢力下にフィンランド、リトアニア、エストニア、ラトヴィア、ルーマニア領ベッサラビア、東部ポーランドが置かれることとなった。九月一日来ドイツ軍と苦戦するポーランド軍の背後を衝いて、九月一七日、ソヴィエト軍はポーランド侵入を開始した。九月二二日、因縁深いブレスト・リトフスクで独ソ両軍は握手し、グーデリアン、クリヴォシェイン両将軍の閲兵を受けるのである。第四次ポーランド分割、ポーランド国家の消滅なのであった。

こうして新しい独ソ間の国境となったブレスト・リトフスクは、ソヴィエト秘密警察がナチスの迫害を逃れてソ連に亡命していたドイツ共産党員の多くをやがてゲシュタポに引き渡す舞台ともなるのである。

クリヴィツキーが経験した時代のスターリン・ロシアについて暴露した情報は次のように分類できる。

一、新聞雑誌に生前公表したもの。それはフランス潜伏期とアメリカ亡命期に更に分けられる。フランス潜伏期のものは一九三七年十月から一九三八年十月の期間の発表手段の影響力はきわめて限られたものであった。トロツキー反対派機関誌「反対派通報」、亡命左翼メンシヴェキ機関誌「社会主義通信」、フランスの自由主義政治家ベルジュリ主幹の「ラ・フレーシュ」ならびに以上に掲載された記事のスカンジナヴィヤ社会民主党機関紙への転載などである。この時期に発表された情報は、アメリカ亡命期の発表に何等かの形で下敷きになっている。アメリカ亡命期、つまり一九三八年一一月から一九四一年二月の死亡に至る間に発表したのは、サタデー・イヴニング・ポスト、ボルチモア・サンの記事とこの回想録『スターリン時代』である。この両期間の記事には大きな文章上の相違がある。フランス潜伏期のものは事実の叙述に留め、感情の表現は極力押えられている。後掲の「ラ・フレーシュ」の会見記事にそれが窺われるだろう。だが、レヴィンたちアメリカの出版事情に精通した協力者を得たアメリカ期の文章は、精彩に富んで、読み物として読むに堪えるものとなっている。ただボルチモア・サン紙の記事だけは直接の聞き取りをもとに同紙の記者が書いているためか、フランス潜伏期の発表のものと表現上似通っている。

二、クリヴィツキーが亡命に当たって、尋問あるいは事情聴取を受けた国の治安・情報機関に供述した非公開の供述記録。

フランス情報機関の大部の尋問記録は、セーヌ河の水底に沈んで永久に破棄された。フランス人民戦線政府にはコミンテルンやソヴィエト秘密機関が容易に入り込めたことは想像に難くなく、記録文書の所在を知らせ、倉庫代わりに使われていたセーヌ河のはしけを沈めたという想定は成り立つ。パリではトロツキー文書の奪取が、ソ連秘密警察の手で実行されてもいる。

一九四〇年一月にロンドン郊外で行なわれた英国情報機関による聴き取り調書。これは聴き取りを行なったジェーン・シスモーア女史の報告、「ワルター・クリヴィツキー将軍との会見記抄録、一九四〇年一月」であるが、私が問い合わせた英国政府部内の何人かの友人の調べでは、依然として極秘扱いで公開の見込みは全くないとのことである。

米国議会、政府当局（国務省、連邦検察局）への供述記録としては、三九年一〇月一一日ワシントンの連邦議会非米宣伝活動調査特別委員会でボリス・シューブを通訳として行なわれた陳述の記録がまず挙げられる。

米国国務省への供述は、連邦検察局一九五二年九月一二日の秘密回状によれば、一九三九年一月、三月、六月の三回に亘り行なわれた。この三回の聴き取りは国務省により覚書が作成されているが、その内三月、六月の分は閲覧ができたが、内容は既に雑誌に発表した内容を繰り返したもので、特筆するような情報は引き出されていない。連邦検察局の聴き取りはニューヨークのワルドマン弁護士事務所に係官が出向いて一九三九年七月二七日に行なわれた。ここでのクリヴィツキーは、バーソフとスペイン内戦で国際義勇軍を指揮したクレベール将軍についての情報を断片的に述べた外は、雑誌発表の情報を繰り返したにとどまっている。私が閲覧できた上記アメリカ関係当局の記録から次の事実に気づく。サタデー・イヴニング・ポストに記事が出た後にやっと連邦検察局がクリヴィツキーに関心を抱いたこと、しかしその関心はもっぱら米国の保安に向けられていて、事情聴取が皮相におわっていて、クリヴィツキーが公開した情報以外にはさしたる収穫を得ていないこと、聴き取りが一回しか行なわれていないので、その関心が深くはなかったこと、当時、連邦検察局は国務省の記録を知らなかったこと、連邦検察局が国務省にクリヴィツキーについての情報を求めたのは一九四四年三月になってからに過ぎないこと、などである。連邦検察局ウェルチ発ラッド宛覚書には次の記述がある。「局の文書綴りを見直したところ、ワルター・クリヴィツキーが一九三九年一月に国務省を訪問、本人が知っているソヴィエトの諜報活動に関する情報を提供した事実が注目を引いた。この会見の結果を含む記録が当時、国務省のページ氏によって覚書として作られた。しかしこの覚書は連邦検察局には提供されなかった。……当局連絡課が国務省の適当な職員と接触して、一九三九年一月に当時、国務省のページ氏なる人物が作成した覚書ならびにワルター・クリヴィツキーが行なった供述に関連した国務省所管情報を総て入手するよう提案する……」（連邦検察局記録一〇〇―一一一四六―四四）

驚いたことに国務省と司法省連邦検察局との間ではクリヴィツキーの生存中に情報交換、調整が全く行なわれていなかったのである。おまけに、国務省、連邦検察局が別個にばらばらに行なった聴き取りの内容は希薄なものである。質問する側にソヴィエト・ロシアとコミンテルンについての正確な知識と問題意識がなく、クリヴィツキーから豊富な情報を引き出せなかったのだ。また、事情聴取にさいして、脅迫、拷問、金銭、身辺護衛などが使われた事実はない。クリヴィツキーは移住査証ではなくて、短期滞在査証で入国したため、移民局から強制退去の警告を受けていたし、ソ連秘密警察がおおぴらに接近してくるようなアメリカの開放性は、フランスで二四時間身辺護衛の配慮を受けた経験とは雲泥の差だった。クリヴィツキーにとっては、物心ついて以来、資本主義社会を敵として戦ってきたのだし、革命運動への覚めやらぬ幻想を引きずっていたのだから、情報の提供は生き残る手段としてもいやがうえにも慎重を期しただろう。長年の諜報活動の経験者クリヴィツキーと当時のアメリカ国務省、連邦検察局とでは大人と子供のやり取りであって、冷戦期以降の米ソの壮絶な情報戦争から振り返ると、米国当局の扱い方は真におおらかであったとしか言いようがない。第二次世界戦争の前夜にありながら、大きな島としてアメリカのヨーロッパとソヴィエト・ロシアへの関心の低さがその背景にあったのである。

国務省がクリヴィツキーから得た情報で大きな意味があったのは、英国政府部内へのソヴィエト情報網の浸透に関するもので、先に書いたようにレヴィンの英国大使への情報提供と平行して国務省からも英国政府にたいして注意喚起が行なわれた。この情報を端緒に英国情報機関はキング始め英国内のソ連スパイの摘発と無力化を図れたものの、上層部にあって高度の国家機密に接する立場にいてモスクワに通報した大物の摘発にはおよべなかった。一九三〇年代のファシズム抬頭期に共産主義だけがファシズムを阻止できるという見方からケンブリッジ大学の学生たちのなかで共産主義の同調者が輩出した。ソヴィエト秘密機関は彼らを運動から離脱させただけでなく、右翼、親ナチの仮面を着けさせた。フィルビーがその良い例である。フィルビーは英独友好協会に入会、左翼運動から離脱、保守系タイムズ紙の記者として、スペイン内戦中のフランコ支配下の地域で特派員となったのち、英国諜報機関に採用されたが、これは綿密な計画にのっとって送り込まれたのであった。外にバージェス、マックリーン、ブラントがいた。一九五一年にバージェス、マックリーンがモスクワに逃亡、一九六三年にフィルビーがその後を追って、ケンブリッジ大学出身者スパイ事件は一応完結するが、それまで英国と米国の機密情報はモスクワに流れつづけた。彼らについての最初の手掛かりは、四〇年一月にクリヴィツキーによって英国情報機関に与えられながら、深く追及されないままに終わった。クリヴィツキー情報の確度が高く、フィルビーは致命的な脅威と感じたことは、前に紹介したように自伝に書いている。これはクリヴィツキーがソ連諜報機関で高度の機密情報に接する高い立場にいたことを意味している。

情報の価値はその提供者の地位、つまりどの程度の情報を入手する立場にいたかだけではなく、受けた教育、経験、感受性、知性、性格などいくつもの条件で決定される。クリヴィツキー情報の中で英国と米国の当局への供述記録のなかで情報公開法にかかわらず未だに秘密にされているものがある。三〇年を経過しても、国家利益を損なう恐れがある文書の公開は拒むことができるからである。クリヴィツキー情報が荒唐無稽で眉つば物であれば、今でも果たして極秘扱いをされているだろうか。ただし国益なる代物も歴史の研究者には難題である。しかし国家公務員機密保持法で、関係者が守秘義務を負い、漏洩すれば罰せられるものの、水がしみでるように極秘情報が漏れていることは、クリヴィツキーが英国で提供した情報が一部であれケンブリッジ大学スパイ事件の研究書に用いられていることから分かる。

情報を公開しない理由は生存者、物故者に迷惑をかけぬ配慮に加えて、調査当局の愚劣さと手落ちを隠蔽するためでもある。敢えて推定すれば、非公開情報の中身は、主としてソ連諜報機関網に関係していて、ソヴィエトの内政、外交、経済、党内闘争の情報には重きを置いていないのではないか。なぜならば当時の英国と米国、なかでも英国の情報機関にとっては自国の安全と権益が絡むソ連のスパイ活動が最大の関心事であり、今日のようにソ連を政治、経済、文化など、あらゆる面からの情報に関心をもって接するような問題意識はなかったからである。その辺の事情については既に米国でのクリヴィツキーの扱い方でふれた。当時は第二次大戦後の冷戦、ソ連膨張主義との対決など想像できなかったのである。クリヴィツキーが四〇年一月の英国情報機関の聴き取りで総てを話さなかったとの心証が関係者に強かったので、二度目の英国招請が計画されたのだがクリヴィツキーの謎の死で機会が失われた。クリヴィツキーはロンドンから米国に帰ってのち、英国行きを大いに後悔していたといわれるが、その理由は英国での言動がモスクワに筒抜けになっているからだとした。実際、フィルビーたちは健在だったのだから、クリヴィツキーの判断は当たっていた。モスクワはロンドンでのクリヴィツキー陳述の内容を入手して、洗いざらい話していない事を知って、クリヴィツキーの排除を急いだとも考えられる。クリヴィツキー死後四カ月の一九四一年六月二二日ソヴィエトはナチス・ドイツの全面的な奇襲攻撃を受けて、英国との皮肉な同盟関係に入ることになり、英国政府部内のソ連スパイ追及は棚上げとなった。

公表されたクリヴィツキー情報は、大筋においてその後起こった事件と多くの証人たちの登場で裏付けられている。しかし関係者が一人残らず抹殺されて、永遠に裏付けが得られない種類の情報もある。たとえば回想録の中にある秘密警察内部での会話や挿話については、資料はまずないだろうし、たとえあったとしてもソ連が将来そうした資料を公開する見込みはない。登場人物はライスの暗殺を指揮した秘密警察諜報部次長シュピーゲルグラスはじめ、クリヴィツキーの死の前後に関係者は皆粛清されている。聞き取りを元に英語で回想録を書いたレヴィンが、大向こうを狙って面白く誇張し、一部にほかの人物の行為をクリヴィツキー本人がしたかのように書いたことは間違いない。伝聞をあたかも本人が直接見聞したかのような記述もあると見られる。エルザ・ライスはその回想録『味方――イグナス・ライスとその友人たちの思い出』の中でその例を列挙して非難している。しかしクリヴィツキー回想録全体を否定してはいない。ライス夫人の非難については、夫イグナス・ライスの死にクリヴィツキーが一端の責任を負っているとの怨恨の感情が拭われていない事実も考慮する必要があろう。ライス夫人自身は夫の仕事を理解はしていただろうが、夫やクリヴィツキーの秘密組織の仕事に直接携わったわけではない。回想録の場合、一般に筆者に都合の悪いことはピープス氏の日記ではないのだから、まず記さないのが普通だろう。クリヴィツキーの場合、ライスが脱走して自分も決定的に危なくなるまでは、スターリン政権の警察機構に忠誠を誓って仕えていたのだから、言いたくないこと、言えないことが多々あっただろうことは想像に難くない。それに記憶のうつろいやすさ、頼りなさのせいからの誤記も有り得る。

エルザ・ライス（エリザベート・ポレツキー）が『味方――イグナス・ライスとその友人たちの思い出』でクリヴィツキー回想録中の記述の誤りとして挙げている箇所は以下の通りである。

「クリヴィツキーは自分が全く関係しなかった工作を代作者の書いた本の中で、あたかも自分がしたかのように言っていながら、日本の暗号を解読するという最大の成功には何気なく触れているだけなのは納得がいかない。」（七一ページ）

「クリヴィツキーが〔本書の〕一五九ページでマキシモフ・ウンシュリヒトとしている人物はマックス・フリードマン、別名マキシーモフである。」（七五ページ）

「クリヴィツキーがマックスを、こちこちのスターリン主義者としているのは全く誤りだし、理解に苦しむ。」（七五ページ）

「クリヴィツキーは、スルツキーがマルキンをトロツキー派だと語ったとして、そこからマルキンが秘密警察の指令で殺されたと推測している。けれどもスルツキーは昨日の話と今日の話が違う人だった。」（一二五ページ）

「クリヴィツキーは秘密警察が亡命白軍将校を組織していて、その活動について聞かされていたとほのめかしている。けれどもクリヴィツキー、ルードヴィク、マリの誰一人この種のことは何も聞かされなかった。勿論新聞記事やスルツキーが漏らした暗示から、疑いは持っていた。この種の情報に接するには〝連中〟の一人でなくてはならなかった。クリヴィツキーはルードヴィクに度々言っていたようにその仲間ではなかった。」（一四六ページ）

「バザーロフとザルービンは二人ともソ連内で強力な支持があったし、実際〝信頼された人たち〟だった。それでも、どちらも西欧駐在軍事情報機関長ではなかった。事実は赤軍情報部も秘密警察も、ヨーロッパで中央集権化された指導部を持っていなかった。各国駐在員が担当地域に全責任を有した。クリヴィツキーは回想録〔本書の〕三ページで自身のそのような部署にいたと称している。」（一四八ページ）

「クリヴィツキーはミーシャ・ウマンスキーに言及して、ウランスキーとしている。これは無意味な変名だ。なぜなら一九三六年にオデッサでクリヴィツキーが書いているような任務を果たした機関員が誰かはソヴィエトには明らかだからだ。加えてクリヴィツキーはミーシャが回想録が出版されるずっと以前に逮捕されているのを知っていた。」（一七一ページ）

「クリヴィツキーは将軍と称しているが、友人たちの間で現役の大佐階級だったのはボロヴィチとディルデンだけだ。ルードヴィクとクリヴィツキーは秘密警察内では、赤軍情報部内でと同様に大尉の階級でそれなりの給与を受けていた。それを除いては文

官の資格だった。」（一八五ページ）

「マックスの逮捕についてクリヴィツキーは一六〇ページ〔本書の〕で幾分不正確な話を書いている。」（二〇四ページ）

「スペイン共和国への武器調達に関連してルードヴィクの友人のオランダ人が困難な役割を果たしたが、この人物はブッヘンヴァルト強制収容所で五年を過ごしながら生き残った。この人物についてクリヴィツキーは例外的な要員が必要だったが、打ってつけの男がいたと書いているが、クリヴィツキーは関係しておらず、ルードヴィクから話を聞いたに過ぎない。」（二一一ページ）

「英語が書けなかったので、クリヴィツキーは代作者にたよらざるを得なかった。回想録は、誰が書いたにせよ、目標はただ一つ。それはできる限りベストセラーに仕上げるということだった。私はクリヴィツキーがただ代作者に情報を与えただけで、歪曲されてもいつもの調子で傍観していたと信じている。もっとも目立つ誤りと誇張を挙げただけでも以上のとおりである。書かれていない事実は、歪曲と同じくらい由々しい。クリヴィツキーの本は大評判になったが、ことに欧州では私にとっては不愉快な大評判であった。」（オックスフォード版に拠る）

このくだりはフランス語版では次のようにもっと詳しい。

「クリヴィツキーは、協力者たちが国外の諜報機関にはなかった将軍という肩書や西欧駐在諜報機関長といういい加減な肩書をつけたが、訂正はしなかった。また他人の功績を自分のものとして記述したり、自分がしたこともない旅行を、自分がしたかのように書くのも黙認した。事実、人名、場所をねじまげるにまかせた。だが、自分の正真正銘の功績は黙して語らなかった。たとえば日本の暗号書をソヴィエト秘密警察のために入手し、その手柄で勲章を約束されたことなどには、ほんのちょっと触れているにすぎない。これはソヴィエト秘密機関がナチ・ドイツで遂行した非常に危険な行動を通じて挙げた最も輝かしい工作の一つだったが、クリヴィツキーはそうは言っていない。彼はモスクワの指令をまたずに重要な決定を何度も下したし、ナチ・ドイツへ部下を派遣せよというモスクワの指令をさぼりもした。馬鹿気た使命のために協力者の命を危険にさらすのをクリヴィツキーは拒絶したのだ。そのつけを、いつかは払わなければならないことは知っていた。けれども、名誉であるこのような態度については一言も言っていない。それは架空の肩書を自分につけさせたり、一九三七年になってからもトゥハチェフスキーのことを〝私の上司〟として語るよりは、遥かに名誉ある行為だったはずだ。トゥハチェフスキーは、クリヴィツキーが秘密警察外国部に赤軍から移籍してからは上司ではなかった。また新聞で読んだに過ぎないのに秘密警察防諜部の犯罪を知っているとか、更には自分も防諜部の一員であったかのように言うのは名誉にもとるものだった。

一九三七年のモスクワの雰囲気を語りながら、クリヴィツキーは、誰一人も密告しなかっただけではなく、回想録で彼が尋問したと書いている二人の人間を、積極的に救おうとしたことを挙げていない。またクリヴィツキーは、尋問責任者に二人から得た自白がいんちきであって、二人とも全くの無実だと、はっきり告げた事実も書いていない。その結果、被疑者の立場に自分が置かれることをクリヴィツキーは承知していたのだ。

良心を宥めるため回想録ではいくつもの名前を発明したり、変えたりしているが、これで死者が浮かばれるわけでもない。殺害された人々の名前で語る権利がクリヴィツキーにあったとしても、この人達の功績を自分のものにする権利はなかったはずだ。」（ドノエル版二九五ページ）

クリヴィツキーがサタデー・イヴニング・ポスト連載記事の合作中にレヴィンと衝突したのは、クリヴィツキーが欧州調の論文を意図したのに対して、レヴィンがそれでは売れないとして読み物にしようとしたからだった。結局はレヴィンが押し切ったが、功罪を問えば、単純に非をレヴィンに帰せられないのではないか。今でもたいして変わっていないが、当時の共産党文書、たとえば大会決議だとかインプレコール掲載論文などは、我が国の「前衛」とか赤旗なと同様、教条主義の専門用語がひしめいている。クリヴィツキーはこうした結社内にしか通用しない言葉の世界に少年期から浸っていた。これに配するにアメリカ出版界の事情に通じ、売れなければ出版できないのを承知しているレヴィンである。両者の擦れ違いは当然であった。レヴィンの説得が成功しなければ、クリヴィツキー証言は公には残らなかったという推定も成り立つわけで、私は功を評価したい。ちなみにレヴィンは、あの巻おくあたわざる元コミンテルン特務ヤン・ヴァルチンの自伝的小説『夜を逃れて』でも同様の役割を果たした。

私はパリで生活していた一九六一年、猛烈に寒い冬のある日、サンジェルマン通りの住まいにボリス・スヴァーリンを訪ねた。スヴァーリンは元フランス共産党幹部で、コミンテルン執行委員だったが、ロシア共産党とスターリンのコミンテルンの私物化に反対してスターリンの強烈な批判者になった人である。スヴァーリンは日本ではほとんど知られていないが、フランス語で書かれたその『スターリン伝』はまさに記念碑と言うにふさわしい。しかし邦訳は一向に出る気配がないのは残念である。わが国ではことスターリンの批判的伝記となれば、アイザーク・ドイチャーに人気があって、ドイチャーを措いてほかに人なしの感じがする。スヴァーリンの『スターリン――ボリシェヴィズムの歴史的概観』の初版は一九三五年だが、一九七七年に改定増補版がでた。この増補版で一九三七年一二月の「反対派通報」に掲載されたクリヴィツキーの声明から一九三五年五月に政治犯三〇万逮捕、同年末までに五〇万という数字を援用している。また人口調査の結果、一九三七年に秘密警察が一億七一〇〇万と推定していた人口が一億四五〇〇万に過ぎなかったのは、集団農場化と恐怖政治の結果だとするクリヴィツキーのラ・フレーシュ紙に発表した声明も引用している。スヴァーリンはクリヴィツキーの証言が、ほかの断片的な情報と一致して信頼できるとしている。スヴァーリンは、パリ亡命中のクリヴィツキーと何度か会って話を聞き、でたらめを言う人物ではないという印象を強く受けたと語った。

ドイチャー、E・H・カーもクリヴィツキー回想録を資料として使っている。スペイン内戦史の著者ヒュー・トーマスは、その一九六一年初版では、クリヴィツキー証言の資料性について留保していたが、一九七七年の三版でその留保を削除していることは既に指摘した。このほかにも、汗牛充棟ただならぬソヴィエト史、国際共産主義運動、ケンブリッジ大学スパイ事件の研究書でクリヴィツキーの引用を見るが、これ以上は挙げない。

クリヴィツキー回想録『スターリン時代』の総ての章に亘って触れるつもりはないが、歴史的に重要な証言として後世がその真実を追認した代表的な事件に触れるに留どめる。

結局はそこで示されたクリヴィツキー証言と、一九三〇年代を経験して生き残った人たちがスターリン死後続々発表した証言などと一致することを知れば、先に述べた確認出来ない挿話の判断も読者には可能であろう。

独ソ不可侵友好条約

回想録自体は三九年一一月に出版された。条約の締結は一九三九年八月二三日である。クリヴィツキーは、第一章「スターリンはヒトラーを宥和する」の終わりの文章で言っているように、この章の骨子をなす独ソ接近についての証言は、協定締結に先立つ四カ月前の同年四月二九日のサタデー・イヴニング・ポストに発表された。不倶戴天の敵同士が手を握ろうとしているとするクリヴィツキーの記事は、当時、眉唾物として一般に受け取られただけではなく、独ソ接近によって甚大な影響を蒙る英国政府の専門家たちの受け取り方も全く否定的だった。その辺の事情は、ワシントンの英国大使館とロンドンの外務省間の交換文書の記録からよく分かる。

三九年五月一六日付の報告で、ワシントン大使館は本省北欧課（ロシア担当）に、クリヴィツキーが前記掲載記事でスターリンのベルリン接近を予告しているとして、その要約を送付した。五月二四日付で本省担当課長は余白に次のような書き込みをしている。

「私は、この記事は不要と考える。締めくくりの一節（スターリンはなんとしてでも戦争を避けたいと願っている。ヒトラーが平和を保障してくれるならば、経済的に重要な譲歩をしてでも更にヒトラーを宥め、外の方向でフリーハンドをあたえるだろう）は当たっているかもしれないが、無駄口だ。ソ連軍事諜報部長のクリヴィツキー将軍など聞いたことがない。もし一九三七年まで、彼がそうだったとすれば、ソ連から脱走した当時、それに気づかぬまま過ぎたのは奇妙だ。彼の言い分通りだと、リュシコフよりも大物の裏切り者だということになる。記事の全文は必要ない。……全体として私は将軍の〝暴露〟がまじめに受け取るに値しないと確認する。」

更に五月二六日別の担当官は次のように書き込んでいる。「賛成。将軍が何等かの重要な地位を占めていたとは信じられないほど、われわれが持っている他の総ての情報と食い違い過ぎている。」それでも五月三一日付で本省はモスクワの英国大使館にワシントンからのクリヴィツキー記事要約を回送して意見を求めた。モスクワの大使館は六月二一日に次の回答を送っている。

「一連のクリヴィツキーの記事は、当地の外交官の間で非常な関心を呼んでいる。衆目の一致した意見は、〝この一連の記事は本物かも知れない。〟とくにソ連のスペイン干渉についての最初の記事に関する限り事実だろうというものだ。しかし、クリヴィツキー声明をうらづける手段はもちろん全く無い。われわれが知るかぎり、当地の外交官または武官で、クリヴィツキー将軍についての情報を持っている者は一人もいない……。スターリンは常にドイツとの接近の可能性を探ってきたし、また依然としてその希望を捨てていないことはほぼ確実である。その最近の例は五月三一日のモロトフの独ソ通商関係に関する演説中に見いだされる。だが、将軍の暴露の正確な詳細を確認する情報は持ち合わせない。」

モスクワ大使館からの回答の余白に、本省では「依然として私はクリヴィツキーがナンセンスを言っていると思う」と書き込んでいる。

それでもこのモスクワ大使館の評価は、現場からのものだったためだろう。本省はそれまでの無視すべしという態度を変えて、六月二七日付の訓令でワシントン大使館にたいしてクリヴィツキーの記事全文の送付方を求めた。だが、依然としてクリヴィツキーの暴露に信憑性なしの見方は捨てておらず、この訓令を「籾殻でも拾うに値する何粒かの穀粒を含んでいるかも知れない」と結んでいる。

この本省訓令をうけてワシントン大使館は次の回答を七月一四日付でロンドンに送った。これは決定的な示唆を含んでいた。

「……アメリカ国務省のある関係者と話した結果、国務省はこの一連の記事を無視すべきではないが、かといって文字通りに受けとるべきものでもないという意見であるとの感触を得た。……」

この回答とともに、発表された記事四種が本省に送られた。これを回覧した本省内部の関係者の態度には微妙な変化が生じた。初めにナンセンスと決め付けた担当官の書き込みは、次のとおりだ。

「……総じて反トロツキー運動やその他のソ連内部の動向に関するクリヴィツキーの記事は納得がいくし、また本物との印象を与える。またスペイン戦争にたいするソ連政府の態度は、ほかの情報源からわれわれが得ているものと密接に符合している。……」

それでも、独ソ接近については証拠なしとして、「クリヴィツキーは気が触れているように見える」と断定している。

ここで唐突に糸が切れたようにクリヴィツキーをめぐってのロンドンとワシントンの外交便の往復は文書綴り中で途絶えている。以上がリッチモンドの英国公文書保存館で私が閲覧できた総ての関係公文書であり、最後に要約したワシントン大使館からの報告を以てクリヴィツキーについての英国での記録は闇に消えている。英国政府内にソ連のスパイが潜入しているとのクリヴィツキー情報がワシントン大使館から英外務省に飛び込み、暗号係キングの摘発があり、やがてはクリヴィツキーのロンドン招請にまで事態は急展開していくのである。

国務省がクリヴィツキー情報を無視してはならないという控え目な合図をワシントンの英国大使館を通じてロンドンに送ったのは、ローズヴェルトがモスクワのドイツ大使館内の情報源から独ソ交渉の逐一を知っていたからだが、情報源の漏洩を警戒してこの事実を英国にもフランスにも知らせなかったとされている。国務省にできたことは、せいぜいクリヴィツキー情報と、四月二八日のヒトラーの国会演説にボリシェヴィキ・ロシア攻撃がなかった事実に注意を促す程度のことだった。（シドニー・アスター、「一九三九年：第二次世界大戦の原因」ニューヨーク、一九七三年）クリヴィツキーの独ソ提携の予告は劇的に裏付けられたが、更に戦後これを傍証する資料が出てきた。それは一九四五年にベルリンを占領した米軍が押収したドイツ外務省秘密文書である。この中にはモスクワ駐在ドイツ大使から本省への報告、本省から同大使への訓令などがすべて含まれており、ヒトラーへの接近はスターリンから熱心に働きかけているというクリヴィツキーの主張を証明している。他にもフランスが三四年七月に仏ソ協定を交渉中、ソヴィエトがナチス・ドイツへの接近を計っているとの情報を入手していた事実も、戦後の関係文書の公開で明らかになった。

回想録のその他の章で扱っているコミンテルン、スペイン内戦への干渉、秘密警察、自白引き出しの仕組み、モスクワ見せ物裁判、赤軍首脳部の粛清については、戦後今日までに多くの証言と研究書が発表された。その中にはスターリン死後のいわゆる雪解け期にソ連で発表されたものもある。しかし、何はともあれ一九五六年二月の第二〇回ソヴィエト共産党大会でのフルシチョフ報告を挙げねばなるまい。これは支配体制内部の犠牲者に専ら哀悼を叫んでいるものである。*** 民衆の受難についてはソルジェニツィンの『収容所列島』を指摘するに止める。雪解けの中止以降も地下出版サミズダトに拠るソヴィエト歴史家のスターリン時代研究がある。ロイ・メドヴェーデフの『歴史の審判を前にして』やネクリチのソヴィエト史、ニキーチンのトゥハチェフスキー研究、コンドラトフのブリュヘル研究、アントノフ・オフシェンコの息子が書いた『スターリン時代――暴政の肖像』などがそれである。

トゥハチェフスキーたちがナチ・ドイツと通じて政権奪取の陰謀を企らんでいるというでっちあげが、ナチ情報機関とソ連秘密警察の合作であるとするクリヴィツキーの暴露は、間接ながらフルシチョフ報告に触れられているが、ドイツ側で直接このでっちあげ作業に関係したナウヨクス、ヘットルらの証言が、一九五〇年代になって公にされた。****

なおスターリン時代の証言としては、我が国では殆ど知られていないと思うので、イヴァノフ・ラズームニクの回想を特掲しておきたい。帝政時代、スターリン時代の両時代の投獄を長年経験した文学者である。戦後亡命して一九四六年に亡くなっている。

私はクリヴィツキー回想録の歴史資料としての価値は、その出版時から四七年たち時間の検証に堪えたと考えている。エルザ・ライスの批判にあるように、細部において人名をわざと変えたり、協力者レヴィンによって脚色されてはいるが、回想録の本質的な価値を失わせるものではない。またクリヴィツキー回想録と同時にオルロフ回想録の併読が望ましいが、オルロフの『スターリン犯罪秘史』は英語版、邦訳いずれも絶版になって久しい。エルザ・ライス（ポレツキー）の回想録にはまだ邦訳がない。アメリカ聯邦検察局の記録（一九五四年九月一〇日付覚書）から、オルロフのクリヴィツキー回想録についての批評（一九五四年六月二三日付）が存在していることが分ったが、この小論脱稿までに閲覧できなかったのが悔まれる。同僚で同時代人、同時期に西ヨーロッパで活動したオルロフが、クリヴィツキー回想をどう見ているかは興味深いのである。

〔一八一頁＊〕　クリヴィツキー、オルロフ、リュシコフに止どまらず、驚くくらい多くのユダヤ人がソヴィエト秘密機関にいた。本書に登場するヤゴダ、ライス、スタシェフスキー、アルトゥーゾフ、シュピーゲルグラス、などである。古参共産党員にも多かった。トロツキー、ジノヴィエフ、カーメネフ、スヴェルドロフ、などはその中でも指導的立場にあった人たちである。十月革命で権力を奪取したボルシェヴィキ党中央委員会の二一人中実に五名がユダヤ人であった。党機関の下部、特に秘密警察には更に多くのユダヤ人がいた。一九三七年一二月二〇日のプラウダ紙上で秘密警察（チェカ）創立二〇周年記念叙勲者四〇七人の名簿が公表されたが、そのうちの一割強が名前からユダヤ人と判断される。しかし名前をロシア名に変えている者も多いので、実際のユダヤ人の割合は遙かに大きいとされる。（レオナード・シャピロ、「ロシア革命運動におけるユダヤ人の役割」、スラヴ・東欧評論、一九六一年一二月号参照）外国でのソヴィエト諜報網や秘密機関でも多くのユダヤ人が活躍したが、その好例は「赤いオーケストラ」のトレッパー、ラドなどである。一九四〇年代半ばまで、最優秀のソヴィエト・スパイはユダヤ人だとも言われる所以である。ユダヤ人迫害の歴史と無関係ではないが、ここではこれ以上は触れないで、別の機会に譲りたい。

〔一九三ページ＊＊〕　トレッパーは獄中で冨永恭次（陸軍中将。ゾルゲ処刑の時の陸軍次官。終戦の時、応召して満洲の第一三九師団長で、ソ連軍の捕虜となる）と一緒になったが、そのとき冨永から聞いたとして次のことを回想録（『赤いオーケストラ』一九六七年）で語っている。〝日本政府がゾルゲの死刑執行を控訴棄却後半年も延期しながら、東京のソヴィエト大使館にソヴィエトが捕らえているある日本人との交換提案を行なった。これに対してソヴィエトはゾルゲという人物は知らないという回答で拒絶してきた。戦後に都合の悪い証人が登場しないように日本政府に殺させたのだ。またモスクワは、ゾルゲをトロツキスト、二重スパイと見なしていた。ゾルゲはソヴィエト大使館に自分の身元を照会するよう取り調べ官に求めた。ゾルゲは外交交渉でモスクワが救いの手を差し延べるだろうと期待を抱いていたのだろうが、甘かったといえる。〟

やはりベルジンに採用され日本に派遣されていたアイノ・クーシネン女史の回想（一九七二年）でも、ソヴィエト秘密警察にクーシネンが逮捕された際の尋問で、ゾルゲの報告は評価に値しないし、金ばかり使い過ぎているという非難を聞かされ、加えてゾルゲをモスクワに呼び返すのを手伝うように求められる件りがある。ゾルゲは帰れば粛清が待っていたといえよう。ゾルゲとトレッパーは、共にドイツの対ソ戦開始を予告し報告していたが、スターリンは、それを完全に無視したのである。

〔二二九ページ＊＊＊〕　このフルシチョフ自身、スターリンによりウクライナに送り込まれ、粛清の大鉈を振ってソヴィエト全土で粛清裁判を支持する示威、言い換えれば群衆ヒステリーを組織した。モスクワでの大規模な街頭示威で大衆を煽動する党幹部の間にフルシチョフの姿があった。フルシチョフは赤の広場を埋めた大群衆に怒号した。「これらの暗殺者どもはわが党の心臓と頭脳を狙った。

彼らは同志スターリンに対して悪意の手を挙げたが、これは我々総てに対して、労働階級に対してでもあった。……同志スターリンに対して手を挙げることによって、彼らは人類の最善のもの総てに対し手を挙げたのである。何故ならば同志スターリンは全進歩的人類の希望、期待、灯台なのであるからだ。スターリンは我々の旗である。スターリンは我々の意志である。スターリンは我々の勝利なのである。」（イズヴェスチア、一九三七年二月一日）大小無数のフルシチョフがスターリン主義の産物であり、スターリンの暴政を支えたのである。彼らは加害者でもあり、被害者でもあった。このフルシチョフ自身がスターリン時代の終焉を宣言するという逆説をどう理解するかが、後世に残された宿題であり、この宿題の答は未だに出ていないように私は思っている。

〔二二九ページ ****〕　赤軍諜報部がスターリンの命令で仕掛けた米ドル紙幣の偽造と行使、米国旅券入手の手口についてはコーソン、クロウリ共著の『新しいＫＧＢ―ソヴィエト権力のエンジン』（一九八六年、ニューヨーク）が、資料にもとづいてかなりの部分を明らかにしている。またクラマーの論文『ロシアの偽造ドル：初期ソヴィエト諜報活動の一例』、スラヴ評論、一九七一年一二月号（A. Krammer, Russian counterfeit dollars: A case of early Soviet espionage, Slavic Review, December 1971）に詳しい。

スターリン時代のソヴィエト共産党、秘密警察、軍、コミンテルンなどの内部文書が将来公開されるとは考えられない以上、クリヴィツキー回想録を始めとする同時代人の証言が党派性の厚い秘密の壁を通す重要な手だてである。現在のところ、原資料としては一九四一年七月半ばに、スモレンスクを攻略したドイツ軍の情報機関が、同市の共産党本部と倉庫で捕獲した文書があるだけではなかろうか。これは米軍が押収して研究者の利用に供されているが、秘密警察、粛清について一地方の段階ではあるが、かなりの原資料を含んでいて、スモレンスク文書を呼ばれているものである。これに基づいた研究書としてはフェンソードの『ソヴィエト治下のスモレンスク』、『ロシアはいかに統治されているか』がある。

結　び

クリヴィツキーは四〇年の短い生涯を狂乱怒濤の歴史の舞台裏で送った。悲憤と悔恨と恐怖をにじませて遺したこの回想録ただ一冊が、革命と労農ソヴィエト国家の防衛の美名のもとに犯された集団愚行、蛮行を後世に伝えている。同時にそれは神々の黄昏にも似て、薄明の中を破滅の暗闇に向かう革命神話の英雄たちの物語でもある。その記録し糾弾した拷問、脅迫、投獄、強制収容所、殺害、歴史の偽造を手段とする全体主義は決して過去のものではない。クリヴィツキーの回想録は、不幸なことに今なお些かも意義を失ってはいないのである。

スイス、ザーネンランドで
一九八六年八月五日

〔付録〕

一　ラ・フレーシュ・ド・パリ紙　記事

一九三八年三月五日のラ・フレーシュ・ド・パリ（*La Flèche de Paris*）はキーロフ暗殺に端を発して、ジノヴィエフ、カーメネフ、スミルノフ、ムラチコフキーら、いわゆるトロツキー・ジノヴィエフ主義者裁判——一六名の被告を処刑、ノヴォシビリスク裁判——、アンドレーエフら六名の炭鉱技師を処刑、ラデック、ピャタコフらいわゆる反ソ・トロツキー主義者センターまたは平行センター裁判、更に二一人裁判と言われるブハーリンらの裁判についての解説記事を冒頭に掲げ、その中でクリヴィツキー会見記を掲載した。記事の標題は、「元ゲペウ幹部、スターリンを弾劾——元ソ連参謀本部情報部長代理クリヴィツキー会見記」となっている。この記事中のクリヴィツキーの発言は次の文脈で引用されている。（訳者記）

W・クリヴィツキーの声明

スターリンが、ソ連で十月革命の精神を体現し、国際プロレタリアートの天才的指導者の犯罪を知っている人々にたいして実行しようと望んでいる法的暗殺を理解するためには、馬鹿げてもおり、あほらしくもある告発を読めば足りる。この裁判を前にして、読者に完全な事情に通じてもらう為に、コミンテルンでディミトロフの前任を務めたボリス・スヴァーリンに会いにいった。

ボリス・スヴァーリンはソ連をよく知っており、ほとんど予言の書に等しい著作『スターリン伝』は、ソ連内政を完全に証だてているが、二一人裁判について、今週はまだ評価をだせないとのことであり、代わりに赤軍参謀本部諜報部長タイロフの元補佐だったW・クリヴィツキーを紹介してくれた。二十年来共産党のために戦いながらも、スターリン官僚制度を擁護することを拒んで亡命したこの古参ボリシェヴィキに、記者は今回の新しいモスクワ裁判について会見をした。

クリヴィツキーは、一九三五年から三七年まで、ゲペウと職掌から関係があったが、本紙のために、重要な意見を本人の全面的な責任で以下のように発表した。クリヴィツキーは一九三八年一二月に スターリン派と訣別し、彼の政治的立場を一二月五日づけの公開書簡で労働界の世論に明らかにした。

クリヴィツキーはまず次のように語った。

「今回の裁判はジノヴィエフ、ピャタコフ裁判に用いられたのと同じ方法で、でっちあげられている。政治的に見れば何のつながりもない人たちを寄せ集めた、人工的な混合物だ。中心人物はブハーリンとルイコフであり、彼らはレーニンの政治局最後の代表者であり、共産党内では、農業強制集団化に反対する右派傾向を代表している。

この裁判にはスターリンの命令で暴力をもって総ての反対派と反対者を抹殺したヤゴダや、スターリン官僚制の進展過程を唯々諾々として通ってきたグリンコやローゼンゴルツなどが登場させられている。おまけに、クレムリン病院の他の医者たちと一緒に、政治とは全く関係のない七〇歳の医者プレニオフ教授がいる。」

記者はクリヴィッキーにキーロフ暗殺に被告たちが参加したとされる点について考えを聞いた。

「以下は私が確実に知っていることだ。キーロフ暗殺直後、スターリンは最初の尋問調査を指導するために、レニングラードに行った。彼は自ら犯人ニコラーエフと何人かの事件に連座した人たちを尋問している。これは前例がない。調査はニコラーエフがレニングラード・ゲペウの黙認がなければ、殺害行為を遂行できなかったことを明らかにしている。この方向でヤゴダは調査を進めようと努力した。ヤゴダも暗殺の翌日の夜レニングラードに向った。スターリンは事のなりゆきに明らかに不満で、ヤゴダとレニングラード・ゲペウの責任者メドヴェデフとの間のいかなる接触も妨げようとところみた。そんな時に、レニングラードで謎めいた情況下でヤゴダに対する襲撃が起こった。彼の乗っていた車にトラックがつっこんだが、ヤゴダは奇跡的に難を逃れた。

ゲペウのいちばん責任ある地位にいる誰もが、キーロフ事件については話したがらないでいた。ゲペウのある重要幹部に、レニングラード・ゲペウがキーロフの死に責任があるかと聞いたところ、答えは、〝この事件はなるたけ遠くにいた方が身のためなくらいに怪しい〟だった。

もしこの件を誰かが知っているとすれば、それはスターリンをおいてなく、せいぜいあとはエジョフだろう。いずれにせよ、二つの事実は疑いの余地がない。つまりキーロフ事件で処罰されたメドヴェデフとその協力者たちが、スターリンによって許され、昇進したこと、それにこの時以来スターリンはヤゴダに、はっきりとした殊更の憎悪を抱くに至ったということだ。

一九三七年の始めにエジョフの周辺から、ブハーリンとルイコフがキーロフ事件に連座しているという噂が流れ始めたころ、二人はすでに投獄されていたものの、スターリンの命令で中央委員会の会合に呼び出された。二人は議場に護衛付きで連行された。彼らは肉体、精神両面で憔悴し切った人間の顔付きをしていた。ブハーリンが発言した。目に涙を浮かべ、途切れ途切れの声で、どんな陰謀にも断じて加担したことはないと主張した。スターリンは動かされなかった。

スターリンは、ブハーリンの発言を遮り、それは革命家の弁解ではない、証拠を出せ、監獄で弁解したらよいと言った。この言葉が合図となって、出席者は総立ちになって叫んだ。〝裏切り者を銃殺しろ、奴らを監獄に戻せ〟と。」

記者はクリヴィッキーにタス通信の電報中にあるオフラナの元スパイというくだりについて尋ねた。これについてクリヴィッキーは次のように答えた。

「一九三七年三月のこの中央委員会会議のあとで、エジョフはゲペウの幹部を前に報告を行なった。そこで、エジョフはヤゴダが帝政ロシアの秘密警察オフラナの元スパイであり、革命の当初からドイツの手先だとして弾劾した。彼はヤゴダ裁判があれば、それは政治裁判ではなく犯罪裁判だということをほのめかしたのである。彼はヤゴダを窃盗の罪ありと非難したのである。

ヤゴダの抹殺は、スルツキーを除く総てのゲペウ幹部の逮捕をひき起こした。スルツキーは、当時ゲペウの国外諜報部長で主な仕事を国外で行なっており、国外ではソ連国内のように迅速に粛清することは不可能だった。スルツキーはそれを知っていたし、またエジョフの意図に沿って国外の機関を徹底的に再組織する役目を負っていることも知っていた。しかも時間を稼げば、命が助かると期待していた。彼は全く間違っていたわけではない。二週前間にソ連の新聞は、スルツキーの予期せぬ死を報道した。おそらくスルツキーは自殺を求められたのだろう。エジョフの下で一年半働いたという事実により、人民の敵という汚名は免れたのである。エジョフとしては自分の主だった部下の一人の評判を落として、自らの信用を汚すわけにはいかなかったのだ。スルツキーは、家族を救う為に従わざるをえなかったのだ。」

クリヴィツキーにゴリキー、クイビシェフ、メンジンスキーの死を暗殺に結びつけている告発について意見を求めた。

クリヴィツキーは次のように答えた。

「いまだかつて、またいかなるところでも、そのような暗殺が問題になったことはない。メンジンスキーとゴリキーはずっと前から病気だった。彼らは自然死を遂げたこともありえる。これはソ連でもありえることだ。もしスターリンが毒殺だと自信をもって言っているならば、犠牲者の死に関心を抱く者は、ただ一人スターリンだけだと、私は断言する。とくにスターリンだけがゴリキーの死に関心があった。ゴリキーはロシアにいる間スターリンとの関係を利して恐怖政治を緩和させようと努めた。また、そのために、両者の関係が一九三五年には悪化した。何故ならば、ゴリキーはカーメネフの秘密裁判を公然と弾劾したからだ。この裁判でカーメネフはスターリンの生命を狙おうとしていたなどと、いいかげんな罪状で告発されたのである。二人の関係はゴリキーが反ファシズム作家大会に出席するため、パリに旅行するのを、禁止するほどこじれてしまった。ゴリキーはこの旅行を待ちのぞみ、旅券、査証など用意万端整えていた。ヤゴダの自らの統制下で、ゲペウのウマンスキーを長とする外国語ができ、間違いのない人たちが、お付きに選ばれた。ウマンスキーは、フランス首相ピエール・ラヴァル氏が一九三五年三月モスクワ滞在中に護衛につき、フランス政府の贈り物として金時計を貰ったことがあるが、ついでながら言えば彼もいまは投獄されている。しかし、出発間際になって、旅行取りやめの命令がスターリンの秘書局から届いた。

ゴリキーは死ぬ前の数カ月の間、何回も外国旅行の問題を出した。というのは、ソ連の条件では治療がうまくいかないという医師たちの判断があったからだ。スターリンはこの求めをいずれも却下した。ゲペウの首脳部の間では、スターリンはゴリキーを外国に行かせて、好ましくない干渉をされるよりは、彼の生命の危険が侵される方を良しとしていると、いわれていた。

当時ゴリキーの監視はゲペウから取り上げられて、スターリンの秘書局に委ねられていた。ゴリキーの友人だったロマン・ロランは、二人の間の一九三五年―三六年の文通のいきさつを話すべきだろう。私はロマン・ロランの手紙がどれひとつゴリキーに届かなかったことを知っている。彼の手紙は横取りされて、中央委員会宣伝文化部長ステツキーに届けられた。スターリンはゴリキーの文通を統制するように命じていたのだ。ロマン・ロランはゴリキーに、返事がないので驚いている旨を間接的方法で、知らせたに違いない。ゴリキーは抗議したが、なしのつぶてだった。

繰り返すが、私はゴリキーが、人々の言うように、毒殺されたとは信じていない。しかしエジョフがゲペウの責任者に据えられてからは、モスクワの消息筋がゲペウがまたぞろある種の人々を厄介払いするのに毒を使い始めたと認めていることを、私は隠すわけにはいかない。一九三七年四月—五月に、ゲペウの最も責任の重い地位にいる人が、私にオルジョニキッゼは、政治局で新たな処刑に反対したため、毒殺されたことを、教えてくれた。最高指導者スターリンは、敵対者を自分自身が実際行なっていることで、告発するといういんちきなやり方をしているのだ。」

クリヴィツキーは会見を次のように締めくくった。

「スターリンの政策は、この一〇年間に数えきれない生命を奪った。私は数えきれない死刑、トゥハチェフスキーとその同僚達の死刑、赤軍幹部を根絶やしにした銃殺についてだけ言っているのではない。この機会に私は少なくとも一つの事実を明らかにしたい。それは、私が正確に知っている事実である。それは最近の人口調査の結果が発表されていないという事実だ。何故ならば中央委員会煽動部が一九三七年のソ連人口を一億七一〇〇万人と当て込んだのに、人口調査の結果は一億四五〇〇万人足らずしかいないことが分かったからだ。したがってソ連ではおよそ三〇〇〇万人が不足している。*これはスターリンの狂気の農業政策の結果なのである（根岸注）。現在の弾圧は国民に一層の過酷な試練を準備している。スターリンはすでに工業を混乱させた。モスクワとレニングラードで工業企業の長や幹部の七五%が逮捕されている。赤軍の頭部は切り落とされた。そのためもっとも重要な軍管区の指揮は、全く無能力な軍人に任されている。スターリンはソ連を滅亡に導いている。ソ連の本当の友、ロシアの本当の友とロシアに住む民族たちは、死刑執行人の手を止めるために、声を高くすべきだろう。」

＊注　劣悪な条件が原因の出生率低下、大量強制移住、流刑が引き起こした死亡などのせいである。

二　ボルチモア・サン紙 記事

ボルチモア・サン　一九三九年五月五日

クリヴィツキー、スターリンがドイツとの協定の道ならしにリトヴィノフを更迭と声明――元ロシア将軍はソヴィエト指導者が長年ヒトラーとムソリーニとの密接な理解を求めていたと断言した。

ニューヨーク、五月四日発

ヨシフ・スターリンが外務人民委員マキシム・リトヴィノフを更迭したのは、アドルフ・ヒトラー宰相との了解を容易にするためだというのは、元ソヴィエト軍事諜報部のクリヴィツキー将軍が、合衆国到着後初めて行なった独占会見で明らかにした衝撃的な声明の一つである。

共産主義者による、クリヴィツキーは存在しないという非難については、「アメリカ共産党のアール・ブラウダーが、クリヴィツキーの身元と西欧駐在のスターリンの元情報機関長としての地位を確認できる」というクリヴィツキーの声明も衝撃的である。

〈ブラウダーの妹はソヴィエト・スパイだった〉

クリヴィツキーは、ブラウダーの妹がジーン・モンゴメリーの名前で、パリとオランダで自分の指揮下でソヴィエト・スパイとして働いていたと断言した。

クリヴィツキーが行なった三番目の驚くべき暴露は、ニューヨークの旅券偽造事件裁判の謎の主人公ドナルド・ロビンソン・ルーベンスの身元である。クリヴィツキーはロビンソン・ルーベンスがエワルドであり、ラトヴィア生まれでモスクワの諜報機関本部でクリヴィツキーの部下の一人だった旨明らかにした。

〈ローマ・ベルリン枢軸の間で選択を迫られた〉

リトヴィノフ更迭を論じた際クリヴィツキーは次のような見解を述べた。

「スターリンは外交政策の岐路に追いやられ、ローマ・ベルリン枢軸とパリ・ロンドン枢軸の間で選択を迫られた。リトヴィノフはジュネーヴの国際連盟と民主主義国の陣営でスターリンの策動を代表していた。

リトヴィノフは、ソヴィエト政府を国際連盟に加盟させた政策を体現していた。国際連盟は集団保障の合言葉を掲げ、民主主義列強との協力を求めるものと称されていた。

この政策は崩壊した。この破綻はずっと前からリトヴィノフの没落を予告していた。世界はリトヴィノフの外交方針がスターリンの外交駆け引きの総てだと信じこまされていた。現実にはリトヴィノフはスターリンの表面上の姿勢を現わしていたに過ぎない。スターリンの秘密外交は常にヒトラー・ドイツとファシスト・イタリアとの親密な了解を目指す路線にもとづいていた。去る三月のスターリンの演説はヒトラーの友情を求める公然の提案である。スターリンが独露間に紛争の見るべき根拠は無いと声明した時には、この声明を正当化する資料を持っていた筈だ。しかもこの声明は、ドイツが公式にはひたすらソ連を攻撃している現実の前でなされたのである。スターリンは、ヒトラーのロシアにたいする周知の攻撃意図を考慮しながらソヴィエト・ロシアがドイツの脅威を受けていないとする確信は、いったい何に根拠を置いているのか?」

〈秘密情報の存在〉

その時スターリンが外部の知らない保障か情報を入手していたのは明らかである。

ここでクリヴィツキーはスターリンの個人使節ダヴィド・カンデラキの秘密使命と一九三七年春にスターリン、ヒトラー間の秘密協定の草案に至る交渉に言及した。

「外部と民主主義諸国がジュネーヴでリトヴィノフ外交に魅惑されているまさにその時に、集団安全保障が最高潮にあった時に、スターリンはヒトラーに合図を送ったのである。ベルリン駐在のソヴィエト秘密警察を使って、スターリンはヒトラーとの秘密交渉を開始できたのである。これはスターリンにドイツとの取引という年来の願望の達成を約束した。」

〈クリヴィツキーにとっては驚きではない〉

サタデー・イヴニング・ポストでヒトラーにたいするスターリンの執拗な言い寄りと、ヒトラーの執拗なひじ鉄砲の歴史を書いたクリヴィツキーにとっては、リトヴィノフの突然の罷免は驚きではなかった。

「最近の展開はスターリンにある決定を強いた。更にヒトラーを宥和する努力としてリトヴィノフを犠牲にすることに決めたのだ。リトヴィノフは民主主義の海を航海する上でのスターリンの舵取だった。この舵取をクビにすることで、スターリンは、ドイツ皇帝がビスマルクという舵取をクビにした有名な歴史事件を繰り返してはいないのである。なぜならばリトヴィノフはスターリンの下で無力だった。リトヴィノフの役目は、スターリンの使い走りを務めることだった。リトヴィノフは、スターリンの出現以来ソヴィエト外交政策に何等の影響もおよぼさなかった。その立案を行なったこともなかったのである。

リトヴィノフの更迭はただ一つの意味しかない。それは文字通りここ数年、彼に与えられていた役目が終っただけである。ヒトラー宥和に向かってスターリンが追及してきた秘密外交が、今や表面に出てきているのだ。ドイツとイタリアに公然と働きかけをしながら、スターリンは、おそらく曲がりくねった道を取ってパリとロンドンへ言い寄りながら、ヒトラーとの和解を隠蔽するものと見られる。」

〈英露間の協定期待できず〉

「だがスターリンは、英国がソヴィエトと軍事同盟に入るとは信じていない。リトヴィノフの更迭は、両陣営に対するこのスターリンの見解を公告しているのだ。」

リトヴィノフにはどのような運命が待っているだろうかとの問いには、クリヴィツキーの答は次の通りだった。

「勿論リトヴィノフはおしまいである。すぐ消えるか、徐々に消えるか、スターリンから執行猶予を与えられるか、更に何等かの名誉職をあたえられるか、いずれにせよリトヴィノフの命運は尽きた。リトヴィノフはカリーニン議長を例外として、今までスターリンの大粛清を生き残ったボリシェヴィキ古参親衛隊の最後である。リトヴィノフは粛清で掘られた裂け目を埋め、以前の同志たちのほとんど全員が殺された後でも地位を維持するのに大変な鋭敏さを発揮した。しかし今やリトヴィノフが、いつかは消えることは疑いない。」

アメリカの共産主義者がクリヴィツキーは存在しない人物だという宣伝について聞くと、クリヴィツキーは笑った。

〈ブラウダーに挑戦〉

「私はブラウダーに私の身元について発言するよう促したい。ブラウダーの妹の一人は、私の指揮下で、一九三六、三七年にブラウダー承知の上でソヴィエト軍事諜報機関の一員として働いた。彼女はジーン・モンゴメリーという名前を使って私の本部があったオランダで、その後パリのラスパーユ通りのホテル・リュテシアを根城に活動した。モンゴメリー名義のアメリカの旅券で活動していたが、ロビンソン・ルーベンスとしてアメリカの公衆に知られている私の他の部下がモスクワで味わった運命からは、どうも逃げられたようだ。」

それからクリヴィツキーはロビンソン・ルーベンスがエワルドに外ならず、ラトヴィア生まれで合衆国に旅券偽造団をアメリカ共産党の助けをかりて組織するため派遣されるずっと以前、ソヴィエト軍事諜報部のモスクワの本部でクリヴィツキーの下で勤務していたことを明らかにした。

クリヴィツキーは自分の本名を使って一般出版物でアメリカ共産党と諜報機関の間にある緊密な関係を暴露するつもりだ。

〈スターリン外交は外国共産党を必要とする〉

「スターリンの秘密外交はソヴィエト秘密警察とソヴィエト軍事諜報機関と結んだ外国の共産党員の密接な協力なしには実行不可能である。適当な時期に、私はアメリカやその外の地域でのソヴィエト秘密警察の工作についての十分な証拠を提供するつもりだ。」

クリヴィツキーはリトヴィノフのように、かつてのロシア帝国の辺境で現在はポーランドになっている地方に生まれた。レーニン、スターリン、トロツキー、リトヴィノフ、モロトフやその他多くのロシア革命で活躍した人たちと同じく、ボリシェヴィキ党に若くして入った時に、クリヴィツキーの名前を名乗った。

小柄、色白、青い目で、軍人の態度をしたクリヴィツキーはスターリン政権と一九三七年の終わりに手を切り、保護を求めてレオン・ブルム政府に身を委ねた。モスクワとの決裂は国際的波紋を呼んだ。ソヴィエト秘密警察は、彼を二度フランスで殺害しようとした。アメリカには身分と経歴がアメリカ政府に十分知られた上で、妻子と一緒に入国した。

略歴　簡単な経歴を聞かれて、クリヴィツキーは次のように語った。「私は一九二〇年以来赤軍の諜報部門に勤務した。この一〇年間は赤軍参謀本部付属の重要な部局の一員だった。私の勤務記録はアメリカの国防省に当たる革命戦争評議会の文書庫にある。

一九三一年に赤旗勲章を授与された。スターリンに私の公式勤務記録を発表させたいものだ。一九三三年に全赤軍の指揮官の勤務記録が登録され、証明されたが、私の記録はベルジン将軍と同将軍の代理ダヴィドフに署名され、一九三七年六月の粛清で消えたガマルニク軍事人民委員代理に確認された。一九三三年モスクワで私の息子が生まれると、クリヴィツキーの名前で戸籍に登録された。それはちょうどスターリンの息子がジュガシヴィリとしてではなくスターリンとして登録されたと同じだ。」

クリヴィッキーは共産党の攻撃については肩をすぼめて、一蹴した。クリヴィッキーは、これまで欧州の新聞雑誌とサタデー・イヴニング・ポストで行なった暴露のどれ一つとして異議が唱えられなかった事実を見てきた。クリヴィッキーはアメリカでのソヴィエトの陰謀についてのあらゆる事実を明らかにして、この国に役立とうという熱意をもっていて、現在一冊の本を執筆中である。

三　追悼・ワルター・クリヴィツキー

ワルター・G・クリヴィツキー

政治的意味のかげに生活が隠されていた一人の人間についての研究

パウル・ヴォール

神は人間を真すぐにつくり給うた、
けれど人間は多くの曲折を求めた。
——伝道の書七章二九

かりにクリヴィツキーがアメリカに一九三七年に意図した通りに、その神秘的な力の絶頂を持って来ていたとすれば、一九三九年に彼を誹謗した人々は、彼について畏敬と賛嘆をもって語ったであろう。彼と言葉を交わす名誉にあずかった少数の人たちは、〝進歩的〟思想のえり抜きの陰謀の仲間たちの間で、最も親しいものたちに向かって、敬虔に重々しく、このクレムリンの謎に充ちた男、赤毛の濃い眉毛をもった小柄な男、革命家の規律と都会人の立ち振る舞いとを併せ持ち、政治的非妥協性と見事な融通性とを併せ持った男の伝言をささやいたであろう。

クリヴィツキーはクレムリンの奥近くにあって、隊列から踏み出しながら、ほかの革命集団に避難を求めなかった最初の人間である。彼はトロツキーに加わることを拒んだ。トロツキーは〝クリヴィツキーはプチ・ブルジョワに逃げ込み、民主主義者に成り下がった〟と公然と嘲笑したのである。クリヴィツキーはロシア社会民主主義者たち、メンシェヴィキたちに参加せず、多くのマルクス主義者の派閥の招きを断った。もしこれを受けていたならば、これらの派閥は政治哲学の彼ら独特の解釈への転向として、狂喜したであろう。ワルター・クリヴィツキーはあるがままの自分以外の何者たろうともしなかった傑出したボリシェヴィキであった。その彼は、四〇歳にして人生の岐れ道にたち、しかも〝われわれがしたことは間違っていた。われわれはそれがこんな風になるとは望まなかった。どうしてこんなことが起こったのか、自分としては、説明が付かない〟と言うだけの勇気を持っていた。

もしかりに、クリヴィツキー——この弁証法の達人——が、わが〝自由主義的〟合理主義者たちにとって、貴重な多くの皮相で〝科学的〟と称される説明の一つでも、与えたと仮定すれば、彼らの解放された知性を驚嘆せしめただろう。けれども、その代わりにクリヴィツキーはただ単に実際に起こったことしか明らかにしなかった。欧州で私が一緒に手伝って最初に発表した記事では、彼は解釈を下すことを厳密に避けた。彼がアメリカで発表した記事もまた、彼個人の観察と親しい友人たちの経験をもとにして書かれている。ただ時としてアメリカでの執筆協力者の求めで、自ら証人となった悲劇を、解釈しようと試みたにすぎない。彼は自分の解釈をためらいながら明らかにした。何故ならば、あの多くの事件の巨大さを前にして、自分の解釈が不十分であると感じていたし、彼自身書いているように、巻き込まれるに至った転々とする矛盾で、苦しんでいた。〝あの記事は自分の死を意味するだろう〟と当初彼は私に語った。

〝私の首は地中深くにある〟と何度も、こぼしていた。

クリヴィツキーほどソヴィエト世界を離れて孤立し、絶望的になったボリシェヴィキはほかにいなかった。トロツキーは、新しい党の中心になった。元ソ連国立銀行総裁シャインマンは以前の主人公たちと金銭上の折り合いをつけ、不安定な平和裡に海外で暮らすことを許された。バルミンは外交官として職業柄いわゆるブルジョワ世界と交じりあった。彼の夫人は革命の軌道で生活したことが無かった。バルミンにとって新しい環境と正常な接触を作るのはたやすかった。加えて農民出身の健康な若者であり、どこででも生活できる熟練機械工だった。

クリヴィツキーは力尽き果てていた。彼は西部中部ヨーロッパに配置されたソヴィエトの首席政治諜報員として秘密機関員の緊張した生活をおくっていた。彼が逃亡した世界は、そもそもは彼がその破壊を目的とした敵対的な世界であり、これに今さら急に適応することはできなかった。われわれの間の彼にくらべれば勇気の劣る知的な仲間たちは、この適応を手助けはしなかった。主義のためには生命をも投げ棄てねばならなかっただろうジレンマを経験しなかった彼らは、〝合法的〟なブルジョワ的存在の安楽さと、革命的な意見とを簡単に結び付けられた人たちであり、クリヴィツキーに中傷と罵言を浴びせたのである。そうであったとしても、クリヴィツキーは彼らに最大の奉仕をした。彼が行なった一見信じがたい暴露は確認された。ソヴィエト世界で形成された精神と、そのアメリカの出版上の協力者たちの考え方との間の衝突の結果生じたいくつかの解釈上の歪曲は、偶然のものである。それは彼の歴史的功績をおとしめるものではない。

クリヴィツキーは自らを非難することを恐れなかった。彼は自分が行なったことと、見聞きしたことを暴露した。彼の寄稿した記事と回想録は、年月の流れに耐える記念碑である。それをあえて無視した人達は、犯罪に向かうことを選択したのだ。悲しいことに、少数の人しか、この教訓を学ばなかったし、彼らとしても、抱いていた幻想を粉々にしたことで、クリヴィツキーを許さなかった。彼らはクリヴィツキーにたいして愛情も憐憫も示さなかった。それは、彼の死後とても変ってはいない。


〈クリヴィツキーの性格〉

クリヴィツキーは操り人形ではなかった。非情な狂信者ではなかった。地下の犯罪者集団の指導者でもなかった。彼は感じやすい神経質な知識人だった。その生活は、ロシアと西欧の間、義務感と確信とをもった党員たちと、ブルジョア世界の合理主義的な人間たちの間で分裂していた。彼は両方の世界を知っていた。それは共産主義の闘士達の壁で囲まれた単一目的の世界と、個人的冒険と野心の揺れ動く気まぐれな資本主義世界なのだった。彼は、労働者、技術者たちだけでなく、芸術家、知識人、科学者、実業家たちとも生活し、かかわりあいをもった。彼はロシアでも、ドイツでも、フランスでも、オランダでも、スカンジナヴィアでも、イタリアでもそこにとけ込んでいた。彼にとって、どの国もわが家であり、またどこにもわが家はなかったのだ。彼は大変な読書家だったが、何か一つの主題に集中することができなかった。たった一度だけ、真剣な調査に取りかかろうとしたことがあったが、それは意味のないことではなかった。ヴァチカン図書館で奴隷制度についての歴史研究に取りかかろうとしたことがあった。クリヴィツキーは経済的視野からのみ主題に取り組もうとしていたようだが、奴隷制度における人間の問題に惹かれていた。彼が信奉していた思想の一部を成すものは、史的唯物論だった。彼は決して自由ではなかったし、独立もしていなかった。ボリシェヴィキ教団、スターリン・ロシアとのきずなのゆえで、彼自身、自分が恐れ、賛嘆し、決して完全には理解できなかった一つの体制の奴隷となっていた。たとえこれについてクレムリンの外側のだれよりもずっとよく知っていたとしても、だ。

クリヴィツキーは綿密にマルクス主義の理論を勉強する時間がなかった。彼が嫌悪した〝赤色教授〟たちは後の世代にぞくしていた。一七歳にして、彼とその仲間達は〝娘達が五月の月に向かって〟行くように、革命のなかに入っていったのである。革命は、彼らの全生活、批判的能力の放棄、親から受け継いだ道徳的規範の唾棄、を要求した。

彼らはこの主義のために、総てを犠牲にする覚悟でいたし、この主義は彼らを熱狂の波に乗せて、彼ら自身よりも上にひきあげたのだ。この頃彼らにとって、革命は、理想的正義と普遍的兄弟愛の理念を体現しているように見えた。彼らは犠牲に向かって跳躍したのである。犠牲が大きすぎるということは有り得なかった。愛と忠誠の力は、人びとがその愛のために、あるいは忠誠のために放棄しようとするもので計られる。五〇年前のロシアのテロリスト集団「地獄」や「人民の意志派」のように、フランス・ジャコバン派やドイツ再洗礼派のように、ロシアの辺境出身のこの若い革命家たちは、あるがままの世界を、あるべき世界のために破壊しようとしていた。彼らの顔立ちを見たければ、一九一八年から一九二〇年にかけてのソヴィエトの雑誌をひもとくべきだ。そこで、たくさんの写真と一緒に何百人もの若い理想主義者たちの追悼記事を見出すであろう。彼らの額からは光芒が輝いている。彼らがクリヴィツキーの同志たちなのだ。クリヴィツキーは、彼らのあとに生き残ったのである。この革命初期の二年の輝く理想主義からは、しばし薄暗い光線が再びさしてきたように見え、やがてそれさえも、農業集団化と粛清の後で、消えてしまった。悲しむべき空虚以外なにも残らなかった。

〈中部ヨーロッパ駐在情報員〉

最初の大きな失望はレーニンの新経済政策とともに来た。私有財産が再び確立された。民法が公布された。「共産主義者は商売を学ばねばならない」が合言葉だった。

当時何千人もの若い共産主義者が自殺した。その頃クリヴィツキーはロシアにはいなかった。彼は短命のガリツィア人民共和国の亡命指導者たちとともに、ドイツに行っていた。ロシアの長い軍外套をまとって、帰還捕虜に身をやつした、この古参ボリシェヴィキの小集団は、シュテッチンに上陸した。当時世界革命を主目的としたレーニンにとって、彼らには国外での使い道があった。彼らは数百万ルーブルを携えて、中央ヨーロッパでの革命運動を組織するのを助けるために派遣されたのである。彼らが革命の地下活動で役立つのは証明済みだった。ドイツ語、ポーランド語、ウクライナ語を話し、西側世界を知っていた。それは責任の重い使命だった。戦後ドイツの不健全な雰囲気のせいで、この青年たちの多くは、戦列から離れた。ある者は、戦前に移住していた親族といっしょに新生活を始めるためアメリカに逃げた。ほかの連中は投機業者になるか、毛皮商売を始めた。年輩のウクライナ・ボリシェヴィキたちは、ウィーンとプラーハで不毛の議論に時間を費やしていた。クリヴィツキーは方針から外れなかった。若いポドヴォロシスカのサムエル・ギンスブルクが、クリヴィツキーという名前にしたのは、ドイツに出発する少し前だった。クリヴィツキーとは、krivoi、つまり曲ったとか、心のよじけたという言葉から派生している。A・アレクサンドロフの英露辞典によれば、不正、偽りの、不正直の、邪悪なとか、いんちきで不正を働く男を意味する。この名前は西ウクライナでは、そう珍しくはなかった。これは、党が与えた名前だ。一九一九年の青年理想主義者は、この名前に、彼が行くことを強制されるであろう道を占う不吉な印を、見ていなかった。

若い信頼できるボリシェヴィキとして、彼は年長者たちから、ベルリンからウィーンに、ウィーンからプラーハに、非合法宣伝印刷物や、秘密指令や、地下の仲介人たちが「屑」と呼んでいたモスクワの国立銀行が猛烈な速度で印刷していた帝政時代の五〇〇ルーブル紙幣、これらでいっぱいの鞄を伝書使として運ばされた。ウィーンで一九一九年六月、クリヴィツキーは、中央ヨーロッパでの最初の革命経験を積んだ。オーストリア社会民主党政府に短命のハンガリア・ソヴィエト共和国を支持させようと、オーストリア共産党は反乱を起こした。一九歳のクリヴィツキーは示威行進の先頭にたった。この示威運動は、流血のなかで粉砕された。多数の労働者の死体が舗道に横たわった。一九二一年と二三年に、彼はドイツで地下に潜行して革命運動に携わった。

彼は任務上接触したドイツの労働者が好きになればなるほど、ドイツでの自分の任務に嫌気がさしてきた。コミンテルンは、彼を革命の前衛として使わなかった。ロシア共産党員であれば、非合法で地下に留まらねばならなかった。ハンブルクの失敗を運命づけられていた蜂起にやがて至る、一九二三年の決定的な幾週間かの間、クリヴィツキーはドイツにあって、自分の権限を持ち合わせないたくさんのロシア人、ラトヴィア人、コーカサス人たちの一人であった。党の指導権は、厳密に中央集権化されていた。当時のクリヴィツキーは、機械の歯車の一個の歯に過ぎなかった。ヴァルチン〔コミンテルンの特務で、アメリカに亡命後、自分の経験をもとに、自伝風の小説『夜を逃れて』を書いた。本名リヒャルト・クレプス――根岸注〕のように、彼も囚人の一人なのであった。この歳月の間に担ったずるい地下活動での役割は、次第に彼の性格にしみこんでいった。だが、彼にとって悲劇だったのは、欧州の共産党組織に次第に広がり始めた腐敗の過程を感じとり、悟ったことだ。彼らが、コミンテルンの無責任な政治屋たちの手中にある無名の将棋の駒になったことに、気がつかないでいるには、クリヴィツキーはあまりにも聡明だった。

彼の周囲で、裏切られ殺されたドイツの労働者と、その堅苦しい献身的な家族の姿は、一九二四年にロシアに帰還したときに脳裏に深く刻まれていた。彼はこの人びとを決して忘れなかった。彼らは夜通し話しかけて、質問責めにした。クリヴィツキーが知っていたロシアとポーランドの労働者と比べると、このドイツ・プロレタリアは教育があり、自信をもち、非常にちがっていて、そのきちんとした住いは、彼らの革命的教義とは矛盾しているかのようだった。これがクリヴィツキーが中央ヨーロッパ、あるいは西ヨーロッパの組織され政治的に興奮した労働者と接触した最後だった。後年彼は地下活動のせいで、プロレタリア大衆から離れていることを余儀なくされた。彼らこそが、クリヴィツキーがつかえた目的の伝説的正当化なのであった。一九二三年—二四年に出会った、この胸をはった、規律のある、確信をもったドイツの共産主義労働者たちの個人的正直さと犠牲の精神が、彼の信念を堅くしたのである。彼らはこの若い着想に富んだモスクワの代表に指導を仰いだが、彼らから力を求めたのは、クリヴィツキーにほかならなかった。

〈ロシアへの帰還〉

ロシアに帰還すると、国外での政治的秘密活動で功績のあった他の人達と一緒に、新たに組織された赤軍参謀本部のいわゆる第四部に配属された。参謀本部の中央の一部署で働き、軍の給与を受けていたので、かれは軍の階級を与えられた。当時の赤軍、特に第四部は、軍経歴での任命を普通決めているやりかたを踏襲していなかった。クリヴィツキーには、西欧についての尋常でない知識があり、利発で頼りになる人間であることを証明していたから、軍服の襟に菱形の階級章一個をつけたコンブリ、つまり大隊司令になった。ただし、かれの指揮する大隊は存在しなかったのは、勿論である。

しかし、クリヴィツキーは主として政治、経済情報に関心をもちながらも、軍事活動に真剣にとりくんだ。彼は陸軍大学の講座に出席し、野戦演習に参加しさえした。多分これは彼の生涯で一番幸福な時期だっただろう。レニングラードのプチロフ工場の熟練工の娘で、背の高い農民型のアントニナ・セミョノヴナ・ポルフィリエフと結婚したのは、そのころだった。この結婚はクリヴィツキーに大きな影響をおよぼした。妻のおかげで彼は、ロシアの民衆に結び付いたのである。彼女自身もソヴィエト政府に勤め、後年夫の国外勤務に同伴した。亡命先では、彼女はこの家のない悩みさまよう男につながったソヴィエト世界の一部として留まったのである。一九三九年九月ニューヨークでわれわれが行なった最後の話し合いの一つで、きっとアントニナ・セミョノヴナと、そのロシアにいる家族のことを思いながら、クリヴィツキーはドイツ語で、〃ソヴィエト世界は良い世界だ!〃 Die Soviet Welt ist eine gute Welt! と叫んだのだ。

クリヴィツキーは軍事任務を帯びて、ふたたびドイツ、後にはフランスとイタリアに赴いた。ムソリーニの鼻先から、イタリアの潜水艦と飛行機の青写真を入手するという、イタリアでの成功を例外として、彼は技術的に軍事に関係する情報よりも、一層政治的な事柄に関心を抱くようになっていた。この時期には、参謀本部情報部は、ソヴィエト政府の国外政治経済秘密機関でもあった。ゲペウはまだ世界に侵入していなかったのだ。

〈私のクリヴィツキーとの最初の出会い〉

私がクリヴィツキーを始めて知ったのは、ドイツで一九二五年一二月のことだった。当時私が彼について知っている総てといえば、ボリシェヴィキの重要な使者の一人だということだけだった。一九二六年になってから、ベルリン短期滞在で戻り、ソヴィエト大使館で再会した。見分けがつかなくなっていたクリヴィツキー――その間に彼は長い赤毛のあごひげを伸ばしていたが――が非合法の活動に携わっているとの予感がした。私はこの謎めいたロシア人に非常な興味を誘われた。自分の国際的な経歴をつうじて彼のような尋常ならざる資質をもった人間に出会ったことはなかった。彼のもっている情報は厖大であり、彼の政治事件の理解は独特だった。われわれはお互い道を違えたが、お互いに長続きする共感が培われた。

私はクリヴィツキーとパリで会い、幾晩も一緒に過ごした。その当時、国際的政治経済雑誌の創刊を計画していて、一緒に仕事をしようと二人でもくろんでいた。その時だった、私は初めて彼について、直接的な質問をしたのだった。彼は謎をまとったままだった。その直後、彼はパリから姿を消した。何週間かたって、レニングラードから署名のない葉書がとどいた。一九二九年に彼が、パリを去ったあとで、彼から紹介されたある人物の不注意から、彼が政治経済情報だけではなく、軍事諜報にも関係していたのを知った。

クリヴィツキーの赤軍参謀本部情報部での勤務は続かなかった。第一次五カ年計画の時期に、ソヴィエト国家は現在の路線に沿って組織されるに至った時、党は軍事専門家でもなければ、さりとてクリヴィツキーの上司ガマルニクのような政治組織者でもない、クリヴィツキーのような参謀将校を配転した。クリヴィツキーはこの再組織の犠牲者の一人だった。コムデイフ、師団参謀の階級と襟に二個の菱形階級章をつける権利をもって、現役から退いた彼は、軍需産業技術研究所長として短期間ではあれ、実際に働いた後、内務人民委員部オゲペウの外国部に配属された。オゲペウで最後には公安委員に昇進した。オゲペウは、赤軍情報部から、厳密な軍情報部門を除いた他の部門の総てを事実上掌握していた。クリヴィツキーはオゲペウとの関係を好まなかった。何度かの機会に彼は新しい上司のヤゴダにたいして、特別任務をおびた参謀将校だということを思い出させた。当時すでにオゲペウは、ソヴィエトの民衆の間で憎悪と軽蔑の対象であった。一九三五年にクリヴィツキーは国外に派遣され、やがて西欧駐在ソヴィエト諜報機関の首席になった。西側での自分の活動については、発表に適していると考えた総てのことは、すでに彼は語った。

この時期のクリヴィツキーの胸の奥そこでは、革命の見通しについて、何等の幻想も抱いていなかったと思われる。だが彼は、党の位階制度に閉じ込められ、その教義の虜になっていた。他の多くの人びと同様、彼も新しいスターリン・ソヴィエト国家への忠誠についての疑惑を沈黙させようと努力した。この忠誠を彼は「ゴスダルストヴェンノイエ・チュフストヴォ」、国家義務の感情といつも呼んでいた。これははっきりした理念ではなく、感情の一つであり、多くのボリシェヴィキ政府公務員の間に浸透していたものだ。

国外での政治秘密活動に従事したクリヴィツキーのような人びと

は、友人達から、またたいていは家族からも孤立して、様々な形で、そもそも敵対しているとされる世界と直面しながら、彼らを支えることのできる何かに頼らねばならなかったし、また彼ら自身よりも大きな何かの陰にかくれ、ある目的から霊感をひきださねばならなかった。彼らにとって、自分達の生活はとるにたらないものであったし、驚くほど非現実的で、偶然に弄ばれ、不十分なものであった。

彼らがそのようになっていったのは悲劇だった。彼らは受容できる限度を越えて、この悲劇を感じとり、彼らの教義に沿った世界にひたすら逃げ込んだのである。この想像の世界で、彼らは抑圧された大衆と、世界の労苦する者たちの救いの国家、強力な理想国家の〝意識のある〟謎めいた代表者と扮したのである。これは、国家義務の感情、一種の人工的な神秘感であり、それは彼らが人類の創造的勢力とよんだものであり、魂を喪失した体制の絆に身を委ねた者たちの代替宗教に外ならなかった。クリヴィツキー自身は仮借ない現実主義者だった。彼は自分のような種類の知識人にとって、未だに古い革命の世代と結びついている国際主義者にとっては、ソヴィエト連邦が、もはやたいした役にたたないのを知っていた。彼の背後には、トゥハチェフスキー事件の時に、クリヴィツキーの上司で〝自殺〟してクリヴィツキーに先立った偉大で高潔な革命家ガマルニクの姿がかすかに立っていた。けれども、ヒトラーにたいして、活動が向けられているという考えが、彼に仕事を続けさせた。スターリンがヒトラーに降伏しようとしているのを知ったとき、始めて彼は深い絶望に捉われたのである。一九三七年七月初旬、ハーグに彼を訪ねたとき、怪訝なことに、彼の顔面は蒼白で、落ち着きが無かった。長時間、われわれは、スヘヴェニンゲンの人影のない砂浜を行き来した。時々どこか遠くから言葉を探すかのように、彼は何分も立ち止まった。ためらいながら、非常に心配そうにソ連とナチとの間の協力の可能性を暗示した。モスクワから帰ってから、彼はそれが現実に間違いないことを知っていたのである。夕暮どきに、彼は私を電車まで送ってきた。突然彼の脆い枠が支えていた緊張がほどけた。まるで心臓が発作を起こしたように、彼はベンチに座り込み、灰色の顔にはいいようもない苦痛が現れていた。ワルターは、ひどく具合がわるいのだな、と私は思った。

それでも、もし一九三七年九月にゲペウの罠にかけられて殺された彼の同僚だったイグナス・ライスの日記が公開されなかったならば、彼はモスクワに戻ったのではないか。この日記は、粛清の恐怖についての生々しい印象のもとで、クリヴィツキーが訣別を考えていることを明らかにしていた。孤独の中で、彼は自分の古い友人で、同郷人のライスに必要以上に胸の内を明かしていた。ライスはトロツキストたちの歓迎する腕のなかに逃げ込もうとしたのである。新しい党への忠誠を示すために、ライスは未だに彼を信じている男を監視した。トロツキストたちは、ライスの日記の公表から、政治的資産を引き出すのをためらわなかった。

〈パリで〉

クリヴィツキーの現実の悲劇は、彼の訣別のあとで始まった。ゲペウはマルセイユで誘拐を試み、後ではパリでも誘拐しようとした。またそのほかにも試みが企てられたであろうし、少なくともモスクワにおびきよせようとした。

様々な警報があったが、何も起こらなかった。ゲペウがフランス政府の庇護を受けていたクリヴィツキーを、パリで誘拐するか、殺害するかしようとしたことは明らかだ。けれどもこのような企ては、絶対に成功することが必要だった。二度の失敗は、世界の耳目をクリヴィツキーに集めるであろう。それこそは、スターリンが避けようと望んだ事だった。四六時中クリヴィツキーにはフランスの刑事がつきそっていたので、ゲペウの非常に有能な人間が、二度目の企てには要求された。ゲペウは、ほかの欧州大陸でと同様に、一般に信じられているよりは、遥かに能率的では無かった。その高度に熟練した専門家の数には限りがあった。主な差し障りは、スターリンが友好的なフランス政府との関係を損ないたくないと望んでいたことにある。フランス政府はソヴィエト大使に、クリヴィツキーがフランス共和国の保護を受けているむねを警告していた。けれどもスターリンがかりに、クリヴィツキーの捕捉か死に、優先的な重要性を与えていたならば、それほどまでにフランスとの円滑な外交関係を重視したかどうかは確かではない。というのはそのころ、まったく異常な事件についても人びとは忘れっぽかったからだ。当座はクリヴィツキーを忘却に押しやることで彼の証言を最小限にとどめれば足りるように見えた。

〈アメリカに逃れて〉

アメリカでは、クリヴィツキーの身辺は一層危険なものとなった。彼は武器を携行していなかったし、官憲の保護も受けていなかった。責任あるソヴィエトの公務員たちは、もし彼らが、クリヴィツキーのアメリカの新聞に発表した記事と、サタデー・イヴニング・ポストに連載した記事の激烈な内容をあらかじめ知っていたならば、それを差し止めるために、あらゆる手段をとったであろうことは、間違いない。彼らは暗殺をさらに試みるのを躊躇しはしなかったであろう。いったん彼の記事が出てしまえば、アメリカで憤激の嵐を呼ばずに、彼を襲うのは難しかった。われわれが一般に信じているほどには、スターリンがクリヴィツキーの記事に心配はしていなかったと、言えるかもしれない。

スターリンが年来のヒトラーとの取り決めに達しようとする欲望と、ナチの力にたいする評価をクリヴィツキーが暴露することによって、独ソ協定のソヴィエト側の交渉当事者をして、ヒトラーにクレムリンの主人のドイツとの協力政策を推進しようという誠意の程を納得させるのを助けたかもしれない。クリヴィツキーの記事の中で、この独ソ接近暴露こそが、秘密外交の隔絶された世界で最も重要な問題とされた。付随的な事件を無視するのは、スターリンの得意とするところだった。彼のナチ軍閥との協定の公表は、クリヴィツキーのほかの暴露のどれよりも、外国の追従者を、より過酷な試練にさらすだろうと気づいていた。一九三七年五月にクリヴィツキーの最後の報告を注意ぶかくきいたスターリンは、何千もの糸でボリシェヴィキ党に結ばれた脆い、神経質なクリヴィツキーが、彼を疑惑視する敵対的な世界にたいして、たった一人で耐えるのは、至難であろうことを知らぬほど、人間の心理に暗くはなかったのである。

一九三九年のはじめに、タイムズ広場近くでクリヴィツキーが会ったゲペウの元の同僚バーソフが、彼に実際言ったことは次の言葉なのだ。われわれは君が耐えられないのを知っている。君は重荷に押しつぶされるだろう。君が属したことのない世界で一人で生きていくことはできないだろう。このことは、クリヴィツキー自身がバーソフに会うずっとまえに、私になんども言っていたことなのだ。そしてそれは真実であった。彼の生活にたいする信念は破壊された。この気の毒な追われた男は、新しい世界を建設するために、人生を始めたのであって、何事であれ、それだけで愛することはできなかったし、自分に属さない何物も愛することはできなかったのだ。彼は、ちょうど移植された木の根が不慣れな土地から栄養を吸い上げられないように、芯まで傷付いていた。どこにいっても、彼はソヴィエト世界の見えない空の下で周囲を壁に囲まれていたのである。至るところで、陰謀と策略を見た。彼は、もっとも素朴で自然な好意でさえ、怪しまずにはいられなかった。

彼には自分を絶対に裏切らないだろうと信じられる者は、一人としていなかった。彼は秘密外交と地下の戦いを織りなす多くの謀略を絶えず恐れていた。それを憎悪しながらも、それからもはや全く離れられなくなっていた。

当初彼は、党との訣別の道徳的正当化を、全く自己本位のなかに求めた。国外在勤のソヴィエトの最も重要な特務機関員の一人として、莫大な資金が手元にあったが、党と国家を離れた後には、ディジョンからサンラファエルに逃げる汽車では、三等で旅をしなければならなかった。その生活の仕方は単純で質素といえるものだった。彼は派手にふる舞うことはしなかった。ちょうど、フランス政府が彼の言い分を額面どおり認めて、身分証明書の発給を決定した後で、自分はポドヴォロチスカ出身のサムエル・ギンスブルクだと名乗ったが、アッパー・マンハッタンの安宿では、ワルター・ギンスブルクとして記帳した。そこでわれわれはアメリカに渡ってからの最初の幾月かをいっしょに過ごした。家族と友人達は彼をワルターと呼んでいた。彼は自ら将軍と名乗ったことはなかった。最後にアメリカの執筆協力者たちのたっての希望に抗し難く、サタデー・イヴニング・ポスト誌が、彼のソヴィエト時代の公式の名前・クリヴィツキーとともに、ソ連の外では彼の以前の軍隊での階級が相応する将軍という肩書を公表することを認めたが、それには全く乗気ではなかった。

彼の本が欧州で発行されるときには、将軍と呼ぶことをはっきりと発行者に禁止するつもりだった。彼がアメリカに来たときには、人目につかない、妻と子供だけにかけた自分だけの生活を送ろうと望んでいた。

〈われわれの協力〉

われわれ二人はボリシェヴェキ革命と、その欧州への反響の歴史を書く計画だった。根本的な事柄での意見の相違のために、この本は完成しなかった。それは一九三八年から三九年にかけてのころだ。われわれ二人はアメリカの公衆の自己満足を心配した。クリヴィツキーは繰り返し来るべき破局を予告した。彼は起こった出来事ほとんど総てを予告した。時として、彼は政治的予言者の天分を具えているように思えた。歴史を書く時期ではなかった。彼は、アメリカの執筆協力者の助言と献身的な援助をうけて、世に出されれば、人びとの耳目をひきだたせるであろう一連の記事を用意した。この記事にたいして、サタデー・イヴニング・ポストが連載一本について、五〇〇〇ドルを提供した時、クリヴィツキーはこれを受け取るのを義務と考えた。彼はこのあと、どれだけ生きていられるのかわからなかったし、妻と子供への責任があった。アントニア・セミョノヴナ・ポルフィリエフは勇敢に夫の亡命に従ったが、その結果が、ロシアにいる彼女の家族を死の危険にさらすことを承知の上だった。今日彼の思い出を中傷する人達の誰であれ、このような好条件の申し出を受けなかったとは、思えない。クリヴィツキーは受け取った原稿料を、彼から説明不能の事柄の尤もらしい説明を引き出そうと懸命だったアメリカの協力者と分けあった。この執筆の期間に、クリヴィツキーは、ソヴィエト世界と彼が属した革命家の世代の問題を知らない人びとと自分との間に、裂け目があることに、いやというほど気がつくようになった。両者の間の共通分母は否定的なものだった。

クリヴィツキーはスターリンを心の底から憎んだ。彼はスターリンに何度か会っており、私にその印象を話した。訣別のあとの何カ月かの間に彼は次のようによく語っていた。スターリンとトロツキーの二人だけが一貫性のあるボリシェヴィキだ。二人のうち、スターリンのほうがより一貫性がある。彼はスターリンを、妻の農民である親族達——一九一七年に革命に加わった最初の人たちに数えられたのだが——に農業集団化の時期に課した苦しみに、責任がある人間として、また後に大粛清の間、彼の同志たちにもたらした苦痛に責任のある人間として憎悪していた。にも拘わらず、スターリンを悪巧みに秀でた強力な政治家として認めていた。

個人的考慮、それ自体は、ボリシェヴィキにとって問題とはならなかった。クリヴィツキーと、その妻さえもが、身近な親族達が殺害されることに感じたであろう悲哀にもかかわらず、それが目的に役だつかぎり、この悲哀を克服しただろう。彼らは階級の言葉でしか考えられないほどに、個人性を失っていた。しかし愛と苦しみの生きた源泉は、人工的な術語のしっくいでとめることはできなかった。宗教、哲学、法律といった社会のイデオロギー的上部構造を一掃しようとする、このボリシェヴィキたちの個人的な上部構造の下で、たとえ抑圧されていたとはいえ、あの永遠の人間的動機は依然として働いていたのである。

クリヴィツキーがスターリン政権の徹底した残忍性を初めて理解したのは、彼の身近な人びとが蒙った悲惨な苦しみを通してであった。彼の元同志たちの多くの者と同じように、スターリン政権の仮借なさを、原則としては反対しなかったが、〝必要〟だとは見なさなかった。したがってその行き過ぎを〝犯罪的〟とみなして、彼の考えかたの特色は憎悪であった。後日彼がまたもやある政治的役割を演じなければならない矛盾に直面したとき、彼の憎悪の感情が他のすべての考慮にかげを投げた。この相克は、〝何故彼らは自白したか〟と題される記事を書いていた間に特に尖鋭になった。クリヴィツキーは、苦痛に満ち、不可解な解釈の世界で、のたうちまわったのである。

死んだ同志たちの名誉を弁護するために、彼らのスターリンにたいする反対を、正当化することをとるか、それとも合理的に正しい判断こそが、唯一の優れたものとみなし、判断の失敗は犯罪だとみなした人びとの誤りを暴露することを選ぶか、でクリヴィツキーは悩んだ。また、彼のアメリカの協力者の推論――自分の命を助けるために、自ら罪を着たとする――を選ぶか、それともロシアの民衆の目に公けに、政権を正当化すべく、最後の不条理な奉仕をしようとしたという見方を取るべきか悩んだ。彼は自白した多くの人達が、彼の主義にほかならなかったその主義のために、勇気のある、自己犠牲の生活を生きたのを知っていた。彼にはこの主義を完全に糾弾することはとてもできなかった。解決の道はただひとつ、スターリンを革命の恐るべき失敗の責任の廉で個人として断罪することだった。

彼が逃亡してから一緒に過ごした多くの日夜、彼は私たちに向かって言ったように、ジノヴィエフ、スミルノフ、ブハーリン、ルイコフのような人たちが屈服したのは、スターリンとの争いが技術的な点に関してだと理解したからだということを、彼は認めることができなかった。

一九二七年以降展開したスターリンの政策の原則について、いったんスターリンと意見を一致していたからには、彼らはこの政策に反対して、謀り事をすることは一貫性を欠いていたし、それにそっての施策が、どのような苦悩をひき起こすにせよ、止めることは一貫性を欠いていた。人間の苦悩にたいする配慮は、ボリシェヴィキの論旨ではなかった。スターリンと彼の党内批判者との争いは、計画数字のパーセンテージと実際上の成果にかかわる問題に関係するに過ぎなかった。それだけでは、国家の安全を危うくするには正当性が足りなかった。パリでクリヴィツキーは私に語ったが、被告の多くが、ルビヤンカの独房からクレムリンのスターリンの部屋に夜中に連れてこられて、そこで、独裁者は一対一で彼の政策の論理と、被告達の全く絶望的な立場と、ボリシェヴィキ達が彼らの〝政治的破産〟と呼んだものとを、〝説得〟した。マルクス主義の革命理論に内在する根本問題は決して提起されなかった。クリヴィツキーとて、それを公けに提起するだけの力はなかった。彼は元ボリシェヴィキとして自分の〝政治的面子〟を失うのを恐れていたし、自分の矛盾への建設的な解決を知らなかった。だから彼は自分の言えることしか言わなかったのだ。それは最後の党統一への犠牲であった。〝最後の策略〟として彼の同志達は、自らの品位を落としたのだという説明であり、半面の真実を語ることだった。

〈死に向かって〉

クリヴィツキーの死は、ばかげた犯罪を犯したと自らを告発することによって自らの抹殺を促したモスクワの彼の元同志達の最後に似かよっている。スターリンはまたもや沈黙の勝利を獲得したのだ。スターリンはワシントンの孤独なホテルの一室で、絶望するクリヴィツキーと戦った。そして、クリヴィツキーよりも強かったのだ。クリヴィツキーはあの多くの大小のボリシェヴィキ達のように死んだ。何故ならば党なしには、自分自身の外部にある目的なしには、革命の伝説なしには、彼は生きることができなかったからだ。彼は追われ、過去の記憶にさいなまれていた。

もはや彼には、擁護すべき党も国家も無かったので、最後の努力は、自分自身の政治的重要性を高めることになる、つまりスターリンかモロトフが行なう声明で、直接自分を目標としないものはありえないのだとしたのだ。

彼の目は、クレムリンが総力をあげて自分を破壊するためにのしかかっていると受けとっていた。スターリンが彼を抹殺しようと望んでいたことは、疑いを入れない。かりに、クリヴィツキーは自殺したのか、それとも殺害されたのかという疑問に、「それによって誰が利益を得るか」（cui bono）の原則に則って答えるべきとすれば、われわれは、クリヴィツキーの死には、スターリンとその秘密警察に責任があるとしなければならない。高度の意味合いでは、彼らは責任がない。彼らとクリヴィツキーとは、革命が解き放った悪魔たちに取り付かれていたのだ。この悪魔たちからは逃げられなかった。クリヴィツキーの場合、悪魔たちの魔力に完全に支配されてはいなかった。スターリンとその官僚制が、単純な苦痛としていたところで、クリヴィツキーは苦悩した。クリヴィツキーは良心を失わなかった。その重要な部品であった機械の何千もの犠牲者は、彼が〝くじいた〟多くの男女たちだった。何故ならばこの人たちは機械の行く手を邪魔したからだった。死んだ同志たちの顔、彼の逃亡によって生命が危うくされることになった人びとの顔が、絶えず彼の脳裏にあった。いったいあれほどの流血、あれほどの犠牲、あのような大激動は、むだだったのだろうか？　日夜彼は理屈にあった説明を探したが、見付けられなかった。彼の不安にさいなまれた問いは、私の耳に非難として始終響くだろう。〝パウル、いったい君は何をくれるのだ？　僕は総てを無くした。この逃亡がむだにならないように、いったい君は僕に何をしてくれるのだ？〟悲しいかな、私には彼に与えるものは、ただ愛情しかなかった。そして、それは不十分だった。

彼の記事が起こした大きな反響と、彼の新しい協力者たちの政治的情熱のせいで、すぐに彼は再び政治の舞台に引きもどされた。彼は奮い起こすことのできる全力を投じて、彼が奉仕したスターリンと党を攻撃した。一九三七年十月に戦列からふみでたとき、彼はスターリン政権が半年とは持たないと信じてきた。これは、彼の大きな政治的誤算だった。スターリンは彼が思っていた以上に強く、クリヴィツキーはますます悲痛を味わい、ますます絶望的になるだけだった。〝われわれは総てにたいして、苦痛をもって支払わねばならない〟と彼は一度言ったことがある。彼が背負った苦痛はあまりに大きすぎた。

一九三九年の冬のある晩、ニューヨークのリヴァーサイド・ドライヴを歩いて、過去の誤りについての長い憂うつな議論をわれわれがしていると、彼は突然鉄の柵の向こうにある小さな礼拝堂の窓に映るほのかな光を指さして言った、〝あー、あそこで、静かにしていられたらなあ〟。私は言った、〝入ってみよう〟。だが扉は閉まっていた。

〈パウル・ヴォールの略歴〉

私はベルリンで一九〇〇年一一月二〇日に生まれた。アメリカにはチェコスロヴァキアの新聞の通信員として一九三八年六月にきた。クリヴィツキーより先に来て、彼の為に宣誓口供書を確保するためだった。一九三九年一二月に私は彼との関係を断った。一緒にアメリカで続けようとわれわれが企てていた執筆協力は不可能になった。もはや原則はおろか方法論についても意見が合わなくなった。クリヴィツキーは新しい協力関係に引き込まれた。二人の道は別れた。

一九三六年一月から関係を断つまではクリヴィツキーと頻繁に会った。初めて彼に会ったのは、一九二五年ドイツでだった。一九三六年に、彼はロシアから戻ると私をパリに訪ねてきた。その当時私はハインリッヒ・マンを議長とするドイツ自由委員会に参加していた。それから私は世界学生大会への公開状をつうじて接触するようになった各種の反ファシスト組織との関係を断った。これは、ナチ政権が〝建設的国際協力を不可能にした〟と、抗議して各種の公式国際機関から手を引いたあとのことだ。

そのかわりに、私は独立の立場にたつ多くの友人たちにナチに反対する個人的、直接的行動のために緩い組織を作ることを示唆した。ヒトラーとその仲間にたいして悪意をいだくわれわれ——男も女も——は、外国でのナチの策動に対抗し、ドイツ、オーストリア、イタリアで道徳的に保守、政治的には自由主義の層に静かにわれわれの影響力を行使した。われわれの組織の若い人たちの少数は第一次大戦後に革命運動に関係があったが、その頃は誰一人として、共産主義者はわれわれの間にいなかった。私とクリヴィツキーの協力は、共通の一つの目的のみを基礎としていた。それは、公衆の前での雄弁よりは、責任ある地位にいる人たちによるナチズムとファシズムにたいする効果的な反対活動であった。

その時期に私は多くのフランス、イギリス、アメリカの新聞雑誌に寄稿した。一九三六年春に私はパリ万国博の技術顧問とフランス鉄道の公認貨物代理店の配送顧問に任命された。一九三七年十月、私はクリヴィツキーがゲペウの監視から逃れるのを助け、フランス官憲にたいして彼の身分を証明するのを助けた。一九三七—三八年、彼の最初の一連の記事を書くのに協力した。それは欧州の代表的な社会民主主義の新聞に掲載され、その多くは、彼がアイザーク・ドン・レヴィンといっしょに書いたアメリカで発表された記事に含まれている。

私が経験した国際機関での各種の職務は次のようなものだ。国際商工会議所事務局長、国際連盟通信運輸機関常任事務局代表、その他、政府、民間の国際機関多数。ダニューブ河運航会議事務局長。パリ大学比較法研究所経済部嘱託。

私は現在フランスの政治家ジョルジュ・マンデルについての本を執筆中であり、雑誌を創刊するためにアメリカの協力者をさがしている。この雑誌は現代の精神、政治、経済、技術、の各面にわたって、国際視野にたって人間と思想と事件とを扱う非セクト的で道徳的には保守主義で、政治的には建設的な週刊誌である。保守的なオーストリア、フランス、ドイツ、イタリア、スカンジナヴィア、スイスの優秀な書き手たちが、アメリカの協力を待っている。

私はアメリカにフランスの旅券で来た。現在、私は国籍の無いユダヤ人・キリスト教徒である。私の世代の最良の人たちは死んだか、

〃くじかれた〃。生き残っているものは、最良の人たちではない。私はその生き残りの一人なのである。

パウル・ヴォール

（〃コマンウィール〃一九四一年二月二八日
（第三三巻一九号、四六二―四六八ページ）

訳者後記

久野収先生をはじめコンスエロ・リベス（Consuelo Ribes）、佐久間穆、春原昭彦、石堂清倫、チャプマン・ピンチャー（Chapman Pincher）、中田整一の諸氏からご協力を仰いだ。記して厚く感謝申し上げる。また、みすず書房高橋正衛氏は、クリヴィツキー回想録の史料としての重要性に早くから着目されて、邦訳出版の労を取られた。一九五九年ころ、総合月刊雑誌「自由」に、私は清沢宏五郎の筆名で、回想録中の「スペイン内戦へのスターリンの干渉」を紹介した。これは当時スペイン内戦史を調べていた際の副産物であった。これを読まれた同氏から回想録の全訳を求められたのが、きっかけとなった。私は一年の三分の二を、旅先で過ごす生活をしてきたので、回想録の再版に付したこの小論は、約束の予定を何年も過ぎることとなった。その間辛抱強く待って頂いた同氏とみすず書房に脱帽して敬意を表したい。

一九八六年一一月　チューリッヒで

根岸隆夫

第三刷への追記

クリヴィツキーの怪死については、自殺説、暗殺説と分かれていることは記した。いずれも、推理の域を出ないものである。私自身は暗殺説を取っていたが、今年の秋ロンドンで出版されたソヴィエト秘密警察からの脱走者イリヤ・ジルクヴェーロフの回想で、この点について注意をひく記述がある。ジルクヴェーロフは、一九二七年セバストポール生まれのグルージア人でスターリン世代である。第二次大戦でドイツ軍と戦い、戦功をあげ、戦争末期に秘密警察に入り、一九八〇年亡命までその一員だった。ジュネーヴの世界保健機構WHOのソヴィエト新聞担当だった。秘密警察の学校で、テロ専門の上級幹部スドプラートフから国外での反対派、反逆者の暗殺、誘拐について受けた講義を記録している。「リテラL」が抹殺、「リテラI」が誘拐、の暗号名とされていた。「リテラL」は、ソヴィエト共産党政治局と書記局の承認を必要とされた。以下該当箇所を引用する。

「最初の『リテラL』行動は、オゲペウ・テヘラン駐在員ゲオルギー・アガベコフに対して発動された。彼は本名アルチューノフといって、一九二九年に脱走した。我々は彼について講義で聞かされたが、後日私が国家保安委員会（KGB）第一総局の文書記録課で働いている時に、アガベコフの記録書類に目を通した。彼は西側に脱走した最初の駐在機関長だった。他に戦前の脱走者としては、スペイン駐在機関長アレクサンドル・オルロフと二人の秘密警察将校ワルター・クリヴィツキーとイグナス・ライスがいた。彼らの文書綴りには、『リテラL』の見出しが付いていて、彼らは処理されていた。ただオルロフだけが例外で、この運命を免れた。オルロフの話には不明な部分が多い。」(Ilya Dzhirkvelov, *Secret Servant. My Life with the KGB and the Soviet Elite.* London, 1987, p. 52)

これだけの記述なので、隔靴掻痒の感を拭えないが、秘密警察本部の文書庫で、クリヴィツキー文書綴りを見て、抹殺処理されたと証言したのはこのジルクヴェーロフが初めてである。

ゴルバチョフは、フルシチョフよりも大胆に、粛清犠牲者の復権とスターリンの犯した想像を絶する大犯罪の調査を開始すると声明した。これから、ソ連の特権層の抵抗を排除しながら、同時にソヴィエト国民の間に漲るオブローモフ主義を一掃することに、ゴルバチョフが成功するならば、このクリヴィツキー回想録で残された証言の信憑性を更に裏付ける事実と資料が明らかにされるものと私は見ている。

だが、その道程は長く、平坦ではない。その成功の保証もない。「スターリン時代」の清算は、真実の復権なくしてはありえない。ソヴィエト共産党機関紙プラウダ〔真理〕が、その名前の通り真実を報道する日が、いつ来るのかは予測できない。スターリン時代の真の清算は、ソヴィエト国家体制そのものの在り方の清算に至るからである。

なお解説中で頻繁に触れたエリザベート・ポレツキー女史（暗殺されたイグナス・ライスの未亡人）の回想録は、来年みすず書房から邦訳刊行の予定である。一九三〇年代を中心にスターリン時代の舞台裏、ソヴィエト・ロシアのスターリン専制支配が成立する過程と西ヨーロッパ共産主義運動のかかわり合いを、夫とともに諜報地下活動に関与した女性独特の鋭い感受性とこまやかな観察眼でとらえている重要な証言である。特に大粛清下のモスクワでの恐るべき日々の生活記録は貴重である。ポレツキー回想録を、クリヴィツキー回想録『スターリン時代』と併読していくと、ソヴィエト国家・コミンテルン・スターリンについて、あらためて知らされることが多く、今日のゴルバチョフ時代の行動と限界もおのずから予期されてこよう。

一九八七年一一月一一日　バルセロナで

根岸隆夫

第四刷への追記

解説でしばしば触れたアレクサンダー・オルロフが、このクリヴィツキー回想録について連邦検察局（ＦＢＩ）が行った事情聴取でどのように応答したかが次の文書から分かった。それは一九五四年六月八日づけＦＢＩニューヨーク支局から本部長官宛ての二五ページからなる報告書*である。同年一月一一日、二月一六日、三月一二日、五月一八日の四回にわたり、クリヴィツキー回想録に登場する幾人かの人物について、また内戦下のスペインでのオルロフ自身とスペインでのソ連秘密警察にたいするクリヴィツキーの非難をめぐってオルロフから事情聴取が行われた。オルロフは本書の第三章「スターリンのスペイン内戦干渉」でスペイン駐在オゲペウ代表として槍玉にあげられているのだから、クリヴィツキーにたいして非常に批判的な発言をしているのはうなずける。例えばクリヴィツキーは将軍どころか、「まことに取るに足らぬ下士官」だと片付けている。

ＦＢＩの問題意識のずれや、設問の拙劣さのせいもあろうが、オルロフは、この事情聴取で嘘と真実を取り混ぜたり、あるいは白を切って煙に巻いている。したがって二五ページあるものの報告の中身は意外に濃くない。以下にこの報告書を要約する。

* Federal Bureau of Investigation: Memo from SAC, New York to Director FBI / 618154 re: Alexander Orlov.

冒頭のローマ数字は本訳書の該当ページを指す。

24　ヴォリンスキー　防諜部長、部下一五から二〇名、年のせいで死んだか、粛清裁判被告の何人かと友人だったから処刑されたのだろう。

38　コミンテルンのOMSは、クリヴィツキーの言うような心臓部ではなく外国との文化関係を作る補助機関である。

44　ビエレツキー　ヴェニヤミン・セミョノヴィッチ・ベレツキーのことだろう。ロシア人で一九四五年オハイオ州クリーヴランドで見掛けたように思う。〔オルロフはスターリンの刺客を避けてクリーヴランドに潜伏していた—根岸注〕ベレツキーはドイツ語を良くしたから、ミュンツェンベルクをロシアにおびきよせるのにオゲペウが彼を選んだのはもっともだっただろう。

50　アメリカ合衆国共産党の役割についてのクリヴィツキーの意見に基本的に同意。

57　「九月一四日、ヤゴダはスターリンの命令に従って……」この日付はオルロフがモスクワを三六年九月九日に出発、マドリードに同月一六日に到着したのだから、間違っている。フリノフスキーとオルロフのスペイン行きとは全く関係ない。オルロフが受けたとクリヴィツキーが言っている指令は、「真っ赤な嘘」である。ウリツキー将軍とオルロフのスペイン派遣とも関係ない。

　オルロフのスペイン行きは直接の上司ヤゴダが一九三六年七月二〇日か二一日かの政治局の定例金曜日会議で提案、モロトフが支持して政治局が承認した。スペイン駐在オゲペウ代表の条件として、十月革命を経験して、ゲリラ戦を良く知り、しかも外国語が出来なければならないとヤゴダは主張し、オルロフはその条件を満たしていた。スペインでの任務はスペイン共和政府の諜報、防諜活動を助け、ゲリラ戦を行い、スペイン労働者の反乱を起こす計画を立てることだった。スペイン到着後すぐに首相、国防相、総参謀長に表敬したのだから、自分のスペイン到着と任務についてはスペイン共和政府は十分承知していた。スペイン駐在オゲペウ代表ではあったが、公式の肩書きはマドリードのソ連大使館つき政治アタシェだった。スペイン内戦の進捗状況をモスクワに報告すること、保安面からスペイン派遣ソ連軍人を監視すること、ソ連の武器援助の実行状況を監督すること、船荷の積み降ろしを監督することなども任務としていた。スペインでのオゲペウ代表として全てのソ連人に責任をもっていたので、表向きはソ連大使がソ連人のなかで一番上級者だったが、実際は秘密警察と共産党中央委員会を代表する自分が最上級者だった。スペイン派遣のソ連部隊にはオゲペウの機関員が配属され、彼等が、自分に報告を送ってきた。この報告をもとにモスクワへの報告を起草した。スペイン派遣ソヴィエト人にたいするスペイン側の反応を報告することも主要任務の一つだった。

　スターリンはソヴィエト派遣員が顧問としてだけ働くことを望んでいた。スペイン内戦に派遣された主なソヴィエト軍事顧問は、ゴリエフ将軍、クーリク元帥、ベルジン将軍、シュテルン将軍、マキシーモフ将軍。クリヴォシェイン大佐は初代の戦車兵団つき顧問。第二次大戦でベルリンを陥して有名になった。クリヴォシェイン大佐の後任は、パヴロフ将軍、後に全ソヴィエト戦車軍団を指揮。クリヴォシェインはスペインでメレの偽名を使用。スペイン空軍の初代顧問は、若いユダヤ人空軍将校シュムシュケヴィッチ、スペインから帰還後スターリンはソ連空軍司令官に任命。

スペインにスパイ網を組織するためにナチが派遣したランダドを摘発、寝返らせ、逆情報をドイツの本部に送らせ、ドイツ側スパイ十数名を摘発。

57　クリヴィツキーは一九三六年九月一四日、オゲペウ本部ルビヤンカの会議で、スペインでのコミンテルン活動をオゲペウが受け持つと書いているが、全く事実ではない。オゲペウはコミンテルンの活動に関与しなかった。時々特別任務のためにコミンテルンから人手を借りたにすぎない。コミンテルンは、共和国軍、特に国際旅団の戦闘士気を高めることを任務とした。オゲペウとコミンテルンは人員について情報交換以上のことはしなかった。クリヴィツキーはオゲペウが各国からの義勇兵のスペイン派遣を統制すると書いているが、その事実はない。義勇兵派遣はコミンテルンと各国共産党の宣伝のせいであり、身元思想調査はコミンテルンとソヴィエト軍事情報部が担当した。彼等のスペイン到着後オゲペウは、保安面から監視した。破壊分子は義勇兵であるとないとにかかわらずオルロフの責任だった。保安面以外では義勇兵はアンドレ・マルティの指揮に属した。

58　ウランスキー大尉がスペイン援助兵器の調達を行ったと書いているが、一丁の銃もウランスキーの手でスペインに届いた事実はない。クリヴィツキーの書いているような航空機調達の事実はない。ソ連政府を除いて航空機をスペイン共和国に調達したのは、作家のアンドレ・マルローだけだ。またウランスキーではなくウマンスキーが正しい。彼は党員ではなかったが、外国語の才能があるのでオゲペウに使われた。年齢四三（一九三七年）、背丈五フィート六インチ、がっしりした体格、黒ずんだ肌色、服装の趣味良く、好感を抱かせる性格で典型的なフランス人らしく見える。

59—60　クリヴィツキーはスペイン共和国向け武器密輸に触れているが、オルロフの知る限りクリヴィツキーはオランダ以外の国に部下を持っていなかったし、一連の商社が設立されたこともない。クリヴィツキーのことは聞いたことはあるし、オランダに派遣されたのも知っているが、独ソ戦争勃発に際してだけ活動を開始することになっていた。クリヴィツキーは、将軍を僭称しているが、ソ連軍事情報部で将軍ではけっしてなかったし、取るに足らない下士官だ。クリヴィツキーは自分の組織が主としてスカンジナヴィア船籍の外国船を使ったと言っているが、オルロフによればこれは嘘以外の何物でもなく、彼の低い地位でスペイン向け武器輸送の船舶の手配が出来るはずがない。

オゲペウ旅券課のゲオルク・ミュラーはソ連情報機関では名が轟いていたから、クリヴィツキーの書き方はもっともだが、ミュラーが偽造文書や偽造外国船荷証書を作ったとは聞いていない。クリヴィツキーは実現しなかった計画のことを書いたのかも知れない。

61　五〇機の航空機がスペイン向けに輸送されアリカンテ港に陸揚げされたとしているが、真っ赤な嘘だ。もし五〇機も到着すれば自分の立場で知らなかった筈がない。それに陸揚げするとすれば、他の多くの兵器と同様カルタヘナ港の筈だ。

64　クリヴィツキーは国際旅団の中核はロシアから送られた五〇〇

から六〇〇名の外国人亡命共産党員と書いているが、オルロフは数が誇張されている点を除いて正しいとした。オルロフの推定では二五〇から三〇〇名。ロシア国籍の義勇兵が派遣されなかったのは、ロシアの直接干渉を否定するため。

64　国際義勇兵の旅券が没収されモスクワに送られたとしているが、オルロフはオゲペウが関与したとは聞いていないとのことだ。戦死した義勇兵の旅券を赤軍情報部が集めてモスクワに送ったのは常識。オルロフによると、こうして集められた旅券はモスクワでオゲペウと赤軍情報部との間で分配利用された。

66　クレベール将軍をオゲペウの傀儡としているが、真実ではない。クレベールは国際旅団司令官であってオルロフにとって彼に命令を与えるなど馬鹿げている。時々小遣いを渡したことはある。これは彼のスペインの女友達のためにもっぱら使われた。この金はオルロフの自由になる機密資金から出た。

66　一九三六年一一月にクレベールはマドリード北部方面政府軍最高司令官に任命されたとクリヴィツキーは書いているが、真実ではない。国際旅団を指揮する将軍に過ぎずスペイン政府軍の指揮はしなかった。クレベールは大向こうを唸らせて有名になったので、軍事顧問のロシア人の将軍たちから妬まれた。おまけに独立心旺盛でロシア人の将軍の意見を聞いたりしなかった。オルロフの知る限りスペインにはアクーロフ将軍なる人物はいなかった。オルロフの記憶ではカタロニアで赤軍情報部を指揮していたのはザイキン大佐。

68　クリヴィツキーは、オルロフがオゲペウを指揮してスペインでもロシア同然反対者たちをトロツキー派として粛清するのを、カバリエロ首相は良く思っていなかったと書いているが、オルロフによるとこれは「ただの妄想」であり、クリヴィツキーはトロツキー派の出版物の記事を下敷きにして書いたとしている。

オゲペウが特別監獄を設け、暗殺、誘拐を行ったとクリヴィツキーは書いているが、オルロフは、全く嘘だとした。

69　クレベール将軍の更迭についてオルロフは、前記のような彼の性格のせいかも知れないし、赤軍要員のスペイン前線勤務は六か月が原則で、経験をつむと交替させる方針のせいかも知れないとも言った。英語が話せたクレベールは外国特派員にとって「時の人」であり、外国新聞記者と接触を拒絶する方針のロシアの将軍たちからは嫉妬されたのも更迭の原因だろう。

69―70　オゲペウはモスクワで御馴染の方法で自白を引き出し、処刑したとするクリヴィツキーの主張をオルロフは「全く馬鹿げている」と評した。彼は重大な告発を受けた者は即座に処刑したのだから、拷問の手間暇をかけて自白を取る必要はなかったとしている。オルロフはスペイン在任中に政治裁判はなかったとしている。ただ一つの政治裁判はアンドレウ・ニンを裁くもので彼がスペインを離れた後で行われたと言っている。ニンの暗殺には全く関与していないと主張。彼によればニン暗殺命令はスターリンが出し、命令を実行したのはボロディンという名前のロシア人である。ボロディンがモスクワ帰還後レーニン勲章を貰ったのを聞かなかったならば、殺したのはスペイン共産党だと思っただろうとのことだ。

マーク・ラインについてはパリでオゲペウ駐在員キスロフから聞いたところでは、ガンマという名前のロシア人がラインを始末したのは自分だと自慢していたとのことだ。またラインがスペイン警察に死ぬ前に逮捕されたという話も聞いた覚えがあるとのことだ。

71　ベルジンがオルロフの即刻本国召還をヴォロシーロフに進言した秘密報告を読んだとしているが、オルロフは「単なるでっち上げ」と言っている。「将校でもないクリヴィツキーのような人物が、スターリンが読むようにとヴォロシーロフに宛てた手紙を、どうやって入手できただろうか？」と反問し、秘密警察長官エジョフに読まれるのを承知で、オルロフが犯したとする犯罪を列挙した手紙を書くとはおよそ考えられないと言った。オルロフはスペインでベルジン将軍と仲が良かったのだから、そんな手紙をベルジンが書いたとは信じられないとのことだ。この際オルロフはクリヴィツキーの本を書くのを手伝った代作者たちの一人がスペインでのオルロフとオゲペウを非難する材料をトロツキー派の新聞記事から得たという話しを聞いたと言った。このアメリカ人の身元を明かすことをオルロフは拒絶した。この代作者によればクリヴィツキーは将軍の肩書きをつけるのに抵抗、すったもんだのすえ、やっと将軍の肩書きが雑誌と本で使われることに納得したとのことだ。

73　オルロフの手配でスペイン共産党幹部で共和国政府の秘密警察長官のガルシアがモスクワで休暇をとっていたとクリヴィツキーは言っているが、オルロフはガルシアなど名前を聞いたことがなくクリヴィツキーの「まったくのでっち上げ」だと否定。

79—91　ドル紙幣偽造行使に関わったとされているフランツ・フィシャー、アルフレッド・ティルデン、アレクサンドロフスキー、ニック・ドーゼンバーグ、リディア・スタール、バータン博士については全く知らないとオルロフは答えた。ただしヴァレンタイン・マーキンについては、初め知らないと言ったが、ハンブルクでグラハム自動車会社代表をしていて、後にソヴィエト情報機関の資金でアメリカに船会社を作ったチャイキンがマーキンという別名でも呼ばれていたことを思い出し、それがクリヴィツキーが言及しているマーキンと同一人物かどうかは分からないと言った。チャイキンは一九三一年か三二年にオゲペウを免職になっているから同一人物とは思わないとのことだ。

ロシアがドル紙幣偽造をしたというクリヴィツキーの話しは実際その通りだとオルロフは語った。

100—102　ヴォロージャ・フィシャーは戦争勃発に備えてコペンハーゲンに配置されたオゲペウの下級職員でクリヴィツキーの立場と大体似たようなものだとのこと。無教養な男で一九三一年に三〇歳、労働者出身、粛清に際して銃殺されただろうとオルロフは見ている。

100　ソヴィエト領事館員は皆オゲペウだとしているが、当たっていない。だが少なくとも一人はオゲペウから派遣されている。

101　クリヴィツキーが言及したシャピロはオルロフが自著の『スターリン犯罪秘史』でエジョフの秘書として書いている人物と同一で、外国で脱走者を抹殺する目的で暗殺団を組織した。オルロフが脱走した一九三八年当時「特別任務部」の責任者だった。

104—105　ザコフスキーは、オルロフの上記自著で書いたレニングラード・オゲペウ長官レオニード・ザコフスキーと同一人物で一九三八年四月に粛清された。

138—163　ミラー将軍誘拐失踪事件についてはクリヴィツキーが新聞

記事を焼きなおしたとオルロフは言っている。

ミラー将軍の暗殺についてオルロフはオゲペウ外事局長スルツキーの補佐シュピーゲルグラスとパリ駐在オゲペウ代表キスロフから次の話しを聞いた。ルアーヴル港に行く道路が通るパリ郊外の小さな町に別荘をかりておいて、ミラーをここに監禁、そこから船に運んで殺害。クリヴィツキーがこの事件に関係ありとするアメリカ婦人マーガレット・ブラウダー、キティ・ハリスについては知らないとオルロフは言っている。

クリヴィツキーの本が出版されてから、一五年、クリヴィツキーが殺されてから一三年、スターリンが死んで一年たってアメリカ当局はこの聴き取りをしている。その事情は解説で述べた米ソ関係の劇的変化、冷戦の激化である。またオルロフことレオニード・フェルドビンがスターリンが死後初めて長年の潜伏生活を終わらせて、クリヴィツキー同時代人の数少ない生き残りのソヴィエト秘密機関脱走者として登場したからでもある。オルロフは、ソヴィエト秘密警察で実際将軍の地位にあり、ヤゴダの信任厚く、その秘密警察活動についての情報量はクリヴィツキーよりも遥かに多いと見て当然である。その彼が以上のような程度の証言しかしていないのは、自己保身のためだろう。

昨年オルロフの『スターリン犯罪秘史』のロシア語版がソ連で出版された。ソルジェニツィンの『収容所群島』も出版された。そのうちクリヴィツキー回想録がソ連で出版されるのも、あながち荒唐無稽ではなくなった。* レーニンとスターリンが大恐怖によって創造し、大恐怖のもとで維持してきたソ連邦は解体されつつある。大恐怖、その手段としての秘密警察なしには七〇年余絶対権力の座についてはいられなかったソヴィエト共産党は解体された。これから、スターリン時代の恐るべき真相が原資料にもとづいてロシアやその他の国の研究者によって一層明らかにされるだろう。だが、犯罪者たちは、犯行を隠蔽するために証拠を焼却、破壊、抹殺するのが世の習いである。ゲシュタポもそうだった。スターリンとその秘密警察が犯した犯行の証拠は、相当湮滅されていて、研究者たちは虫食いの古文書を解読するような苦労を予期すべきかも知れない。

* 一九九一年に刊行された。Кривицкий В., Я был агентом Сталина. Москва: Терра 1991.

一九三九年ナチ・ドイツと同盟してソ連はポーランドを分割したが、その際赤軍の捕虜となったポーランド軍将兵は秘密警察管理の収容所数箇所に分散収容された。その数およそ一万五千人。そのなかには多くの現役将校と医師、大学教授、弁護士などで予備役将校として動員された人々がいた。つまりポーランド知識層、指導層である。ポーランド国家抹殺のためには、ポーランド民族の頭脳を切り落とすにしくはない。一九四〇年三月スターリンは抹殺を命じた。銃殺された死体は深く掘られた露天掘りのような墓に幾重にも投げ込まれた。後に彼等の運命を尋ねられたスターリンは冷然と「満州に逃げ込んだ。」とうそぶいた。そのうち約四千名の死体だけがスモレンスク郊外カチンの森で一九四三年に侵攻したドイツ軍によって発見発掘された。世に名高い「カチンの森虐殺事件」である。

では残りの一万名の行方は？

認めようとしなかったゴルバチョフもやっと昨年になって真相の調査を指示した。ソ連軍検察当局は百名以上尋問をしてやっとカチン以外での集団虐殺場所を突き止めた。その一つはモスクワ北方のカリーニン市である。ここで一九四〇年四月、六二九五名が、毎晩およそ二五〇名の割合で一か月間射殺された。それは当時カリーニンの秘密警察責任者だった盲目の八九歳のヴラジミール・トラリェフの告白からである。秘密警察本部で処刑された人々の死体は三〇キロ郊外のミェドノーエ村の近くに埋められた。さらに南ロシアのハリコフで四四〇三名。この事件一つとってみても、証拠文書がないためにスターリン時代の常人の想像を絶する規模の蛮行を究明するのが容易でないことを物語っている。

最近になって、アメリカでは一九七九年のハイピリアン・プレスについで、一九八五年にウィリアム・フードの解説序文つきで原書*が再版されているのを知った。この邦訳以外では初めて解説がついている版である。

デュッセルドルフ、一九九一年一一月七日

根岸隆夫

* *In Stalin's Secret Service*, by Walter G. Krivitsky, with a new preface by William J. Hood, Maryland, 1985.

第五刷にあたって

原著がニューヨークとロンドンで一九三九年に出版されてから六四年、この邦訳の第一版が出版されてから四三年経つ。この長い歳月をへてクリヴィツキー回想録が記録している事件、人物についての信憑性はさらに検証をうけた。

一九三九年版原著が一九八五年にアメリカで解説つきで復刊、一九四〇年にパリで出版されたフランス語訳がそのままで一九七九年に復刊、一九九〇年代に入ると英米で別々の解説がついて復刊が続いた。一九四〇年にアムステルダムで出版されたドイツ語版が一九九〇年に初めてドイツで解説つき挿絵入りで復刊された。ロシアでは初めてのロシア語訳が一九九一年に解説つきで出版された。些細な誤記、記憶違い、仄聞があるとされるが、本質的にはスターリン時代の重要な証言として専門家の間での評価が定まった。だから、これだけ復刊が続くのだろう。後日真相が明らかになった一例を挙げる。

本書一三〇ページ上段でクリヴィツキーは秘密警察外事部長スルツキーの自殺に触れている。スターリンは古参秘密警察幹部スルツキーの粛清を決定した。だが外国駐在諜報員の間で動揺が広がらないように、エジョフと一計を案じた。一九三八年二月一七日にスルツキーは秘密警察の上司フリノフスキーの事務所に呼ばれ、背後から数人にクロロフォルムのマスクをかぶせられて失神、毒薬を注射されて殺されたのが真相だ。スターリン粛清の殺人手段として拷問、射殺のほかに毒殺が流行した。こうして粛清されたスルッキーはモスクワのノーヴォデヴィチ墓地の立派な墓に埋葬された。

だが語られなかったことの方がこの回想録には多い。この回想録出版は日夜スターリンの暗殺者に生命を脅かされながら、定職のない亡命者クリヴィツキーが生活の糧にと大衆誌に連載した記事を元にしている。これには一般読者をひきつける売り物としての値打ちが求められ、クリヴィツキーには妻と幼い少年を抱えていて、それを拒む余裕はなかった。次に書くロンドン行きも共産主義幻想の崩壊のほかに金銭報酬がきっかけとなったと想像するのは的外れだろうか。

邦訳第二版第四刷が出て一三年たった。その間にクリヴィツキー証言の信憑性を高める機密資料が公開された。二〇〇二年五月七日と八日に英国公文書保管所は英国防諜機関MＩ5の公安関係機密資料二一二件の文書綴りを公開した。これは主として一九三九年から一九四五年にかけてのロシア共産主義者、日本スパイ、ドイツ諜報将校、ドイツ・スパイ、ソ連諜報将校、ソ連スパイ、極右主義者、平和主義者の個人別調査綴りから成る。

この機密文書綴りで分類番号ＫＶ2／802、804、805はクリヴィツキーに限ったもので、文書綴り数で一〇七あり、ページ数で約六〇〇ページに及ぶ。内容は英国防諜機関MＩ5の招請を承諾してクリヴィツキーが、一時身を隠していたカナダから一九四〇年一月半ばに船で英国のリバプールに向かい二月半ばまで約一ヶ月間ロンドン滞在中にMＩ5が行った聞き取り調査が主である。ソ連諜報機関の組織、構成員、訓練、赤軍諜報部と秘密警察（ＮＫＶＤつまりＫＧＢの前身）諜報部との関係、ソ連諜報機関とコミンテルン、各国共産党との関係、英国内ソ連スパイ活動（約一〇〇名を暴露）、スペイン内戦でのソ連の役割、独ソ軍事協力関係、独ソ諜報機関協力などＦＢＩクリヴィツキー関係文書に比べてはるかに実質がある。大植民地帝国を支配する英国の情報機関はさすがである。任意の事情聴取（強制尋問ではない）でこれだけの情報を引き出す担当官の能力はたいしたものである。最初クリヴィツキーは英国で過去の敵対行為を罪に問われるのではないかと恐れた。だが鋭い判断力をもとに説得と報酬でこれだけ中身の濃い情報の宝庫をMＩ5はクリヴィツキーで掘り当てたのである。その前にクリヴィツキー情報にもとづいて英国外務省内で実際にキングというスパイを摘発できた実績が物を言っているのも確かだ。ただ大失敗はケンブリッジ・スパイ団のとっかかりを掴み損ねたことである。

クリヴィツキー綴りのなかにはカナダ騎馬警察（ＲＣＭＰ）が英国当局の要請に応じてカナダに戻ったクリヴィツキー（カナダでの偽名はトーマス）に報酬金額八八六〇ドルを支払った報告もある。その一九四〇年三月四日づけ領収証にはワルター・トーマスの署名を見ることができる。また綴りは一九四〇年四月から一九五〇年五月とクリヴィツキーの死後一〇年に及んでいる。これは冷戦の開始と無縁ではない。なお英国情報機関は再度事情聴取を企てていた矢先にクリヴィツキーの不慮の死の報道に接することになる。聞き取り担当官がクリヴィツキー夫人と子供にたいして英国情報機関は契約上なんらの義務も負っていないが、何らかの援助をすべきだろうかという部内提案の文書もある。これは一貫して冷酷非情な物語のなかで一瞬心温まる唯一の文章である。

　今日になっても不明なのはクリヴィツキーの謎の死に様である。自殺か他殺か。これはロシア政府が赤軍諜報部、秘密警察諜報部の機密文書を公開しない限り、謎としてとどまり続けるだろう。英国情報機関にクリヴィツキーがソビエト・ロシアの諜報網の秘密を明かした内容は、フィルビーを筆頭に英国情報機関内にソビエト・スパイ、例のケンブリッジ五人組がいたのだからモスクワに筒抜けだっただろう。聞き取り中身を分析したモスクワはクリヴィツキーがまだ重要な機密を明かしていないと判断して、二回目の英国情報機関の聞き取りを阻み、またアメリカが本格的な調査を始める前に抹殺を急いだだろう。とすればワシントンのホテルでの拳銃による死は自殺に見せかけた殺害との疑いをますます濃くさせる。頭蓋を打ち抜かれ（あるいは打ち抜いて）寝台に横たわるクリヴィツキーの死体の左手元に拳銃があったが、クリヴィツキーは右手使いだった。

　二〇〇三年に元ＣＩＡの対ソ専門家だったガリー・カーンが「ワシントンの死――ワルター・Ｇ・クリヴィツキーとスターリン・テロ」*と題するクリヴィツキーの伝記を出版した。これはＦＢＩクリヴィツキー文書と上記ＭＩ５のクリヴィツキー文書を縦横に使って書かれているが、この著者も（一）自殺に見せかけた射殺、（二）強制された自殺、（三）自らも求めた自殺のどれかだとして断定的な判断を下していない。状況証拠が故意か、不注意かで抹消されてしまった以上、ロシア政府の機密文書に謎は封印されたままである。

＊　Gary Kern, *A Death in Washington—Walter G. Krivitsky and the Stalin Terror*, Introduction by Nigel West, Enigma Books, New York, 2003, 491 pages

　クリヴィツキー夫人は、トニア・トーマスと法律的に名を替え、衣類工場で安い手間賃で働き続け、息子のアレクスをコロンビア大学までやったが、アレクスは三〇代で脳腫瘍で亡くなった。その後もトニアは体が弱るまで働き続けて一九九六年に養老院で九四歳まで生きた。彼女は夫の死後口を閉ざして一切語らなかった。

二〇〇五年九月一一日

根岸　隆夫

新装版への訳者後書

西ガリツィア（当時はオーストリア＝ハンガリー帝国領、今はウクライナ領）の、ユダヤ人が住民の大半を占める小さな町ポドヴォロチスカで[*]、サムエル・ギンスブルクは一八九九年、ユダヤ人を両親として生まれた。ギンスブルクが一九四一年にワルター・クリヴィツキーとして、ワシントンのユニオン駅に近いベルビュー・ホテルの一室で自殺をほのめかす数枚の短い手紙を残し、拳銃による謎の死を遂げてから七八年が過ぎた。

* 一九四一年七月にドイツ軍が占領、一九四三年にかけて生き残っていたユダヤ人住民はポーランドのベウジェツ殺戮収容所に送られて抹殺された。

その残した回想録がニューヨークとロンドンで出版されてちょうど八〇年になる（アメリカ版表題は *In Stalin's Secret Service*, 英国版は *I was Stalin's Agent*）。

本にはそれぞれの運命がある。この本は著者の波乱に富んだ四二年の悲劇的で絶望的な短い生涯を記録しており、また著者の碑銘として、今日まで命脈を保っている。

この本の運命は著者の運命に似て数奇である。これはスターリン時代の頂点をなす恐怖支配の下で鎖国していた一九三〇年代ソビエト・ロシアについての稀有な証言である。窺い知れぬ歴史的事件を、同時代人として自分の経験と伝聞をもとに、命の危険を冒して世界に知らせたのである。

出版されると、多数の読者を得た。その内容はすでに、当時のアメリカで強い影響力を発揮していたサタデー・イブニング・ポスト誌に、一九三九年四月一五日、二二日、二九日、八月五日付けで連載され、大きな反響を呼んでいた。四月二九日付けの記事は独ソ不可侵条約を予告していた。

だが、ニュー・マッセズのようなアメリカ共産党につながる左翼系雑誌は、クリヴィツキー幽霊説、クリヴィツキー回想録偽造説をさかんに唱え、クリヴィツキー証言の信憑性を薄めようとした。ネーションのように知識人読者層を相手にし、ルーズヴェルトとニューディール政策を支持する有力誌も、クリヴィツキーの信憑性を強く否定した。

反響は戦雲に覆われつつあった欧州大陸に届き、一九四〇年にパリ、ミラノ、マドリード、アムステルダム（オランダ語版とドイツ語版）で翻訳出版された。なかでもドイツ語版訳者でデュッセルドルフ出身のフリッツ・ハイマンは、反ナチ運動にかかわったユダヤ系ドイツ人ジャーナリストで、アムステルダムに亡命、ドイツ占領下の一九四二年にゲシュタポに逮捕され、アウシュヴィッツで著者の後を追うかのように殺された。

戦後は、アメリカで一九七九年、一九八四年、二〇〇〇年、パリで一九七九年と二〇一五年、ドイツで一九九〇年、ポーランド語訳がパリで一九六四年と出版が続き、ついにソ連解体時のモスクワで一九九一年にロシア語版が日の目を見た。その後いくつかのロシア語版が出ている。どれも書名はロンドン版の『私はスターリンのスパイだった』を採っている。この簡単な出版歴だけでも、多くを語っている。いうまでもなく、モスクワでのロシア語版の出版は画期的だった。ソビエト・ロシアが裏切り者として命を奪おうとした(それとも奪ったのか)〝反逆児〟の帰郷をロシアは迎え入れたのだ。それはクリヴィツキーが戦ったスターリン主義政体の敗北の結果だった。

一九九一年、ロシアの学術誌「歴史の諸問題」(一九九一年一一号)はすぐに、ボリス・スガルノフの論文「ワルター・クリヴィツキーの運命」(一一ページ)を掲載した。くり返しになるが、秘密政治警察NKVD(KGBの前身)と赤軍参謀本部第四部(諜報)の一次資料は公開されていないから、西側で発表された資料、研究書、クリヴィツキー回想録自体に拠るところが大きく、ごく一部のソ連公文書を閲覧し引用して書いているにすぎない。だから目から鱗が落ちることを期待した人には、既視感だらけの期待外れの内容ではあった。しかし、情報言論鎖国のソビエト全体主義社会で長年暮らしてきた無知なロシア人読者の蒙を拓き、スターリン時代を理解させるものではあった。回想録のロシア語版が複数、異なった出版社から出ているのも頷ける。

ここでスガルノフ論文から、西側文献にない注目に値する一次資料に拠ったか、あるいは西側文献でこれまであまり言及されなかったと思われる箇所だけを抜粋して箇条書きにする。

○内戦後、赤軍軍事アカデミーの特別講義を受講。終えると一九二三年、参謀本部第四部の部員として争乱のドイツに潜入し、ドイツ共産党員の武装化を進めてドイツ革命を支援する。革命失敗後はヴェルサイユ講和条約にもとづいて、フランス軍の駐留するルール・ライン地方で活動。後年ナチ政権下で活性化される赤軍諜報網の地盤を敷く。ドイツでの隠匿武器がフランス軍政当局に発見されてドイツ共産党員の逮捕が始まると、クリヴィツキーは逃れてスイス、オーストリア、イタリアへ活動の場を移し、やがて西欧諸国の専門家として部内で頭角を現わす。

○一九二五年には赤軍参謀本部第四部師団長格の処遇を得てスパイ養成学校で教える。一九二六年六月にふたたびドイツに派遣され、同じ第四部で働いていたアントニア・ポルフィリエヴァに出会い結婚、一児アレックスを得る。

○一九二八年二月の赤軍創設一〇周年に際し、ソ連革命軍事評議会から〝プロレタリア革命の忠実な擁護者〟の賞状とともに名誉の剣を授与される。この勲功授与の指令公文書にはカーメネフが署名している。他の公文書としては、一九三一年一月一七日付け共産党中央委員会幹部会の「赤軍将校への勲章授与」を討議する議事録があり、赤旗勲章授与者の名簿にワルター・クリヴィツキーの名前があってイェヌキーゼが署名している。〝きわめて困難で危険な状況で発揮されたプロレタリアートの利益への限りない献身と個人的創意と軍功を称える〟としている。

○一九三〇年代には、赤軍参謀本部第四部でベルジン部長の下で精励。

○一九三二年の飢餓の発生を休暇先で見たクリヴィツキーは、次第にスターリン体制への疑問を抱きはじめる。
○一九三三―三四年、軍需産業研究所長。これは師団長資格相当とみなされる。そのためアメリカ・メディアでは将軍の肩書をつけて報じられた。
○その後西欧駐在となり、任務は軍事情報の収集。イタリアのファシスト高官を買収してイタリアの潜水艦設計図を入手。最大の成果は、ベルリンの諜報網を介して一九三五年末に大島・リッベントロップ間の日独枢軸協定締結の秘密交渉を把握、一九三六年七月には大島と東京間の往復電報の全文を入手したことだ。
○ハーグのセレベスト通り三二番地に、オーストリア人骨董商マルティン・レスナーの偽名で家族といっしょに住んでいた。西欧駐在の軍事諜報の責任者。稀覯本の専門商として業界では通っていた。これは頻繁な旅行、情報の運搬には格好の隠れ蓑だった。ベルリンでナチ親衛隊将校から入手した日本の外交暗号を運び出すのには、フランシス・ベーコンの初版本に紛れ込ませた。一九三六年一二月、モスクワ本部は突如、ドイツの諜報活動の停止を命じる。

モスクワから出張してきたNKVD外国部長スルツキーは、クリヴィツキーたちをバルセロナに召集、対独諜報の中止がスターリン直々の命令であることを告げ、クリヴィツキーには〝人民の敵〟とされた有名な政治家たちを落としいれる資料の収集が要求された。クリヴィツキーは配下に多くの外国人をかかえていたために、説明に困るむずかしい立場におかれる。そのころにはクリヴィツキーは、スターリンがベルリン駐在通商代表カンデラキを個人的代表とし、ヒトラーとの交渉を始めていたのを知っていた。同じころモスクワからは、大量逮捕が行なわれているとの奇怪な情報が届きはじめ、クリヴィツキーは国内情勢を理解するためにモスクワへ戻ることを決意。一九三七年三月に空路ヘルシンキに入り、汽車でモスクワに戻る。これについて英国の研究者ヒンチレーは、トゥハチェフスキーを始めとする赤軍首脳部粛清の準備のためにドイツ軍事諜報部（アプヴェア）の部長カナリス提督とクリヴィツキーが合作した偽造文書を運ぶためだったと言っているが、まちがっている。なぜならソ連共産党中央委員会幹部会の一九三七年三月の会合でモロトフはすでに、軍部の活動をいずれ厳しく監査すると述べているからだ。
○このモスクワ滞在中にNKVD長官エジョフは、クリヴィツキーの活動を評価していずれレーニン勲章を授与すると告げる。
○一九三七年五月に赤軍粛清が開始され、赤軍諜報部とあらゆる諜報・防諜活動は秘密警察NKVDが掌握する。五月二三日、クリヴィツキーは恐れた粛清を免れてハーグに戻る。

一方のアメリカは、回想録の出版時には大恐慌の痛手から回復しきっておらず、世論は内向きだった。それは非常に影響力のあるニューヨーク・タイムズが掲載した同書についての控え目な書評に反映されている。資本主義国が恐慌で苦しむときに、ソ連は重工業化に邁進、失業した多くのアメリカ人技術者を高給で招いたことに対して、好意的な見方さえあった。もちろんソ連強制収容所の囚人奴隷労働は知られていなかった。農民の大弾圧、飢餓殺人（ホロドモール）も知られていなかった。ルーズヴェルト政権はソ連に融和的であり、クリヴィツキー情報は顧みられなかったのだ。

スターリンによる一九三〇年代の粛清について、当時モスクワ駐在アメリカ大使だったデイヴィスは、モスクワ公開裁判を傍聴した結果、被告たちの有罪と死刑判決は首肯できると本国政府に報告を送っている。被告席に座らされたスターリンの同輩の古参ソビエト共産党員たちが、拷問や家族迫害の脅迫によってでっち上げの罪を自白させられたとは夢にも想像しなかったようだ。世界の衆目を浴びた鳴り物入りのモスクワ政治裁判の蔭で、数百万人の農民を中心とする国民が犠牲となり、処刑され、強制収容所に送り込まれるテロルが進行していたことは隠蔽されていた。五〇〇万人を下らないとされるウクライナなど穀倉地帯での飢餓殺人を通じて、スターリン独裁の全体主義国家はつくられつつあった。

クリヴィツキーにたいするアメリカの世論が変わるのは、独ソ交渉の内幕を知るクリヴィツキーが一九三九年四月二九日に予告した独ソ不可侵条約が、四カ月後の一九三九年八月二三日に締結されてからである。この協定は周知のように、ドイツとソ連によるポーランド分割、バルト三国のソ連併合、ドイツの西欧侵略開始、ソビエト侵攻、本格的第二次大戦への導火線となった。

ソ連がイデオロギー的にも経済的にも破綻し、一九九一年一二月二五日に自壊してから二八年が経つ。しかし、その秘密と嘘の帳がすべて上がったわけではない。*一例がクリヴィツキーをめぐる謎であろう。前述したように、ロシアではクリヴィツキー関連の公文書記録はいまだにいっさい公開されていない。今後もおそらく公開はないだろう。

＊　その後ロシアがロシア連邦として再建される過程で、ソ連の西側におけるスパイ活動に関する機密文書を一部公開する動きがあった。自壊からわずか半年後の一九九二年七月三日、モスクワ発ロイター通信は、ＫＧＢの後身のロシア情報機関スポークスマン、カバラーゼの発表を伝えた。「ＫＧＢ機密文書を厳重な篩にかけたうえで、これをもとに、ミサイル危機など世界史的事件をめぐるソ連の英米での情報活動に関する一連の研究書を発行する。最後の巻はトロツキー暗殺を主題とする。〔配下の〕外国人スパイの氏名と技術的詳細は明らかにしない。英語版の翻訳権はランダムハウス〔現在のペンギン・ランダムハウス〕にあたえる。」結局この出版計画は実現しなかった。

ソ連の本体をなしたソビエト・ロシアは、ロシア連邦に形を変えたものの、本質的遺伝子は継承されている。ゴルバチョフ、エリツィンの時代はロシア史の道草だったようだ。プーチン大統領が政治警察ＫＧＢ出身者であることは象徴的である。首都のど真ん中で政府に批判的な女性ジャーナリストが白昼射殺されても、犯人がいまだに捕まらない国だ。まちがいなく継承されているのは、帝政ロシア時代からスターリン時代を経て今にいたるまで、連綿として続くその強権的体質であり、強い指導者に唯々諾々としたがう民衆の構図である。強権政権の礎は、軍と警察の掌握とその私兵化である。同時に、情報の独占と情報の加工（嘘）が欠かせない。

公開されないこと自体は、外交、軍事、諜報、警察にかかわる政府文書の宿命であろう。国家理性、国益、国防の名において、それらは封印される。これは何も独裁国家に限らず、程度の差こそあれ、民主主義国家でも同様だ。国家が突然崩壊し、その矛と盾である暴力機関の軍隊と警察が機能しなくなれば、機密文書が衆目に晒されることはありうる。稀有な近例は旧東ドイツだろう。一九九〇年に東独秘密警察（国家保安省。略称シュタージ）本部は、国家崩壊の寸前に大量の機密文書の破壊と焼却を始めた。それを知って怒った群集がシュタージを襲い、密告者の名簿を含む大量の機密書類が破棄、散乱、奪取、散逸する異常事態となった。この群衆のなかには多くのシュタージ協力者（密告者）が紛れ込み、自分の本性を暴露する身上書を隠滅しようとした。東西統一後のドイツ政府は、膨大なシュタージ文書の公開非公開をめぐって特別委員会をつくり、その扱い方に頭を悩ますことになる。というのも、シュタージ職員とその密告協力者への報復行為の頻発によって、東西ドイツの融和と統一が支障をきたすことを恐れたからだ。結局、一定の条件を満たせばシュタージ文書の閲覧は可能になった。これは近現代史で起きた例外的な事件だろう。いささか漫画的だが、シュタージは慌てふためいて機密文書の破壊を試みながら、シュレッダーがうまく動かず、破壊が中途半端になったという。しまいには両手で文書を二つに引き裂く有様だったらしい。そのため、破壊の対象になった膨大な文書の細切れは後にドイツ政府によって集められ、ほとんどが容易に復元できたというおまけがついた。

　欧米では、クリヴィツキー関連の公文書は米英加で保存されている。最初に亡命を申請したフランスの防諜機関（シュルテ・ナショナル）が長時間かけて聴き取った調査の書類は、分厚い八〇ファイルにおよぶといわれるが、保管されていたセーヌ河の舫い船が沈み、すべて失われたとされる。戦争直前のどさくさに紛れて、ソ連によって盗まれたか破壊された疑いがある。クリヴィツキーが一時滞在したカナダの警察保管文書には、見るべき内容がないとされる。

　最後の亡命先アメリカでは、移民帰化局、下院調査委員会公聴会記録などの資料を含めて公開され、閲覧できる複数の公文書がある。そのなかでまず連邦捜査局ＦＢＩの五七〇ページの資料があげられる。しかし公開された内部文書には黒塗り部分が多く、また新聞の切り抜きまで含まれているために大部である。さらに三一四ページの文書があるが、国防・外交機密として公開除外のままになっている。*

* FBI Main File on Walter G. Krivitsky (1939–1975). https://vault.fbi.gov/Walter%20Krivitsky

　クリヴィツキーを一九四〇年一月にロンドンに招聘し、英国内のソビエト・スパイ網の情報入手を主目的に聴き取りをした英国防諜機関ＭＩ５の聴き取り調書は、二〇〇二年に公開されている。*

* Walter G. Krivitsky, *MI 5 Debriefing and Other Documents on Soviet Intelligence*, edited, with translations by Gary Kern, Riverside, CA: Xenos Books, 2004.

　では、いまだに解明されない謎を整理しておこう。一つは依然としてクリヴィツキーの死の真相である。もう一つはクリヴィツキーの経歴であり、秘密警察ＮＫＶＤ外国部ＩＮＯとその前に所属した赤軍参謀本部第四部での階級と地位は何だったのか。ＮＫＶＤ機動暗殺班にスイスで暗殺された同郷出身の親友で、欧州の諜報活動にともに携わっていたイグナス・ライスの未亡人、エリザベート・ポレツキーの回想録（『身内の人々―イグナス・ライスとその友人たち』パリ、一九六九年、邦訳『絶滅された世代―あるソビエト・スパイの生と死』拙訳、みすず書房、一九八九年）には、クリヴィツキーは夫と同じくNKVDで大尉待遇だったと書かれている。クリヴィツキー自身はMI5の調査官ジェーン・アーチャーに、旅団長（英国の准将）に当たると言っている。二人の言い分は食い違う。

クリヴィツキーの履歴のかなりの部分は回想録で自ら語っており、関係当局の聴き取りでも答えている。さらに、ゲーリー・カーンのクリヴィツキーの伝記（後述。本書二六三頁も参照）でも明らかにされているが、学歴など、埋めるべき空白はまだ残っている。

また、一九三〇年代のソ連には二つの諜報機関、赤軍第四部と秘密政治警察NKVD外国部INOが並列していた。クリヴィツキーが赤軍からNKVDへ移籍した事情の詳細は不明のままである。両機関が競争関係にあって不仲であり、前者の方が優秀な人材を擁していたことは確かで、たとえばコミンテルンからゾルゲを採っている。秘密警察のほうは国外に配置できる人材に乏しく、さかんに赤軍第四部から引き抜いたといわれる。

戦前、つまり一九二〇年代から三〇年代に限ってみれば、ソ連の諜報機関やその他の政府機関から国外へ脱走した人たち、あるいは本国帰還命令を拒んで〝帰らざる者〟と呼ばれた人たちの数は少ない。日本で知られているのは粛清を逃れて一九三八年満州に越境し、日本官憲に身柄をあずけ、終戦直後の一九四五年八月に大連で憲兵隊員に射殺されたとされるNKVD高官リュシコフがいる。少ない逃亡者のうち、名前を公然と名乗り、秘密国家ソ連の内情を出版物で暴露した者はさらに少ない。クリヴィツキーの同時代人で同じNKVDから内戦中のスペインに派遣され、反ソ連のスペイン左翼POUMを弾圧、粛清を逃れてアメリカに潜入し、スターリンの死の直後（一九五三年四月）、身の危険が去ったと判断してはじめて浮上し、『スターリン犯罪秘史』を発表したアレクサンドル・オルロフがいるが、これは後出しじゃんけんであるし、公開文書を見るかぎり、アメリカ当局の聴き取りの内容には嘘が多い。

秘密裡に外国当局へ提供した情報が質量ともに断然多かったのはクリヴィツキーである。公刊された回想録とその下敷きになったアメリカのサタデー・イブニング・ポストの連載記事の他に、ロシア社会民主党系ロシア亡命者の雑誌「社会主義通信」への寄稿など、亡命した一九三七年から一九四一年に横死するまで、活発にソビエト事情を発信した。第二次大戦後、とくにフルシチョフの一九五六年の秘密報告以降、クリヴィツキーが述べた事件や情勢分析が裏付けられる状況が生まれた。ソ連あるいはソ連圏東欧の鉄の輪がゆるむにつれて、欧米への亡命者や移住者の証言が増え、ついでゴルバチョフ、エリツィン政権を経て、ついにソ連国家が崩壊し、それらの情報はさらに補強された。クリヴィツキーが回想録で語ったスターリン時代の事件について、その後封印を解かれた英米露公文書を使った多くの研究論文や研究書が発表されており、総体として、クリヴィツキー証言は裏付けを得ている。

クリヴィツキーがもっとも多くの具体的な情報を提供した相手国は英国である。英国防諜機関MI5に対しては、各地に配置された約一〇〇名のソビエト・スパイの名前を挙げている。もしクリヴィツキー提供情報が断片的なものでも、当時手がかりとして適切に分析され、追及されていれば、フィルビー、マックリーン、ブラントなどケンブリッジ大学出身のソビエト・スパイ五人組を摘発できただろうという。現にクリヴィツキーが渡英する前に、在米英国大使に提供された具体的な情報によって、英国外務省の暗号通信官キング大尉が摘発され、一〇年の禁固刑判決にいたっている（一九三九年九月）。これがきっかけとなって英国政府はクリヴィツキーをロンドンに招聘し、さらに情報を求めようとしたのだった。

英国防諜機関MI5の聴き取り調書は、同部最初の優秀な女性部員ジェーン・アーチャーによって作成された。その報告書「わが国での訪問滞在時にクリヴィツキー将軍から得た情報―一九四〇年二月」は、前述のように公開されているが、目次は次の通りだ。

序文
第1章　ソビエト軍事諜報部
第2章　OGPU〔秘密警察〕付録　英外務省に潜むソビエト・スパイの名簿
第3章　OGPUと赤軍参謀本部第四部〔諜報部〕の関係
第4章　共産党
第5章　独ソ諜報機関の関係〔独ソ友好不可侵条約がまだ有効で、独ソ提携があった〕
付録　クリヴィツキーが名指ししたソビエト・スパイの名簿

なぜクリヴィツキーがMI5の聴き取りに応じたかについては、この序文で次のように説明されている。

「英国政府のロンドンへの招聘をクリヴィツキーが承諾した動機は、スターリンへの強烈な憎しみである。これは友人同僚の殺害と自分にたいする不当な扱いにもとづいている。クリヴィツキーが一生をソビエト軍事諜報部に捧げてきたのは疑いを入れない。不安感を増しつつもソビエト政権に良心的かつ忠実に仕えたのは一九三七年八月の本国帰還命令を受け取るまでだった〔フランスで亡命するまでの意味〕。

それよりもクリヴィツキーは、欧州に自由が存在しつづけるには、そしてロシア国民が専制から自由になるには、スターリンを打倒しなければならないと確信している。自分の力の限りスターリンに対して戦うのがロシア国民と人類に対する自分の義務だと思っている……」

そしてこの報告書は忠実に聴き取り内容を記し、手を加えていないとし、クリヴィツキー回想録を傍らにおいて参照しつつ読むよう勧めている。

クリヴィツキーの伝記としては、前述したように、これまで唯一ゲーリー・カーンの『ワシントンでの死―ワルター・G・クリヴィツキーとスターリンのテロル』（四九一ページの大冊）がある。カーンはプリンストン大学卒、CIAソ連専門家として三五年間秘密活動に従事、あるKGB大佐の尋問から原子爆弾スパイであるセオドア・ホールの摘発に成功、ロシア詩の訳者としても知られる。

これは、米英仏加の政府公文書、それにロシアを含む刊行された文献を徹底的に渉猟し、解析し、生存関係者の聴き取りをして書かれた優れた伝記である。ソビエト公文書が封印されていることが惜しまれる。

ニューヨーク選出民主党下院議員サムエル・ディクスタインが移民局にクリヴィツキー入国を認めないよう圧力をかけつづけたこと、戦時中のソビエト暗号通信を傍受していたアメリカのヴェノナ計画でディクスタインが登場し、明らかにソビエトに雇われて、クリヴィツキーの国外退去に尽力した事実も明らかにしている。国外退去させれば、ソビエトによる誘拐あるいは殺害が容易になるからだった。その他、これまで知られていなかった多くの事実が綴られている。たとえばクリヴィツキーが朝一〇時から深夜まで一日一六時間から一八時間働くワーカホリックだったこと、禁欲主義者で贅沢をせず酒を飲まず、ただチェーンスモーカーだったこと、第一級の諜報将校だったこと、配下の情報提供者にはルーマニア王カロル二世の愛人でのちに結婚するレペスク夫人、フランス政府空軍相ピエール・コトがいたことなど。

この伝記でもやはり最大の謎がクリヴィツキーの死に方であり、いくつかの仮説を立て、結局自殺とも他殺とも断定していない。はじめに述べたように、この謎はソ連政治警察NKVDのクリヴィツキー文書が公開されない限り謎のままだろう。

クリヴィツキーの残した回想録は、共産主義ユートピアを掲げて最悪のディストピアを実現したスターリンにたいする最初の歴史的内部告発書の一つである。死を賭して二〇世紀の暗部を暴いた勇気ある理想主義的行動人の証言として、同時に幻滅と悔恨の人間的証言として、長く記憶されるだろう。

二〇一九年三月二二日　根岸隆夫

補足資料

クリヴィツキーの訣別声明　一九三七年一二月

「スターリンとの訣別」と題されたこの声明は、亡命ロシア社会民主党員たちがパリで発行していた「社会主義通信」一九三七年一二月二四日付け（*Sotsialisticheskii vestnik*, No. 23–24）に掲載された。

編集者への手紙

一八年間を通じてわたしは十月革命の大義と労働者階級の大義に仕えているとの固い信念を抱いて、ロシア共産党とソビエト政府に仕えた。一九一九年からロシア共産党員として長年赤軍の高い地位を占め、その後軍需産業研究所長を務め、この二年は国外で特命を遂行した。党とソビエトの執行機関は常にわたしに信頼をおいていた。わたしは赤旗勲章と〝名誉の剣〟を授与された。

近年、わたしは不安を募らせながらソビエト政府の政策に従ってきた。けれどもソ連の正当な利益に自分の仕事が役立ち、よって社会主義の大義に尽くすと思い、ソビエト政府の正当な利益のように見えるものを擁護するためにこの不安を抑えてきた。しかしその後の事態の進展は、スターリン政権の政策がソ連の利益だけではなく全労働運動の利益とますます相容れないとわたしは確信するにいたった。モスクワ裁判、とくに秘密裁判でもっとも優れた古参ボリシェヴィキたちが〝ゲシュタポ・スパイ〟の濡れぎぬを着せられた。ジノヴィエフ、カーメネフ、スミルノフ、ブハーリン、ルイコフ、ラコフスキーたちである。さらに最高の行政官、専門家であるピアタコフ、スミルガ、パシュカニス、その他数千にのぼり、ここで名前を列挙できない。

今や古参ボリシェヴィキだけではなく、十月革命世代とその次世代で、内戦の火を浴び寒さと飢えを忍んでソビエト権力を建設したすべての人たちがソ連で抹殺されようとしている。スターリンは赤軍の首を切ることさえ躊躇しなかった。スターリンは最良で有能な司令官たち、トゥハチェフスキー、ヤキール、ウボレヴィッチ、ガマルニクを処刑した。スターリンはほかのすべての犠牲者と同様に、彼らにでっちあげ謀反の罪を着せた。しかし実際にはこの政策はソ連の軍事力、その戦闘態勢、経済、科学、ソビエト建設のすべての部門を蝕むものだ。

遂に周知となった方法〔スミルノフとムラチコフスキーの例〕、西欧では考えられない方法〔拷問〕を用いてスターリンと秘密警察長官エジョフは犠牲者から自白を引き出し、唾棄すべき見世物裁判を演出した。

裁判と処刑がくり返されるたびにわたしの信念は深く揺るがされた。わたしには、この一連の裁判がどんな風に演出されたかを知り、そして無実の人々が死んでいったことを理解するための、十分な証拠がある。それでも長いことわたしは、何があろうとも自分に委ねられた重要な仕事を続けるべきだと自分に言い聞かせ、恐怖と怒りと不安の感情を抑えようと努めた。わたしがモスクワと訣別し、国外に残ることを決心するには大変な努力を要したことを認める。

国外に残ってわたしなりに労働者の大義に身を捧げながら、現政権の主人たちによって〝ゲシュタポ・スパイ〟と呼ばれ、逮捕、流刑、銃殺、殺害された数万の人々の復権に役立ちたいと思っている。この人たちこそがレーニンの指導の下でソビエト政権を建設し、その死後にその強化を続けたのだ。

わたしは自分の首に賞金がかけられていることを知っているし、その証拠もある。わたしは秘密警察がわたしを沈黙させるためには手段を選ばず、数十人がエジョフの命令を受けてわたしを追跡していることを知っている。そしてわたしは以上述べた全てを国際労働階級に知らせることが、革命戦士の一人としての自分の義務だとみなすのである。

一九三七年一二月五日　ワルター・クリヴィツキー

人名索引

ア

アグラーノフ (Agranov) 106
アクーロフ (Akulov) 66, 98, 99
アビア (Roland Abbiat) 169, 170
アブラーモヴィッチ (Raphael Abramovitch) 70, 113
アラクィスタン (Luis de Araquistain) 7, 64
アルクスニク将軍 (Alksnik) 150
アルトゥーゾフ (A. C. Artusov) 9, 16, 17, 18, 98, 99
アルフレッド (Alfred) 84, 85, 86, 87, 90, 91
アレクサンドロフスキー (Alexandrovsky) 84, 101
イーデン (Anthony Eden) 17, 53, 58
ヴァーリヤ 115
ヴィシンスキー (Vyshinsky) 120, 135, 140, 141, 156
ヴィーデマン (Fritz Wiedemann) 20, 151
ヴェイガン将軍 (Weygand) 142
ヴェルナー (Werner) 154
ヴォリンスキー (Volynski) 24
ヴォロヴィッチ (Volovitch) 97
ヴォロシーロフ (Voroshilov) 71, 81, 105, 117, 142, 144, 145, 162
ウボレーヴィッチ (Uborevich) 137, 145
ウマンスキー (Constantine Oumansky) 30, 31, 58, 60
ウランスキー (Oulansky) 58, 60
ウリツキー将軍 (Uritsky) 57, 58
ウリツキー (Uritsky) 94
エイデマン将軍 (Eidemann) 137, 159
エゴーロフ元帥 (Yegorov) 147, 152
エジョフ (Yezhov) 21, 22, 44, 57, 71, 75, 96, 97, 98, 99, 101, 102, 103, 110, 116, 122, 128, 139, 140, 141, 146, 148, 149, 158, 161, 162, 164, 165, 166, 170
エヌキーゼ (Yenukidze) 135
エーベルハルト (Hans Eberhardt) 163, 169
エーベルライン (Eberlein) 25
オシエツキー (Carl von Ossietzky) 123, 124
大島浩 18, 19, 20, 21
オストロフスキー (Ostrovsky) 99
オルロフ (Orlov 本名 Nikolsky) 57, 68, 71, 73, 74, 148

カ

ガイ (Gai) 97
カシーリン将軍 (Kashirin) 150
カバリェロ (Largo Caballero) 7, 60, 63, 67, 68, 69, 70, 71, 72, 74
ガマールニク (Gmarnik) 137, 142, 144, 145, 147, 148, 149, 150, 151, 152
カーメネフ (Kamenev) 57, 121, 128, 132, 141, 164

ガムラン (Gamelin) 50
カラガン (Thomas J. Callaghan) 88
ガラチャー (Gallacher) 51
ガルシア (Garcia) 73, 74
カルニェーリエフ (Karnieliev) 147
カリーニン (Kalinin) 13, 104, 105, 116, 146
カンデラキー (David Kandelaki) 21, 146
キッシュ (Kisch) 29
キーロフ (Sergei Kirov) 118, 119, 120, 121, 123
キーペンバーガー (Hans Kiepenberger) 31, 32, 51
クチエポフ将軍 (Koutiepov) 155, 157
クライェフスキー (Krajewski) 45
クラル (Kral) 175
クリヴィツキー (Krivitsky) 24, 41, 92, 93, 106, 107, 108, 110, 111, 112, 115, 158, 160, 162, 177
クレスチンスキー (Krestinsky) 22, 152
クレベール (Emil Kleber) (Stern) 65, 66, 69

グロゾフスカヤ (Lydia Grozovskaya) 164, 174
クーン (Bela Kun) 27, 28, 127, 128
ケドロフ (Kedlov) 105, 106, 107, 108, 123, 124, 132
ケリイス (De Kerillis) 50
コルク (Kork) 137
コルチャック (Admiral Kolchak) 142
ゴルバーチェフ将軍 (Gorbachev) 150
ゴルブ (Michael Gorb) 97, 106, 108
ゴルキー (Maxim Gorky) 7, 57, 135, 169

サ

ザコフスキー (Zakovsky) 104, 105
ザック (Dr. Alphonse Sack) 83
ザポロージェッツ (Zaporozhets) 120
ジェルジンスキー (Felix Edmundovich Djerzhinski) 26, 45, 94, 97, 98
ジトロウ (Gitlow) 40
シュタイナー (Renata Steiner) 170
ジノヴィエフ (Zinoviev) 27, 28, 29, 34, 35, 36, 44, 57, 95, 121, 128, 132, 141, 164
ジブール (Zhibur) 37
ジミン (Zimin) 59
シュピーゲルグラス (Spiegelglass) 148, 150, 151, 153, 156, 164, 165, 166, 167, 168, 169, 170, 171, 174
ジュオー (Jouhaux) 50
シュトレーゼマン (Stresemann) 33
シュトローマン (Strohmann) 154
シュミット (Smith) 33
シュライヒヤー (Schleicher) 10
シュラゲーター (Schlageter) 33
蔣介石 43
蔣経国 42
ジョージ五世 (George V) 148, 152
ジョージ六世 (George VI) 148
シルドバッハ (Gertrude Schildbach) 169, 170, 173, 177
スヴァーリン (Boris Souvarine) 7, 35, 36, 77, 176
スコブリン (Skobline) 154, 155, 156, 157
スタシェフスキー (Arthur Stashevsky) 65, 67, 68, 69, 71, 72, 74, 76
スタシェフスキーの娘 75
スタシェフスキー夫人 75, 76
スタール (Lydia Stahle) 85
スタンブリスキー (Stambouliski) 37
スネーヴリート (H. Sneevliet) 164
スミリ (Robert Smillie) 70
スミルノフ (Ivan N. Smirnov) 128, 131, 132
ステツキー (Stetsky) 7
スルツキー (Sloutski) 57, 68, 71, 73, 74, 75, 98, 99, 100, 104, 105, 106, 110, 111, 112, 121, 129, 130, 131, 132, 138, 139, 140 141, 146, 148, 154, 155, 156, 157, 162
ゼークト (Han Friedrich Leopold Seeckt) 12, 35

タ

タイロフ (Tairov) 81, 82, 84, 85, 86
ダン (Theodore Dan) 173, 174
チェンバレン (Neville Chamberlain) 23
チチェーリン (Chicherin) 30
ツァンコフ (Tsankoff) 37
ディアス (José Diaz) 63, 72
ティルデン (Alfred Tilden) 90, 91
デチョウ (Dechow) 88, 89
デドゥショーク (Vladimir Dedushok) 105, 106, 107, 108, 109
デニキン (Denikine) 8, 142
ディミトロフ (George Dimitrov) 37, 38 44, 49, 72
テールマン (Thaelmann) 15, 35

ドゥイベンコ将軍 (Dybenko) 150
トレーズ (Thorez) 48
トマン (Tomann) 48
ドーゼンバーク (Nick Dozenberg) 86, 87, 90, 91
トゥハチェフスキー (Tukhachevsky) 6, 7, 8, 25, 26, 71, 75, 105, 135, 137, 138, 140, 141, 142, 143, 144, 145, 147, 148, 149, 150, 151, 152, 153, 154, 156, 158, 162, 164
ドブロヴォルスキー (Dobrovolsky) 156
ドルテン (Dorten) 33

ドルフュース (Dolfuss) 104
ドルモワ (Dormoy) 174
トロツキー (Leon Trotsky) 28, 40, 65, 70, 100, 126, 128, 158, 170, 172
トロツキー (Leon Sedov Trotsky) 170, 172, 173
ドンバル (Donbal) 26

ナ

ニコーノフ (Nikonov) 92
ニコライエフ (Leonid Nikolaiev) 119, 120, 121
ニン (Andres Nin) 70
ネグリン (Juan Negrin) 67, 68, 72, 74
ノイマン (Heinz Neumann) 43
ノイラート (Von Neurath) 15, 16

ハ

バイコフ (Boris Bykov) 176
パウケル (Pauker) 97
バーソフ (Sergei Basoff) 176, 177
バータン (Dr. Valentine Gregory Burton) 78, 88, 89, 90, 91
ハーマン (Hamann) 28, 29
ハリスン (Katherine Harrison) 161
ピアタコフ (Piatakov) 34
ピアトニツキー (Piatnitsky) 38, 40
ビェーロフ将軍 (Bielov) 150
ビエレツキー (Byeletsky) 44
ピーク (Wilhelm Pieck) 40
ヒトラー (Hitler) 4, 6, 7, 8, 9, 10, 11, 12, 13, 14, 15, 16, 17, 18, 20, 21, 22, 23, 29, 49, 51, 52, 53, 54, 111, 114, 119, 121, 122, 123, 125, 137, 146, 151, 155, 159, 173
馮玉祥 43
ピルスツキー (Pilsudski) 26, 27, 143
フィシャー (Volodya Fisher) 100, 101 102
フィシャー (Franz Fisher) 79, 80, 84, 85, 86, 87, 90, 91
フィシャー (Ruth Fisher) 35
フィーリン (Firin) 30, 109, 110
フェルドマン将軍 (Feldmann) 137
ブジョンヌイ (Budyenny) 142, 143
フーシェ (Fouché) 98
プトナ将軍 (Putna) 137, 140
ブハーリン (Bukharin) 22, 28, 34, 44, 113, 134
フーバーマン (Stanislaw Hubermann)47
ブラウダー (Earl Browder) 38, 41, 48, 161
ブラーノフ (Bulanov) 99
フランコ (Franco) 6, 35, 53, 54, 55, 56, 58, 60, 62, 63, 66, 67, 69, 73, 76, 110
ブランドラー (Brandler) 35
フリードランド (Frydland) 101
フリノフスキー (Mikhail Frinovsky) 57, 122, 149, 162
プリマコフ将軍 (Primakov) 105, 137
ブリュッヒェル元帥 (Bluecher) 42, 144, 150
フルマーノフ (Furmanov) 149, 154
ブルム (Léom Blum) 6, 50, 55, 56, 172, 173
プレヴィツカヤ (Nadine Plevitzkaia) 154, 156
ブレドウ将軍 (Bredow) 10, 32, 153
フレンド (Friend) 70
ベネシュ (Eduard Benes) 7, 8, 17
ベルジェリ (Gauston Bergery) 176
ベルジン (Ian Berzin) 10, 30, 36, 65, 67, 69, 71, 72, 75, 76, 82, 85, 86, 90, 93, 118
ヘルツ (Max Hoelz) 28, 29
ペリ (Gabriel Peri) 51
ベリヤ (Larenti Beria) 116
ポアンカレ (Raymond Nicolas Ladry Poincaré) 33
ポインツ (Juliette Stuart Poyntz) 111, 112
ポガニー (Pogany, 別名 John Pepper) 40
ポリット (Pollitt) 48
ボローディン (Borodin) 42

マ

マキシモフ＝ウンシュリヒト (Max Maximov-Unsehlicht) 159, 160, 161
マーキン (Valentine Markin) 112

マスロフ (Maslow)　35
マテス (Mathes)　33
マドレーヌ (Madeleine)　164, 171
マルキン (Markin)　90
マルティニヤ (Etienne Martignat)　170
マンデルスタム (Mandelstamm)　101, 102
マン (Mann)　166
ミアハ将軍 (José Miaja)　67, 68, 69, 71
ミュクレーヴィッチ (Muklevitch)　128
ミュラー (Mueller)　60
ミュンツェンベルク (Willi Muenzenberg)　44, 47
ミラー将軍 (Eugene Miller)　138, 149, 153, 154, 155, 156, 157, 158, 163
ミロフ＝アブラーモフ (Mirov-Abramov)　40
ムクレーヴィッチ (Muklevitch)　127
ムッソリーニ (Mussolini)　6, 15, 23, 54
ムラチコフスキー (Mrachkovsky)　128, 129, 130, 131, 132
メドヴェード (Medved)　120
モパーン (Maurice Maupin)　175
モルチャーノフ (Molchanov)　97
モロトフ (Molotov)　12, 18, 23, 24, 51, 90, 103, 116, 130

ヤ

ヤキール将軍 (Yakir)　137, 145, 159
ヤゴダ (Yagoda)　7, 40, 57, 58, 71, 90, 96, 97, 98, 99, 102, 103, 115, 120, 121, 133
ヤロスラフスキー (Yaroslavsky)　42

ラ

ライス (Ignace Reiss)　158, 163, 164, 165, 166, 167, 169, 170, 171
ライン (Mark Rein)　70
ラヴァル (Pierre Laval)　17, 53, 58
ラヴストーン (Lovestone)　40
ラデック (Karl Radek)　9, 14, 15, 16, 17, 28, 33, 34, 42, 100, 101, 132, 135, 140, 141, 156
リッベントロップ (Jacchin Von Ribbentrop)　18, 19, 20, 23, 24, 51
リトヴィノフ (Litvinov)　9, 12, 13, 14, 15, 16, 17, 20, 21, 22, 53
リベー (Ribet)　156
リープクネヒト (Karl Liebknecht)　79
リュリエ (Lurye)　97
リューチン (Riutin)　118
ルイコフ (Rykov)　22, 113, 125, 126, 127, 133, 134
ルカーチ将軍 (Lukacz)　69
ルクセンブルグ (Rosa Luxembourg)　25
ルーデンドルフ (Ludendorff)　28
ルードヴィヒ (Ludwig)　164
リョーヴァ (Lyovka)　100, 101
レイン (Mark Rein)　113
レヴィ (Paul Levi)　28
レヴァネフスキー (Levanevsky)　17
レジーナ (Regina)　160
レスナー (Martin Lessner)　163
レーニン (Lenin)　4, 10, 22, 24, 25, 27, 28, 29, 38, 44, 94, 98, 118, 119, 125, 126, 128, 132, 165
レヴィーン (Max Levine)　34
レーヴェントロフ (Reventlow)　33
レーム (Roehm)　9
ローゼンベルグ (Marcel Rosenberg)　68
ロッシ (François Rossi)　169
ロート (Paul Roth)　79, 85
ロビンスン (Donald Robinson)　112
ロレツキー (Roletsky)　30
ロラン (Romain Rolland)　7

(スターリンの項目は，ほぼ全頁に出るので載せなかつた。)

参考文献（訳者作成）

クリヴィツキーを対象としているか，またはクリヴィツキーに直接言及している文献と資料に限って，ここに掲げる．クリヴィツキー回想録で触れられた事件，組織，人物などの文献と資料は，とても列挙できないほど多いので，割愛する．クリヴィツキー回想録との併読を勧めたい本と資料としては，邦訳のある第20回党大会でのフルシチョフの秘密報告，フルシチョフ回想録がある．またスターリン粛清でソヴィエト諜報部の犠牲者が順次――シュピーゲルグラス，イグナス・ライス，クリヴィツキー，ベルジン，ゾルゲ，ウルツキー，スルツキー――が出てくるメドヴェーデフ著『共産主義とは何か』（石堂清倫訳，三一書房，1973，上巻，354–355 頁）も参考になる．コンクエストの大作『スターリンの恐怖政治』（上下，片山さとし訳，三一書房，1976）と農民の弾圧と飢餓を扱った『悲しみの収穫―ウクライナ大飢饉』（白石治朗訳，恵雅堂出版，2007）は必読の書である．

Brook–Shepherd, Gordon. *The Storm Petrels – The First Soviet Defectors.* New York, 1977.

Chambers, Whittaker. *Witness.* New York, 1952.

Corson, William and Crowley, Robert. *The New KGB. Engine of Soviet Power.* New York. 1986.

Dewar, Hugo. *Assasins at Large. Being fully documented and hitherto unpublished account of the executions outside Russia ordered by GPU.* London, 1973.

Lewis, Flora. *Who killed Walter Krivitsky?.* Washington Post, February 13, 1966.

Frénaud, André. *Agonie du Général Krivitsky.* Paris, 1960.

Levine, Isaac Don. *Eyewitness to History.* New York, 1973.

Levine, Isaac Don. *The Inside Story of our Soviet Underworld. "Plain Talk".* September, October and November 1948, New York.

Orlov, Alexander. *The Secret History of Stalin's Crimes.* New York, 1953 .

Philby, Kim. *My Silent War.* London, 1968.

Poretski, Elisabeth K., *Les nôtres. Vie et mort d'un agent soviétique.* Paris, 1969.

Poretsky, Elisabeth. *Our Own People. Ignace Reiss and his Friends.* London, 1969.

Steinberg, Juliaen. *Verdict of three decades.* New York, 1950.

Valtin, Jan. *Stalin Killer Method told by Ex–Agent.* The New York Journal and American February 14. 1941.

Seth, Ronald. *The Executioners. The Story of SMERSH.* London, 1967.

Van der Rhoer, Edward. *The Shadow Network.* New York, 1983.

Waldman, Louis. *Labor Lawyer.* New York, 1944.

Wohl, Paul. *Walter G. Krivitsky. "Commonweal,"* February 28, 1941, New York.

Federal Bureau of Investigation. *Walter Krivitsky Papers.* 1941–1962.

Subcommittee to investigate the Adminstration of the Internal Security Act and other Security Laws of the Committee on the Judiciary, United States. *The Legacy of Alexander Orlov.* Washington, 1973.

Hearings before a Special Committee on Un–American Activities of the House of Representatives. *Walter Krivitsky, former member of Soviet Military Intelligence,* Washington. October 11, 1939.

著者略歴

(Walter G. Krivitsky, 1899–1941)

1899年6月28日，西ウクライナのポドヴォロチスカに生れる．本名はサムエル・ギンスブルク．1917年のロシア革命に参加．19年共産党に入党．20年ポーランド戦役で諜報活動に従事．21～23年赤軍参謀本部第四部（諜報部）第二・第三課勤務．23年ドイツで地下活動．25年赤軍参謀本部第四部ヨーロッパ担当．33年モスクワの軍需産業研究所所長．35年赤軍から秘密警察諜報部に転籍，オランダのハーグを拠点に活動する．37年10月パリで亡命，11月アメリカに移住．40年1月英国防諜機関MI5に招聘され，ロンドンでソビエト諜報網の情報を提供．41年2月10日ワシントンで謎の死を遂げる．

訳者略歴

根岸隆夫〈ねぎし・たかお〉 翻訳家．長くドイツとフランスに住み，戦間期の欧州政治史，とくに全体主義に関心をもつ．パリ1968年5月，プラハの春，ベルリンの壁の崩壊，ソ連の自壊に遭遇．訳書 トロツキー『テロリズムと共産主義』(現代思潮社，1970)，ポレツキー『絶滅された世代』(1989)，リード／フィッシャー『ヒトラーとスターリン』(上下，2001)，ジェラテリー『ヒトラーを支持したドイツ国民』(2008)，ザスラフスキー『カチンの森』(2010)，ビーヴァー『スペイン内戦』(上下，2011)，ネイマーク『スターリンのジェノサイド』(2012)，ヴェルト『共食いの島』(2019)，いずれもみすず書房．

ワルター・クリヴィツキー
スターリン時代
元ソヴィエト諜報機関長の記録
第 2 版
根岸隆夫訳

1962 年 12 月 25 日　第 1 版第 1 刷発行
1987 年 3 月 10 日　第 2 版第 1 刷発行
2019 年 5 月 16 日　第 2 版新装版第 1 刷発行

発行所 株式会社 みすず書房
〒113-0033 東京都文京区本郷 2 丁目 20-7
電話 03-3814-0131(営業) 03-3815-9181(編集)
www.msz.co.jp

本文印刷所 理想社
扉・口絵・表紙・カバー印刷所 リヒトプランニング
製本所 松岳社

© 1962, 1987 in Japan by Misuzu Shobo
Printed in Japan
ISBN 978-4-622-08822-6
[スターリンじだい]
落丁・乱丁本はお取替えいたします

共食いの島 スターリンの知られざるグラーグ	N. ヴェルト 根岸隆夫訳	3500
カチンの森 ポーランド指導階級の抹殺	V. ザスラフスキー 根岸隆夫訳	2800
消えた将校たち カチンの森虐殺事件	J. K. ザヴォドニー 中野五郎・朝倉和子訳 根岸隆夫解説	3400
ヒトラーを支持したドイツ国民	R. ジェラテリー 根岸隆夫訳	5200
スペイン内戦 上・下 1936-1939	A. ビーヴァー 根岸隆夫訳	上 3800 下 3600
スターリンとモンゴル 1931-1946	寺山恭輔	8000
ソ連と東アジアの国際政治 1919-1941	麻田雅文編 酒井哲哉序文	6000
天職の運命 スターリンの夜を生きた芸術家たち	武藤洋二	5800

（価格は税別です）

みすず書房

第一次世界大戦の起原 改訂新版	J. ジョル 池田清訳	4500
夢遊病者たち 1・2 第一次世界大戦はいかにして始まったか	Ch. クラーク 小原淳訳	I 4600 II 5200
敗北者たち 第一次世界大戦はなぜ終わり損ねたのか 1917-1923	R. ゲルヴァルト 小原淳訳	5200
ヨーロッパ戦後史 上・下	T. ジャット 森本醇・浅沼澄訳	各 6400
20世紀を考える	ジャット／聞き手 スナイダー 河野真太郎訳	5500
兵士というもの ドイツ兵捕虜盗聴記録に見る戦争の心理	S. ナイツェル／H. ヴェルツァー 小野寺拓也訳	5800
ザ・ピープル イギリス労働者階級の盛衰	S. トッド 近藤康裕訳	6800
最後のソ連世代 ブレジネフからペレストロイカまで	A. ユルチャク 半谷史郎訳	6200

（価格は税別です）

みすず書房

〈和解〉のリアルポリティクス ドイツ人とユダヤ人	武井彩佳	3400
ホロコーストとアメリカ ユダヤ人組織の支援活動と政府の難民政策	丸山直起	4600
ヒトラーのモデルはアメリカだった 法システムによる「純血の追求」	J. Q. ウィットマン 西川美樹訳	3800
ホロコーストの音楽 ゲットーと収容所の生	Sh. ギルバート 二階宗人訳	4500
映画『夜と霧』とホロコースト 世界各国の受容物語	E. ファン・デル・クナープ編 庭田よう子訳	4600
トレブリンカ叛乱 死の収容所で起こったこと 1942-43	S. ヴィレンベルク 近藤康子訳	3800
シュテットル ポーランド・ユダヤ人の世界	E. ホフマン 小原雅俊訳	5400
記憶を和解のために 第二世代に託されたホロコーストの遺産	E. ホフマン 早川敦子訳	4500

（価格は税別です）

みすず書房

ゾルゲの見た日本	みすず書房編集部編	2600
ノモンハン 1939 第二次世界大戦の知られざる始点	S. D. ゴールドマン 山岡由美訳 麻田雅文解説	3800
日米地位協定 その歴史と現在《いま》	明田川　融	3600
沖縄　憲法なき戦後 講和条約三条と日本の安全保障	古関彰一・豊下楢彦	3400
日本の長い戦後 敗戦の記憶・トラウマはどう語り継がれているか	橋本明子 山岡由美訳	3600
日本の200年 新版 上・下 徳川時代から現代まで	A. ゴードン 森谷文昭訳	上 3600 下 3800
昭和 戦争と平和の日本	J. W. ダワー 明田川融監訳	3800
東京裁判 第二次大戦後の法と正義の追求	戸谷由麻	5500

（価格は税別です）

みすず書房